中国煤系矿产资源评价丛书

青藏高原煤炭资源赋存规律与潜力评价

Coal Occurrence Law and Resource Potential Evaluation in Qinghai-Tibet Plateau

中国煤炭地质总局　乔军伟 等　著

科学出版社
北　京

内 容 简 介

本书以地球动力学和煤田地质学为指导，系统梳理了青藏高原含煤地层系统，恢复了主要成煤期成煤大地构造背景，建立了含煤岩系的构造-沉积模式；在大地构造格局和含煤地层综合分析的基础上，重新厘定了青藏高原赋煤带的分布范围，总结了主要赋煤单元的煤田构造特征和煤炭资源赋存特征，评价了其煤炭资源潜力。

本书可供煤田地质相关专业和从事青藏高原地质调查研究的科技人员，以及高等院校师生参考。

审图号：GS（2018）5794 号

图书在版编目（CIP）数据

青藏高原煤炭资源赋存规律与潜力评价=Coal Occurrence Law and Resource Potential Evaluation in Qinghai-Tibet Plateau/乔军伟等著. —北京：科学出版社，2019.1

（中国煤系矿产资源评价丛书）

ISBN 978-7-03-059425-9

Ⅰ. ①青… Ⅱ. ①乔… Ⅲ. ①青藏高原-煤炭资源-资源预测②青藏高原-煤炭资源-资源评价 Ⅳ. ①F426.21

中国版本图书馆 CIP 数据核字（2018）第 253980 号

责任编辑：吴凡洁 冯晓利/责任校对：王萌萌

责任印制：徐晓晨/封面设计：谜底书装

科 学 出 版 社 出版

北京东黄城根北街 16 号

邮政编码：100717

http://www.sciencep.com

北京虎彩文化传播有限公司 印刷

科学出版社发行 各地新华书店经销

*

2019 年 1 月第 一 版 开本：787×1092 1/16

2019 年 9 月第二次印刷 印张：16 3/4

字数：381 000

定价：198.00 元

（如有印装质量问题，我社负责调换）

“中国煤系矿产资源评价丛书”编写领导小组

组　　长：孙升林

副 组 长：吴国强　张家强

成　　员：宁树正　曹代勇　刘志逊　杨文光

郑柏平　程爱国　吴军虎　张谷春

本书编委会

主　　编：乔军伟

编　　委：乔军伟　吴国强　宋时雨　宁树正

曹代勇　李聪聪　范　琪　谭节庆

杨　成　张光超　雒　铮　祁文强

马志凯　谭富荣　高科飞　白纯钢

前言

青藏高原煤田地质工作主要完成于20世纪80年代以前，工作程度普遍较低，基本以找煤为主，个别点上开展了详查和勘探工作，此后煤田地质工作基本停滞，1990年前后全部闭坑。2000年以后，青藏高原地区能源矿产需求迅速增长，但所需煤炭资源几乎都要外运，严重制约了青藏高原能源结构的调整，以及人民群众生活质量的提高和生态环境的改善。在此背景下，中国地质调查局、中国煤炭地质总局在西藏自治区土门、措勤、昌都，以及青海南部等地区开展了一系列的煤炭地质调查与研究工作，并在青藏高原全区开展了煤系矿产资源综合调查评价，旨在综合分析青藏高原复杂的构造演化及成煤地质背景，从整体上分析全区煤炭资源分布特征，总结煤炭资源赋存规律，为青藏高原地区能源矿产的适度开发和总体布局提供地质依据。

"青藏高原煤炭资源赋存规律与潜力评价"是中国地质调查局地质调查工作项目"青藏高原煤系矿产资源综合调查与评价"项目的主要研究成果。本书以地球动力学为指导，对青藏高原主要成煤期和含煤地层进行了系统梳理，在研究大地构造格局和含煤地层分布现状的基础上，重新厘定了青藏高原赋煤带的分布范围，总结归纳了主要赋煤构造单元的煤田构造特征和煤系赋存规律，分析了各赋煤区煤炭资源分布特征及资源潜力；结合区域地质背景，还原了各成煤期含煤地层沉积区大地构造格局，结合各成煤期的聚煤环境研究，建立含煤地层构造-沉积模式，从整体上深化了对青藏高原煤系发育规律及资源潜力的认识。研究进展主要体现在以下方面。

（1）利用沉积学、矿物学、岩石学、构造地质学、地球化学等多学科理论，综合研究青藏高原含煤地层发育的基础地质条件，对青藏高原主要成煤期和含煤地层进行了系统整理，在大地构造格局和含煤地层分布现状的基础上厘定了青藏高原赋煤带的分布范围。以班公湖-双湖-怒江-昌宁结合带作为古亚欧大陆与冈底斯大陆的分界线，划分了2个赋煤亚区、10个赋煤带。

（2）系统总结了各构造赋煤区的煤田构造特征，结合各主要成煤期的聚煤环境划分主要构造赋煤带控煤构造样式，建立了昌都-芒康逆冲-褶皱赋煤带、唐古拉山褶皱-逆冲赋煤带、土门格拉-巴青逆冲-褶皱赋煤带、东昆仑断隆赋煤带、积石山断陷赋煤带、边坝-八宿褶皱赋煤带、拉萨北褶皱赋煤带、改则褶皱赋煤带构造-沉积模式。

（3）根据成煤盆地—构造变动—赋煤单元的观点，按照原型成煤盆地经历多旋回构造变动，分解破坏、反转叠合，形成不同级别赋煤构造单元的思路，通过对赋煤构造单元构造演化的分析，根据含煤时代、岩性及成煤环境划分了唐古拉-昌都-芒康成煤盆地、土门格拉成煤盆地、东昆仑-积石山成煤盆地、改则-边坝-八宿成煤盆地、拉萨成煤盆地及门士-日喀则成煤盆地。通过对成煤期沉积盆地的分析建立盆地的成因地层格架，恢复煤盆地的演化历史。

（4）通过各成煤时代含煤地层碎屑岩的主、微量元素及 REE 分析，并追溯煤系沉积物的物源区，结合青藏高原的形成和特提斯洋的演化，还原了各成煤期含煤地层沉积区大地构造背景，建立了主要构造赋煤带的成煤模式，研究了特提斯演过程中对煤系分布格局的影响。

（5）在大量资料分析和实地调查的基础上，对青藏高原的煤炭资源勘查开发现状进行了系统调查和统计。截至 2015 年年底，青藏高原累计探获煤炭资源储量 2.58 万 t，埋深 600m 以浅的煤炭资源预测资源量 12.93 亿 t，主要分布在唐古拉赋煤带、昌都-芒康赋煤带、土门格拉-巴青赋煤带。

本书是在“青藏高原煤系矿产资源综合调查与评价”项目调查和研究成果基础上加工凝练而成。乔军伟担任主编，对全书进行了统稿。各章节的撰写分工如下：第一章由乔军伟、吴国强、宁树正撰写，第二章由谭节庆、乔军伟、范琪、杨成撰写，第三章由李聪聪、雒铮、张光超、谭富荣撰写，第四章由谭节庆、乔军伟、高科飞撰写，第五章由李聪聪、乔军伟、范琪、杨成、祁文强撰写，第六章由曹代勇、宋时雨、谭节庆、马志凯、高科飞撰写，第七章由范琪、乔军伟撰写，第八章由乔军伟、范琪撰写，第九章由吴国强、曹代勇、宁树正、乔军伟撰写。张光超、宋时雨协助对全书部分内容进行了校对，白纯钢协助完成了部分图件的编制。

“青藏高原煤炭资源赋存规律与潜力评价”是在第三次及最新一次西藏自治区、青海省煤炭资源潜力评价工作基础上完成的，参考了 1960 年以来青藏高原地区大量的煤炭地质调查及勘查资料，是参加该区煤炭地质工作所有技术人员共同的科研成果，更是半个多世纪以来青藏高原地区煤炭地质长期实践的智慧结晶。研究过程中得到了中国矿业大学（北京）、中国煤炭地质总局煤航地质勘查院、青海煤炭地质勘查院，以及西藏自治区国土厅、阿里地区国土局领导及相关技术人员的大力支持。

作　者

2018 年 10 月

目录

第一章

绪　　论

第一节　研究概况

青藏高原被誉为“地球第三极”，对新生代晚期全球气候环境产生过重大影响；现今仍发育强烈的构造运动和地震活动，是地球表面现今构造活动最强的大陆构造单元，成为国际地球科学领域公认的大陆动力学野外实验室和地质学家关注的热点研究地区。青藏高原特殊的地形、地貌、气候、地质背景等决定了其生态环境和地质环境极其脆弱，与区域气候背景所形成的平衡经常处于临界阈值状态，对外部条件变化表现得非常敏感，外界的微小干扰都会导致生态环境和地质环境的格局、过程与适应方式发生改变。大多数情况下，这种改变都向不利于人类的方向发展，表现为土地、植被的退化或岩土体的失稳，即各类生态环境问题或地质环境问题。青藏高原的资源开发与生态环境保护是一对矛盾体。当今人类社会经济的发展依赖于自然资源。自然资源为人类的衣食住行提供了必要的生存条件，如果自然资源开发利用不合理，超出了它的承载量和支付能力，就会直接影响人类的生存和经济的持续发展。对青藏高原的煤炭资源要做到整体规划、整装开发，从区域上全面分析、统筹考虑，科学制订资源开发、产业发展和环境保护的政策与策略，形成合理的资源开发模式。在资源开发的同时，更要注意生态环境的保护，把人类资源开发对环境的影响控制在生态环境可承受的范围内，做到资源的整体规划、综合勘查、综合开发，尽可能减低对当地生态环境的影响，实现人类经济发展、生产力提高和生态环境的协调发展。

青藏高原煤田地质工作主要完成于 1980 年以前，而且地质工作程度普遍较低，以找煤为主，普查次之，少数煤田进行了详查和初步勘察工作，此后至今近 40 年煤田地质工作几乎未开展。尽管近几年实施了少量的工作，但多数也只是限于面上的调查评价，实质性的勘查工作也基本没有开展；青海南部地区真正意义上的煤田地质工作始于 1990 年以后，在青海南部的昆仑山赋煤带、积石山赋煤带、唐古拉山赋煤带及拉萨地区开展了一些零星扶贫性勘探项目，同时在青藏公路两侧的那曲、索县一带，芒康-昌都和八宿-边坝一带、阿里地区的普兰、狮泉河、改则等进行了零星的煤田地质工作。这些工作一方面区域有限，另一方面工作程度较低，普查、详查、勘探仅限于局部矿点，一般地区仅限于路线调查或矿点检查性质的找煤工作，甚至有相当一部分地区根本就未开展过煤田地质工作。21 世纪以来，随着经济的飞速发展，青藏高原地区能源矿产需求迅速增长，但其所需煤炭资源几乎都要外运，严重制约了青藏高原能源结构的调整、人民群众生活质量的提高和生态环境的改善。在此背景下，中国地质调查局、中国煤炭地质总局在西藏土门、措勤、昌都，以及青海南部等地区开展了一系列地质调查项目，并取得了一定的成果。本书在这些工作成果的基础上，开展青藏高原煤炭地质研究，从整体上分析全区煤炭资源分布，总结煤炭资源赋存规律，为我国在青藏高原地区进行煤炭资源勘查总体布局提供地质依据。

本书充分利用青藏高原以往煤炭地质调查和研究成果，特别是最新一轮煤炭资源潜力预测成果和各区域煤炭调查评价成果，在主要煤矿（点）开展了野外路线调查、剖面测量、采样测试等工作，以聚煤规律和构造控煤作用研究为切入点，综合分析主要含煤盆地演化过程，煤系矿产赋存层位沉积环境、岩性组合、矿物组合、形成条件，分析构造-热事件作用对含煤地层形成和改造的控制作用，总结含煤地层形成的构造背景和成煤模式，分析重要煤系矿产资源的特征，对下一步综合勘查工作布局提出合理化建议。主要研究内容如下。

（1）在以往地质资料分析基础上，利用青藏高原内已完成的煤炭资源勘查及调查评价项目，针对煤及煤系其他矿产赋存的有利区开展适量的补充性调查和采样测试，以煤为主开展煤系矿产综合调查与研究，划分煤系矿产资源有利区，评价了全区煤炭资源潜力。

（2）利用沉积学、矿物学、岩石学、构造地质学、地球化学等多学科理论，综合研究青藏高原含煤地层发育的基础地质条件，查明青藏高原的含煤地层的空间展布特征及含煤特征。

（3）系统总结了各赋煤区的煤田构造特征，研究了六个成煤盆地的成因地层格架和盆地演化历史，初步建立了其构造-沉积模式。

（4）结合青藏高原重点成矿带勘查发展规划、自然保护区分布情况划定煤系矿产富集区、勘查开发有利区等，提出煤炭资源勘查近期及中长期部署建议及方案，为管理部门提供资源数据及辅助决策支持。

第二节 研究区概况

一、地理位置

青藏高原位于亚洲大陆南部，是世界上海拔最高、欧亚大陆面积最大的高原。整个青藏高原在中国境内包括西藏自治区和青海省的全部、新疆维吾尔自治区南部、四川省西部、云南省和甘肃省的部分地区，境外还包括不丹、尼泊尔、印度、巴基斯坦、阿富汗、塔吉克斯坦、吉尔吉斯斯坦的部分。本书研究范围主要是青藏高原中国境内的西藏自治区及青海省的南部，西起帕米尔高原，东及横断山脉，北接昆仑山、阿尔金山和祁连山，南抵喜马拉雅山脉。

青藏高原幅员辽阔，公路是该区主要的运输方式。青藏公路、川藏公路、滇藏公路、新藏公路、青新公路、敦格公路和中尼公路等八条国道深入高原腹心地带，并构成高原公路基本框架，形成了以国道、省道为主体框架的公路路网，但相当一部分国道、绝大部分省道及县乡公路的等级普遍偏低，且大多为沙石路面。目前，拉萨、格尔木、玉树、林芝、昌都、日喀则、阿里等地区有 20 多个民用机场投入运营，有定期航班通往北京、西安、成都、昆明等城市；青藏铁路、拉日铁路是目前仅有的轨道交通。川藏铁路成蒲段将于 2018 年年底建成投运，拉林段正在全面建设，雅安-林芝段计划 2018 年开工，全线将于 2026 年建成通车。

二、自然地理

（一）地形地貌

青藏高原是一个巨大的山脉体系，是世界上最年轻、最高的高原，其由山系和高原面组成。由于高原在形成过程中受到挤压和重力的影响，所以高原面发生了不同程度的变形，使整个高原的地势呈西北-东南倾斜的趋势。高原面的边缘被强烈切割形成青藏高原的低海拔地区，山、谷及河流相间，地形破碎。青藏高原边缘区存在一个巨大的高山山脉系列，根据走向可分为东西向和南北向。东西走向山脉占据了青藏高原的大部分地区，是主要的山脉类型（从走向划分）；南北走向山脉主要分布在高原的东南部及横断山区附近，这两组山脉组成了青藏高原的地貌骨架，控制着高原地貌的基本格局；东北走向的山脉平均海拔高度普遍偏高，除祁连山山顶海拔高度为 4500～5500m 之外，昆仑山、巴颜喀拉山、喀喇昆仑山等的山顶海拔均在 6000m 以上，许多次一级的山脉也间杂其中。山脉之间有世界闻名的平行峡谷地貌，如金沙江深切峡谷、怒江大峡谷及澜沧江河谷等，还分布着数量众多的宽谷、盆地和湖泊。

（二）气候条件

青藏高原的低纬度和高海拔造就了其独特的气候特征，其主要气候特征是空气稀薄洁净、辐射强烈、日照时间长，冬寒夏凉、昼夜温差大，气温随高度和纬度的升高而降低，降水量地域差异大。

青藏高原海拔高度每上升100m，年均温降低0.57℃，纬度每升高1℃，年均气温降低0.63℃，日温差较大；干湿分明，多夜雨；冬季干冷漫长，大风多；夏季温凉多雨，冰雹多；四季不明。大部分地区的最暖月均温度在15℃以下，1月份和7月份平均气温都比同纬度东部平原低15～20℃。按气候分类，除东南缘河谷地区外，整个青藏高原全年无夏。年总辐射量值高达5850～7950MJ/m^3，比同纬度东部平原高0.5～1倍。

青藏高原内部的一条长2500km、宽100km、相对高差1000m的中央山脉，被称为“亚洲大陆分水岭”。起自喀喇昆仑山，至唐古拉山为止，山脉以南为印度洋水系，受印度洋季风主控；以北为太平洋水系，受西风带影响。两侧降水地域差异大，高原年降水量自藏东南4000mm以上向柴达木盆地冷湖逐渐减少，冷湖降水量仅17.5mm。以雅鲁藏布江河谷的巴昔卡为例，降水量极为丰沛，平均年降水量达4500mm，是最少降水量的200倍。

青藏高原是北半球气候变化的启张器和调节器，其气候变化不仅直接驱动我国东部和西南部气候的变化，还对北半球具有巨大的影响，甚至对全球的气候变化也具有明显的敏感性、超前性和调节性。

（三）自然资源

1. 水资源

青藏高原地表水以河川径流为代表，年均总资源量为6383亿m^3。高原冰川总面积4.9万km^2，多年平均融水量约为350亿m^3。高原湖泊总面积36889km^2。青藏高原地表水和地下水总量为6386.6亿m^3，其中地下水占28.35%。水资源总量占我国总量的22.71%。青藏高原的河流分布主要受气候和自身地形地势的影响。除东南部降水丰富外，内陆区的河流补给，主要依靠冰川或积雪的融化。区域内祁连山—巴颜喀拉山—念青唐古拉山—冈底斯山是内外水系分界线，将青藏高原的河流分为外流区与内流区两部分。

外流区主要位于高原东部及东南部，可分为黄河水系、长江水系和西南水系。长江和黄河均注入太平洋，属于太平洋水系；西南水系有四个分支，包括澜沧江、怒江、恒河—雅鲁藏布江和印度河（起源于藏西南边缘），均注入印度洋，属于印度洋水系。在外流河水系中，黄河、长江、雅鲁藏布江支流众多，流域宽广，是青藏高原最重要的外流水系类型。由于外流水系大多起源于藏东南或东部，所以其补给的主要方式是雨水补给。与内流河相比，外流河水量巨大，流程也长，其流经地的两岸，常因为侵蚀、堆积而形成大小不一的冲积平原或台地。

内流水系大多位于高原西北部，主要指的是羌塘高原和柴达木盆地及局部小块的封闭湖盆。大多数内流河的河水会注入这些洼地中，形成为数众多的咸水湖。内流区由于受到高大山脉的阻挡，使得暖湿空气难以到达，降水稀少；而日照充足，又使蒸发量相对较大，因此内流河大都径流量较小且流程较短；内流河大多以冰雪融水为主要补给水源，因此季节性变化明显，夏季为汛期，冬季普遍结冰，常发生断流现象，也就是说间歇性河流多；因内流河大多注入盆地或洼地，所以形成了数量众多的咸水湖泊，如著名的青海湖、纳木错等。

青藏高原的水资源以河流、湖泊、冰川、地下水等多种水体形式存在，并以河川径流为主体。外流水系流域面积占高原总面积的 53.56%。青藏高原南部和东南部河网密集，为亚洲许多著名大河发源地，如长江、黄河、怒江、澜沧江、雅鲁藏布江、恒河、印度河等。

2. 土地资源

青藏高原土地资源地域分布明显，数量构成极不平衡。宜牧土地占总土地面积的 53.9%，宜林土地占 10.7%，宜农土地占 0.9%，暂不宜利用的土地面积占 34.5%。宜农土地资源主要集中于高原南部雅鲁藏布江中游干支流谷地，东南部怒江、澜沧江、金沙江等干支流谷地，东北部黄河及湟水谷地，北部柴达木盆地周围。按气候、水利、土质、坡度等限制因素划分耕地资源，一等土地占 17.7%，二等土地占 27.6%，三等土地占 53.1%，其余 1.6%等外地属退耕土地。宜牧土地资源分布在人口稀少的高寒无林地域，草地生态环境不一，宜牧的性能差别也很大。宜林土地中有 95%集中于南部喜马拉雅山地和东南部横断山区，在高原东北部的祁连山、东昆仑—西秦岭及河湟谷地也有零星分布。

3. 生物资源

青藏高原动植物种类丰富，但是由于特殊的气候特征形成了别具一格的动植物生态圈。全国 15 个分布区类型的植物西藏都有分布，并以温带分布类型的比例最高为特征。这反映出在高原隆起过程中，气候向寒干方向发展对植物的影响。在整个青藏植物区系中没有特有科，很少有属，有古老的残遗植物种，有大量的中国特有种（1198 种），它们约占全区植物总数的 27%，特有种 991 种，占全区总数的 22.3%。特有种虽多，但这些种之间往往存在着紧密的联系，具有过渡性种类，说明它们分化还是晚期的、年轻的。植被为适应其生态环境而具有特殊性，比如通常具有生长低矮、呈垫状、莲座形、根系发达等特征。比较著名的珍稀物种有冬虫夏草、红景天、藏茵陈、大黄、雪莲等。

森林资源主要集中分布在藏东南峡谷地区，即东喜马拉雅山南翼和藏东南地区，林地面积 10755 万亩①，占全区土地总面积的 5.1%，约占全国森林总面积的 5.3%。森林类型多样，垂直变化明显，群系总数在 40 个以上。不仅是我国极为重要的后备林用地，还是亚洲许多大江大河水源的涵养中心。

青藏高原草场类型多样，各类牧草地占全自治区面积的 53.8%，但主要分布在北部和西北部高寒地区，紫外线强烈，昼夜温差大，有利于蛋白质的合成和营养物质的积累，

① 1 亩≈666.7m^2。

牧草品质好，营养价值高，适口性强。由于缺水、交通不便等原因，全区现有 2.42 亿亩难利用草地。青藏高原尚已发现野生哺乳动物 142 种，鸟类 488 种，爬行类动物 56 种，两栖类动物 45 种，鱼类 68 种。西藏野生脊椎动物共计 799 种，构成了西藏的动物资源优势。在这些动物中，野驴、野牦牛、马鹿、白唇鹿、黑颈鹤、小熊猫等 123 种被列为国家重点保护动物，占全国重点保护动物的 1/3 以上，其中滇金丝猴、孟加拉虎、雪豹、西藏野驴、野牦牛、羚牛等 45 种野生脊椎动物是濒危灭绝或西藏特有的珍稀保护动物。陆生无脊椎动物在西藏有 2307 种。其中，中华缺翅虫、墨脱缺翅虫是国家重点保护动物。西藏有益昆虫、蜜蜂有 103 种，其中绝大多数是农作物、牧草、果树、花卉等有花植物的传粉者。

4. 矿产资源

青藏高原地域广阔，有着漫长而复杂的地质历史，有形成于各种环境下的丰富物质。已发现 101 种矿产资源，查明矿产资源储量的有 41 种，勘查矿床 100 余处，发现矿点 2000 余处，已开发利用的矿种有 22 种。西藏优势矿种有铜、铬、硼、锂、铅、锌、金、锑、铁，以及地热、矿泉水等，部分矿产在全国占重要地位，矿产资源潜在价值万亿元以上。矿产资源储量居全国前 5 位的有铬、工艺水晶、刚玉、铜、高岭土、菱镁矿、硼、自然硫、云母、砷、矿泉水等 12 种。其中，铜矿分布广泛，规模和储量都较大，矿床类型多，伴生矿种多，常常是与铅、锌、银等矿共生的复合型多金属矿床。青藏高原较大规模的铜矿床已发现多处，铜矿总量占我国之首，其中最典型的是藏东的玉龙铜矿，初步探明铜金属资源储量达 650 万 t。

5. 能源资源

能源资源主要有水能、地热能、太阳能、风能等可再生能源以及油气、天然气水合物、煤炭等不可再生资源。

（1）水能。青藏高原水能资源理论蕴藏量为 2 亿 kW，约占全国的 30%，居我国首位，其中蕴藏量在 1 万 kW 以上的河流多达 365 条。青藏高原水能资源绝大部分集中于藏东南地区，主要来自雅鲁藏布江。雅鲁藏布江干流天然水能蕴藏量为 8000 万 kW，加上多雄藏布、年楚河、拉萨河、尼洋河和帕隆藏布等五大支流，天然水能总蕴藏量可达 9000 万 kW。

（2）地热能。青藏高原是中国地热活动最强烈的地区。各种地热显示点有 1000 多处。初步估算地热总热流量为每秒 55 万 kcal[①]，相当于一年烧 240 万 t 标准煤放出的热量。西藏地区最著名的羊八井热田是中国最大的高温湿蒸汽热田，热水温度为 93～172℃，已开发为地热电站和重要旅游景点。

（3）太阳能。世界屋脊，阳光普照。青藏高原是全世界太阳辐射最强的地区之一，具

① 1cal=4.184J。

有得天独厚的太阳能资源优势。全区大部分地区太阳能辐射年均达 6000～8000MJ/m^2，超过同纬度平原地区一倍左右。同时，日照时数也是全国的高值中心，全年平均日照时数在 3300～3600h，自东向西呈递增型分布，直接辐射占全年总辐射比例的 56%～78% ，夏季可达 71% ～78%。根据多年监测数据统计，仅西藏地区太阳辐射年总量折合标煤 3500～4000 亿 t/a。国家统计局发布的《2013 年国民经济和社会发展统计公报》中指出，2013 年全年能源消费总量为 37.5 亿 t 标准煤，换句话说，2013 年西藏地区太阳辐射能折算成标准煤，一年的总量相当于全国能源消费近 100 年。

(4) 风能。青藏高原有两条风带，推测年风能储量 930 亿 kW・h，居全国第七位。除藏东地区风能资源较贫乏外，大部分地区属风能较丰富区和可利用区。其中藏北高原年有效风速时数在 4000h 以上。青藏高原风能资源可利用的时段性极强，且主要集中在冬春季节，仅采用单一的风力发电形式，难以保证电能质量、可靠性和稳定性，需要考虑与其他能源形式配合使用，互补发电。

(5) 油气资源。自 20 世纪 70 年代末以来，我国的科研机构及技术人员开始开展青藏高原海相油气盆地研究，使青藏高原成为我国油气资源战略后备区。青藏高原为我国中新生代海相沉积最发育的地区，存在众多中、新生代沉积盆地，油气勘探前景很大，尤其是羌塘和措勤盆地，但由于特殊地理条件的限制，区内地质研究程度很低，在海相中生界石油勘探方面，几乎为空白区。羌塘盆地为青藏高原面积最大、构造较稳定的地区，基底埋深大，存在着隆拗相间的构造格局，生油岩厚度大，生储盖组合条件较好。措勤盆地基底埋深较大，也存在较厚的生油岩。

(6) 天然气水合物。赋存于海洋和多年冻土区的天然气水合物是一种能量密度高的非常规高效清洁能源，其储量相当于全球已探明常规化石燃料总碳量的两倍以上，被认为是最有希望的接替能源。2008 年 11 月，国土资源部在青海省祁连山南缘永久冻土带（青海省天峻县木里镇，海拔 4062m）成功钻获天然气水合物实物样品。中国科学院“青藏高原多年冻土区天然气水合物钻探计划”项目，经过 4 年多的探索和研究，2011 年在青藏高原昆仑山垭口盆地多年冻土区发现了天然气水合物存在的证据，粗略估计得出青藏高原多年冻土区天然气水合物潜在的资源量可达 350 亿 t 油当量。

(7) 煤炭资源。青藏高原本书研究区范围内煤炭资源主要分布在北部的唐古拉赋煤带、昌都-芒康赋煤带、东昆仑赋煤带，广大青藏高原南部地区煤炭资源贫乏。但总体上看，全区含煤性差，煤层薄而不稳定，结构复杂，探明及预测的各级资源量有限。煤炭资源主要分布在人口稀少、气候较差的边远地区，而在人口稠密、工业相对集中的腹心地区缺乏，这种分布状况无法满足工农业生产和民生的需要，目前所需煤炭资源基本靠外部调运。

三、社会经济

本书研究区包括西藏自治区的全境和青海省的南部，涉及青海的海南藏族自治州、海西蒙古族藏族自治州、果洛藏族自治州、玉树藏族自治州，西藏的昌都地区、那曲地区、阿里地区、日喀则地区、拉萨市。全区人口 40 万左右，其中西藏全区常住人口总数为308万人，青海南部常住人口约80万人，其中藏族及其他少数民族占90%以上。

近些年，青藏高原地区经济飞速发展。仅西藏自治区2015年GDP达到1026.39亿元，全年完成固定资产投资总额1342.16亿元，全年社会消费品零售总额408.49亿元，全年进出口总额56.55亿元，全年农作物播种面积252.84千ha①。按照官方预计，到2020年西藏城乡居民人均可支配收入将比2010年翻一番以上，接近全国平均水平，基本公共服务主要指标接近或达到西部地区平均水平。

第三节　以往地质工作

一、基础地质工作

（一）区域地质调查

1986年，全区100万区域地质调查已经完成，但多采取编测结合的方法进行，工作和研究程度较差，尤其是北纬32°以北，多属无人区，仅以稀疏地质路线控制为主。1999～2007年，中国地质调查局完成了青藏高原1∶25万区域地质调查110幅。2006年以来，以重点成矿带为重点，兼顾重要经济区、重大工程建设区和重大地质问题区，中国地质调查局在青藏高原主要成矿带组织开展了一系列1∶5万区域地质调查。在这些区域地质工作中，最重要的是1∶25万区域地质调查，对青藏高原地层格架、岩浆活动、构造演化等方面作了全面、系统的调查和研究。

青藏高原以往的主要地质工作和成果见表1.1。

表1.1　工作区主要地质工作和成果表

时间	名称	单位或完成人	出版单位或资料来源
1973～1976年	青藏高原科学考察，西藏第四纪地质	中国科学院青藏高原综合科学考察队	科学出版社
1976年	西藏阿里地区的一些矿产情况	中国科学院青藏高原综合科学考察队	内部资料
1978～1982年	青藏高原地质文集（1～20）	地矿部青藏高原地质调查大队	地质出版社
	西藏阿里地质	梁定益、聂泽同、郭铁鹰等	中国地质大学出版社
	西藏阿里古生物	杨遵义、聂泽同等	中国地质大学出版社
1977年	西藏盐湖物质组成初步研究	中国科学院青海盐湖研究所	内部资料
1980～1983年	1∶100万日土幅、改则幅、拉萨幅区域地质调查报告和地质图	西藏地矿局区域地质调查队	内部资料
1980年	西藏盐湖及其他矿产地质考察实录	地质矿产部地质研究所	内部资料
1983年	西藏自治区来乃东县、日喀则-昂仁县、昌都、拉萨-仲巴县及阿里部分地区1983年宝（玉）石找矿工作总结	西藏第六地质大队	内部资料

① 1ha=1万m^2。

续表

时间	名称	单位或完成人	出版单位或资料来源
1980～1985 年	青藏高原新生代构造演化	成都地质矿产研究所	地质出版社
1982～1984 年	西藏板块构造建造图及说明书	西藏地质矿产研究所	地质出版社
1986 年	青藏高原湖泊退缩及其气候意义	陈志明	海洋与湖泊（学报）
1988 年	1∶150 万青藏高原及邻区地质图	成都地质矿产研究所	成都地图出版社
1989 年	1∶150 万西藏板块构造-建造图	西藏地矿局科研所	地质出版社
1991 年	青海省区域地质志	青海省地质矿产局	地质出版社
1993 年	西藏自治区区域地质志	西藏自治区地质矿产局	地质出版社
1993 年	青藏高原湖泊涨缩的新构造运动意义	陈兆恩、林秋雁	地震（学报）
1994～1995 年	西藏自治区岩石地层	西藏自治区地质矿产局	中国地质大学出版社
1997 年	东特提斯地质构造形成演化	成都地矿所潘桂棠等	地质出版社
1998 年	青藏高原形成演化与发展	孙鸿烈、郑度	广东科技出版社
1998～2000 年	青藏高原中西部航磁调查	国土资源部物探遥感中心	中国地质调查局地质调查专报 E1 号
1999～2006 年	1∶25 万区域地质调查	中国地质调查局	内部报告和地质图
2001 年	中国油气新区勘探第六卷——青藏高原石油地质	高瑞琪、赵政璋	石油工业出版社
2001～2006 年	青藏高原的碰撞造山作用及效应	肖序常等	地质出版社
2007～2010 年	班公湖-怒江成矿带及邻区特提斯演化与成矿地质背景	耿全如、彭智敏等	地质出版社
2010 年	青藏高原地质图系	李廷栋、陈炳蔚、戴维声	广东科技出版社
2001 年至今	青藏高原油气资源战略选区调查评价	中国地质调查局	内部资料

（二）区域化探调查

1989 年、1996 年及 2001 年先后开展了嘉黎幅、巴巴扎东幅及普兰幅开展了三项 1∶50 万的大型区域化探工作。1999～2002 年，在青藏高原陆续开展了大量的 1∶20 万化探工作，如青海上拉秀幅、囊谦县幅、可可西里西部、曲麻河幅、错坎巴昂日东幅及西藏界山达坂幅、拉竹龙幅、达尔沃错温幅等区域化探调查。这些化探调查成果为该区开展找矿工作提供了地球化学依据。

（三）区域地球物理勘探

从 1980 年开始，青藏高原开展了大规模的地球物理调查研究工作。1982 年，中法地球物理学家合作在藏南地区羊卓雍错和普莫雍错进行了热流测量，认为该区域存在一个热流密度异常区。在 1980～1982 年，中法联合完成了那曲至洛扎大地电磁测量剖面及藏南地区的一系列地震剖面。1991～1992 年，国家地震局组织中美合作，利用 11 个台站，分两条测线组成地震台网记录天然地震，对地壳和上地幔进行研究。1993 年以后，中国石油天然气总公司对青藏高原的局部地区进行了较详细的油气资源研究，对重点地区开展了重力、大地电磁、电法及地震等物探和化探工作。1992～1996 年，中、美、德及加拿大等国家合作开展了国际喜马拉雅和西藏高原深剖面和综合研究，完成了横贯喜马拉雅和西藏高原深部地震反射剖面及多学科多方法的综合研究。1999～2010 年，国土资源部实施了地质大调查以后，逐步完成了青藏高原 1∶100 万航磁调查和区域重力调查，并对重要成矿带开展了 1∶20 万航空物探调查和区域重力调查。

（四）遥感地质调查

1980～1982 年，地质矿产部地质遥感中心在青藏高原 1∶150 万航卫片遥感地质解释的基础上，参加了地质矿产部青藏高原地质构造、地壳上地幔的形成演化与主要矿产分布规律的科学计划，充分发挥了遥感资料的作用，推出青藏高原及其毗邻地区有关地质构造、地貌、第四纪地质、新地质构造、矿产区域综合分析预测等地质成果。2005 年，中国地质调查局国土资源航空物探遥感中心在青藏铁路沿线开展了天然气水合物遥感识别研究工作，分析了青藏高原潜在的陆域天然气水合物与油气资源、地质演化和冻土生成之间具有时空耦合关系；利用 MODIS 数据和 ASTER 数据开展与陆域天然气水合物相关信息的识别与提取工作，初步建立了青藏高原潜在的陆域天然气水合物可能的遥感识别标志。

到目前为止，研究区内的遥感工作也是仅在 1∶25 万区域地质调查中作为减少野外填图工作量应用，而对与区域成矿作用有关的岩石、地层、构造、矿化等信息的遥感应用涉及甚少。

二、矿产地质工作

（一）煤炭资源调查

受恶劣自然条件限制，青藏高原的煤田地质工作程度总体较低。1952 年，中国科学院西藏工作队在进行了 1∶50 万路线地质调查和矿产考察时，首次发现了土门煤系。1954 年，原中央燃料工业部煤矿管理局西藏工作组对青藏高原乌丽煤田（青海省玉树自治州）进行了地质调查，预计煤储量 1860 万 t。至 1985 年，对煤田地质工作者在西藏地区提出的 27 个煤矿（点）进行了勘探和开发，开采利用的煤矿主要分布在那曲地区，其次日喀则、拉萨、昌都等地区也有少量分布。

1994 年，中国煤炭地质总局航测遥感局（以下简称航测遥感局）完成了西藏自治区第三次煤炭资源预测工作，对该区含煤地层及含煤性、控煤构造、聚煤规律等进行了初步研究，对煤炭资源量进行了预测，预测各级资源量约 8 亿 t。

1995 年，青海煤田勘探公司完成的青海省第三次煤炭资源预测工作，累计探明储量达 44 亿 t。

1999～2001 年，青海煤炭地质局、航测遥感局完成了“青海南部地区煤炭资源调查评价”项目。大致了解了中—下侏罗统羊曲组（$J_{1-2}y$）、下石炭统杂多群含煤碎屑岩组的含煤段（C_1zd^{3-3}）、上石炭统含煤碎屑岩组（C_2a）、上二叠统乌丽群扎苏组（P_2z），上三叠统结扎群上碎屑岩组（T_3jz）五套含煤地层空间展布规律、沉积特征及含煤性变化特征。通过对大武研究区和杂多研究区吉耐涌含煤远景区开展1∶5万煤田地质填图、槽探、钻探等工作，圈定含煤远景区16处，发现煤矿产地两处，提交334_{-1}煤炭资源量3176万t。

2000～2003年，四川省煤田地质局完成了“西藏昌都地区煤炭资源调查评价”项目，分析认为下石炭统珊瑚河组（C_1s）含煤性最好，聚煤中心位于自家浦—马查拉一带；上二叠统妥坝组次之，聚煤中心位于妥坝附近；上三叠统巴贡组、下白垩统多尼组及新近系含煤性差。圈定了7个重点靶区，提交$333+334_{-1}$煤炭资源量8492万t。

2004～2005年，航测遥感局采用遥感技术与常规技术手段相结合的综合调查方法完成了“青藏铁路沿线土门地区生态煤资源调查评价”项目。通过1∶10万遥感地质调查和1∶5万煤田地质填图及探槽工程、采样等工作，确定了土门地区煤层主要位于上三叠统阿堵拉组，含煤性总体东部好西部差、北部好南部差，圈定含煤远景区四个，含煤性最好区块为二道河-尕尔根远景区。阿堵拉组共含煤层（线）68层，其中主要可采煤层3～6层，煤层厚度不稳定，提交煤炭资源量3851.45万t。

2010～2013年，青海煤炭地质局开展了青海省治多县乌丽地区煤炭普查、青海省扎曲煤田吉耐涌-其涌地区煤炭预查、青海省扎苏煤炭预查、青海省都兰县塔妥煤矿及外围煤炭普查、青海省扎曲煤田草龙涌-豹草沟地区煤炭普查，在青海南部的唐古拉山赋煤带取得了较好的找煤效果。

2012年，四川省煤田地质局实施了“西藏措勤地区煤炭资源调查评价”项目，有可采煤层发现。

2012～2013年，青海煤炭地质局开展的青海省玛沁县大武滩煤炭预查，在预查区南北均发育二叠系灰岩，特别在石峡以北二叠系中发育一套灰白色厚层状石灰岩，质纯，不含杂质，东西走向，长度约3km，出露宽度约600m。此外在本次施工的ZK_3号钻孔中经测井发现含煤地层中有放射性同位素异常。

2013～2015年，测遥感局实施了“西藏巴青地区煤炭资源调查评价”项目，分析认为该区的主要含煤地层为下石炭统杂多群、上三叠统土门格拉组，在杂多群下部的碎屑岩组中新发现煤炭资源3850万t。

（二）油气资源调查

以往研究发现，青藏高原蕴藏着丰富的油气矿产，包括石油、页岩气、地热资源等多种资源。受恶劣的自然条件限制，青藏高原同时又是我国煤系矿产调查评价工作的薄弱地区，对煤系矿产的调查评价存在着严重不足。

石油地质工作主要集中于青海省柴达木盆地，其次为民和盆地、西宁盆地、门源盆地、共和盆地及西藏的伦坡拉盆地。

2006年，青海煤炭地质局在开展高原冻土绳索取心钻探技术研究项目时，与中国地质科学院勘探技术研究所合作，对疑似可燃冰的判断和认识引起了中国地质科学院的重视。2008年，中国地质调查局立项对青藏高原冻土带天然气水合物进行勘查。2009年，青海煤炭地质105勘探队与中国地质科学院矿产资源研究所、勘探技术研究所共同在木里聚乎更矿区成功采集到了可燃冰的实物样品。2010～2011年，航测遥感局开展了“青藏高原天然气水合物遥感调查与GIS综合探测研究”项目，通过对比分析认为青藏高原羌塘盆地基本具备天然气水合物形成的基本要素，水合物分布有利区分布于玛依岗日隆起东部比洛错—双湖、祖尔肯乌拉山—雀莫错、白龙冰河—多格错仁和唐古拉兵站一带。2012年，青海煤炭地质局在乌丽地区实施“青海省治多县乌丽地区天然气水合物调查”项目，施工的ZK1钻孔发现，该区具有岩心异常、含气量大、红外低温异常、测井解释异常、特征拉曼光谱等多种天然气水合物存在的证据；气体主要组分为二氧化碳，烃类气体含量较低；中北部100～1000m深度范围内天然气水合物的存在性极大。

根据中国地质科学院矿产资源研究所的研究认为，青藏高原大部分冻土区基本具备天然气水合物的形成条件，即使最难形成的纯甲烷水合物也能在部分冻土区内形成。若单纯从温压条件考虑，成矿条件最有利的地区是喀喇昆仑地区，其次为西昆仑地区，再次为羌塘盆地，最后才是祁连山等地区。综合考虑气源条件、运移条件、储层条件等，羌塘盆地是青藏高原天然气水合物形成条件和找矿前景最好的地区，其次是祁连山、风火山-乌丽地区，再次是昆仑山娅口盆地、唐古拉山-土门及喀喇昆仑地区、西昆仑-可可西里盆地等。

（三）金属矿产调查

由于特殊的大地构造位置和复杂的地质发展历史，使青藏高原内产生了丰富的矿产资源，但矿产勘查的工作程度总体较低。

从1929年至20世纪40年代初期，先后有谭锡畴、李春昱、崔克信、曾鼎乾等对青藏高原进行地质矿产调查研究。中华人民共和国成立后，我国政府和各有关地质部门十分重视对青藏高原的矿产资源调查，先后进行了一系列的科学考察。

1980～1986年，西藏自治区地质矿产局、成都地质矿产研究所和青海地质矿产局共同承担了地矿部的“青藏高原主要矿产及其分布规律”项目，共发现矿种100种以上，其中已探明工业储量的矿种为64种，具有重大或较大优势的矿种有铬、铜、铅锌、盐湖、石棉、地热、石油等，并将高原划分为6个成矿区，18个成矿带，按成矿区带对成矿特征进行了总结。

1999～2007年，中国地质调查局完成的1∶25万区域地质调查成果中，新发现矿床、矿点及矿化点600余处，其中一些矿床已进入勘查评价阶段，显示具有大型-超大型前景规模，圈定出数十个具有重要找矿前景的找矿远景区，为矿产资源调查评价提供了重要的基础资料。

2008年，国土资源部启动实施了“青藏高原地质矿产调查与评价专项”，是青藏高原迄今为止投资最大、实施周期最长的地勘项目，经过多年工作，目前已取得阶段性成果。

2012 年，中国地质调查局等完成的“青藏高原地质理论创新与找矿重大突破”项目，预计整个青藏高原矿产资源总量可达铜 8000 万 t、金 2000 t、铅锌 3000 万 t，有望成为中国最大的资源储备基地。

青藏高原作为我国最有潜力的战略性矿产资源基地，成都地质矿产研究所、中国科学院、中国地质大学（北京）等地勘科研单位都成立了专门研究机构，对青藏高原重要成矿带——冈底斯带、雅鲁藏布江带、喜马拉雅带的成矿规律与资源勘查都进行了较深入研究，取得了大量成果。

第二章

区域地质背景

第一节 区域构造

一、大地构造

青藏高原夹持于塔里木地台、中朝地台、扬子地台和印度地台之间，呈纺锤状，北以阿尔金断裂为界，南西以喜马拉雅主边界断裂为界，南东以龙门山断裂为界，北东以北祁连主断裂为界（图 2.1）。内部有一系列不同演化历史和不同源地的陆块、褶皱带相间排列，反映了特提斯的复杂演化历史。统一高原的出现是新生代以来印度板块与欧亚大陆碰撞的结果。

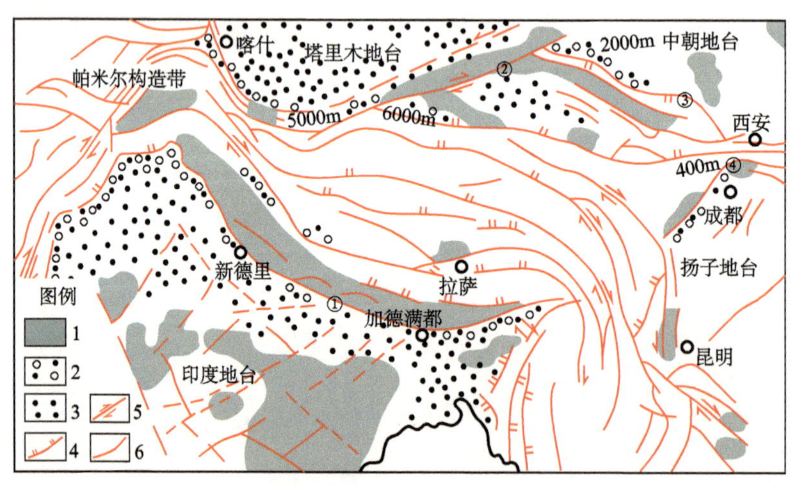

图 2.1 青藏高原地质构造略图

1. 前寒武纪基底；2. 上新世—早更新世磨拉石；3. 第四系；4. 逆断层；5. 平移断层；6. 性质不明断裂。①喜马拉雅主边界断裂；②阿尔金走滑断裂；③北祁连主断裂；④龙门山断裂

青藏高原包括华北板块（包括阿拉善和柴达木地区）、塔里木板块（包括塔里木盆地南缘地区）、华南板块（包括北羌塘-昌都、巴颜喀拉和松潘-甘孜等地）和印度-冈瓦纳板块（包括南羌塘-左贡、冈底斯-念青唐古拉、喜马拉雅及印度等地），它们的陆缘区及几条重要的板块边界（地壳接合带）。主要的边界有昆仑南缘缝合带、澜沧江-双湖缝合带及班公错-怒江缝合带，它们均属地壳对接带。同时还有一些地壳叠接消减带，如北祁连带、西金乌兰-金沙江带、雅鲁藏布带等。这些地壳接合带代表了在上述不同板块（或地块）之间存在过的大小不同的洋盆。由于板块俯冲、碰撞，这些洋盆闭合，形成了上述地壳接合带。青藏高原的上述活动突出反映了特提斯洋在该区的发展演变及消亡过程。青藏高原内部有一系列不同演化历史和不同源地的陆块、褶皱带相间排列，由北向南包括祁连-柴达木、昆仑、巴颜喀拉、北羌塘-昌都、南羌塘-左贡、冈底斯和喜马拉雅七个构造带，各构造带之间被蛇绿混杂岩所代表的缝合带隔开。

二、区域构造格局

众多学者对中国大地构造进行了研究，对于西北部构造划分提出了几种不同的方案，黄汲清（1954，1960）将滇藏区域划分为西藏滇西准地台和喜马拉雅褶皱系；王鸿祯（1981）将其划分为北部陆缘区南带、南部陆块区和中国南缘（冈瓦纳）大陆区；李春昱（1980）提出冈底斯-拉萨中间板块和印度板块的划分方案；杨巍然和王豪（1991）将西部划分为西伯利亚板块、中国板块和欧亚板块；邓起东等（2002）以活动断裂为研究对象，划分了青藏断块区；刘训等（2012）提出羌塘-扬子-华南板块和冈瓦纳板块的划分方案。除上述学者对全国进行了研究外，还有一些学者单独对青藏高原做出了研究，如肖序常等（1986，2001）、杨巍然和王豪（1991）、高延林（1993）、李德威（2003）和崔军文等（2006）等，从不同的侧重点对西藏地区大地构造单元划分进行了研究。

潘桂棠等（2012）以板块构造理论和大陆动力学思维为指导，以多岛弧盆系观点为切入点，运用大地构造相分析方法，研究中国大陆形成演化过程中地壳块体离散、会聚、碰撞、造山等过程的大地构造环境及其与成矿的时空关系，从洋陆转换过程中的大地构造环境理解中国大地构造形成演化的基本特征，对中国西北部做出了较全面的大地构造划分方案。方案共划分扬子陆块区、羌塘-三江造山系、班公湖-双湖-怒江-昌宁-孟连对接带、冈底斯-喜马拉雅造山系和印度陆块区五个一级大地构造单元，巴颜喀拉地块等18个二级大地构造单元，巴颜喀拉前陆盆地等52个三级大地构造单元。

成都地质矿产研究所以地层划分与对比、沉积建造、火山岩建造、侵入岩活动、变质变形等地质记录为基础，承接融合中国“三大主流大地构造观”的经典划分理念，在板块构造-地球动力学理论指导下，以成矿规律和矿产能源预测的需求为基点，以不同规模相对稳定的古老陆块区和不同时期的造山系大地构造相环境时空结构分析为主线，以特定区域主构造事件形成的优势大地构造相的时空结构组成和存在状态为划分构造单元的基本原则，将青藏高原大地构造划分为八个一级构造单元（图2.2）。本书研究区主体以康西瓦-南昆仑-玛多-玛沁-勉县-略阳对接带和班公湖-双湖-怒江-昌宁对接带为界，

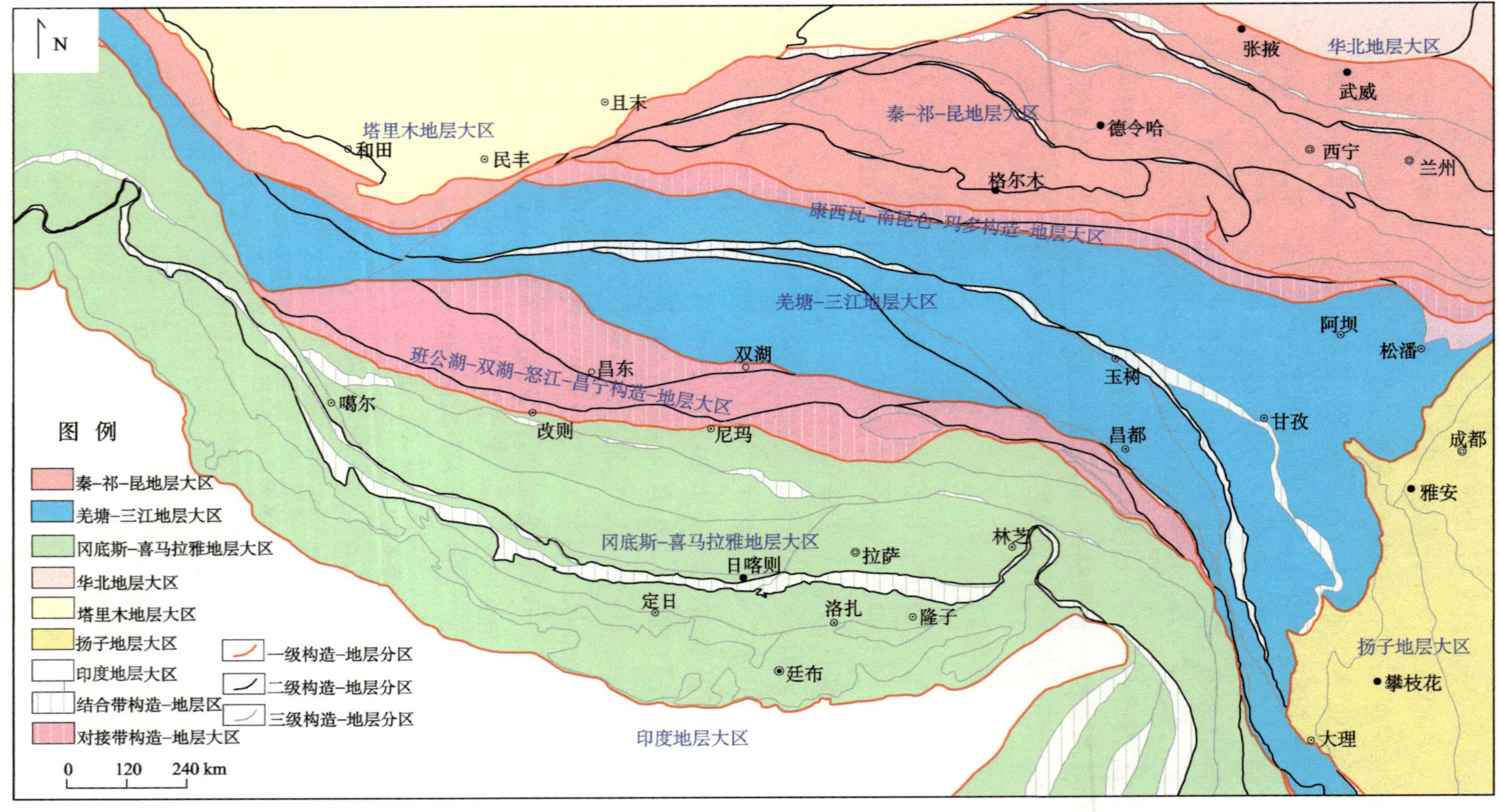

图 2.2 青藏高原综合地层分区图（王文全，2013）

从北向南划分为泛华夏大陆早古生代秦-祁-昆造山系、泛华夏大陆晚古生代羌塘-三江山系和冈瓦纳北缘中生代冈底斯-喜马拉雅造山系三大构造区。

三、区域构造演化

从特提斯的形成演化到青藏高原的形成，经历了一个漫长和复杂的过程。这一过程分为四个明显的演化阶段：原特提斯阶段、古特提斯阶段、新特提斯阶段，以及印度-欧亚大陆碰撞与青藏高原形成阶段（莫宣学和潘桂棠，2006；潘桂棠，2012）。

（一）原特提斯阶段

原特提斯洋是一个近 EW 向的古大洋，地质记录主要分布于东亚地区，目前尚未形成全球统一的概念，对原特提斯洋的认识尚且非常模糊。甚至 Scotese（2004）的全球重建方案中都没有原特提斯洋这个概念，而是将古生代的大洋统称为古特提斯洋，并将其与西段的亚伯特斯（Iapetus）洋相连。这显然和目前公认的亚伯特斯洋与原特提斯洋相连的认识存在巨大差异（Raumer and Stampfli，2008）。

尽管国内大多数学者认为原特提斯洋形成于震旦纪—早古生代，但对中国境内原特提斯的空间界定基本存在三大观点（熊莉娟，2014）：①原特提斯洋由北部古中亚洋（天山-蒙古-兴安主洋盆）、中部秦-祁-昆洋和南部有深水沉积记录的未定名的大洋（以滇西和桂西地区为代表）组成（钟大赉，1998；郭福祥，2001；陆松年，2001）。其中古中亚洋被认为是 Rodinia 超大陆裂解过程产生的原特提斯主洋盆（陆松年，2001；高长林等，2005）。②原特提斯洋由北部具复杂多岛洋特征的古中国洋（商丹洋为其东部分支）和南部相对简单的主大洋“原特提斯洋”构成（高长林等，2006；徐旭辉，2009）。③原特提斯洋是一个位于华北-塔里木陆块以南、滇缅泰-宝山地块以北的复杂大洋（李兴振等，1990；Xiao et al.，2009）。第三种观点中还存在不同看法，如有人认为原特提斯洋只是指秦-祁-昆洋以南的大洋（高长林等，2006；徐旭辉，2009），也有人将泛华夏陆块群西南侧及其内部所有早古生代洋盆统称为原特提斯洋（陈智梁，1994；潘桂棠，1997；许效松，2004；李文昌等，2010）。

（二）古特提斯阶段

古特提斯洋由昆南-阿尼玛卿、龙木错-澜沧江-昌宁孟连、金沙江-哀牢山、甘孜-理塘等几个在不同时期打开而近同时关闭的洋盆构成。昆南-阿尼玛卿、澜沧江-昌宁-孟连、金沙江-哀牢山三个主要洋盆在早石炭世打开形成洋壳，到早二叠世达到最大规模。较新的甘孜-理塘洋盆在晚二叠世打开。而所有古特提斯洋盆均在晚三叠世—早侏罗世早期由于陆-陆碰撞、弧-陆碰撞或弧-弧碰撞而关闭，形成了四条蛇绿混杂岩带（缝合带）夹持着若干微陆块的空间格局，之后又叠加了后碰撞地质作用的影响。在这些缝合带中，龙木错-澜沧江带及昆南-阿尼玛卿带两条地壳对接消减带（简称对接带），代表两个基本对等的陆块最后拼合的界线（莫宣学等，1993；Wang and Mo，1995；潘桂堂，2003；

李才等，2010）。

1. 龙木错–澜沧江缝合带

龙木错–澜沧江洋盆是古特提斯洋的主洋盆，其残留的蛇绿岩带北段为 EW 向的羌中（龙木错–双湖）缝合带，中段为 SN 向的澜沧江蛇绿岩带和昌宁–孟连蛇绿岩带。羌中缝合带里的蛇绿岩代表了古特提斯洋盆的扩张时代，其中基性岩墙的年龄（314～299Ma）和辉绿岩的年龄（302～284Ma）表明，该处洋盆大致形成于晚石炭世—早二叠世（翟庆国等，2006），同时缝合带里与俯冲相关的岩浆作用 U-Pb 年龄（275～248Ma）（Zhai et al.，2011）以及与洋壳俯冲相伴随的高压蓝片岩中蓝闪石的 ^{40}Ar-^{39}Ar 年龄（221～220Ma）和榴辉岩 U-Pb 年龄（243～217Ma）（李才，1997；李才等，2006）表明，该处洋壳俯冲大致从早三叠世开始（许志琴等，2013）。在昌宁–孟连蛇绿岩带硅质岩里发现的早石炭世放射虫组合表明，该处洋盆在早石炭世形成（莫宣学，1998），初始张开的时间可能早—晚泥盆世。在该蛇绿岩带东侧发育的二叠纪至晚三叠世弧岩浆岩与碰撞型岩浆岩带表明，该处洋壳自早二叠世起向东俯冲，在晚三叠世时发生碰撞（莫宣学等，1993；莫宣学，1998；莫宣学和潘桂棠，2006）。

2. 甘孜–理塘缝合带

甘孜–理塘洋盆残留的蛇绿岩带（甘孜–理塘缝合带）位于松潘甘孜–可可西里陆块西侧，该蛇绿岩带西侧是由火山岩及中酸性侵入岩组成的义敦火山岩浆岛弧带。蛇绿岩带中发育洋脊型拉斑玄武岩，南段时代为晚二叠世，北段时代为晚三叠世，中段根据其上覆硅质岩中的放射虫组合时代为早三叠世，这些表明该处洋盆打开的时间在晚二叠世—晚三叠世。而根据义敦火山岩浆弧带中火山岩的时代（T_1—T_2）及其上陆相煤系地层的时代（T_3）判断，甘孜–理塘洋壳可能自早三叠世（T_1）开始向西俯冲，在晚三叠世末（T_3）洋盆闭合。总之，甘孜–理塘洋寿命较短，是古特提斯洋体系中一个小洋盆。

3. 金沙江缝合带

金沙江–哀牢山洋盆残留蛇绿岩带（金沙江缝合带）主要分布于金沙江沿岸附近（张旗等，1991；韩松等，1996；简平等，1999；汪啸风和 Metca，1999），向西经过玉树至巴音查乌玛（Pearce and Deng，1988）。

关于金沙江–哀牢山古特提斯洋盆的裂开时代，不同的认识差别较大。刘训等（1992）根据不同陆块的沉积演化认为其裂开于早石炭世；简平等（1999）对金沙江缝合带南部川西雪堆地区蛇绿岩中的斜长花岗岩和滇西书松地区蛇绿岩套中的斜长岩进行了锆石高灵敏度离子探针（SHRIMP）U-Pb 定年（分别为 294Ma±4Ma、340Ma±13Ma），结合其他地质背景将其裂解时间限定为晚泥盆世－早石炭世（汪啸风和 Metca，1999）；该缝合带东南段硅质岩中的放射虫化石主要集中于早石炭世－早二叠世（吴浩若，1993；王传尚，1999）或中二叠世（孙晓猛和聂泽同，1995）；对冈瓦纳北缘地幔柱岩浆作用的研究，认为其裂开时代可能是在早二叠世（280Ma）（Zhang et al.，2007）。

金沙江-哀牢山洋壳的向南俯冲极性和时代主要由岛弧类岩石来制约，如玉树哈秀地区俯冲带岛弧型石英闪长岩角闪石，定年为216.4Ma（陈文等，2005）；金沙江附近复理石建造中的玄武岩夹层年龄为249Ma（汪啸风和 Metca，1999）；羌塘陆块北部上三叠统巴塘群中存在岛弧火山岩夹层（Pearce and Deng，1988；Dewey et al.，1988）。据此，其俯冲时代为中—晚三叠世。

一般认为，金沙江-哀牢山古特提斯洋于晚三叠世—侏罗纪早期关闭（青海省地质矿产局，1991）。松潘-甘孜陆块和羌塘陆块上三叠统砂岩碎屑物源分析表明，金沙江-哀牢山古特提斯洋的关闭呈东早西晚穿时进行。首先在东段于晚三叠世末北羌塘陆块与亚洲板块碰撞缝合，接着在西段于侏罗纪由南羌塘陆块和亚洲板块碰撞缝合（张玉修等，2006；Zhang et al.，2007）。缝合带东南段的碰撞闭合时间可能始于晚二叠世—早三叠世，持续到晚三叠世，证据有混杂岩体及同碰撞花岗岩（255～227Ma）的出现（汪啸风和 Metca，1999）；义敦火山弧的构造变形和岩浆活动等。另外，古地理研究表明，羌塘陆块早侏罗世大部分地区为海岸平原，北部和东北部出现一套陆相磨拉石沉积（Yin and Harrison，1988；Dewey et al.，1988；Leeder et al.，1988；李勇等，2003）；金沙江缝合带的蛇绿岩以岩块的方式产出于三叠系巴塘群中（Pearce and Deng，1988）；碰撞后花岗岩的活动时间主要集中于200～190Ma；松潘-甘孜陆块海相沉积向非海相沉积的转变时间及较强烈的褶冲变形时期（Dewey et al.，1988；Northrup et al.，1995；Yin and Harrison，2000）等，都暗示金沙江-哀牢山古特提斯洋盆的闭合时代在晚三叠世—侏罗纪早期。

4. 昆南-阿尼玛卿缝合带

昆南-阿尼玛卿洋盆残留的蛇绿岩带（昆南-阿尼玛卿缝合带）分布于东昆仑南缘，巴颜喀拉盆地北侧。德尔尼蛇绿岩熔岩的 U-Pb 年龄（308Ma）（姜春发，1992；Yang et al.，1996）以及其中玄武岩的 U-Pb 年龄 308.2Ma±4.9Ma（杨经绥等，2004）、玄武岩全岩 Ar-Ar 年龄（345.3Ma±7.9Ma）（陈亮等，2001）标志洋盆的形成可能从早石炭世开始。在东昆仑地区，与俯冲造山有关的中二叠世—早三叠世弧火山岩类和弧花岗岩类发育，与碰撞造山相关的晚三叠世高钾火山岩及强过铝质花岗岩类也发育，记录了昆南-阿尼玛卿洋盆俯冲和碰撞的时间。东昆仑南缘发育钙碱性系列岛弧岩浆系（250～230Ma，260～237Ma）（许志琴，1992），昆南-阿尼玛卿蛇绿岩带南侧的松潘甘孜造山带伴随着三叠纪造山期以来的碱钙性系列钾长花岗岩岩浆活动（237～226Ma）（许志琴等，2013）。东昆仑地区下石炭统—下三叠统为海相地层，而上三叠统已经变为陆相，并普遍缺失中三叠统。在玛沁地区，三叠系为厚度很大的海相复理石，而侏罗系则为陆相湖泊沉积，不整合在蛇绿岩带北侧的花岗岩类杂岩体（250Ma±20Ma）之上（杨经绥等，2004）。以上事实说明昆南-阿尼玛卿洋大致在早石炭世扩张形成，在二叠纪开始向北俯冲消减，在晚三叠世—早侏罗世前，大洋闭合，两侧陆块碰撞，昆南-阿尼玛卿缝合带形成。

（三）新特提斯阶段

蛇绿岩带及附近岩浆岩带中与碰撞有关的火成岩年龄及上下地层关系表明，古特提斯各洋盆均在晚三叠世末—早侏罗世初闭合。新特提斯大洋由班公湖-怒江洋、雅鲁藏布洋两个主要洋盆构成，它们在同一时期至少不晚于三叠世打开。从晚三叠世至早、中侏罗世，新特提斯洋逐渐扩展并达到最大规模，但其碰撞、闭合的时间不同（莫宣学，1998；钟大赉，1998；潘桂棠，2003）。班公湖-怒江洋约在中侏罗世（170Ma左右）时开始双向俯冲消减，直到早白垩世末（99Ma左右）闭合，使拉萨陆块与羌塘陆块碰撞拼合（莫宣学和潘桂棠，2006）。雅鲁藏布洋大致自早侏罗世晚期开始向北俯冲消减于拉萨地块之下，70～65Ma时期洋盆闭合使印度板块开始与欧亚大陆南缘碰撞（朱弟成等，2009）。

1. 班公湖-怒江缝合带

班公湖-怒江洋盆残留的蛇绿混杂岩带（班公湖-怒江缝合带）夹持于南羌塘陆块与北拉萨陆块之间，是两者的构造碰撞带（常承法和郑锡澜，1973a，1973b；Gansser，1980；吴浩若等，1981；王希斌，1987；郭铁鹰，1991；西藏自治区地质矿产局，1993；Yin and Harrison，2000；任纪舜和肖黎薇，2004；Zhang et al.，2007）。虽然目前其俯冲极性和演化模式说法还不一致，但是该缝合带具有明显的地球物理和岩相构造标志，并发育一套一般被认为是以侏罗纪为主的蛇绿岩及与之伴生的蛇绿混杂岩和构造混杂岩（Allegre et al.，1984；Dewey et al.，1988；西藏自治区地质矿产局，1993）。所以，班公湖-怒江缝合带是理解青藏高原形成和特提斯演化的关键。

班公湖-怒江缝合带向西延至克什米尔，在中国境内西起班公湖，向东经改则、丁青至八宿县的上林卡，再呈弧形折向南东沿怒江进入滇西，南延进入缅甸，由近EW向、NWW向展布转变为NW向、NNW向展布，西藏境内全长约2000km（王希斌，1987；西藏自治区地质矿产局，1993）。岩带内出露变质橄榄岩、堆晶岩、辉绿岩墙、枕状或块状玄武岩、放射虫硅质岩、绿片岩与灰岩块体等。其中具有典型洋脊型特点的玄武岩广泛发育，其次有洋岛型和岛弧型的玄武岩发育。丁青、碧土一带发现的石炭纪—早三叠世的蛇绿岩（尹光侯和侯世云，1998；王玉净等，2002），以及碧土-丙中洛深海硅质岩中发现的晚石炭世放射虫 *Albaillella* sp.，*Pseudoalbaillella* sp.和三叠纪—侏罗纪放射虫化石（吴根耀，2006），表明班公湖-怒江新特提斯洋盆的形成至少可以追溯至石炭纪，在石炭纪—二叠纪已初具规模。在班公湖-怒江蛇绿岩带西段，舍马拉沟蛇绿岩中层状辉长岩的Sm-Nd同位素内部等时线年龄为191Ma±22Ma（高长林等，2006），代表了该段洋盆张开的年龄为早侏罗世。直到中侏罗世，班公湖-怒江洋盆亦已具相当规模，在两侧陆块的边缘发育了被动边缘，沉积了巨厚的浅海-次深海碳酸盐岩夹碎屑岩、火山岩和砂泥质或钙质浊积岩。形成于俯冲带之上的蛇绿岩（supra-subduction zone，SSZ）（167.0Ma±1.4Ma）的发现（史仁灯，2007），代表了班公湖-怒江洋盆由扩张转为俯冲消减的时限为中侏罗世，洋盆开始缩减、闭合，在洋盆的南侧发育弧-盆体系。残余洋盆的消亡一直延续到早白垩世末。班公湖-怒江蛇绿岩带南侧和北侧一系列花岗岩、闪长岩、火山岩年龄及地球化学特征的研究（Zhang et al.，2007；杜德道等，2011；Zhang et al.，2014；秦川等，2015）越来越准确地限定了班公湖-怒江洋在早白垩世末闭合的时间，同时也表明班公湖-怒江洋盆存在双向俯冲的特征（朱弟成等，2006；康志强等，2009；费光春等，2010，2014；杜德道等，2011）。早白垩世晚期，洋盆闭合后，在陆内俯冲挤压构造环境下，进入陆内造山阶段。陆相磨拉石建造广泛不整合于早白垩世地层之上，造山运动伴随一系列构造变形组合，逆冲断层、韧性剪切带和叠加褶皱十分发育，伴有 S 型花岗岩（高长林等，2006）。

2. 雅鲁藏布江缝合带

关于雅鲁藏布江缝合带代表的新特提斯洋的形成时代认识不一。基于拉萨陆块裂谷火山活动的时代，新特提斯洋的张裂时间被限定在晚三叠世—早侏罗世（Yin and Harrison，2000）。对西羌塘早二叠世（280Ma）大玄武岩省的研究表明，其形成可能导致了冈瓦纳大陆的裂解，形成包括新特提斯在内的特提斯域（Zhang et al.，2007）。

对雅鲁藏布江蛇绿岩带形成的构造环境，大多数研究者认为形成于俯冲带之上（SSZ）的构造环境（Pearce et al.，1984）。对 SSZ 型蛇绿岩的形成时代也存在争议，即对于发生洋内俯冲的时限存在不同意见。早期研究多认为俯冲作用发生在中白垩世（Malpas et al.，2003；Ziabrev et al.，2003）。根据 SSZ 型蛇绿岩的辉长岩矿物内部 Sm-Nd 等时线年龄 177Ma±31Ma（周肃等，2004），泽当洋内弧的 U-Pb 年龄 162Ma，发生洋内俯冲消减的时代可能不迟于早侏罗世晚期。Aitchison 等（2003）总结蛇绿岩带的地质特征、地球化学特征、放射虫硅质岩和伴随沉积层序等，认为新特提斯在中侏罗世—中白垩世发育一系列的洋内岛弧，且该时期的亚洲大陆南缘类似于西太平洋大陆边缘。

还有研究认为可能存在比桑日群弧火山岩更早的俯冲纪录（如叶巴组火山岩单颗粒锆石的 LAM-ICP-MS 年龄为 174Ma±1.7Ma）（董彦辉等，2006），可以推断雅鲁藏布洋可能从中侏罗世或更早开始洋-陆俯冲消减。

随着印度板块于早白垩世（114Ma）从东冈瓦纳大陆裂解（Patriat and Achache，1984），俯冲带向南跃迁，形成雅鲁藏布江蛇绿岩带及日喀则弧前盆地（王成善，1999）。所以有研究认为雅鲁藏布江 SSZ 型蛇绿岩于 80～90Ma 侵位于拉萨陆块南缘；或者认为蛇绿岩的侵位时代大体为晚白垩世—古近纪（Aitchison et al., 2003）；古地磁、沉积物学及古地理等地质资料表明，新特提斯洋的闭合时间可能主要发生在始新世（Patriat and Achache, 1984）。

（四）印度-欧亚大陆碰撞及青藏高原形成时期

印度与欧亚大陆碰撞的起始时间，至今尚无定论。Garzanti 等（1987）认为印度-亚洲大陆碰撞的起始时间晚于 55Ma，甚至晚于早中新世，但是越来越多的证据支持这样的认识：印度-亚洲大陆起始碰撞的时间不晚于 65Ma，完成碰撞的时间在 40～45Ma

（Ding et al.，2005）。

越来越多的人认识到横跨整个冈底斯带超过 1000km 的区域性不整合的重大意义。该不整合下伏地层包括二叠系—上白垩统，均属海相，褶皱强烈；其上覆地层古新统—始新统林子宗火山岩系为陆相，地层近水平，与下伏地层在沉积相、变形样式与变形程度上截然不同。该不整合的时限已由一部分林子宗火山岩底部的 $^{40}Ar/^{39}Ar$ 或 K-Ar 年龄初步限定，由东向西，在林周盆地为 64. 47Ma，在马区为 60.5Ma，在尼玛为 58.55Ma，在阿里地区为 60.68Ma。这个时限代表了印度-亚洲大陆起始碰撞的时间。另外，研究已经表明，林子宗火山岩为同碰撞性质的火山岩（$^{40}Ar/^{39}Ar$ 年龄 65～43Ma）（董国臣，2002；Su et al.，2004）；冈底斯带还存在着年龄为 65～45Ma 曲水同碰撞花岗岩基（Dong et al.，2005；Mo et al.，2005），以及 56～50Ma 碰撞期的强过铝含白云母花岗岩。从沉积和地层古生物证据来看，白垩系与古近系界线两侧的沉积相和生物群有明显变化。例如，在藏南仲巴、岗巴，Tr/K 界线均为不整合面，古近纪陆相砾岩和砂岩覆于晚白垩世滨海台地相碳酸盐岩之上，不整合面两侧的生物群明显不同（Wan et al.，2002），还发现了标志印-亚碰撞事件的约 65 Ma 的藏南前陆盆地的存在（Ding et al.，2005）。李国彪等（2004）厘定藏南最高海相层在晚始新世 Bartanian 早期（约 40Ma），可以认为是碰撞完成的标志（莫宣学和潘桂棠，2006）。

从 45～40Ma 开始，青藏高原进入了后碰撞（post-collisional）期。标志性的构造-岩浆事件就是在羌塘和“三江”地区开始的后碰撞钾质-超钾质火山事件，随后火山活动中心逐渐向外迁移，但在冈底斯带，40～26Ma 期间几乎是一个岩浆活动的间歇期。只在 30Ma 左右有零星的源于中-上地壳的强过铝花岗岩开始活动，至 24～18Ma 达到高潮。25～10Ma 自西向东依次发生了源于陆下岩石圈（SCLM）的钾质-超钾质火山活动。18～12Ma 发生了来源于加厚下地壳或早先俯冲洋壳的埃达克质含铜斑岩事件。这三个后碰撞构造-岩浆事件主要都发生在 20～10Ma，这也是南北向地堑系发育的时期。

第二节　区 域 地 层

一、地层分区

青藏高原各时代地层发育齐全，沉积类型多样，化石丰富，地层分布与主构造线一致，大致呈近 EW 向转变为 SE 展布。青藏高原内部以蛇绿岩、深海沉积物、构造混杂岩带组成的板块结合带及大断裂带或构造带为界。结合构造单元和含煤地层一并考虑，青藏高原邻区以周边华北、塔里木、扬子、印度四大陆块所围限，划分出四个地层大区；青藏高原内部以北部的康西瓦-南昆仑-玛多-玛沁-勉县-略阳对接带和中部的班公湖-双湖-怒江-昌宁对接带，即两个构造-地层大区为界，分隔秦-祁-昆地层大区、羌塘-三江地层大区、冈底斯-喜马拉雅地层大区三个。

二、地层分布

青藏高原各时代地层发育齐全，沉积类型繁多，自太古界至第四系均有出露。太古界至下古生界主要分布在南缘、东缘及深大断裂带附近。上古生界发育完整，零星出露。中生代发育不全，但分布极为广泛，化石丰富，是我国研究古生物学、地层学等地质科学重要地区之一。新生界古近系、新近系除了青藏高原南部、西部以海相沉积为特征外，其余大部分地区均为大面积陆相盆地沉积。第四系沉积类型较多，大部分为冲积、湖积、洪积、风积及冰积等，全区分布。

（一）元古界

1. 古元古界—中元古界

古元古界—中元古界为区内最古老的结晶基底岩系。它经历了多期次区域变质作用、岩浆活动和构造变动的改造。变质变形强烈，原生叠置关系已遭破坏。由西向东主要有冈底斯-腾冲地层区然乌-察隅地层分区德玛拉岩群（Pt_{1-2}D.）、班公湖-怒江地层区嘉玉桥-察瓦龙地层分区卡穷岩群（Pt_{1-2}K.）、南羌塘-左贡地层区类乌齐-左贡地层分区吉塘岩群（Pt_{1-2}J.）、昌都-思茅地层分区和江达-德钦地层分区的宁多岩群（Pt_{1-2}Nd.）。东昆仑山地区主要为金水口群，是一套泥砂质和火山质的变质岩岩石组合，主要岩性为遭受不同程度混合岩化的云英质、长英质、角闪质等片岩和片麻岩，夹石英岩、变粒岩、大理岩等。

2. 新元古界

新元古界分布不广，有类乌齐-左贡地层分区中的酉西群（Pt_3Y）、江达-德钦地层分区中的草曲群（Pt_3C），以及东昆仑山地区万宝沟群。总体沉积特征和岩石组合相似，为碎屑岩、碳酸盐岩和中基性火山岩组合。

酉西群（Pt_3Y）出露于1∶25万昌都县幅南部将灯卡一带，为一套低绿片岩相-高绿片岩相变质岩系，岩石组合有二云石英片岩、钠长二云片岩、绿泥钠长片岩、绿泥钠长石英片岩、二云片岩等，原岩建造可能为一套沉积岩夹中酸性火山岩、基性火山岩及沉凝灰岩。

草曲群（Pt_3C）分布于 1∶25 万囊谦县幅桑卡—来巴—岔来村一带，草曲—么色弄一带，为一套变质砾岩、变砂岩、板岩、片岩夹中基性火山岩地层。原岩为一套粗碎屑岩、细碎屑岩、黏土岩夹中基性火山岩、碳酸盐岩建造。

万宝沟群主要分布于青海东昆仑山南坡西段纳赤台地区万宝沟一带，由变质碎屑岩、火山岩及碳酸岩所组成。

（二）古生界

1. 奥陶系

奥陶纪地层分布于冈底斯-腾冲地层区然乌-察隅地层分区和昌都-思茅地层区昌都-芒康地层分区，出露面积约为700km^2。

然乌-察隅地层分区奥陶纪地层发育齐全，从老到新有下奥陶统桑曲组（O_1s）、中奥陶统古玉组（O_2g）及上奥陶统拉久弄巴组（O_3l）。出露于八宿县雅则-达吧、察隅县古玉乡一带，岩性以豹皮灰岩、泥质条带灰岩、白云岩、泥晶灰岩等组成，富含腔族类*Glyptomena*、*Orthambonites*、*Glyptambonites*、*Leptellina*、头足类 *Protocycloceras* sp.等化石。

昌都-芒康地层分区奥陶纪地层仅有下奥陶统青泥洞组（O_1q）分布于江达县上格色村—热拥村一带和觉拥村—青泥洞乡—麦东村一带，出露面积约为563km^2，岩性以砂岩、板岩、灰岩夹泥页岩、砂岩为主，富含笔石、藻类等化石。

2. 泥盆系

泥盆系在青藏高原北部主要出露在东昆仑北陆块内，在青藏高原中东部分布较广，从然乌—察隅、昌都—芒康到江达—德钦一带均有分布，其中晚泥盆世地层分布较广。

在东昆仑山地区仅发育上泥盆统，包括牦牛山组（D_3m）、黑山沟组（D_3h）和哈尔扎组（D_3he），分布在祁漫塔格、东昆仑山北坡的锡铁山、夏日哈和瓦洪山一带的牦牛山组，其下部为灰绿色、紫红色砾岩和砂砾岩组成磨拉石建造，上部为火山岩和火山碎屑岩组。不整合于滩间山群之上的黑山沟组，为一套由灰色巨厚复成分砾岩、灰-灰绿色粉砂岩和生物碎屑灰岩，分布于东昆仑上北坡哈尔扎—黑柱山一带。由浅灰色、绿色厚层流纹质凝灰熔岩、凝灰岩，夹砂岩和泥质板岩组成的哈尔扎组，整合于黑山沟组之上，分布于东昆仑山北坡哈尔扎一带。

在唐古拉山地区，泥盆系主要包括零星出露于查桑、查布一带，中—下泥盆统查桑组（$D_{1\text{-}2}c$）和唐古拉山西部边缘的上泥盆统拉竹龙组（D_3l），其中查桑组向上与下二叠统呈平行不整合接触，为一套以浅色灰岩、生物碎屑灰岩、生物灰岩、泥质灰岩为主的浅海碳酸盐岩地层。拉竹龙组岩性主要为石英砂岩、微晶灰岩、生物屑灰岩。

在然乌—察隅，泥盆纪地层主要出露于八宿县松宗—察隅县竹瓦根一带，包括下泥盆统龙果扎普组（D_1l）、中泥盆统布玉组（D_2b）、上泥盆统贡布山组（D_3g），下泥盆统龙果扎普组（D_1l）与下伏地层呈角度不整合接触，其上连续沉积中泥盆统布玉组（D_2b）、下泥盆统贡布山组（D_3g）。岩性以白云岩、白云质灰岩、生物灰岩夹碎屑岩为主。

在昌都—芒康，泥盆纪地层发育较完整，从老到新发育有下泥盆统海通组（D_1h）、中泥盆统丁宗隆组（D_2d）、上泥盆统卓戈洞组（D_3z）。集中分布于江达县青泥洞乡觉拥村以北一带和芒康县海通一带。海通组自下而上由紫红、灰紫红色砾岩-含砾砂岩夹灰岩叠置而成。丁宗隆组为一套灰色灰岩、薄层状瘤状泥灰岩、珊瑚礁状白云岩夹浅灰、浅红色石英砂岩、页岩组成。卓戈洞组岩性为灰、浅灰色薄-块层状白云质灰岩、泥灰岩、白云岩，底部页岩与灰岩互层，其上与下石炭统乌青纳组整合接触。

在江达—德钦江达县增果—古才村—森扎—埃拉乡一带，泥盆系由老到新均有出露，包括下泥盆统多吉版组（D_1dj）、中泥盆统森扎组（D_2s）、上泥盆统冬拉组（D_3d）。岩性以浅灰色云石英片岩、白云钠长石英片岩、灰绿色蚀变中基性凝灰岩、蚀变玄武岩、浅灰-灰黑色黏板岩、千枚岩、变质粉砂岩夹浅灰色-浅灰绿色中酸性火山岩为主。

3. 石炭系

石炭系分布比较广泛，从昆仑山、积石山、唐古拉山澜沧江流域至澜沧江缝合带、怒江缝合带和波密—然乌一带均有分布。

东昆仑地区主要出露于昆中断裂南侧附近，在红石山、大干沟、海德乌拉、可可晒尔和下日一带均有分布。

唐古拉山地区石炭系出露最为广泛，其中下石炭统加麦弄群含煤碎屑岩组及下石炭统杂多群含煤碎屑岩组为含煤地层。杂多群主要分布于扎曲河两岸及桑班涌沙切涌一带。加麦弄群主要分布于囊谦、东坝、结扎、冷切达一带。

青藏高原中东部石炭纪地层主要呈带状展布于澜沧江缝合带、怒江缝合带和波密—然乌一带，在昌都盆地类乌齐、贡觉县也有分布。含煤地层分布于昌都盆地西北部和澜沧江缝合带以南区域。

在波密—然乌一带，下石炭统诺错组（C_1n）分布于波密县曲宗藏布河、科拉、忙多错，八宿县嘎龙错、来姑等地，岩性以深灰色板岩为主，夹薄层石英杂砂岩、长石砂岩、生物灰岩等。

在怒江缝合带以内，石炭纪地层不甚发育，仅有下石炭统古米岩组（$C_1g.$）、错绒沟口岩组（$C_1c.$）、邦达岩组（$C_1b.$）等，呈构造块体产出。其中古米岩组呈混杂岩产出，以砂岩、板岩为基质，混杂有石炭系、泥盆系碳酸盐岩岩块。错绒沟口岩组、邦达岩组由一套千枚岩夹变质砂岩、变质灰岩及少许玄武岩组成，属半深海沉积，混杂有碳酸盐岩岩块。

澜沧江结合带中，下石炭统卡贡岩组（$C_1k.$）呈 NW-SE 向狭窄带状展布，各地出露宽窄不一，由一套变质较浅、变形强烈、岩性单一的暗色碎屑岩夹灰岩和火山岩组成。

昌都-芒康盆地内石炭纪地层发育较全，从老到新划分有下石炭统乌青纳组（C_1w）、马查拉组（C_1m），以及上石炭统骜曲组（C_2a）。乌青纳组在区内较为稳定，为一套灰岩，上部含燧石条带，整合覆于晚泥盆世卓戈洞组之上。马查拉组为一套由砂岩、板岩、灰岩、生物碎屑灰岩、泥灰岩，夹硅质岩及煤层组成的海陆交互相煤系地层。骜曲组由深灰色灰岩、结晶灰岩、泥岩、板岩、砂岩，夹灰绿色晶屑凝灰岩等组成。

4. 二叠系

二叠系主要分布于昌都盆地玉树至妥坝一带和青泥洞-贡觉隆起带，澜沧江缝合带内部也有分布。

东昆仑山南坡为二叠系布青山群，阿尼玛卿地区为二叠系布青山群及格曲组。布青山群上部为碳酸盐岩，中部为变火山岩夹碎屑岩、硅质岩及灰岩，下部为碳酸盐岩；格曲组为一套碎屑岩及灰岩沉积的地层。

在羌塘地唐古拉山地区，下二叠统开心岭群主要分布于诺日巴纳保、扎日根、达哈一带，下二叠统尕笛考组、扎格涌组主要分布于杂多区南北两侧、囊谦地区。上二叠统乌丽群为含煤地层，主要分布于开心岭、诺日巴纳保、九十道班、乌丽、扎苏、达哈一带。

在澜沧江缝合带从老到新有中二叠统东坝组（P_2d）、下二叠统沙龙组（P_3sl），分布于康县东坝、沙龙、曲登等地，由一套灰色变质石英砂岩、粉砂质板岩、结晶灰岩、火山碎屑岩及少量玄武岩、砾岩组成。

在昌都盆地出露较全，分布有下二叠统里查组（P_1l），中二叠统莽错组（P_2mc）、交嘎组（P_2j），以及下二叠统妥坝组（P_3t）、夏牙村组（P_3x）。早—中二叠统地层岩性由套浅海相生物碎屑灰岩、泥晶灰岩等组成，含燧石条带及结核。下二叠统妥坝组岩性变化大，主要为一套含煤碎屑岩组合，往南夹玄武安山岩及火山碎屑岩。夏牙村组岩性以安山岩、安山质凝灰岩、火山角砾岩为主。

（三）中生界

1. 三叠系

三叠系从拉萨北到怒江缝合带、金沙江缝合带及巴颜喀拉山及通天河均有出露。含煤地层则主要分布于布尔汗布达山南坡和唐古拉山地区。

东昆仑山南坡分布的早—中三叠统洪水川组、闹仓坚沟组以碎屑岩为主；三叠统八宝山组为一套陆相沉积的碎屑岩夹火山岩地层。巴颜喀拉构造带内广泛分布三叠系巴颜喀拉山群，为一套活动型半深海-深海浊流沉积的砂泥质类复理石沉积建造。

扎苏西南、雅西错-尼阿希错以北、八十五道班、八十九道班、达哈贡玛等地的上三叠统结扎群巴贡组为海陆交互相沉积，岩性为灰绿、灰黑色厚层状岩屑长石砂岩夹灰黑色生物屑灰岩、泥晶灰岩、页岩及煤线。

拉萨—泽当一带主要发育晚三叠世地层。拉萨—泽当一带以南，上三叠统岩性为一套深灰色绢云板岩与变质石英砂岩互层。拉萨—泽当一带以北，中—下三叠统以砂、泥质碎屑及中酸性火山岩夹碳酸盐岩沉积，上三叠统以钙质板岩、千枚岩为主，夹结晶灰岩、粒屑灰岩。

在怒江缝合带沿线发育上三叠统确哈拉群（T_3Q）、察瓦龙群（T_3C）和孟阿雄群（T_3M），岩性为一套砂岩、板岩、灰岩、硅质岩组合，北部区域紫红色砾屑灰岩、白云岩有增多的趋势。

昌都-芒康盆地内由老到新有中—下三叠统马拉松多组（$T_{1-2}m$），上三叠统甲丕拉组（T_3j）、波里拉组（T_3b）、阿堵拉组（T_3a）、夺盖拉组（T_3d）。其中中—下三叠统马拉松多组总体上由碎屑岩和火山岩组成，上三叠统由紫红色粗碎屑岩向上过渡为一套碳酸盐岩建造，再向上过渡为一套石英砂岩、粉砂岩、泥岩、复成分砾岩，夹少量煤线。

2. 侏罗系

侏罗系分布广泛，在东昆仑、类乌齐—左贡北部、昌都盆地、拉萨—泽当及怒江缝合带均有分布。

在东昆仑南缘石峡—江卡沟、野马滩—军牧场及向南分支出的玛尼垄—江千一带，中侏罗统羊曲组自西向东露头零星分布，为含煤地层。下侏罗统年宝组分布于年宝、哇塞一带。

在类乌齐—左贡北部和昌都盆地内，侏罗纪地层广泛分布。从老到新有下侏罗统汪布组（J_1w）、中侏罗统东大桥组（J_2d）、上侏罗统小索卡组（J_3x），为一套紫红色碎屑岩夹浅灰色泥晶灰岩，与下伏三叠纪地层平行不整合接触。

在怒江缝合带沿岸，侏罗纪地层断续出露，从老到新有中侏罗统马里组（J_2m）、桑卡拉佣组（J_2s），上侏罗统拉贡塘组（J_3l）。马里组为一套紫色-杂色砾岩、变质石英砂岩、粉砂岩、泥质岩，夹少量灰岩磨拉石建造。中侏罗统为一套碳酸盐岩台地前缘斜坡相沉积，化石稀少。上侏罗世拉贡塘组为灰-深灰色-绿灰色变质砂岩、粉砂岩、板岩，夹少许灰岩及硅质岩。

在拉萨—泽当以南羊卓雍错一带，侏罗纪地层发育齐全，为一套深灰色粉砂质绢云板岩、砂岩、页岩，夹玄武岩、致密状英安岩。在拉萨—泽当叶巴村—唐嘎—塔吉乡一带，侏罗纪地层分布较广，中—下侏罗统以含火山角砾岩、安山岩、凝灰岩为主，向上过渡为角砾状灰岩、条带状泥质灰岩、砂岩夹安山岩、碎屑岩。在巴颜喀拉山及其以北地区，侏罗系皆以小面积的盆地沉积为主。唐古拉山西南部则分布侏罗系海相、海陆交互相沉积。

3. 白垩系

白垩系主要分布于拉萨北、边坝—八宿、昌都—芒康一带，受沉积-构造环境的制约，地层发育有所差异。可可西里-唐古拉山地区零星出露的白垩系以陆相红色磨拉石建造及火山岩为主，在玉树地区有陆相火山堆积。

在拉萨—沃卡一带，白垩纪地层有下白垩统楚木龙组（K_1c）、塔克拉组（K_1t），上白垩统设兴组（K_2s）。下白垩统为一套石英砂岩，夹页岩、板岩、泥灰岩，局部夹砾岩。东西向厚度变化大，在林周县牛马沟一带还夹炭质页岩及煤层。上白垩统为一套紫红、灰绿色砂岩、泥岩。

在边坝—八宿一带，白垩纪地层发育不全，下白垩统在边坝地区为一套深灰色泥岩、暗色绢云母千枚板岩、浅灰色细碎屑岩夹煤线岩性组合为主，在八宿一带为灰色石英杂砂岩、深灰色页岩并夹煤线。上白垩统仅发育于边坝地区，为一套中酸性熔岩、紫红色砾岩和石英砂岩夹灰岩、白云岩。

在昌都盆地，白垩纪地层发育齐全，由老到新有下白垩统景星组（K_1j），以及上白垩统南新组（K_2n）、虎头寺组（K_2h）。岩性为一套河湖相沉积的紫红色碎屑岩组合。

（四）新生界

1. 古近系

古近系主要分布在拉萨-沃卡地区及昌都地区。

在拉萨-沃卡地区，从老到新有古新统典中组（E_1d），始新统年波组（E_2n）、帕那组（E_2p），均为火山岩地层体。岩性为一套中性、中酸性火山岩逐渐过渡为紫红色火山碎屑岩夹火山岩的地层组合。

昌都地区古近纪地层到处分布，基本上各构造分区均能见及，从西向东出露有始新统宗白群（E_2Z）、古近系贡觉组（Eg）、古近纪热鲁组（Er）。岩性为一套山间红色磨拉石建造，由紫红色砾岩、砂砾岩、粉砂岩、石英砂岩、泥岩、白云岩等组成。

2. 新近系

该区新近纪地层不甚发育，沿雅鲁藏布江和贡觉—芒康一带零星分布。在泽当镇乃东县雅鲁藏布沿岸和墨竹工卡县拥多岗一带，大竹卡组（E_3N_1d）零星分布，为一套灰色砾岩、砂岩、粉砂岩，具明显的下粗上细特征。与下伏地层均呈角度不整合接触，含丰富的动植物化石。

在贡觉—芒康一带，仅有拉屋拉组（N_1l），分布于芒康县幅泽若、拉屋乡、对瓦以东等地。在拉屋乡岩性为粗面岩、凝灰熔岩夹凝灰岩递变为长石砂岩夹泥岩的含煤岩系。在芒康县泽若一带为一套浅灰色黑云粗面岩、安粗岩。

3. 第四系

第四系沉积较为发育，成因类型繁多，地形地貌受大地构造、新构造运动和外营力作用制约，形成现代复杂的高原地貌特征。第四系主要分布于通天河、雅鲁藏布江、怒江、澜沧江和金沙江水系及其支流，其次山间盆地、冰川谷地也有分布。由于新构造运动强烈，第四纪沉积物厚度变化较大，岩性和成因类型复杂多样，有冲积、洪积、风积、湖积、化学沉积、沼泽沉积、冰碛、冰水沉积等。

第三节　岩 浆 活 动

一、岩浆时空分布

青藏高原是我国岩浆岩最为发育的地区之一，出露着从元古宇到新生代各个地质时期多种类型的喷出岩和侵入岩。青藏高原各类火山岩与侵入岩出露面积约为 30 万 km^2，占全区面积的 10%以上。岩浆活动时代具有自南而北时代愈来愈老的特点，其中冈底斯-念青唐古拉构造区（班公湖-怒江-昌宁-孟连对接带南界断裂以南地区）主要出露中—新生代岩浆岩（Mo et al., 2005）；金沙江-澜沧江-怒江构造区（班公湖-怒江-昌宁-孟连对接带南界断裂以北，康西瓦-南昆仑-木孜塔格-玛多-玛沁对接带南界断裂以南地区）主要出露晚古生代—晚三叠世岩浆岩；昆仑-祁连构造区（康西瓦-南昆仑-木孜塔格-玛多-玛沁对接带南界断裂以北地区）主要出露元古宙、早古生代和晚古生代—晚三叠世岩浆岩。

侵入岩主要分布于南部的冈底斯-念青唐古拉构造区和北部的东昆仑构造区，其他地区则零星分布。岩体多以岩基、岩株形式产出，岩石种类较全，主要是酸性岩，其次为中性、超基性、基性岩，局部有极少、规模很小的碱性岩。侵入时代主要是燕山期，次为喜马拉雅期，而印支期及印支期以前的侵入岩体，分布零星。从区域地质资料看，岩浆岩具明显的时空分布规律。区内火山活动与侵入活动一样，十分强烈，火山岩分布广泛，由于各地区在地史演变上的差异，各地火山岩的岩性、喷出期次也有所不同。总的说来，自新元古代至喜马拉雅期，均有火山岩分布。研究区岩浆岩的分布明显受构造制约，区内岩体的分布多与区域构造线平行，表明侵入及火山活动与构造演化密切相关。

二、岩浆活动对成煤的影响

青藏高原全区岩浆活动均十分强烈，但各个地区不尽一致。在聚煤期后，聚煤凹陷内活动的岩浆能够影响到煤层的形态及变质程度。主要有以下几种情况：第一，岩浆顺煤层层位侵入，表现为熔融的岩浆全部或部分吞蚀煤层；第二，岩浆顺煤层顶底板侵入，此时岩浆岩常常构成煤层的直接顶底板，煤层部分被吞蚀，煤层在接触变质带具有渐变性，直接接触带煤热变质而成天然焦，往远端依次为焦化煤、正常煤；第三，岩浆侵入煤层顶、底板岩层之中，这种情况对煤层的影响不大，有时会使煤层部分焦化；第四，岩浆通过对围岩的烘烤而使煤变质程度增高。但是，如果成煤期在岩浆岩活动之后，则不会对煤层造成影响。

（一）早古生代

早古生代火山岩十分发育，岩石类型比较复杂，广泛分布于北祁连山和东昆仑山南坡、柴北缘和拉鸡山等地，南祁连和祁漫塔格地区也有分布。火山活动以海相裂隙式喷发为主，间有中心式喷发。而我国的煤炭资源基本形成于早古生代之后，青藏高原亦没有早古生代的煤炭资源，故早古生代的岩浆活动对其之后形成的煤炭不会造成影响。

（二）晚古生代

晚古生代火山岩主要分布在柴达木盆地北部边缘、东昆仑山，以及南部的唐古拉山地区，火山活动皆始于晚泥盆世，止于早二叠世。

昌都-芒康地区的下石炭统含煤地层受 NW-SE 向的他念他翁-澜沧江逆断层控制，该断层使类乌齐、马查拉一带上三叠统及中侏罗统逆掩于煤系地层之下，破坏了煤系地层的完整性。在该断层南段的察雅—曲登一带沿断层还见有大规模燕山期酸性岩浆侵入，使煤层受热动力变质，这也可能是早石炭世的煤变质程度高（多为无烟煤、贫煤）的重要原因之一。

（三）中生代

中生代火山岩在巴颜喀拉山、东昆仑东缘比较发育，主要有四期间歇性喷发，早—中三叠世海相喷发，晚三叠世海相和陆相喷发，早—中侏罗世和早白垩世陆相喷发。

早—中侏罗世陆相喷发对积石山赋煤带南部年宝组的沉积有一定的影响，含煤地层由灰紫色蚀变安山岩、流纹岩、晶屑凝灰岩夹含煤碎屑岩（砂岩、炭质砂岩、页岩、煤层、煤线）、底部流纹质火山角砾岩组成，积石山地区侏罗系煤变质程度明显高于东昆仑地区。

早白垩世煤系主要位于改则-怒江深大断裂带和雅鲁藏布江深大断裂带之间的冈底斯-念青唐古拉断褶带内，多尼组和川巴组含煤地层在该带北侧的革吉-洛隆燕山期断褶亚带中、西段内，林布宗组含煤地层在该带南东侧拉萨-察隅燕山晚期褶皱亚带的西部。燕山期－喜马拉雅期酸性及中性岩岩基、岩株大面积分布在雅鲁藏布江北侧和东部昌都地区边坝、八宿等地，对煤系分布和煤的变质影响甚大。

对多尼组含煤地层有较大影响的岩浆岩为主要分布在该煤系南西侧的花岗岩、花岗闪长岩，包括分布在边坝西南的普宗花岗岩、洛隆南侧的倾多拉花岗岩、八宿南的扎宿则花岗闪长岩，它们以巨大的岩基顺构造线呈长条形分布，前两者在煤系南缘，后者在八宿南斜穿煤系，破坏地层的连续性。岩浆岩的侵入不仅吞噬了部分煤系地层，还使多尼煤系的煤质加深变质成肥煤-贫煤。除上述大型岩基外，还有一些中小型岩体对煤系煤层有一定影响。

对拉萨地区林布宗组含煤地层有较大影响的岩浆岩主要分布在煤系南侧的冈底斯-林芝杂岩带的岩体，另外在煤系周围分布有较多的小型侵入岩体，与煤系关系较密切的有古荣花岗岩、拉萨花岗岩，它们以岩基形式侵入煤系的南缘。在煤系分布西边和西北部，大规模的晚白垩世流纹质疑灰岩不整合覆盖在煤系地层之上，破坏煤系的出露。由于岩浆岩活动使拉萨煤系变质加深，多呈无烟煤，个别成为天然焦。

对川巴煤系有影响的岩浆岩分布少且规模不大，加上煤系分布有限，故岩浆活动对煤层、煤质影响不大，川巴煤系所含煤层之煤质多为弱黏结煤，少数为烟煤。

（四）新生代

新生代火山活动在可可西里山、唐古拉山、羌塘-三江、冈底斯-喜马拉雅地区均有分布。可可西里山和唐古拉山地区，中新世熔岩被、熔岩穹盖覆于海相三叠系、侏罗系和古近系之上，构成平缓产出的熔岩台地，主要岩石为粗面岩、流纹岩及少量火山角砾岩。喜马拉雅地区新生代岩浆岩主要为中新世的花岗岩类，分布于印度河-雅鲁藏布江结合带南界断裂以南与喜马拉雅主边界断裂以北广大区域，岩浆活动相对较弱。冈底斯带以发育巨大的花岗岩基和广泛出露新生代火山岩为显著特征，是整个青藏高原最重要的岛弧岩浆岩带。中新统门士组含煤地层分布于冈底斯-喜马拉雅造山系拉达克-冈底斯-下察隅岩浆弧带内，区内构造极复杂。始新统秋乌组含煤地层分布于冈底斯-喜马拉雅造山系日喀则弧前盆地，煤层不仅受断层控制，还在一定程度上受岩浆活动的影响。

第三章

含煤地层特征

青藏高原地区从早石炭世到新近纪都有含煤地层形成，主要有石炭世、晚二叠世、晚三叠世、早-中侏罗世、早白垩世、古近纪、新近纪七个成煤期（图 3.1）。

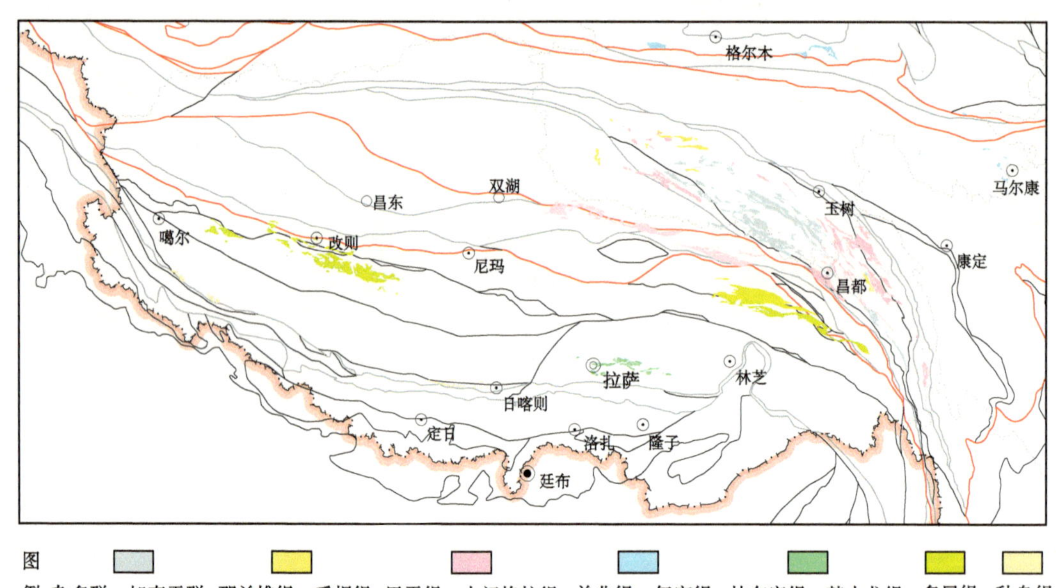

图 3.1　青藏高原主要含煤地层分布图

石炭世早期形成马查拉组（C_1m）、杂多群（C_1Z）含煤沉积及卡贡岩组（$C_1k.$），石炭世晚期主要形成加麦弄群（C_2J）含煤沉积。马查拉组、杂多群、加麦弄群含煤沉积主要分布在唐古拉山西部的扎曲及昌都北部地区；卡贡岩组主要分布在昌都—芒康一线的西部，属于北澜沧江地区。

晚二叠世形成了妥坝组（P_3t）、那益雄组（P_3n）、坚扎弄组（P_3j）含煤沉积。妥坝组广泛分布在昌都北部地区，那益雄组分布于唐古拉山东部乌丽-开心岭地区，坚扎弄组主要分布在西藏西部的改则县地区。

晚三叠世形成了土门格拉组（T_3tm）、巴贡组（T_3bg）含煤沉积。土门格拉组主要分布在安多县一带，以土门格拉煤矿而得名；巴贡组广泛分布在唐古拉山地区及昌都地区。

早中侏罗世形成了羊曲组（$J_{1-2}yq$）、年宝组（J_1n）、普那组（J_2p）含煤沉积。羊曲组广泛分布在阿尼玛卿断裂北部的昆仑山—西秦岭一带，年宝组仅分布在阿尼玛卿断裂南部巴颜喀拉山地区的索乎日麻、桑日麻、年宝玉则一带，普那组主要分布于西藏定日县帕卓区普那乡。

早白垩世形成了多尼组（K_1d）、楚木龙组（K_1c）、林布宗组（J_3K_1l）含煤沉积。早白垩世含煤地层分布于西藏中部的冈底斯地层分区，东部主要分布于边坝—八宿一带，西部分布于改则地区（以往称为川巴组）；楚木龙组、林布宗组分布于拉萨地区。

古近纪形成了秋乌组（E_2q）含煤沉积，主要分布于日喀则和噶尔地区。

新近纪形成了拉屋拉组（N_1l）、芒乡组（N_1m）、噶扎村组（N_1g）含煤沉积。拉屋拉组主要分布在芒康地区，芒乡组和噶扎村组主要分布在日喀则地区。

第一节　石　炭　系

石炭纪是青藏高原第一个成煤时代，含煤地层分布于唐古拉山西部及昌都地区的澜沧江西侧，南起芒康之西的曲登，向北西作条带状顺澜沧江西侧呈向北东突出之弧形延伸，经类乌齐、自家浦延入唐古拉山东段囊谦、杂多地区。根据岩性和古生物群特征可以将唐古拉山地区的石炭系地层划分为：在唐古拉山及青海省囊谦、杂多地区下石炭统划为杂多群（C_1Z），唐古拉山东段杂多—囊谦一带局部的晚石炭世含煤地层划为加麦弄群（C_2J）；昌都地区的石炭系划分为下石炭统乌青纳组（C_1w）、马查拉组（C_1m），上石炭统整曲组（C_2w）；西藏察雅县卡贡乡早石炭世称为卡贡岩组（$C_1k.$）（表 3.1）。

表 3.1　青藏高原石炭系岩石地层单位划分对比表

<table>
<tr><th colspan="2">地　层</th><th>昆仑山-积石山</th><th colspan="2">唐古拉山</th><th>昌都-芒康</th><th>北澜沧江</th></tr>
<tr><td rowspan="5">石炭系</td><td rowspan="2">上石炭统</td><td rowspan="2">浩特洛娃组</td><td rowspan="2">加麦弄群</td><td>灰岩组</td><td rowspan="2">鳌曲组</td><td rowspan="2"></td></tr>
<tr><td>砂板岩组（含煤）</td></tr>
<tr><td rowspan="3">下石炭统</td><td rowspan="3">哈拉郭勒组</td><td rowspan="3">杂多群</td><td>碳酸盐岩组</td><td rowspan="2">马查拉组（含煤）</td><td rowspan="3">卡贡岩组（含煤）</td></tr>
<tr><td rowspan="2">碎屑岩组（含煤）</td></tr>
<tr><td>乌青纳组</td></tr>
</table>

一、杂多群

唐古拉山北坡杂多-囊谦地区早石炭世含煤地层是杂多群下部碎屑岩组，含可采煤层。杂多群（C_1Z）由青海省第二区调队于 1982 年创名，《青海省岩石地层》沿用。岩性组合为含煤碎屑岩、碳酸盐岩，含丰富的植物化石，碳酸盐岩含丰富的海相动物化石，砂岩以厚层为主，粒度较细，分选性较好，结构成熟度较高，发育平行层理、水平层理及小型交错层理。《青海省岩石地层》中将杂多群进一步划分为上部碳酸盐岩组和下部碎屑岩组，碎屑岩组为含煤地层。杂多群碎屑岩组为灰-深灰色、灰黑色石英砂岩、砂质板岩、钙质砂岩，含海绿石硅质岩夹英安质晶屑凝灰岩、辉石安山岩，局部含煤，厚度为1113.65m。产珊瑚：*Thysanophyllum Circulocysticum*、*Dibunophyllum* sp.、*Kueichouphyllum* sp.，腕足：*Megachonetes Zimmerimani*、*Gigantoproductus* cf. *Semiglobosus*，植物：*Calamites suckowii*、*Sphenopteris* sp.、*Lepidodendron* sp.等。

二、马查拉组

马查拉组（C_1m）分布于西藏、青海交界一带的自家浦、拉龙贡、昂欠、扎多，以及昌都地区类乌齐马查拉等地，总体呈 NW-SE 向展布。早石炭世马查拉组（C_1m）为 1∶100 万昌都幅（1974）创建，《川西藏东地层与古生物》（1982）、1∶20 万昌都幅洛隆幅（1990）、《西藏自治区区域地质志》（1993）、《西藏自治区岩石地层》（1997）、《1∶150 万青藏高原及邻区地质图说明书》（2004）沿用至今。

马查拉组（C_1m）为一套海陆交互相含煤碎屑岩沉积，属海退沉积序列成煤。在囊谦县吉曲乡乃色一带岩性为亮晶砂屑白云岩、生物碎屑灰岩、黑灰色含炭钙质页岩、粉砂质板岩、炭质板岩、石英砂岩（图 3.2），夹煤线及厚 12～50cm 的透镜状煤层；在类乌齐县马查拉一带岩性主要为灰黑色中-厚层灰岩、结晶灰岩，夹炭质灰岩、钙质页岩、泥质灰岩；炭质砂岩、泥质砂岩、砂质页岩等，夹炭质页岩、煤线及可采煤层（图 3.3）。马查拉组古生物群较丰富，主要有腕足类、珊瑚、蜓类、植物、苔藓虫、放射虫、双壳类、有孔虫、海百合、古藻类等，尤以珊瑚、腕足类最为繁盛。

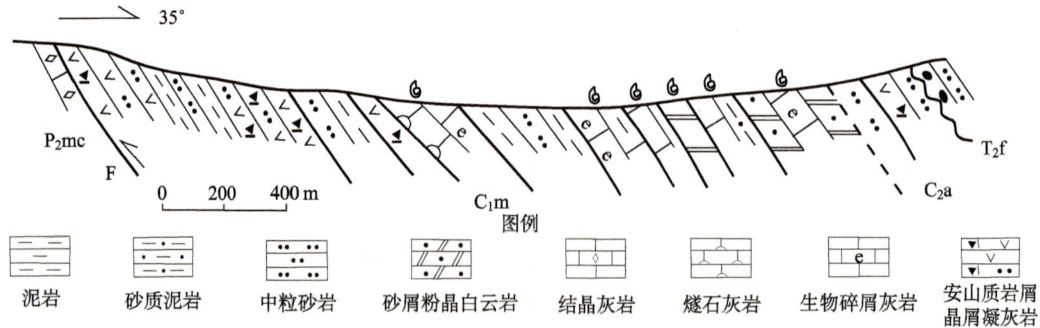

图 3.2　青海省囊谦县吉曲乡乃色扫马查拉组实测剖面图（1∶20 万类乌齐幅）

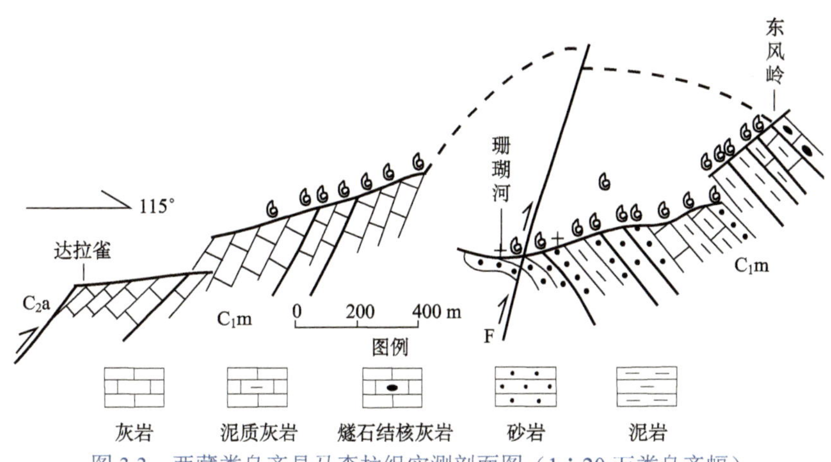

图 3.3 西藏类乌齐县马查拉组实测剖面图（1∶20 万类乌齐幅）

三、卡贡岩组

卡贡岩组（$C_1k.$）分布于扎西错、卡贡乡、金多村、下曲卡、尼坝、加卡村、亚隆、扼打一带，位于澜沧江结合带中，呈 NW-SE 向狭窄带状展布，卡贡岩组（$C_1k.$）由卡贡群（$C_1K.$）演变而来。

1979 年，西藏第一地质队创名于西藏察雅县卡贡乡，原指察雅县卡贡地区下石炭统以千枚岩为主含铁矿的地层体；1990 年，四川区调队在 1∶20 万昌都幅报告中仍用卡贡群一名；1990 年，云南第三地质大队在 1∶20 万芒康幅、盐井幅报告中将沙龙—加卡—扼打一带的早石炭世地层划为马查拉组；1992 年，贵州区调队在 1∶20 万察雅县幅、左贡幅报告中仍用卡贡群一名；1997 年，《西藏自治区岩石地层》沿用卡贡群；2007 年 1∶25 万芒康县幅采用卡贡岩组一名，时代仍归属早石炭世。

卡贡岩组（$C_1k.$）上部为灰黑色板岩夹变质砂岩，含赤铁矿，顶部为红柱石角岩，厚度大于 293m，总厚度大于 3583m；中部为灰黑、深灰、灰绿色板岩和片岩夹变质砂岩组成，可见花岗岩侵入。含植物化石 *Cardiopteridium*、*Spetsbergens*，含赤铁矿，厚度大于 583m；下部为灰白、浅灰色变质石英砂岩、石英岩和片岩，夹灰黑色、灰绿色板岩，厚度大于 2950m。

西藏类乌齐县类乌齐镇玛均弄下石炭统卡贡岩组（$C_1k.$）为一套灰紫、紫绿灰色绢云千枚岩夹变质砂岩，浅灰色变质砂岩与深灰、灰绿色千枚岩不等厚互层（图 3.4），偶见砂

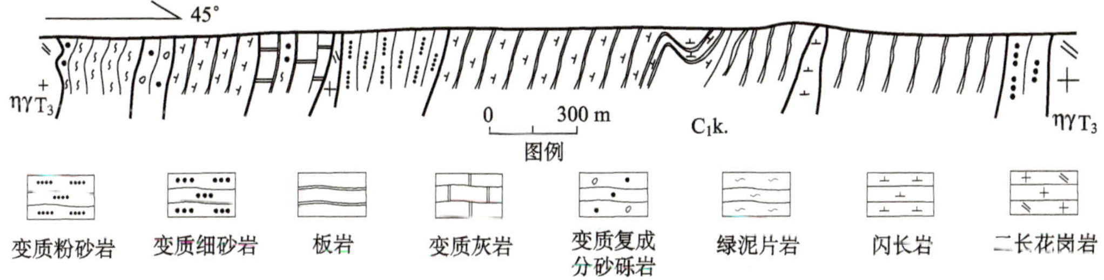

图 3.4 左贡县加卡村北下石炭统卡贡岩组实测剖面图（据 1∶20 芒康幅）

屑灰岩的地层体，断裂、褶皱发育，小有序而大无序，为构造地层，厚度大于 1585m。其岩石组合特征、构造变形形态与察雅县卡贡地区、芒康县曲登地区的卡贡岩组基本相似。

在维贡、曲登一带，卡贡岩组中发现有含煤碎屑岩建造，岩性为黑色板岩夹变质砂岩及煤，富含植物化石碎片。在金多一带，岩性为灰绿、灰色变质石英砂岩，局部夹大理岩、斜长角闪岩，板岩中富含孢粉化石。上部为大理岩，顶部为红柱石角岩，有闪长岩岩体侵入，厚度大于 548m。下部靠上层位夹数十层煤，含煤岩段由变质粉砂岩-炭质板岩-煤组成数十个基本韵律（446m）。

四、邦达岩组

邦达岩组（$C_1b.$）分布于孟格、邦达和怒江桥一带，由一套海进式灰绿色千枚岩夹变质砂岩，浅灰、灰黑色变质灰岩、大理岩间夹千枚岩及少许玄武岩和流纹岩组成（图 3.5），属半深海沉积，混杂有泥盆系、石炭系碳酸盐岩岩块。

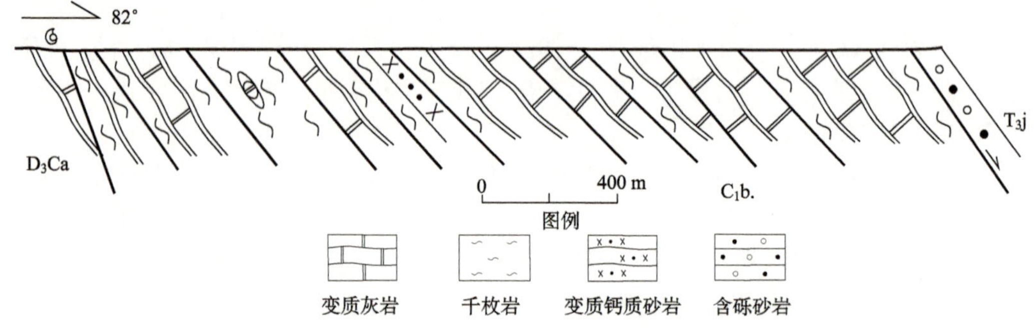

图 3.5　西藏八宿县邦达镇邦达岩组（$C_1b.$）实测剖面（据 1∶25 万八宿幅）

D_3Ca 表示晚泥盆世碳酸盐岩岩块

邦达岩组下部为浅灰、灰黑色千枚岩，夹灰黑色大理岩，厚度为 643m；中部为灰黑色变质灰岩夹少许灰、灰绿色千枚岩，厚度为 782m；上部为灰黑色大理岩夹灰、灰绿色千枚岩，顶部砂质钙质千枚岩，厚度大于 513m。距剖面约 5km 的浪衣达地区，该组含孢粉化石 *Crassispora trychera*、*Grannlatisporites grannlalus*、*Lycosporapusilla*、*Laevigatosporites vulgaris* 等，向北至雪果弄千枚岩和片岩增多，厚度为 1240m。中下部为灰绿、灰黄色云母片岩、千枚岩，偶夹米黄、黄色变质灰岩和结晶灰岩及少许灰黄色薄层钙质变质砂岩（940m）；上部为米黄、黄色薄层片理化灰岩及灰色薄层结晶灰岩（厚度大于 300m）。再往北至孟格一带下部为灰、灰黑色绿泥石云母长石片岩夹灰黄色千枚岩及少许变质石英砂岩，偶夹糜棱岩化变质泥晶灰岩及三层玄武岩。

五、加麦弄群

加麦弄群（C_2J）主要分布于唐古拉山东段杂多—囊谦一带，下部的砂板岩组含可采煤层，是唐古拉山地区主要含煤地层之一。含煤地层零星分布，见于东坝、纳仁贡玛、扎格涌、当曲等地，与下伏杂多群呈平行不整合接触。砂板岩组岩性组合为灰、灰绿色长石砂岩、石英粉砂岩、粉砂质板岩、炭质板岩，夹灰绿色泥灰岩、结晶灰岩、凝灰岩、英安岩、玄武质火山角砾岩及煤线，厚度各地不一，为190～664m。含蜓：*Triticites* sp.、*Schwagerina* sp.、*Pseudofusulina* cf. *vulgaris*、*Pseudoschwagerina* sp. 等，珊瑚：*Lophocarinophylum* sp.，植物：*Stigmaria ficoides*。

囊谦县尕松山牧马沟地区加麦弄群（C_2J）含煤碎屑岩组出露较好（图3.6），底部岩性以灰一深灰色的泥岩、粉砂质泥岩夹为主，岩石较致密、坚硬；中部由灰-深灰色的细粒砂岩、粉砂岩组成，地层具明显韵律性；上部主要以深灰色-灰黑的粉砂质泥岩、泥岩为主，夹炭质泥岩薄层，地层颜色较下部明显加深。

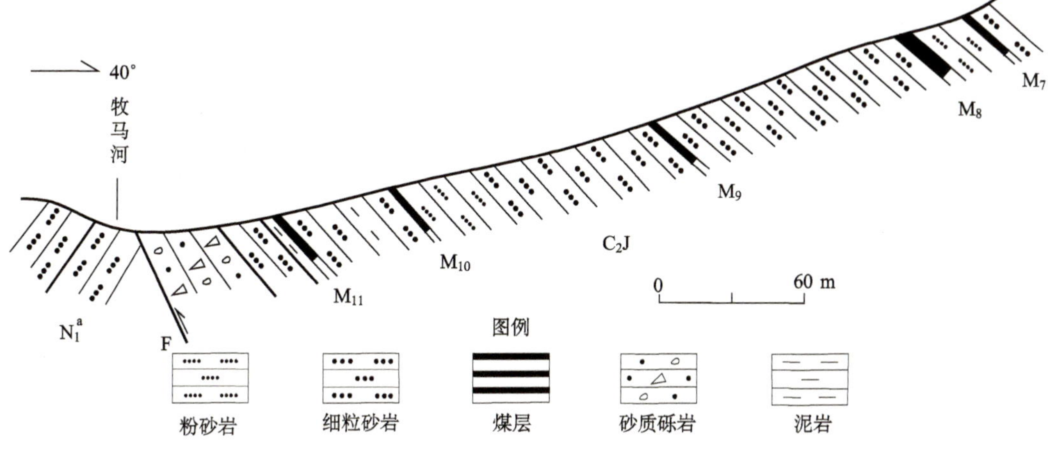

图3.6　囊谦县尕松山上石炭统加麦弄群含煤地层剖面

第二节　二　叠　系

青藏高原晚二叠世在临近古陆的地区沉积了海陆交互相含煤地层，但聚煤作用较弱，含煤地层不仅厚度大，含煤性差异也很大。含煤地层主要分布于青海省南部唐古拉山地区的沱沱河、当曲、子曲流域一带，往东至杂多、囊谦一带也有零星出露，呈NW-SE向展布。中一下二叠统称开心岭群（$P_{1-2}K$），进一步又可分为下部尕笛考组和上部扎格涌组，其中尕笛考组含有不可采的薄煤层（线）。上二叠统称乌丽群（P_3WL），进一步又可分为下部那益雄组和上部的拉卜查日组，其中那益雄组是唐古拉山地区二叠系的主要含煤层位。向东至昌都地区一带晚二叠世含煤地层主要分布在妥坝煤矿区一带，上统称妥坝组（P_3t），局部含有可采煤层（表3.2）。另外，在改则地区的夏康坚雪山东坡的坚扎弄沟一带也有晚二叠世含煤地层出露，含薄煤层或者煤线。

表 3.2　青藏高原二叠系岩石地层单位划分对比表

<table>
<tr><th colspan="3">年代</th><th>昆仑-积石山</th><th colspan="2">唐古拉山地区</th><th>昌都-芒康地区</th><th>改则</th></tr>
<tr><td rowspan="4">晚古生代</td><td rowspan="4">二叠纪</td><td rowspan="2">晚二叠世</td><td rowspan="2">格曲组</td><td rowspan="2">乌丽群</td><td>拉卜查日组</td><td rowspan="2">妥坝组
（含煤）</td><td rowspan="2">坚扎弄组
（含煤线）</td></tr>
<tr><td>那益雄组
（含煤）</td></tr>
<tr><td>中二叠世</td><td rowspan="2">布青山群</td><td rowspan="2">开心岭群</td><td>扎格涌组</td><td>交嘎组</td><td>下拉组</td></tr>
<tr><td>早二叠世</td><td>尕笛考组
（局部含煤）</td><td></td><td>昂杰组</td></tr>
</table>

一、开心岭群

开心岭群（P_2K）分布于扎日根—囊谦一带（图 3.7），与下伏地层关系不清，进一步又可分为下部尕笛考组和上部扎格涌组，其中尕笛考组含有不可采的薄煤层（线）。

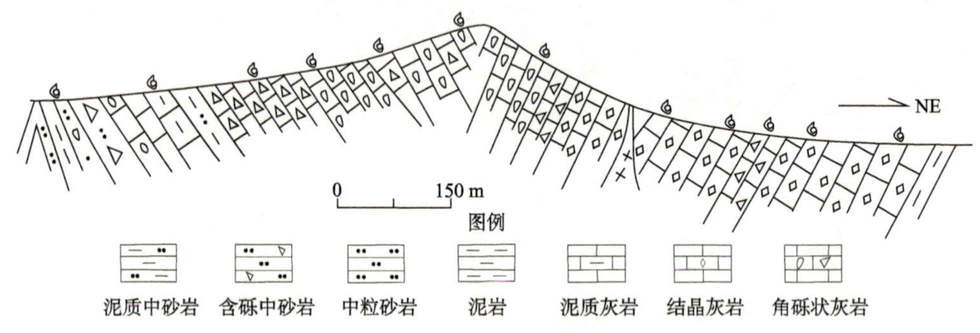

图 3.7　唐古拉山乡扎日根晚石炭世—二叠纪开心岭群地层实测剖面

（据 1：25 万沱沱河幅，2005）

二、乌丽群

乌丽群分布于唐古拉山地区的乌丽煤田一带，往东至杂多、囊谦一带也有零星出露。可分为那益雄组和拉卜查日组，与下伏九十道班组平行不整合接触，两岩组间整合接触。

拉卜查日组（P_3l）呈 NW-SE 向展布，由一套海陆交互相含煤碎屑岩、碳酸盐岩组成，岩性为灰-深灰色粉晶、泥晶、生物碎屑灰岩夹粉砂质黏土岩、长石砂岩及薄煤层，厚 380～546m，含蜓科、腕足、双壳类等化石（蜓科：*Palaeofusulina* sp.，腕足：*Perigeyerella costellata*、*Leptodus* sp.）。

那益雄组（P_3n）由一套海陆交互相含煤碎屑岩、碳酸盐岩组成（图 3.8）。岩性为深灰色岩屑砂岩、黏土岩夹煤及灰岩，底部紫红色石英质砾岩，厚度 446.34m。含蜓：*Palaeofusulina* cf. *fusiformis*、*P.* cf. *simplex*、*Reichelinachanghsingensis*、*Spharulina* cf. *zisongzhengensis*，植物：*Calamites* cf. *gigas*、*C. stenocostatus*、*Pecopteris*（*Asterotheca*） *guizhouensis*。那益雄组在扎格涌北部局部见陆相中基性火山岩，不整合于中二叠统诺日巴尕日保组之上。

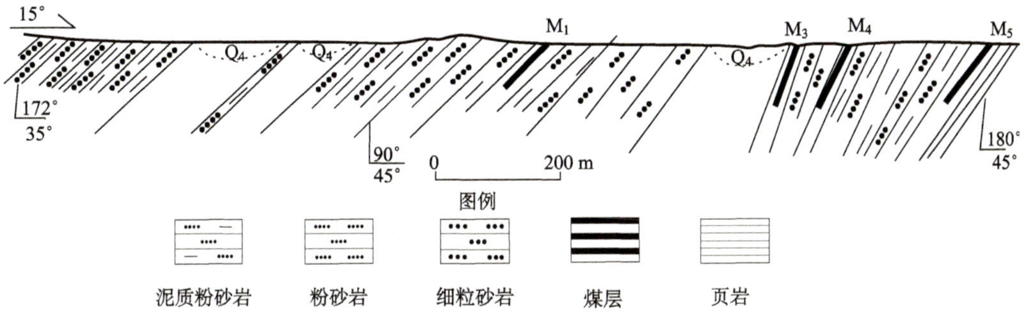

图 3.8 乌丽地区上二叠统那益雄组野外实测剖面

三、妥坝组

妥坝组（P_3t）分布于芒康县宗西乡、海通、江达、拉堆村等地。妥坝组为李璞创名妥坝煤系（李璞，1955）；盛金章（1962 年）改为晚二叠世妥坝组（P_2t）；1∶100 万昌都幅（1974 年）、《川西藏东地层与古生物》（1982 年）、1∶20 万芒康幅、盐井幅（1991 年）、《西藏自治区岩石地层》（1997 年）按二叠系两分原则划为上二叠统妥坝组（P_2t）；《1∶150 万青藏高原及邻区地质图说明书》（2004 年）按二叠系三分原则划为晚二叠世妥坝组（P_3t）。

妥坝组（P_3t）岩性变化大，主要由长石岩屑石英砂岩、石英砂岩、石英砾岩、复成分砾岩、页岩夹灰岩、炭质页岩等组成（图 3.9）。往南夹玄武安山岩、细碧角斑岩及火山碎屑岩，厚为 400～1413m。下与交嘎组、上与夏牙村组皆为整合接触。产蜓 *Codonofusiella kwangsiana* 是我国南方龙潭阶的标准化石。腕足类的组合面貌与华南晚二叠世基本一致。其中，*Edriosteges poyangensis*、*Leptodus nobilis*、*L. tenuis*、*Semibrachythyrina mahaensis*、*Peltichia zigzag* 及 *Haydenella wanganensis* 等是上二叠统的常见化石。

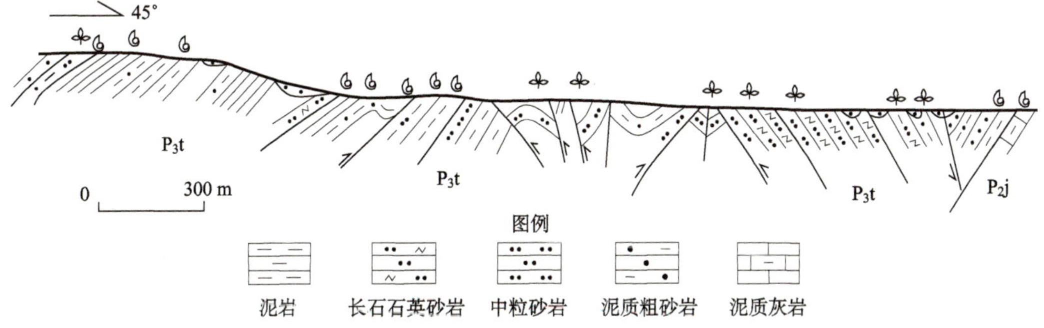

图 3.9 西藏昌都县妥坝乡妥坝组实测部面图（1∶20 万昌都幅，1990 年）

妥坝组（P_3t）为一套海陆交互相含煤碎屑岩夹碳酸盐岩沉积，其变质作用较强，普遍显糜棱岩化。假整合于交嘎组之上，上与卡香达组呈整合接触，厚 416～1775m。该组上、下两分性较明显。下段为杂色砂岩与泥岩互层，中部夹煤层；上段为灰-深灰色泥岩、粉砂岩夹煤层。在类乌齐县达买村含厚 10～20cm 的煤层数层。

四、坚扎弄组

坚扎弄组（P_3j）分布于夏康坚雪山东坡的坚扎弄沟一带。最早由西藏地质局四大队（1971 年）发现一套含煤碎屑岩地层，称为尖扎辽旺组，推测其地质时代可能为侏罗纪或三叠纪—侏罗纪。吴一民和傅在斌（1983 年）测制了该剖面并在其中采集到一些植物化石，经李星学等（1985 年）鉴定后，认为其时代为二叠系，或可能为二分的早二叠世晚期，吴一民等将此套地层命名为坚扎弄组。《西藏自治区岩石地层》（1997 年）采用坚扎弄组一名，并将其时代暂归为二分的晚二叠世。李志斌（2016）通过 1∶5 万区调工作新发现了大量中生代早中期孢粉化石，认为其地层应为晚三叠世—侏罗纪。本书采用《西藏自治区・岩石地层》中的观点，暂将其划入晚二叠世。坚扎弄组（P_3j）仅在夏康坚雪山东坡的坚扎弄沟零星出露，岩性为灰白色中-薄层石英砂岩、粉砂岩、含砾砂岩与黑色、深灰色炭质泥岩、页岩的不等厚互层，夹砾岩和薄层劣煤层或煤线，下未见底，上部被郎山组圆笠虫灰岩不整合覆盖，厚度约 730m。

第三节　三　叠　系

晚三叠世是西藏的主要成煤期，主要分布在唐古拉山和土门—巴青—昌都一带。晚三叠世地层的分布跨越青南和西藏北部地区，前人在该区研究较早，所获得的岩石地层、生物地层资料丰富，但在对地层的划分上长期以来存在不同的意见（表 3.3）。

表 3.3　青藏高原三叠系岩石地层单位划分对比表

地层	1∶25 万安多县幅（2005 年）		1∶25 万沱沱河幅（2004 年）	1∶25 万兹格塘错幅（2007 年）	1∶25 万昌都、芒康幅（2007 年）	青海煤炭资源潜力评价（2014 年）		本书
上三叠统	土门格拉组	二段	巴贡组	夺盖拉组	夺盖拉组	结扎群	巴贡组	巴贡组
				阿堵拉组	阿堵拉组			
		一段	波里拉组	波里拉组	波里拉组		波里拉组	波里拉组
			甲丕拉组	甲丕拉组			甲丕拉组	甲丕拉组

1955 年，中国科学院西藏工作队地质组李璞把雅县巴贡地区晚三叠世含煤地层命名为巴贡煤系；1959 年，赵金科将其称为巴贡群；1974 年，四川省地矿局三区测队将其改称巴贡组，分为下部阿堵拉段和上部夺盖拉段；1987 年，饶荣标在研究青藏高原的三叠

系时，沿用了巴贡组；1990 年，1∶20 万洛隆幅、昌都幅曾划晚三叠世桑多群；1992 年，1∶20 万察雅幅、左贡幅划为阿堵拉组；1997 年，《西藏自治区岩石地层》沿用巴贡组；2007 年 1∶25 万左贡幅将其改为阿堵拉组和夺盖拉组，煤层主要位于夺盖拉组。2003 年，西藏自治区地质调查院完成的 1∶25 万兹格塘错幅将安多土门格拉煤矿附近的上三叠统划分为波里拉组（T_3b）、阿堵拉组（T_3a）、夺盖拉组（T_3d）。本书将唐古拉山乌丽-扎曲、土门-巴青及昌都北部广泛分布的晚三叠世含煤地层统称为巴贡组（T_3bg）。

由于古地理的差异造成不同地区晚三叠世含煤地层沉积环境的变化，西部的安多—土门—乌丽一带煤层主要分布于巴贡组的下段，而至东部的杂多、类乌齐、昌都等地煤层主要分布于含煤地层的上段。巴贡组（T_3bg）岩性组合为灰绿色巨厚层状细粒长石岩屑砂岩、巨厚层状含泥质粉砂岩夹薄层状粉砂质页岩、炭质页岩夹煤层。砂岩中见有大型斜层理，层面具有对称波痕和虫迹，产少量的双壳类及大量的植物和孢粉化石。巴贡组（T_3bg）为滨浅海-海陆交替相沉积，在察雅以南和土门格拉以西厚度迅速变薄乃至尖灭。整合沉积在晚三叠世诺利克期的浅海或半深海相碳酸盐岩沉积之上，其上覆地层为中侏罗世或中晚侏罗世（局部地区为古近纪）的陆相碎屑沉积，且为不整合接触。该组沿走向厚度变化较稳定，除夺盖拉、彭曲、土门格拉等地厚达 2600～3000m 外，一般厚 1100～1700m。在安多—土门—乌丽一带巴贡组下部含可采或局部可采煤层，地表见煤两层，最厚达 3.1m，含 0.45m 厚的夹矸两层（图 3.10）。在类乌齐一带巴贡组上部含局部可采煤层及煤线，一般厚度为 0.1～0.2m，局部夹厚 0.2～1.2m 的劣质煤层。

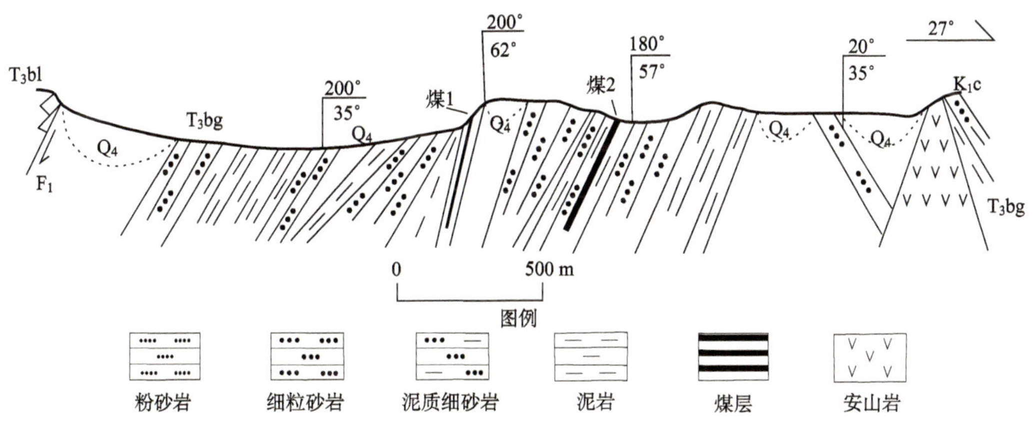

图 3.10　八十五道班西侧上三叠统巴贡组野外实测剖面

第四节　侏　罗　系

侏罗纪含煤地层主要分布于青海东昆仑、西秦岭、积石山两侧，早—中侏罗世含煤地层，称为羊曲组（$J_{1-2}yq$）和年宝组（J_1n），含煤性远差于柴北缘和祁连山的侏罗系

（表 3.4）。另外，在喜马拉雅山地区定日县中侏罗统普那组也出露较好，但含煤性更差。

表 3.4 青藏高原侏罗系岩石地层单位划分对比表

<table>
<tr><th colspan="2">地层</th><th>祁连</th><th>柴北缘</th><th>昆仑山</th><th>积石山</th><th>唐古拉山</th><th>那曲-洛隆</th><th>羌塘</th><th>喜马拉雅</th></tr>
<tr><td rowspan="5">侏罗系</td><td rowspan="2">上侏罗统</td><td rowspan="2">享堂群</td><td>红水沟组</td><td rowspan="2"></td><td rowspan="2"></td><td rowspan="4">雁石坪群</td><td rowspan="2">拉贡塘组</td><td rowspan="2">多玛群</td><td rowspan="2">门卡墩组</td></tr>
<tr><td>采石岭组</td></tr>
<tr><td rowspan="2">中侏罗统</td><td>江仓组</td><td>石门沟组</td><td rowspan="3">羊曲组</td><td rowspan="3">年宝组</td><td rowspan="2">柳湾群</td><td rowspan="2">日松群</td><td rowspan="2">聂聂雄拉组
普那组</td></tr>
<tr><td>木里组</td><td>大煤沟组</td></tr>
<tr><td>下侏罗统</td><td>热水组</td><td>小煤沟组</td><td></td><td></td><td></td><td></td></tr>
</table>

一、羊曲组

羊曲组（$J_{1-2}yq$）得名于兴海县尕毛羊曲村，为东昆仑—西秦岭北部的一套中侏罗世含煤沉积，主要分布于雪山峰、埃坑德勒斯特、泽库、果洛积石山等地的山间断陷盆地，为河湖相沉积，分布比较零散，与下伏上三叠统八宝山组或鄂拉山组不整合接触。岩性组合为灰色与紫红色砾岩、砂岩、粉砂岩、黏土岩、石英砂岩、泥岩互层夹炭质页岩、煤层，局部地区夹石膏及铁质结核（图 3.11），厚度为 480～3647m。产植物：*Equisetitescolumnaris*、*Neocalamitsecarrerei*、*Clathropterisplatyphlla*、*Cladophlebishaiburnensis*、*Coniopterishymenophylloides*、*C.simplex*、*Cladophlebis* sp.、*Podozamiteslanceolatus*，昆虫：*Ephemeropsistrisetalis*，叶肢介：*Eosestheria* cf. *perseulpta*、*Diestheria* sp.。

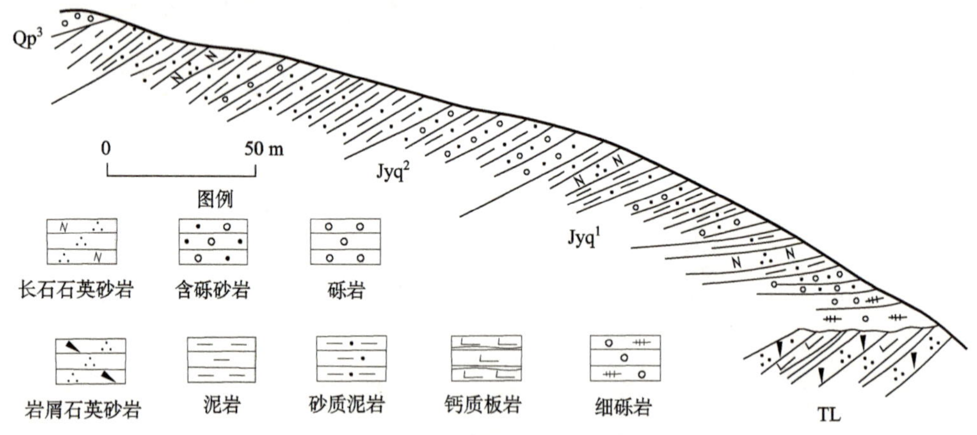

图 3.11 兴海县河卡乡旧羊曲中侏罗统羊曲组实测剖面（张发德等，2010）

TL 表示隆务河群

二、年宝组

在积石山南部的年宝、哇塞一带出露一套早侏罗世火山岩型含煤地层，被称之为年宝组。零星分布于巴颜喀拉山分区的索乎日麻、桑日麻、年宝煤矿一带，不整合于巴颜喀拉山群之上。由灰紫色蚀变安山岩、流纹岩、晶屑凝灰岩夹含煤碎屑岩（砂岩、炭质砂岩、页岩、煤层、煤线），底部流纹质火山角砾岩组成，厚 623m。产植物：*Podozamiteslanceolatus*、*Neocalamites* sp.、*SphenobaieraLongifolia*、*Equisetites* sp.、蕨类孢粉、裸子植物花粉，地质时代为早侏罗世。

三、普那组

普那组主要分布于西藏定日县帕卓区普那乡。出露面积小，南北以断层为界，呈近 EW 向延展。该含煤地层属于海陆交互相沉积。煤系下伏为早侏罗世的砂页岩和灰岩，含煤地层中产出的丰富动植物化石，总体特征是以裸子植物占统治地位，主要包括苏铁类和银杏类。主要分子有：*Ptilophyllum* sp.、*P. acutifolium Morris*、*Otozamites* sp.、*Elatoecladus tenerrimus*、*Allocladus* sp.、*Araucarter* sp. 等，也存在蕨类植物，主要为真蕨类，如 *Cladophlebis* sp. 等。动物群以海相-浅海相的菊石类为主，主要有 *Kamptokiphalites kampytus Buckman*、*K. etheridgei spath*、*Macrocephalites compressus Quensis*、*Dolikephalites* cf. *typicus*、*Erymnoceras* aff. *Coromoides* 等，属于中侏罗世晚期及晚侏罗世早期的重要化石。煤系岩性主要由中粒石英砂岩、页岩、粉砂岩夹煤线组成，厚度 467m，属海相沉积，其含煤性较差，煤层一般不可采，一般厚度仅有几厘米，局部可采 1～2 层，煤层结构复杂且不稳定，为高灰低硫无烟煤。

第五节　白　垩　系

早白垩世含煤地层主要分布在青藏高原西藏自治区西部改则一带、中部拉萨一带及东部怒江中游地区边坝-八宿地区（表 3.5）。白垩系地层各地差异较大，煤层及有关标志层稳定性差。从空间分布上看，早白垩世煤系及主要含煤段的厚度变化具有由东向西变薄的规律，煤层主要分布在煤系地层的下部，含煤性呈跳跃式变化。东部的白垩系含煤地层以往被称为多尼煤系，主要是多尼组（K_1d），以八宿、瓦达、叶巴等地为好，向南及北西含煤性变差。中部的白垩系含煤地层以往被称为拉萨煤系，主要是林布宗组（J_3K_1l）和楚木龙组（K_1c），以向阳至叶巴一带发育最好，总体上呈东西两端发育好、中部发育差的规律。西部的白垩系含煤地层以往被称为川巴煤系，2003 年措勤县幅 1∶25 万区域地质调查报告中改为多尼组（K_1d）。

表 3.5　青藏高原白垩系岩石地层单位划分对比表

地层		八宿-边坝	拉萨	改则
白垩系	上白垩统	宗给组	设兴组	竞柱山组
	下白垩统	多尼组	塔克那组	郎山组
			楚木龙组	多尼组
			林布宗组	

一、多尼组

多尼组主要分布在西藏冈底斯东部和西部地区，东部主要分布在八宿县穷埂—腊久乡—鲁雪—来村—八宿县城及然乌地区略觉村—扎贡村一带；西部主要分布在措勤县郭龙、改则县呷龙、仲巴县吉郎勒一带。

多尼组由李璞（1955）创建多尼煤系演变而来，层型剖面位于洛隆县附近多尼，原义指分布于洛隆、八宿地区的一套白垩纪含煤砂页岩地层。1964 年，全国地层委员会将其改称多尼组。在改则地区，西藏第四石油普查大队（1968 年）在班戈县多巴命名了多巴组，包括下部的杂色层段和上部的灰岩段（后被改为郎山组）；西藏第四地质大队（1971 年）在改则川巴命名了川巴群，包括下部的坚扎辽旺组（前述坚扎弄组）和上部的川巴组；西藏区调队（1979 年，1983 年）将原多巴组杂色层段和川巴群川巴组上部的含煤碎屑岩层合称为曲松波群；《西藏自治区岩石地层》（夏代祥和刘世坤，1997）将来自于李璞（1955）多尼煤系的多尼组取代曲松波群。本书将边坝-八宿及改则地区的白垩系含煤地层统称为多尼组。

多尼组上部为一套灰白色中层状细粒石英杂砂岩、硅质胶结的石英砂岩，可见植物化石和菊石碎片；下部为深灰色页岩夹薄层长石石英砂岩，页岩与砂岩比约 10∶1，并夹煤线，底部为紫红色厚层状泥质、褐铁矿胶结岩屑砾岩、厚层状含砾砂岩和褐铁矿胶结不等粒岩屑砂岩，页岩中含植物化石、孢粉、菊石碎片。八宿石达多尼组中，含双壳类化石：*Peregrinoconcha yunnanensis Chen et Lan*、*P. perlonga Wen P.* sp.，植物化石：cf. *Elatides curvifolia*（*Dunker*）*Nathorst*、*Ptilophyllum borealis*（*Heer*）*Seward*、*Podozamites*? sp.、*Equisetites*? sp.、*Cladophlebis*? sp.，时代属早白垩纪。

多尼组（K_1d）以碎屑岩夹灰岩及煤层为特征，局部可见火山岩夹层。与下伏拉贡塘组（J_3l）呈平行不整合接触，总体表现为三角洲-潟湖-滨浅海沉积体系，主要为滨海与海陆过渡相沉积环境。多尼组（K_1d）含煤地层含煤性差，仅在瓦达煤矿、噶牙煤矿等局部地段见可采煤层，单层厚大多为 0.60～0.80m，稳定性差，沿走向延伸一般不超过 500m。顶底板主要为泥岩或含炭泥岩。

二、林布宗组

林布宗组（J_3K_1l）分布于拉萨市牙克—林布宗—程巴一带，邦皮岗、普村、枪追等地，以及泽当镇唐嘎乡—墨竹工卡县—扎西岗一带。1953 年，李璞等称侏罗纪—白垩纪林布宗系；1973 年，罗中舒改称为下白垩统林布宗组；1991 年，1∶20 万拉萨幅沿用；其后 1997 年《西藏自治区岩石地层》依据王乃文等 1983～1984 年在却桑寺所获提塘期菊石、双壳类和植物化石，将林布宗组重新厘定为上侏罗统—下白垩统林布宗组。

林布宗组（J_3K_1l）岩性较稳定，植物化石十分丰富，西藏拉萨市林布宗—果拉晚侏罗世—早白垩世林布宗组（J_3K_1l）实测剖面（图 3.12）夹炭质泥页岩及两层煤，含植物 *Weichselia reticulata*、*Elatides curvifolia*、*Equisetites* sp.、*Pterophyllum*? sp.等。1983～1984 年，王乃文在却桑寺采获提塘期菊石：*Virgatosphinctes* sp.、*Aspidoceras* sp.、*Aulaco-sphinctes* sp.，双壳类：*Pseudomonotis inoratus*、*P. amoena, Nuculana* spp.，植物：*Ptilophyllum acutifolium*、*P. cutchense*、*Cycadolepsis* sp.、cf. *Elatoclaolus* sp.、*Desmiophyllus* sp.、*Axes* sp.等，其时代为晚侏罗世提塘期。

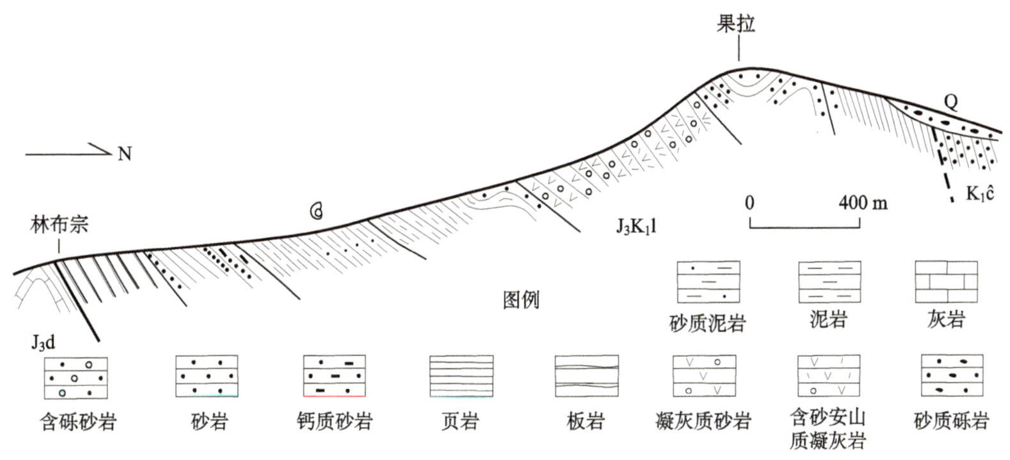

图 3.12 拉萨市林布宗-果拉林布宗组实测剖面（据 1∶20 万拉萨幅，1991 年）

J_3d 为多底沟组；$K_1\hat{c}$ 为楚木龙组

林布宗组（J_3K_1l）分布在拉萨北侧，由青藏公路向东经林周至墨竹工卡一带呈平卧之马蹄形分布，组成林周复向斜的两翼和东端复向斜翘起转弯部，东西向延伸 100km，宽 4～14km，面积约 1200km^2。煤层产于海陆交互相含煤沉积的黑色碎屑岩层中。中上部岩性由黑色泥岩、粉砂岩及细砂岩互层组成，富含炭质和黄铁矿晶粒。砂岩中有大量的微型斜层理，并且粉砂岩层理为波曲状，向上过渡为泥岩，颜色为深色，富含黄铁矿，总的粒序为正粒序，属于弱水动力环境形成的潮坪、潮间带泥坪、混合坪和潮汐水道相沉积；下部由黑色泥质板岩、炭质板岩与砂质板岩组成，夹有多层不稳定的煤线，煤线上下板岩中均见有扁平状钙质结核和植物化石，发育交错层理、水平层理，属于弱水动力环境形成的潮坪、泥坪、含煤沼泽相沉积。林布宗组含煤性差，煤层常形成若干分叉且分布极不稳定，结构复杂，多为富灰、中硫、高发热量、低-高灰熔点的无烟煤，区内煤系地层分布面积大，但成煤条件差，无工业价值，煤矿仅在个别地段具有开采价值。

三、楚木龙组

楚木龙组（$K_1\hat{c}$）主要分布于拉萨市东北部龙青莫—措沙岗—仁青棍巴—楚木龙—真嘎麦一带，水岗—扎西康沙一带，以及泽当镇墨竹工卡县—错弄朗、乃东县温区一带。楚木龙组为1973年罗中舒创建于林周县楚木龙。

楚木龙组与下伏林布宗组及上覆塔克那组均呈整合接触，为一套水动力条件较强的滨浅海相为主的碎屑岩沉积，局部为滨岸沼泽沉积环境。楚木龙组（$K_1\hat{c}$）主要岩性为石英砂岩夹页岩、板岩、粉砂岩，局部夹砾岩。由西向东，横向上各地厚度变化大，岩性基本稳定。

在林周县牛马沟一带夹炭质页岩及煤层；在却桑一带厚374.40m，岩性为灰色石英砂岩夹灰黑色页岩、粉砂岩，局部夹砂砾岩；在林布宗一带厚度为794.9～908m，岩性为灰白色含砾砂岩、石英砂岩夹灰色板岩；在斯布普一带厚度大于943m，岩性以浅灰色石英砂岩、岩屑砂岩、粉砂岩、板岩为主，局部夹砂砾岩；在帕古巴一带厚度为522.07m，岩性为灰色石英砂岩、粉砂岩夹板岩，底部砂砾岩。总体上表现为中西部以石英砂岩为主，东部则以岩屑砂岩为主的特征（图3.13）。

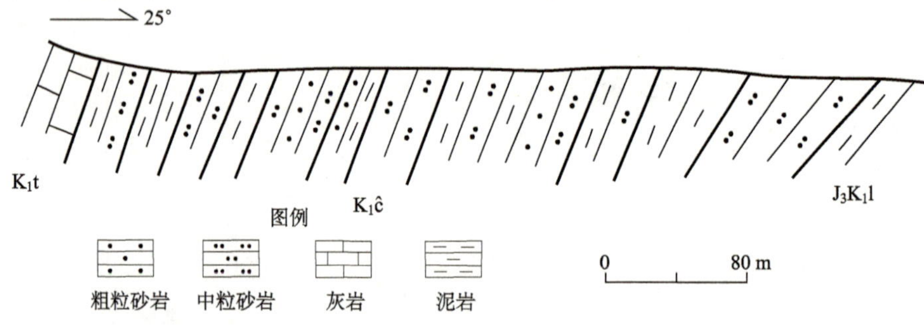

图3.13　堆龙德庆县德庆乡却桑村楚木龙组实测剖面（据1∶20万曲水幅，1991年）

第六节　古　近　系

古近系煤系则主要集中在雅鲁藏布江深大断裂带的日喀则—桑桑及门士零星分布的断陷盆地内。古近纪含煤地层分布范围东起仁布县，经吉松、秋乌、桑桑至噶尔地区的门士乡，在扎西林以东，主要分布于雅鲁藏布江南岸，以西穿过雅江沿拉喀藏布河分布。门士乡附近的含煤碎屑岩沉积地层在1970～1972年被新疆维吾尔自治区煤田地质局156煤田地质勘探队定为门士群；《1∶100万噶大克幅区调报告》将门士群改为门士组，并置于古新统—始新统，同时将其上部含煤地层与日喀则幅的秋乌组相对比；《西藏自治区岩石地层》（夏代祥和刘世坤，2008）则直接将其归入秋乌组；本书沿用《西藏自治区岩石地层》（夏代祥和刘世坤，2008）方案。

秋乌组（E_2q）在区域上分布于冈底斯山以南呈EW向狭窄带状展布。秋乌组以含煤系为特征而与上覆大竹卡组区分，与下伏比马组及上覆大竹卡组均呈角度不整合接触（表 3.6）。其厚度及岩性变化亦大，在日喀则地区为 594m，底部不整合于下白垩统比马组之上，在噶尔县门士厚约为 500m，底部普遍不整合于燕山晚期花岗岩之上。据 1∶25 万区域地质调查报告札达县幅，前人在门士煤矿附近的含煤碎屑岩组采集到植物化石有：*Radicites* sp.、*Eucalyptus oblongifolia Tao*、*E. angusta Velen*、*E. geinitzi Heer*、*E.* sp.、*Ficus myrtifolia*、*F. myrtifolia ovata Berry*、*Rhamnus menshigensis Tao*、*Cyperacites haydenii Lesq*、*Phyrnium tibeticum Geng* 等，上述植物隶属 *Eucalyptus-Ficus* 组合，以常绿阔叶的桉树、榕树为主，并出现单子叶植物等，其植物群可与日喀则地区秋乌组对比，*Eucalyptus*（桉属）、*Fiscus*（榕属）最早出现于西藏、欧洲的晚白垩世，繁盛于始新世。

表 3.6　青藏高原古近系岩石地层单位划分对比表

地层		喜马拉雅	日喀则-噶尔		噶尔		羌塘	
古近系	渐新统		大竹卡组				牛堡组	双湖群
	始新统	遮普惹组	秋乌组	含煤段	秋乌组	含煤段		
		宗浦组						
	古新统	基者拉组		砾岩段		砂砾岩段		
		γ_{5-6}^{3}	γ_{5-6}^{3}		γ_{6}^{1}			

秋乌组（E_2q）在昂仁县吉松拉厚 44m，不整合于燕山晚期黑云母花岗斑岩之上。总体上反映了山前磨拉石相的沉积特征（图 3.14）。该组层序较简单，纵向上具有下粗上细的正粒序特点，下部主要为巨厚层状复成分砾岩夹中-厚层状含砾不等粒岩屑长石砂岩和炭质页岩，局部形成煤线和薄煤层，偶见植物根基化石。秋乌组煤呈黑色、条痕棕色、局部灰色，玻璃光泽，贝壳状断口及参差状断口，性脆、质硬，透镜及叶片状结构，含铁质薄膜。煤层结构简单，属不稳定至较稳定煤层，为高灰高硫肥煤；上部含煤段，由细-中粒石英砂岩、粉砂岩夹泥岩及煤层组成，厚度 70～110m。砂页岩段，由页岩、砂质页岩夹细砂岩组成，局部含煤层，厚 29～78m。含煤性与煤系厚度呈正比，与底砾岩厚度互为消长关系。

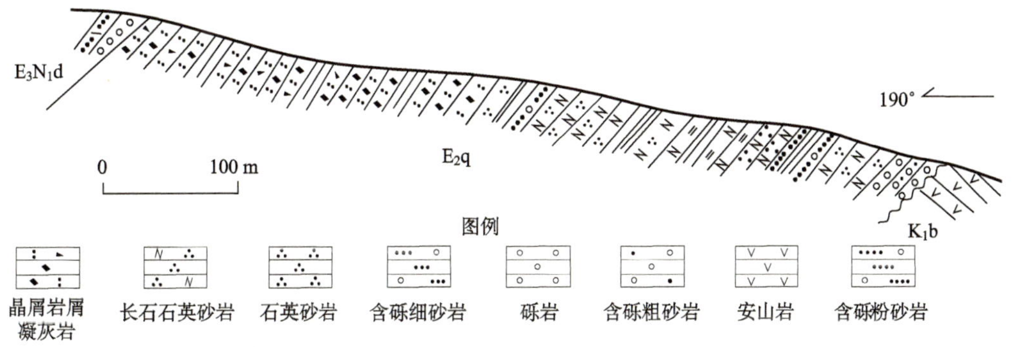

图 3.14　日喀则市东嘎秋乌组实测剖面图（据 1∶25 万日喀则市幅，2002 年）

第七节 新 近 系

新近系含煤地层主要见于日喀则地区南木林县芒乡煤点、宗当煤点、噶扎煤点，昌都地区类乌齐县甲桑煤点，山南地区错那县中印交界处的苏班西里煤点。新近系芒乡组（N_1m）和嘎扎村组（N_2g）均有煤层或煤线出露。

一、芒乡组

芒乡组（N_1m）由西藏自治区地质局第三地质大队1973年创建，创名地点位于南木林县城正东48km的芒乡，原义指由含煤碎屑岩、泥岩、砂岩、砾岩和火山碎屑岩组成的一套地层体，常夹油页岩。与下伏地层日贡拉组（E_3r）呈整合接触，与上覆地层邬郁群嘎扎村组（N_2g）呈角度不整合接触（图3.15）。主要岩石类型为灰色中层含砾长石石英细砂岩、浅灰色中层细砂岩、中粒岩屑砂岩、灰色凝灰质砾岩、灰白色黏土质粉砂岩、炭质页岩及油页岩、煤层，中夹灰紫色碳酸盐化黑云母安山岩、流纹质晶屑凝灰岩等，控制厚度22～451m。中夹劣质煤线（层）、油页岩为主要特征，并含有丰富的植物及孢粉化石。含局部可采煤层三层，由下而上分别厚0.40～0.45m、0.25～5.49m、0.40～1.30m，煤层结构复杂，呈鸡窝状，属长焰煤。

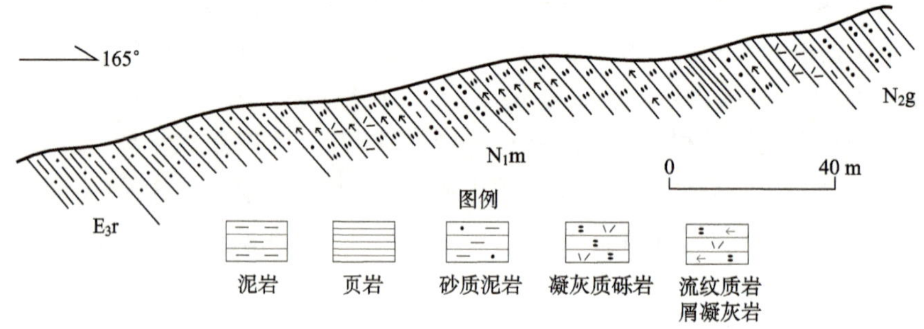

图3.15 南木林县邬郁芒热乡芒乡组实测剖面图（据1∶20万南木林幅）

二、拉屋拉组

拉屋拉组（Nl）分布于昌都-芒康地层分区和江达-德钦地层分区中，出露于贡觉县勒曲一带，以及芒康县泽若、拉屋乡、对瓦以东等地。拉屋拉组为四川地质局三区测队1974年创名于西藏芒康县拉乌乡；1990年1∶20万芒康幅、盐井幅中沿用；1997年《西藏自治区岩石地层》也沿用。

拉屋拉组在拉屋乡一带上部为含煤岩系，以长石砂岩为主，夹泥岩，含植物碎屑；中、下部为粗面岩、凝灰熔岩夹沉凝灰岩、沉火山角砾凝灰岩；底部砂砾岩、砂岩、泥岩，含介形虫、腹足类、轮藻等；属喷发-沉积、河湖-泥炭沼泽相沉积。在芒康县泽若一带为一套浅灰色含透辉石黑云粗面岩、安粗岩及黑云碱性长石粗面岩，厚度大于260m，不整合覆于晚白垩世南新组（K_2n）之上；往南自下而上为灰色粗面岩、黑云粗面岩、浅黄色石英细砂岩、粉砂质泥岩及少量灰黑色含炭质泥岩组成，砂岩中具不规则波痕，含植物化石 *Pinus* sp.、*P. yunnanensis*、*Equisetum* sp.、*Cyperacites* sp.、*Salix anguista*。

三、嘎扎村组

嘎扎村组（N_2g）主要分布于南木林县索青乡嘎扎村、芒热乡及则学乡、甲措乡、团结乡一带，呈近EW向带状展布，面积345km^2。该组系1∶20万南木林幅1995年命名，正层型剖面为南木林县索青乡嘎扎村剖面。嘎扎村组为一套火山岩夹碎屑岩组合（图3.16），主要岩性为：紫红色中厚层状火山岩、火山集块岩、安山质熔结火山角砾岩、安山岩、英安岩，紫红色含角砾晶屑岩屑凝灰岩夹灰白色中层长石岩屑砂岩、岩屑长石砂岩及含油页岩、煤层等。产丰富的植物化石及孢粉。与下伏地层日贡拉组、典中组呈角度不整合接触，与上覆地层宗当村组整合接触，控制厚度1530.34m。夹两层劣质煤层，厚为60～85cm，煤层附近夹含页岩。煤系地层中含较多的植物化石，主要有：*Cyperacites* sp.（似莎草）、*Thuja* sp.（崖柏）、*Quercrs* sp.（栎）、*Monocotyedon*（单叶植物）、*Ulmus* cf. *mion-pumila Huet Chaney*　（小叶榆相似种），其时代应属中新世—上新世。

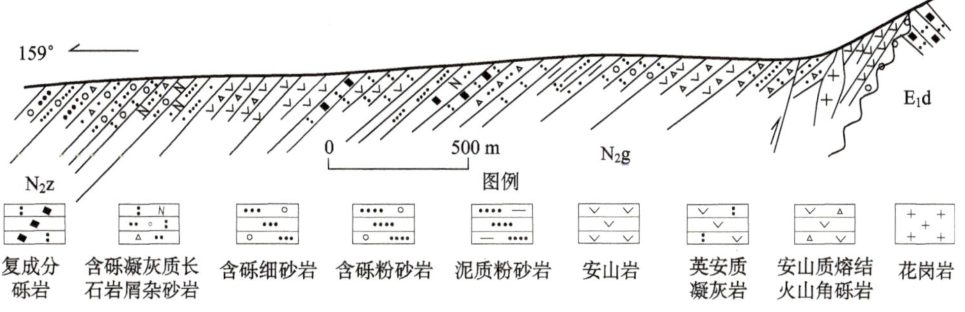

图3.16　南木林县索青乡嘎扎村组、宗当村组实测剖面图（据1∶20万南木林幅）

第四章

赋煤构造单元及构造特征

第一节 赋煤构造单元划分

青藏高原成煤期众多，含煤地层广泛分布，其形成和分布主要受II级或III级构造单元控制。成煤期后受到强烈的构造扰动、剥蚀-沉积作用、岩浆-变质作用等，成煤盆地的形态及空间位置均发生了不同程度的变化，其现今赋存形态以NW向或近EW向的带状或块状为主，并具有清晰的边界。如今在青藏高原所见的“含煤盆地”（赋煤构造单元）并非“成煤盆地”。成煤盆地是在有利的成煤古气候、古构造、古地理条件下，大量成煤古植物生长和堆积的原型沉积盆地（曹代勇，2006）。含煤盆地（赋煤构造单元）是指赋存煤层的盆地在后期构造运动下，原始成盆期的原型盆地被破坏改造，残留下来在构造上仍具有盆地性质的部分，但其面貌与原型盆地有本质的差别。青藏高原现今煤系的赋存状态与原型盆地相距甚远，甚至不具有盆地性质，故用赋煤构造单元来表示（曹代勇等，2016）。

从全国煤田地质构造分区来看，研究范围包括西藏自治区全部及青海省南部，整体位于滇藏赋煤区。滇藏赋煤区北界昆仑山，东界龙门山—大青山—哀牢山一线，包括青藏高原全部及云南西部，东西长2100km，南部宽600～1300km，面积约204.4万km^2。整体上以班公湖-双湖-怒江-昌宁结合带作为古亚欧大陆与冈底斯大陆的分界线，将青藏高原划分为两个赋煤亚区（图4.1），即位于青藏高原北部属古亚欧大陆部分的青南-藏北赋煤亚区，以及位于青藏高原南部属古冈底斯陆块的冈底斯赋煤亚区。根据构造单元、地层分区、含煤地层及煤矿点分布情况，青南-藏北赋煤亚区可划分为东昆仑赋煤带、积石山赋煤带、唐古拉山赋煤带、土门格拉-巴青赋煤带、昌都-芒康赋煤带；冈底斯赋煤亚区可划分为边坝-八宿赋煤带、拉萨北赋煤带、改则赋煤带、噶尔赋煤带、日喀则赋煤带。

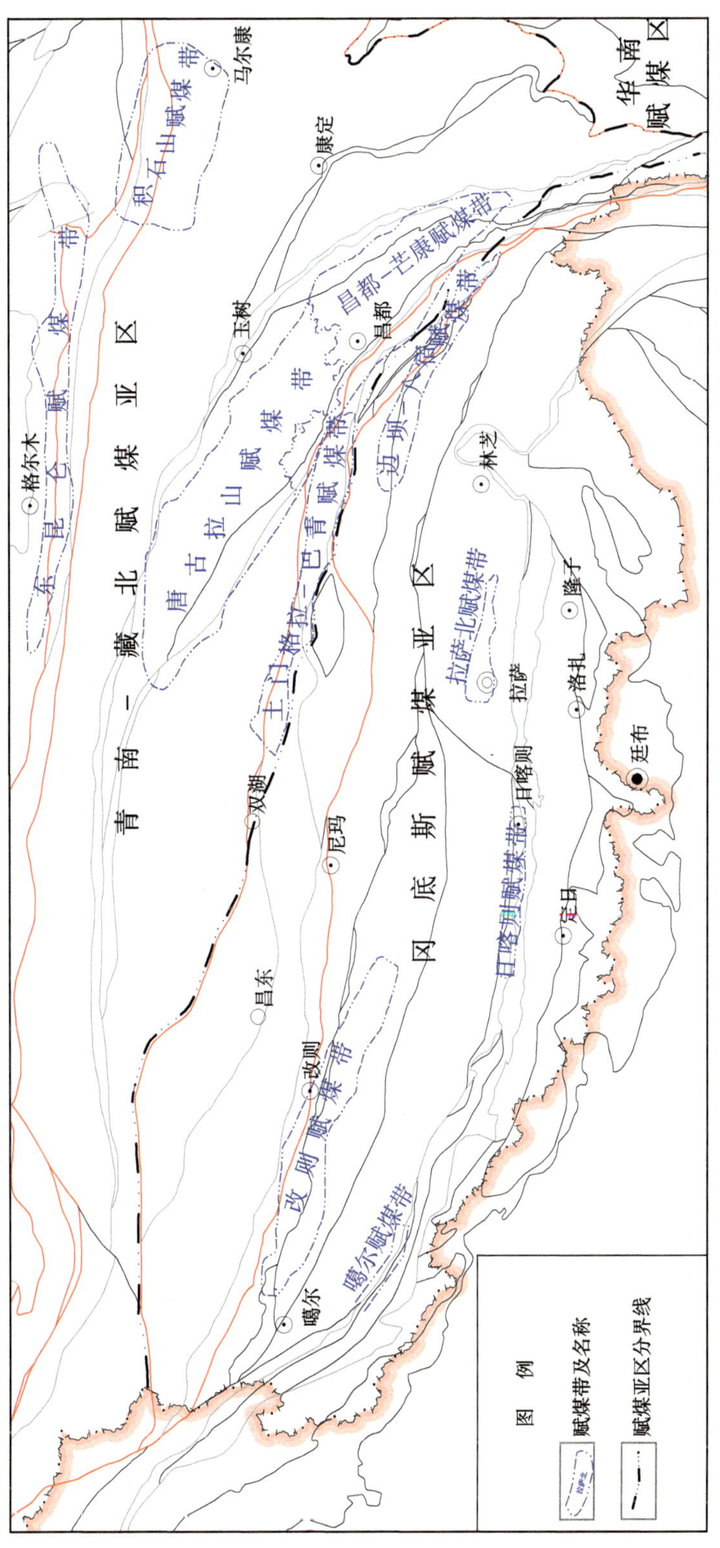

图4.1　青藏高原赋煤单元划分图

第二节　赋煤带构造特征

一、青南-藏北赋煤亚区

青南-藏北赋煤亚区位于青藏高原北部，根据构造单元、地层分区、含煤地层及煤矿点分布情况，可划分为东昆仑赋煤带、积石山赋煤带、唐古拉山赋煤带、土门格拉-巴青赋煤带、昌都-芒康赋煤带。

（一）东昆仑赋煤带

东昆仑赋煤带位于青藏高原北缘东昆仑南部，构造上属于南昆仑结合带，是晚三叠世末期至早侏罗世古特提斯洋闭合后在碰撞造山带内的山间压陷盆地中形成的。东昆仑赋煤带沿东昆仑中央断裂呈近 EW 向展布。北以东昆仑北缘断裂为界，南以昆南断裂（鲸鱼湖-阿尼玛卿断裂）为界，东西部以鄂拉山断裂将该区分为东昆仑造山带和西秦岭造山带。东昆仑地区属于康西瓦-南昆仑-玛多构造-地层区及布尔汗布达构造-地层区IV_3，东部部分地区属于秦祁昆造山系秦岭地层区兴海—同仁地层分区$\text{III}_{8\text{-}2}$。含煤地层为早—中侏罗统羊曲组（$J_{1\text{-}2}y$），主要煤矿点有秋吉、八宝山、东大干沟、纳赤台西等。

该赋煤带以岩浆岩广泛出露为显著特点，区内断裂多为壳型或岩石圈断裂，并具长期活动性。赋煤带北断裂为祁漫塔格—都兰新元古代—早古生代缝合带的主边界断裂，西始青新边境，向东经野马泉—格尔木—都兰，东延被哇洪山-温泉断裂截切，断裂大部呈隐伏状态，走向近 EW，断续长 630km，主断面倾向多变，以南倾为主，倾角 40°～70°不等，东西两段断裂标志明显，布格重力值线对密集或梯度带特征清晰，深部南倾延伸至莫霍面，为岩石圈断裂，其南侧为东昆仑中陆块。

在早中侏罗世，该区总体构造背景以挤压隆升为主，但在区域应力松弛时，区域大断裂在其浅部的某一段发生张性活动，形成规模较小的山间断陷型聚煤盆地，表现为一些不连续的、范围很小的煤矿点，其含煤地层之含煤性均比前述祁连山地区和柴北缘地区大为逊色。其原因主要是受控于原始聚煤盆地，另一方面是受后期近 EW 向逆冲推覆构造改造破坏所致。区内山脉较多，祁漫塔格山、东昆仑山、布尔汗布达山、布青山、鄂拉山、阿尼玛卿山等自西向东在区内呈南北排列。东昆仑北断裂、东昆仑中断裂、东昆仑南断裂、哇洪山-温泉断裂、玛沁-文都断裂对含煤地层起着控制作用，使区内含煤盆地彼此孤立，多为山间断陷盆地，受山脉间的昆仑山中部断裂影响较大。根据东昆仑赋煤带的构造特征，自西向东可以划分为红水河拗陷、布尔汉布达南缘拗陷、昆仑山东缘拗陷三个三级赋煤构造单元（图 4.2）。

布尔汗布达南缘拗陷位于昆北断裂带之上盘，呈被下元古界三面包围的局部拗陷。主要煤矿点有秋吉、八宝山、东大干沟、纳赤台西等。在秋吉地区，含煤地层赋存在海西期侵入岩体之上的拗陷盆地内，含煤地层构造为缓倾斜的单斜构造，底部与海西期花岗闪长岩呈断层接触或不整合接触关系，盆地内大部分地段为第四系砾石层所掩盖，盆地南缘与下元古界呈逆冲推覆关系。昆仑山东缘拗陷呈东西向狭长的条带状，位于布青山东侧。含煤地层属早—中侏罗统。

含煤层段为羊曲组（$J_{1-2}y$）。区域内由北向南的推覆构造十分发育，构造方向零乱，而且均呈狭小的单斜块或不完整向斜形态。因该区南临昆南断裂，故而是一个强烈的地震活动带。塔妥煤矿地区，位于卡特儿复背斜的南翼，为一狭长的山间断陷盆地小型陆相煤矿区。含煤地层呈 110°～290°方向延伸，南翼正常，北翼为倒转向斜构造。

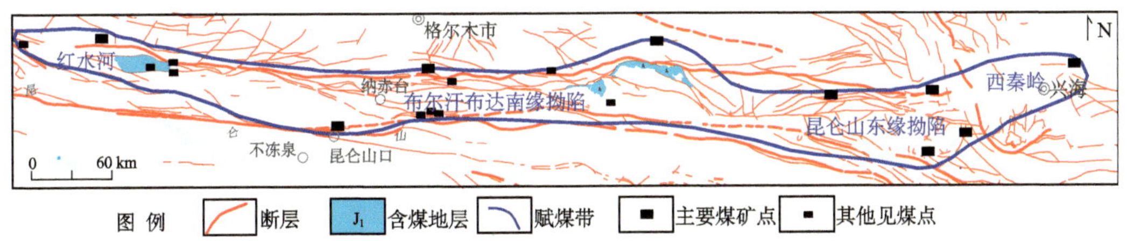

图 4.2　东昆仑赋煤带构造单元划分图

（二）积石山赋煤带

积石山赋煤带内的含煤盆地为一系列受控于昆南-阿尼玛卿断裂系统的未成熟的走滑拉分盆地。以布青山断裂为界，可分为南北两个三级赋煤构造单元，分别为北侧的大武盆地及南侧的巴颜喀拉山东部盆地（图 4.3）。在大地构造单元上，大武盆地归属于昆南缝合带Ⅱ级构造单元（布青山-玛多-玛沁俯冲增生杂岩带Ⅱ级构造单元），夹持于昆南断裂与布青山南缘断裂带之间，呈近 EW 向展布，其总体构造呈 NWW-SEE 向，由一系列逆断层组成，并伴有褶皱构造。南部巴颜喀拉盆地在大地构造单元上归属于可可西里-松潘甘孜（雅江残余盆地）Ⅱ级构造单元，巴颜喀拉褶皱系北缘。

积石山赋煤带位于青海省巴颜喀拉山构造带东部地区，构造带内的成煤时代为早—中侏罗世。北部为大武煤田，在大地构造单元上归属于昆南缝合带Ⅱ级构造单元（布青山-玛多-玛沁俯冲增生杂岩带Ⅱ级构造单元），夹持于昆南断裂与布青山南缘断裂带之间，呈近 EW 向展布，含煤地层为早—中侏罗统羊曲组（$J_{1-2}y$），内有石峡、野马滩、军牧场等勘探区和煤矿点。积石山赋煤带南部局部有火山成因的含煤地层上侏罗统年宝组（J_1n），矿点分布比较分散，零星分布于巴颜喀拉山褶皱系中的桑日麻、哇塞、年宝等地，在大地构造单元上归属于可可西里-松潘甘孜（雅江残余盆地）Ⅱ级构造单元。

（三）唐古拉山赋煤带

唐古拉山赋煤带位于西金乌兰湖-玉树断裂以南，温泉断裂以北的唐古拉山褶皱系之中，总体呈 NW 向展布，大地构造单元上归属于羌塘-三江地层大区昌都-兰坪地层区 V_3。区内构造线方向为 NW-SE 向，以挤压逆冲断裂构造为主，自北向南分布的区域性

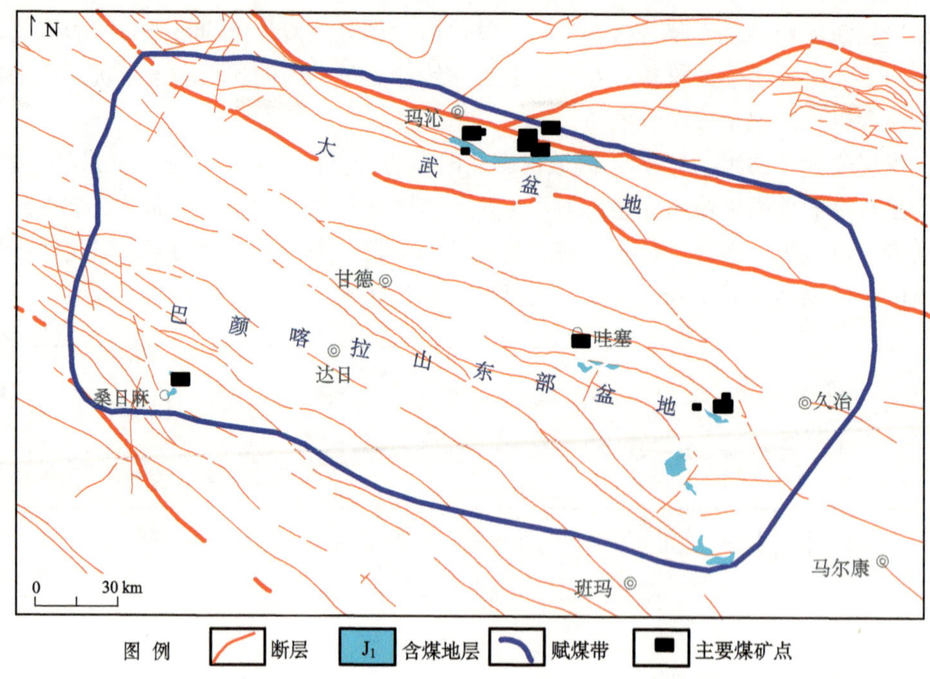

图 4.3　积石山赋煤带构造单元划分图

断裂有乌兰乌拉湖-玉树断裂、沱沱河觉悟果断裂、章岗日松-囊谦断裂、温泉断裂、龙木错-双湖断裂，它们对该区的构造演化起控制作用。该区地域辽阔，工作程度很低，主要的成煤期是石炭纪、晚二叠世及晚三叠世，含煤地层零星分布于山间盆地中，有下石炭统杂多群（C_1Z）、上石炭统加麦弄群（C_2J）、上二叠统那益雄组（P_3n）、上三叠统巴贡组（T_3bg），可划分为西部的乌丽煤田和东部的扎曲煤田（图 4.4）。

乌丽煤田位于唐古拉山北缘拗陷，地处北羌塘-昌都地块北缘，金沙江缝合带南侧，区内构造以压性逆冲断裂为主，基本构造形态为一个大的复式向斜，构造线方向为 NW-SE 向。含煤地层沿北部的八十五道班-乌丽-达哈和南部的茶木错-开心岭-扎日根两个二叠纪—三叠纪复背斜分布。沿北部的复背斜分布有乌丽、扎苏、达哈、宗扎等煤矿点；沿南部的复背斜分布有茶木错、开心岭等煤矿点。乌丽地区由于地表掩盖较严重，背斜的核部及北翼形迹不明显，含煤地层只在背斜的南翼出露。在南部的开心岭地区，次级褶皱较发育，一般轴向与区域构造线方向一致，呈 NW 向，沿轴部小断裂及侵入岩发育，使煤层遭受不同程度的破坏。断层以 NW 向的逆断层为主，NE 向的平移断层次之。断裂的发育破坏了区域褶皱的完整性，局部呈现出单斜构造形态出露。

扎曲煤田位于唐古拉山东缘拗陷，地处羌塘地块东北缘，其北侧为乌兰乌拉湖-玉树深大断裂，南侧为温泉断裂，呈 NW-SE 向的条带状展布。区内构造十分复杂，断层特别发育，尤其是 NW-SE 向的走向断裂对含煤地层产生了不同程度的切割和破坏，使其

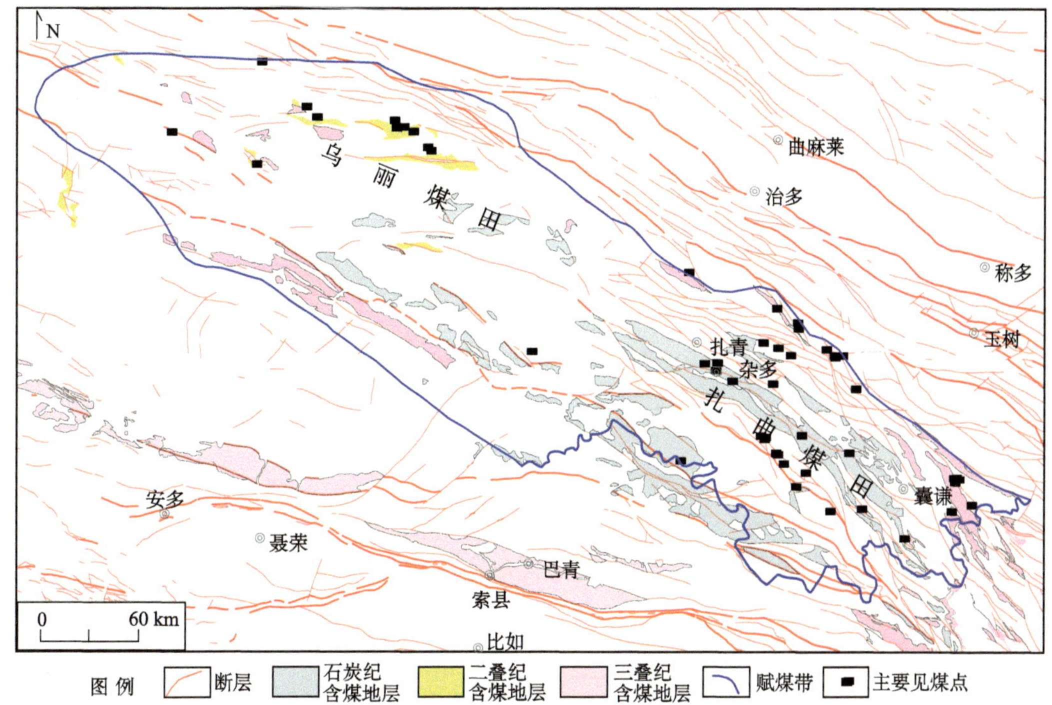

图 4.4　唐古拉山赋煤带构造单元划分图

形成许多狭长的断块。这些断层破坏了含煤地层的连续性和完整性，再加之褶皱以紧密线型、不对称性复式褶皱为主，伴有岩浆岩侵入体，致使地层分布较零乱。自海西运动以来，各期构造相互叠加，尤其是喜马拉雅运动在该区表现强烈，致使中新生代山间盆地中火山岩浆活动频繁，次级断裂发育。唐古拉山南缘拗陷以正源—扎曲河为中心，自北向南分布有子曲复向斜、扎曲复背斜、吉曲复向斜三个大的褶皱构造，以 NW-SE 向展布在唐古拉山东段，成为该区的主要控煤构造。

（四）土门格拉-巴青赋煤带

土门格拉-巴青赋煤带位于西藏自治区北部，地处唐古拉山南麓。南以改则-怒江断裂为界，呈 NW-SSE 向弧形展布，以线褶皱和压性逆断裂为主（图 4.5）。大地构造位置位于班公湖-双湖-怒江-昌宁构造-地层大区南羌塘地层区VI_2和左贡地层区VI_3。含煤地层为上三叠统巴贡组（T_3bg），主要有土门格拉煤矿点。研究成果表明，土门煤系形成于唐古拉山古隆起剥蚀区南侧的晚三叠世羌南盆地（王辉等，2009）。

土门格拉煤田处于班公湖-双湖-怒江-昌宁-孟连对接带中的龙木错-双湖-类乌齐结合带，三级构造单元属于龙木错-双湖蛇绿混杂岩带。煤系分布在昌都-芒康复向斜两翼，明显受构造控制。煤系顺走向常被断层所切。煤系分布区内构造变形强烈，形迹复杂多样，总体上东部较西部变形强烈，中部较南北两侧变形强烈。

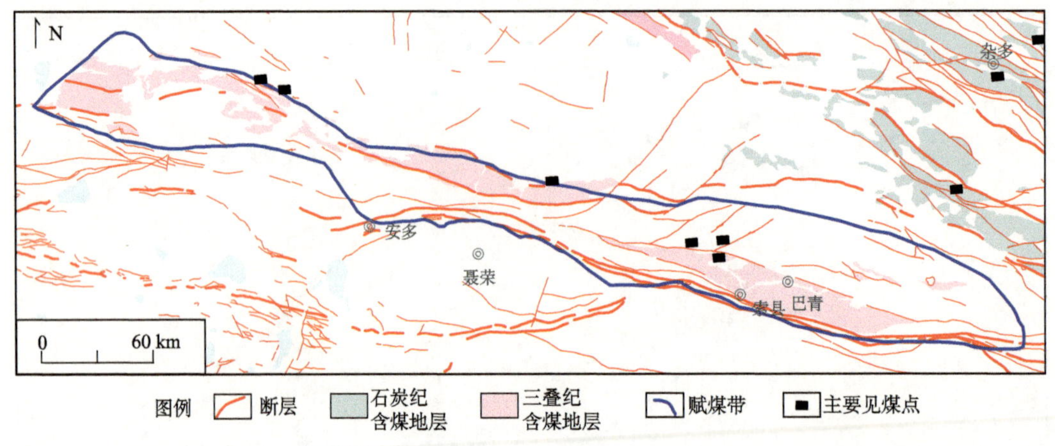

图 4.5　土门格拉–巴青赋煤带构造单元划分图

（五）昌都–芒康赋煤带

昌都–芒康赋煤带位于羌塘–三江造山带，北以康西瓦–木孜塔格–玛沁–勉县–略阳结合带为界，南以班公湖–怒江–昌宁–孟连结合带为界。属于羌塘–三江构造地层大区，位于西金乌兰–金沙江结合带以西，澜沧江结合带和班公湖–双湖–怒江–昌宁对接带中南段以东的区域。大地构造单元上归属于羌塘–三江地层大区昌都–兰坪地层区V_3。含煤地层有下石炭统马查拉组（C_1m）、卡贡岩组（C_1k），上二叠统妥坝组（P_3t）、上三叠统巴贡组（T_3bg），中新统拉屋拉组（N_1l），主要有马查拉、长毛岭、机日马、妥坝、桑多、穷卡、夺盖拉、巴贡、竹衣卡、帕通等煤矿点（图 4.6）。

昌都–芒康赋煤带内含煤地层沉积于昌都–芒康盆地，其属于较稳定的沉积盆地，盆地沉积受控于怒江结合带及青尼洞–贡觉隆起带，南起于西藏芒康并向 NW 一直展布于类乌齐地区。白垩纪后，昌都盆地在印支板块对欧亚板块俯冲及挤压作用下，盆地沉积向西南方向萎缩挤压成楔形，隆升成陆，形成了一系列走向的一级褶皱、断裂构造。盆地南段呈窄条带状，中段、北段形成一系列 NW-SE 紧密线状复式褶皱和大量的逆冲断层，以及走向近 NS、近 EW 的二级构造和走向 NE-SW 的低序次构造。西北边界形成宽缓水平褶皱，逆冲断层较发育。盆地东侧以青尼洞–贡觉隆起为界，次级褶皱雁行排列，对煤系的分布起重要作用。西侧由于他念他翁–加卡逆断层的发育，使煤系抬升地表；察雅逆断层及其他 NE 向断层将煤系错断，破坏了煤系的完整性。盆地侵入岩远离煤系，对煤系和煤层影响不大。

二、冈底斯赋煤亚区

冈底斯赋煤亚区位于青藏高原南部，根据构造单元、地层分区、含煤地层及煤矿点分布情况，可划分为边坝–八宿赋煤带、拉萨北赋煤带、改则赋煤带、噶尔赋煤带、日喀则赋煤带。

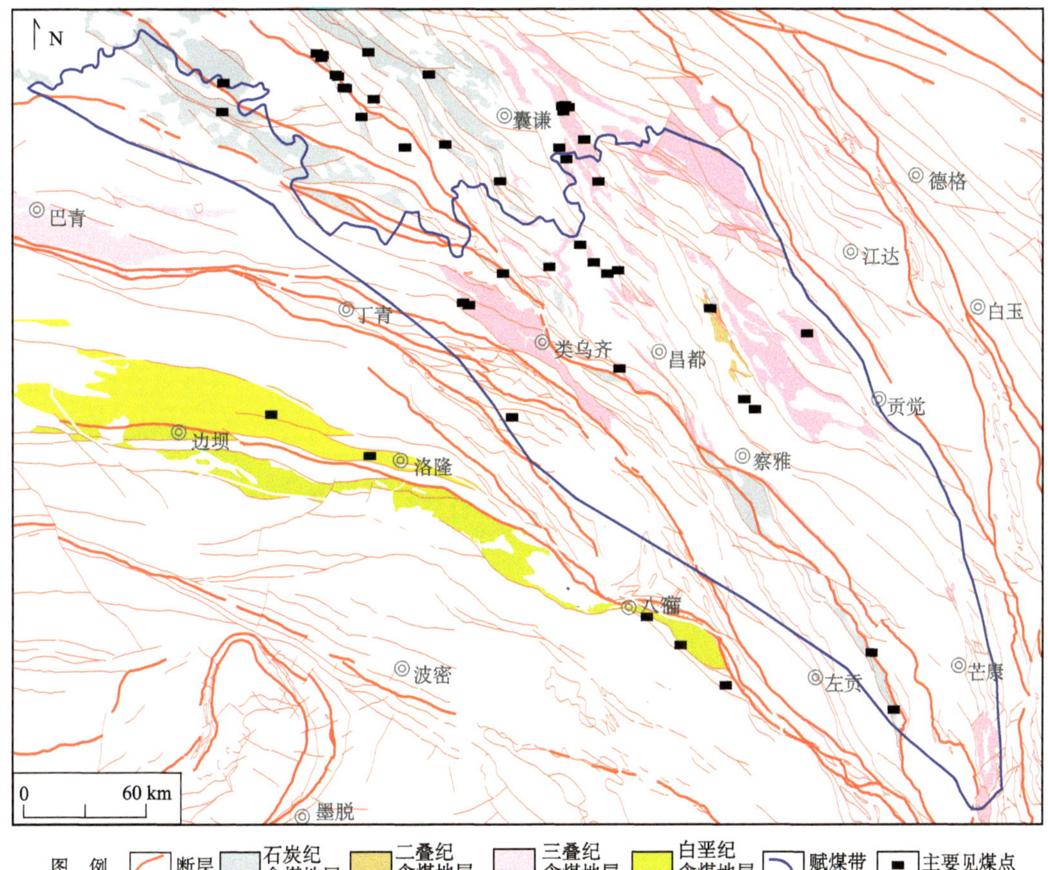

图 4.6　昌都-芒康赋煤带构造单元划分图

（一）边坝-八宿赋煤带

边坝-八宿赋煤带的含煤区呈 NW-SE 向分布，并略向东北凸出，呈弧形展布，走向长约 540km，宽 10～30km，面积约 6174km^2。大地构造位置位于冈底斯-念青唐古拉断褶带革吉-洛隆燕山期褶亚带的东端，挟持于改则-怒江深大断裂带和昂拉错-纳木错断层之间，属冈底斯-喜马拉雅造山系 I 级大地构造单元内的拉达克-冈底斯-察隅湖盆系 II 级构造单元。受控于班公湖-怒江缝合带与冈底斯岩浆弧带，含煤地层与区域构造线在洛隆县以西，以近 EW 向展布为主；在洛隆县以东，区域地层与构造行迹转为 NW 向。含煤地层为早白垩统多尼组（K_1d），煤矿点主要有左贡、瓦达、嘎牙、腊久、马武、达村、八宿等。

赋煤带内褶皱和断层均非常发育，褶皱轴迹和断层走向也以 NWW 为主（图 4.7）。含煤地层发育在边坝-古拉复向斜内，洛隆-八宿逆断层西南侧。在北部边坝—洛隆一带，含煤地层发育在边坝复向斜内，向斜呈轴向 SE 向（102°），夹于洛隆-八宿逆断层与边坝南-洛隆南逆断层之间，长约 170km，宽度小于 10km。向斜由多尼组组成，轴面向南倾，北翼产状较缓，南翼产状较陡。核部次级褶皱发育，多为中等规模的线状褶曲，两翼倾角集中在 50°～60°，在复向斜核部分布第四纪盆地沉积。

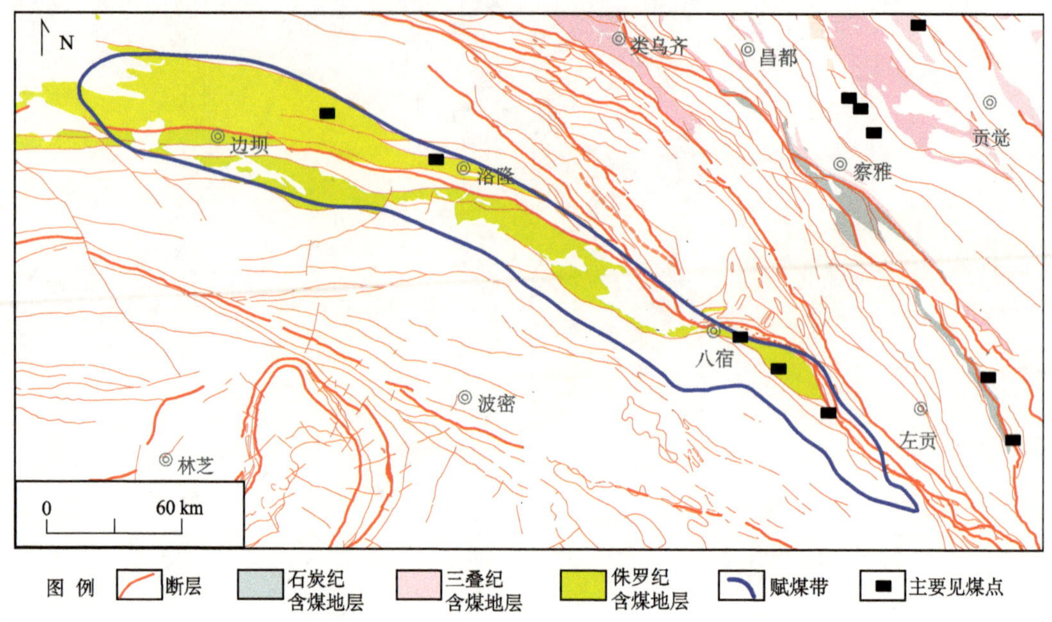

图 4.7　边坝-八宿赋煤带构造单元划分图

改则-怒江深大断裂带是区域最主要的断裂，位于多尼组地层分布区东北侧，将早白垩世多尼组的含煤地层控制在断裂带南侧。沿断裂带出现一系列由 NE 向 SW 逆冲的断层，断面倾向主要为 NE 及 NEE 向，倾角为 26°～80°。

洛隆-八宿逆断层西起那曲南罗马与桑雄之间，向东经边坝、洛隆、八宿并与改则-怒江深大断裂带相交，沿 NW-SE 延伸，并向 NE 凸出呈弧形，断面倾向不稳定，西端主要南倾（边坝—洛隆一带倾向北），倾角陡，顺走向延长 500km。多尼煤系被切割使上部地层缺失。

边坝南-洛隆南逆断层位于边坝—洛隆南一线南侧，平行洛隆-八宿逆断层分布，并在八宿附近相合并，顺走向延长 200km，断面北倾，倾角不明，断层发育在下白垩统多尼煤系中，并切割煤系和古近系。该断层形成时间较早，在地质发展过程中控制了早白垩世成煤盆地的分布。后期构造活动对煤系改造有利，使煤系抬高暴露地表。

（二）拉萨北赋煤带

拉萨北赋煤带位于拉萨北侧林周县、墨竹工卡县一带，南临拉萨河，西抵青藏公路，东到墨竹工卡，北以唐家—牵马沟一线为界，呈楔形 EW 向分布，向东变窄并尖灭于唐家一带，面积约 1275km^2。大地构造位置位于西藏特提斯构造域冈底斯-念青唐古拉地块中南部的冈底斯-拉萨岩浆弧单元。地层主要发育有早—中侏罗世陆缘火山弧火山-沉积地层，晚侏罗世—白垩纪弧间盆地沉积地层，古近纪碰撞期火山-沉积地层，渐新世—中新世山间磨拉石建造以及 I 型、S 型花岗岩及碰撞期后浅色花岗岩等。含煤地层为上侏罗统—下白垩统林布宗组（J_3K_1l）、下白垩统楚木龙组（$K_1\hat{c}$），主要有牛马沟、向阳、林布宗、川布龙、东布岗等煤矿点。赋煤带南缘的构造线总体走向近 EW 向，由于区域长期的走滑效应，次级构造线多呈 NWW 向，深部应有 NE 向隐伏构造（图 4.8）。

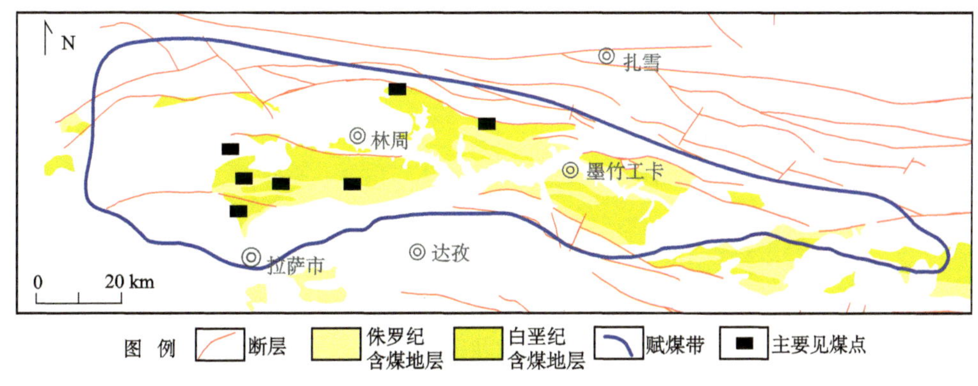

图 4.8　拉萨北赋煤带构造单元划分图

林布宗组含煤地层在该赋煤带东南侧拉萨-察隅燕山晚期褶皱亚带的西部。煤系除受改则-怒江深大断裂带和雅鲁藏布江深大断裂带控制外，还受昂拉错-纳木错断层、羊八井断层的控制。雅鲁藏布江深大断裂带大致沿象泉河、雅鲁藏布江延伸，贯穿全区，向西进入克什米尔，向东在墨脱一带南拐入缅甸。它是由多条平行断裂组成，断面在浅表部分向南倾，泽当一带倾角为 50°～80°，个别地方较缓，倾角为 20°～30°，断面在深部直立或转向北倾。早白垩世拉萨煤系被控制在该深大断裂的北侧近东段。

（三）改则赋煤带

改则赋煤带位于西藏西北部，构造上位于冈底斯-喜马拉雅地块内，北边紧靠班公湖-怒江缝合带，赋煤带主体位于拉达克-冈底斯-伯舒拉岭弧盆系的措勤-申扎岩浆弧带内，部分位于拉达克-冈底斯-伯舒拉岭弧盆系的昂龙岗日-班戈-腾冲岩浆弧带和狮泉河-申扎-嘉黎蛇绿混杂岩带内（图 4.9）。含煤地层为下白垩统多尼组（K_1d），主要有川巴、麻米煤矿点。

（四）噶尔赋煤带

噶尔赋煤带位于西藏自治区西南部，行政区划属于阿里南部地区，接近中印边界。构造上位于冈底斯-喜马拉雅板块内，具体位于拉达克-冈底斯-下察隅岩浆弧带内，构造变形以 NW 向断裂为主（图 4.9）。达机翁-马攸木断裂为赋煤带的西南边界，控制了含煤地层的展布范围，晚白垩世的岩浆岩为赋煤带的北东边界，始新世秋乌组不整合覆盖于晚白垩世的二长闪长岩之上。赋煤带内以大面积的早白垩世末期—始新世火山岩（含

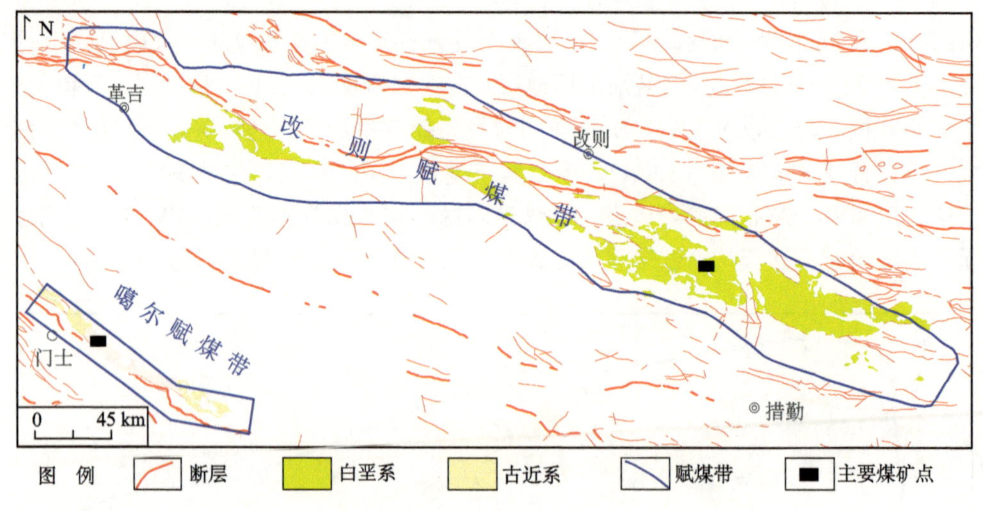

图 4.9 改则、噶尔赋煤带构造单元划分图

火山间歇期的沉积岩）和侵入岩类广泛发育为特征，局部地段残存有始新世—中新世河湖相沉积和山前磨拉石沉积。含煤地层为始新统秋乌组（E_2q），呈 NW 向出露，出露总面积约 170km^2，主要有门士煤矿点。在门士煤矿附近秋乌组中发育宽缓波状褶皱，轴向 NNE-SSW。赋煤带内构造相对简单，仅有一条 NW 向的逆断层发育，但受断层破坏及风化作用影响，露头较差。

（五）日喀则赋煤带

日喀则赋煤带位于雅鲁藏布江中段，沿江分布着始新世秋乌煤系。东起日喀则大竹卡，西经昂仁到桑桑一带，在拉孜以东主要分布在雅鲁藏布江南岸，而拉孜以西主要分布在雅鲁藏布江北岸（图 4.10）。该赋煤带在大地构造位置上处于冈底斯-拉萨地块 I 级

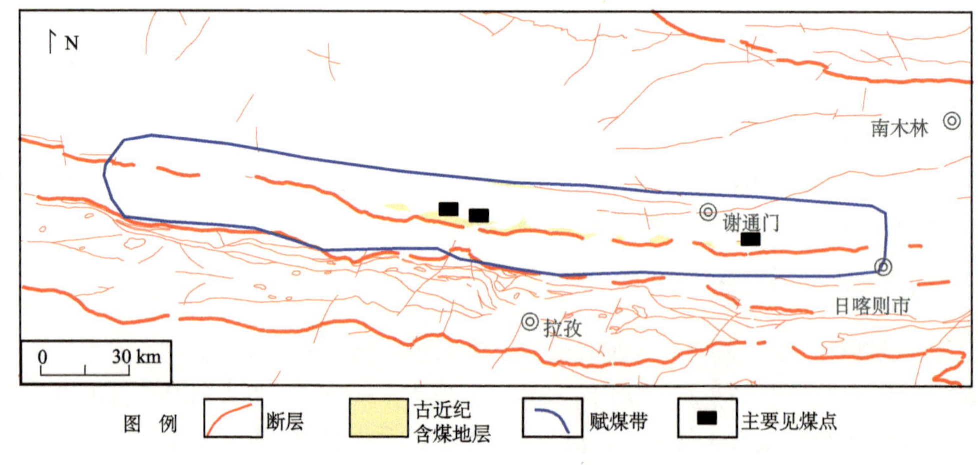

图 4.10 日喀则煤带构造单元划分图

构造单元的南缘。II级构造单元的秋乌陆相断陷盆地，南侧以昂仁-也弄断裂与雅鲁藏布江缝合带分界，北侧为白垩系岩浆岩，区域构造上属于冈底斯山链南缘山前盆地的一部分。主要有始新世秋乌组和渐新世—中新世大竹卡组磨拉石沉积。含煤地层有始新统秋乌组（E_2q）、中新统芒乡组（N_1m）、上新统噶扎村组（N_2g）。日喀则赋煤带内各煤矿点规模皆较小，沿带分布着东嘎煤矿、吉松煤矿、谢如煤点等煤矿点。带内构造线方向总体呈近EW向，地层南倾，倾角为45°～70°，局部地层倒转。褶皱较发育，但规模一般较小。发育近EW向逆断层及近SN向平移断层、正断层，规模一般也较小。

第五章

赋煤带煤田地质特征

第一节　东昆仑赋煤带

一、含煤特征

东昆仑-西秦岭赋煤带侏罗纪含煤地层仅见早—中侏罗世沉积，为中—下侏罗统羊曲组（$J_{1-2}y$）。区内的含煤盆地彼此孤立，多为山间断陷盆地及拗陷盆地，并且其含煤性及煤层连续性较差。由于东昆仑-西秦岭赋煤构造带大部分地区地处高寒山区，交通不便，地质工作程度较低。目前仅能将红水河、布尔汗布达山、昆仑山东缘、西秦岭西部兴海羊曲划分为大致类同煤田级别的含煤单元，其中在东昆仑山东段分出一个昆东煤田，但中部的布尔汗布达山地区和西部的红水河一带均属人迹罕至的高山地带，地质情况尚不太清楚。该赋煤带的主要煤矿点有东昆仑南坡的托克克、纳赤台西、秋吉、八宝山、塔妥、苦海，以及西秦岭西部的尕玛羊曲等。各个煤矿点含煤情况差异较大，基本特征如表 5.1 所示。

表 5.1　昆仑山赋煤带主要煤矿点含煤情况统计表

煤矿点	含煤地层	编号	煤层厚度/m	煤层稳定性	可采程度	备注
塔妥	$J_{1-2}y$	M_2	0.19～1.26	不稳定	局部可采	西部仅 1 层可采
		M_3	0.38～6.91	不稳定	局部可采	
		M_4	0.30～1.03	稳定	全区可采	
红土坡	$J_{1-2}y$	M_1	0.15～1.14	不稳定	局部可采	矿区外围 M_1 可采，M_2 不可采
		M_4	0.14～7.63	不稳定	局部可采	
苦海	$J_{1-2}y$	M_1	0.20～5.00	不稳定	局部可采	北西向南东逐渐变薄，由 3 层变为 2 层
		M_2	1.30～5.50	不稳定	局部可采	
		M_3	1.34～3.00	不稳定	局部可采	

续表

煤矿点	含煤地层	编号	煤层厚度/m	煤层稳定性	可采程度	备注
秋吉	$J_{1-2}y$		0.6～1.10	不稳定	局部可采	
尕玛羊曲	$J_{1-2}y$	M_3	0～0.10	极不稳定	不可采	
		M_2	0.25	不稳定	局部可采	煤层露头
		M_1	0～0.10	极不稳定	不可采	

注：据以往煤炭地质勘查资料统计。

（一）昆东煤田

昆东煤田位于昆仑山东端，行政隶属于海西蒙古族藏族自治州都兰县、海南藏族自治州兴海县及果洛藏族自治州玛沁县，平均海拔3800～4000m，煤田呈EW向狭长的条带状。214国道通过煤田东部边缘，其他矿点仅通简易公路，交通条件差。昆东煤田含煤地层为中—下侏罗统羊曲组（$J_{1-2}y$），煤类为气煤或长焰煤，主要煤矿点有塔妥、红土坡、黑山、苦海等。

塔妥煤矿点羊曲组（$J_{1-2}y$）划分为三个岩组：上部砂岩组，厚76～154m，粉砂岩夹砂质泥岩、页岩，含炭质页岩和少量薄层状菱铁矿。中部含煤岩组，厚100～210m，上部以灰-灰黑色粉砂质页岩为主，含可采煤层三层，即M_4、M_3和M_2。其中，M_4煤层总厚度为0.30～1.03m，平均厚度为0.71m，为稳定煤层，属薄煤层；M_3煤层总厚度为0.38～6.91m，平均为2.22m，总体上不稳定，属薄煤层；M_2厚度为0.19～1.26m，局部可采。煤层厚度变化为东西部薄，中部厚，至煤田东部的214国道一带含煤1～2层，仅一层可采且不稳定。该区煤层属中灰、低硫、低热值长焰煤、不黏煤（图5.1）。

图5.1　塔妥矿点羊曲组地层露头

红土坡煤矿点中侏罗统羊曲组多被第四系覆盖。根据钻孔资料，羊曲组岩性为细碎屑岩，含两个煤组及植物化石，中部为含煤段，厚度大于20m，为灰-深灰色，以泥岩、砂质泥岩、粉砂岩、细砂岩为主，夹煤层（线）及炭质泥岩，斜层理及缓波状层理发育，含黄铁矿结核及菱铁矿结核，勘探区含两个煤组：煤 1 厚 0.15～1.14m，煤 2 厚 0.14～7.63m。勘探区外围煤 1 可采厚度 1.93m，煤 2 不可采。煤类均为长焰煤。

兴海县苦海煤矿点位于东昆仑构造带的东南部，区域构造走向近 EW 至 NE 向。含煤地层沿走向变化较大；工作区内见煤点 6 处，煤厚 1.30～5.21m。煤层层数 NW 向 SE 由三层变为两层，煤 1 厚 0.2～5.00m（夹炭质页岩），煤 2 厚 1.30～5.50m（含大量 H_2S 气体），煤 3 厚 1.34～3.00m。焦煤储量 168 万 t，有益矿产锗、镓含量均很低（图 5.2）。

图 5.2　苦海煤矿点羊曲组露头

（二）羊曲-同仁煤（矿）点

尕玛羊曲煤矿点位于祁连山褶皱带的南部，昆仑山褶皱带的北缘，为中新生代拗陷盆地。含煤地层为羊曲组，含有三个煤组，上下两个煤组不稳定，多为炭质泥岩及煤线。野外调查在老窑附近发现厚约 0.25m 的煤层露头，煤质较差，顶板含有褐铁矿层，厚为 0.05～0.10m，煤类为长烟煤（图 5.3）。

图 5.3　尕玛羊曲煤矿点老窑及煤层露头

(三)红水河、布尔汉布达山煤(矿)点

红水河、布尔汗布达山煤(矿)点位于海西蒙古族藏族自治州东南部的都兰县至格尔木市境内，地处高寒山区，交通不便，属人迹罕至的高山地带。布尔汗布达山已知煤矿点少，含煤地层分布零星，构造复杂。其构造位置在昆北断裂带之上盘，呈一被下元古界三面包围的局部坳陷。主要煤矿点有托克克、秋吉、八宝山、东大干沟、纳赤台西等，南坡的纳赤台西矿点已开采殆尽，其他煤矿点均无较大工业利用价值。

秋吉矿点海拔一般在2700～3000m，矿点周边地势相对平坦，有便道可接109国道。1966年，青海省地矿局区域地质测量队进行1∶20万区调时对秋吉煤矿点进行了初步调查。含煤地层为中—下侏罗统羊曲组($J_{1\text{-}2}y$)，上部为砖红色、灰绿色薄-中厚层细-中粒砂岩夹炭质页岩，中部为灰白色薄-中厚层砂岩，页岩夹煤三层，厚度分别为0.8m、1.10m、0.6m；下部为紫红-灰黄绿色-杂色角砾状砾岩，含大量砾砂岩， 地层总厚度大于480m(图5.4)。

图5.4 秋吉煤矿点老窑及地层出露情况

二、煤岩、煤质特征

(一)煤岩特征

东昆仑赋煤带煤层均位于中—下侏罗统，处在狭长的断裂带中，煤的物理性质为黑至灰黑色，具有金刚光泽或半金属光泽，光泽较强，具粒状结构，贝壳状断口，内生裂隙发育，易破碎。最大镜质组反射率一般为0.40%～0.76%，变质程度较低(表5.2)。塔妥煤矿镜质组含量为42.5%～51.3%，惰质组含量为48%～54.7%，壳质组含量为0.30%～1.70%，平均最大反射率为 0.73%～0.76%，属长焰煤-气煤。红土坡煤矿镜质组含量为61.77%～65.40%，惰质组含量为21.20%～29.68%，壳质组含量为1.60%～7.67%，平均最大反射率为0.40%～0.47%，属于长焰煤。

表 5.2　东昆仑赋煤带煤岩显微组分统计表

煤矿点	有机组分含量/%			无机组分含量/%			$R_{o,max}$/%
	镜质组	惰质组	壳质组	黏土类	硫化物	碳酸盐	
塔妥	42.5～51.3	48～54.7	0.3～1.70	0.3～1.9	0.20	0.8～1.7	0.73～0.76
红土坡	61.77～65.40	21.20～29.68	1.60～7.67				0.40～0.47

（二）煤质特征

东昆仑赋煤带各矿点主采煤层一般属于中灰、低硫、低磷、中高热值煤（表 5.3），为良好的动力用煤和民用煤。除了纳赤台西煤层为贫煤，其他矿点煤层均为长焰煤、不黏煤。

表 5.3　东昆仑赋煤带主要煤矿点煤质工业分析统计表

煤矿点	水分 M_{ad}/%	灰分 A_d/%	挥发分 V_{daf}/%	硫分 $S_{t,d}$/%	发热量 $Q_{gr,d}$ /（MJ/kg）	煤类
纳赤台西	1.30～3.94	10.43～30.82	6.91～18.20	0.09～1.09	25.36～32.17	PM
塔妥	3.25～6.41	24.05～31.05	36.08～38.66	0.46～0.48	25.78～26.54	CY、BN
塔妥*	2.21	15.33	34.78	0.65	33.16	BN
红土坡	6.79～11.61	6.25～14.96	35.70～41.50	1.14～2.47	20.21～22.32	CY
苦海	2.78～11.03	17.20～28.39	22.83～44.51	0.53～0.79	25.67～26.84	BN
秋吉*	10.05～11.48	25.29～35.28	43.10～47.94	0.69～0.97	21.47～22.50	BN
尕玛羊曲	8.23～20.33	4.45～37.56	34.43～51.92	1.01～13.63	23.86～30.38	CY
尕玛羊曲*	5.32	42.22	44.31	20.86	23.10	CY

注：PM 为贫煤；CY 为长焰煤；BN 为不黏煤。

*为实测数据。

塔妥煤矿原煤水分含量一般为 3.25%～6.41%，灰分一般为 24.05～31.05%，挥发分一般为 36.08%～38.66%，硫分一般为 0.46%～0.48%，发热量为 25.78～26.54MJ/kg。塔妥煤样实测结果：水分 2.21%，灰分 15.33%，挥发分 34.78%，硫分 0.65%，发热量 33.16MJ/kg，与以往测试结果基本一致。

红土坡煤矿原煤水分含量一般为 6.79%～11.61%，灰分一般为 6.25%～14.96%，挥发分一般为 35.70%～41.50%，硫分一般为 1.14%～2.47%，发热量为 20.21～22.32MJ/kg。

苦海煤矿原煤水分含量一般为 2.78%～11.03%，灰分一般为 17.20%～28.39%，挥发分一般为 22.83%～44.51%，硫分一般为 0.53%～0.79%，发热量为 25.67～26.84MJ/kg。

秋吉煤矿煤中水分含量一般为 10.05%～11.48%，灰分一般为 25.29%～35.28%，挥发分一般为 43.1%～47.94%，硫分一般为 0.69%～0.97%，发热量为 21.47～22.50MJ/kg。

尕玛羊曲矿点煤质较差，煤层中发育硫铁矿，水分含量一般为 8.23%～20.33%，灰分一般为 4.45%～37.56%，挥发分一般为 34.43%～51.92%，硫分一般为 1.01%～13.63%，发热量一般为 23.86～30.38 MJ/kg。尕玛羊曲采样点实测结果煤中水分含量为 5.32%，灰分为 42.22%，挥发分为 44.31%，硫分为 20.86%，发热量为 23.10 MJ/kg，煤中锗含量为 472×10^{-6}。

第二节　积石山赋煤带

一、含煤特征

大武盆地是积石山断陷赋煤带的主体部分，由于被走向逆断层切割，残留的侏罗纪含煤地层仅沿逆断层下盘断续分布，并形成南北两带。南带西起石峡、江卡沟，向东经玛尼龙矿点和江千延至甘南玛曲县格罗矿点；北带含煤地层目前仅见于野马滩至军牧场附近，走向上被大片第四系覆盖，出露相对较宽，煤层距断层稍远，向深部尚有一定延展。

南侧的巴颜喀拉盆地发育一套早侏罗世火山岩型含煤地层年宝组（J_1n），在成煤期受当时地形的影响，主要发育冲积扇及河流沉积体系，岩相类型主要为砾岩相和粗碎屑岩相，成煤环境主要为河流岸后沼泽或废弃河道，成煤环境差，煤层厚度变化大（表 5.4），横向连续性差，含煤地层受火山喷发控制，仅在年宝、哇塞、桑日麻等地零星出露。

表 5.4　积石山赋煤带主要煤矿点含煤情况统计表

地名	含煤地层	编号	煤层厚度/m	煤层稳定性	可采程度	备注
石峡	$J_{1-2}y$	M_1	1.70	不稳定	局部可采	
		M_2	0.54	不稳定	不可采	1#孔煤层厚度
		M_4	1.30～3.00	不稳定	局部可采	石峡煤矿厚 0.20～4.00m
江卡沟	$J_{1-2}y$	M_1	0.50～3.73	不稳定	全区可采	
		M_4	0～4.22	不稳定	局部可采	
军牧场	$J_{1-2}y$	M_1	1.00～1.60	不稳定	局部可采	
		M_2	0.18～3.20	不稳定	局部可采	
		M_3	0.80～3.26	不稳定	局部可采	
		M_4	0.30～6.00	不稳定	局部可采	
野马滩	$J_{1-2}y$	M_1	1.14～2.67	不稳定	局部可采	
		M_2	1.00～1.20	不稳定	局部可采	
		M_3	0～1.56	不稳定	局部可采	
		M_4	1.20～5.32	较稳定	全区可采	
江千	$J_{1-2}y$	M_3	0.35	不稳定	不可采	
		M_4	1.64～3.13	不稳定	全区可采	
年宝	J_1n	M_2	1.11	不稳定	局部可采	
		M_1	2.22～4.21	较稳定	全区可采	
桑日麻	J_1n	M_{1+2}	6.80	不稳定	局部可采	2 层可采煤层

（一）大武煤田

大武煤田位于阿尼玛卿山东段巴颜喀拉褶皱带北部，属果洛藏族自治州玛沁县管辖，东西长约 40km。含煤地层为中—下侏罗统羊曲组（$J_{1-2}y$）。因受自北向南强烈的挤压逆冲，区内的 NE 倾向的逆冲推覆构造较发育，断层的上盘因受后期的逆冲抬升，侏罗系含煤地层被剥蚀殆尽，煤层赋存于逆断层的下盘而呈单斜构造，被大片第四系覆盖，出露相对较宽，煤层距断层稍远，向深部尚有一定延展。在江卡沟和野马滩地区侏罗系总厚为 340～420m，军牧场地区则增厚到 800m 左右。煤层主要位于羊曲组（$J_{1-2}y$）上段，下部基本上不含煤，仅见炭质泥岩及煤线。

石峡-江卡沟地区的含煤地层超覆沉积于海西期花岗岩及晚石炭世大理岩之上，受逆掩断层控制的 NW-SE 向北倾单斜构造。含煤地层内有小型褶皱发育，轴向一般为 NWW 向，属表层褶曲，不影响含煤地层在深部的单斜构造形态。石峡地区含煤四层，顶部的 M_4 厚为 1.30～3.00m，为全区可采煤层；M_1 和 M_3 为局部可采煤层。据大武煤矿（已更名为石峡煤矿）采掘资料，其厚度及产状沿走向及倾向均不稳定，M_4 厚度为 0.2～4.0m（图 5.5），局部有尖灭现象，一般厚 2m 左右。据《青海省玛沁县江卡沟小煤矿勘探报告》，江卡沟地区含煤九层，其中全区可采一层，局部可采一层，其余均不可采，煤层总厚最大约 7m。位于底部的 M_1 厚 0.50～3.73m，中部和东部发育，西部较薄；位于中部的 M_4 厚度为 0～4.22m，西部厚厦较大，东部变薄、尖灭。

图 5.5　石峡煤矿点含煤地层及煤层露头

军牧场煤矿含煤地层基底为绢云母千枚岩及砂质板岩，含煤地层不整合沉积于石炭系火山质片岩及板岩之上（图 5.6）。上部含两层不稳定煤层 M_1、M_2，M_1 厚为 1.20～5.32m，M_2 厚为 0～1.52m，其中 M_1 浅部已经被采空；中部夹两层不稳定煤层 M_3、M_4，M_3 厚为 1.00～1.20m，M_4 厚为 1.14～2.67m。江千煤矿含煤段位于含煤地层下部，为灰白色凝灰质含砾粗砂岩、厚层状黑色泥岩、炭质泥岩，局部含可采煤层 1～2 层（图 5.7）。据《青海省甘德县江千小煤矿外围找煤》，M_4 厚 1.64～3.13m。

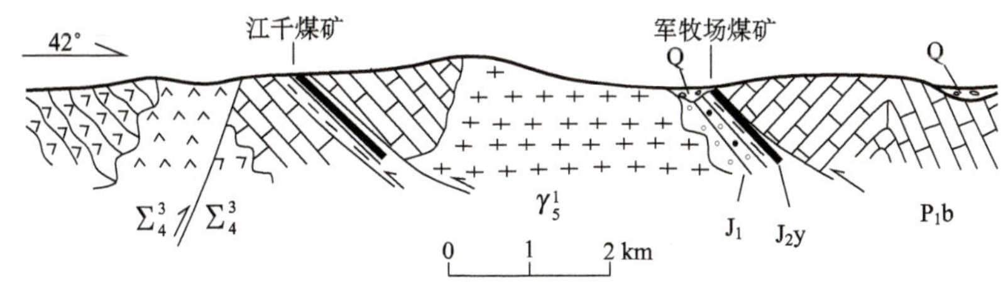

图 5.6 江千-军牧场含煤地层剖面（张发德等，2010）

图 5.7 军牧场煤矿点含煤地层及煤层露头

野马滩地区植被发育，以往采煤为竖井开采（图 5.8），周边没有煤层露头。据以往地质勘查资料，该区含煤 12 层，可采一层，局部及零星可采煤层三层，煤层总厚度最大为 11.00m。顶层的 M_4 为区内主要可采煤层，厚为 1.20～2.32m，呈 EW 向展布，属于不稳定煤层，夹矸 2～4 层，向矿区西部层数增加；M_3 厚为 0～1.55m，在区内东部和西部较发育，属于不稳定煤层，局部可采；M_2 厚为 1.00～1.20m，M_1 厚为 1.14～2.57m，为局部或零星可采煤层。

（a）（b）

图 5.8 野马滩煤矿点（a）及羊曲组煤层岩心（b）

（二）巴颜喀拉山东部煤（矿）点

巴颜喀拉山东部位于果洛藏族自治州达日县、久治县巴颜喀拉山东北缘，海拔较高，一般在4500m左右，煤矿点有简易公路可通县城。煤矿点主要有年宝、哇塞、桑日麻等，该区难确切划分出煤田单元界限。

年宝煤矿位于巴颜喀拉山褶皱带东北部，含煤地层为下侏罗统年宝组（J_1n）。煤层主要位于含煤地层中下部，灰白色含砾粗砂岩及长石中细粒砂岩，内夹不稳定煤层1层，局部可采，厚1.11m。下部以黑色粉砂岩为主，含煤1层，结构复杂，煤层较稳定，在局部地区形成较厚的煤层，一般2.22～4.21m，为区内主要可采煤层（图5.9）。

图5.9　年宝小煤矿煤层露头

哇塞矿点位于久治县哇塞乡，桑日麻矿点位于达日县桑日麻乡，含煤地层均为下侏罗统年宝组（J_1n）（图5.10）。煤层由上部的碎屑岩段及中部火山岩-火山碎屑岩沉积物组成，含厚层黑色泥岩及炭质泥岩。据久治县哇塞煤矿预查，哇塞矿点见煤四层，含可采煤层两层，平均厚度为6.80m。目前，桑日麻矿点未开展过煤炭地质勘查工作，见煤情况不详。

（a）

（b）

图5.10　哇塞（a）及桑日麻（b）矿点含煤地层露头

二、煤岩、煤质特征

（一）煤岩特征

积石山赋煤带各矿点煤层均呈黑色块煤，结构复杂，具有沥青光泽或玻璃光泽，质量较差。最大镜质组反射率一般为1.17%～2.16%（表5.5），部分矿点显微煤岩组成难以辨认。大武煤田各矿点煤中镜质组含量为47.50%～88.28%，年宝地区煤中镜质组含量为86.1%。

表5.5　积石山赋煤带煤岩显微组分统计表

煤矿点	有机组分含量/%			无机组分含量/%			$R_{o,max}$/%	备注
	镜质组	惰质组	壳质组	黏土类	硫化物	碳酸盐		
江千	66.56～88.28	11.72～33.44		2.00～15.33	0.65～5.19	0.60～1.30	2.02～2.12	大武煤田
军牧场	47.50～67.60	21.70～31.70	1.40～2.90	15.20		0.20～0.70	1.17～2.13	
年宝	86.1	2.4		11.5			2.16	

（二）煤质特征

积石山赋煤带大武煤田各矿点煤层多属低-中水分、中高挥发分、中高灰分、特低-高硫分煤（表5.6）。

表5.6　积石山赋煤带主要煤矿点煤质工业分析统计表

煤矿点	煤层号	水分 M_{ad}/%	灰分 A_d/%	挥发分 V_{daf}/%	硫分 $S_{t,d}$/%	发热量 $Q_{gr,d}$ /（MJ/kg）	煤类	备注
江卡沟	M_3	5.80	37.42	20.68	0.74	19.70	PM	大武煤田
	M_4	5.68	37.18	23.25	0.58	17.64	PM	
野马滩	M_1	3.95	30.77	15.49	0.49	21.99	PM	
	M_3	1.05	20.63	13.78	0.56	23.15	PM	
江千	M_4	0.96～1.32	14.24～26.33	13.56～17.99	1.62～7.53	34.63～35.80	PM	
军牧场	M_1	1.38	17.87	35.22	1.72	21.36	1/3JM	
	M_2	1.34	14.68	39.49	2.60	23.23	FM	
	M_3	1.15	35.91	37.21	2.06	19.77	1/3JM	
年宝	M_1	7.21	10.84	22.46			BN	巴颜喀拉山东部
	M_2	6.77	10.11	22.74	0.19		BN	

注：PM为贫煤；1/3JM为1/3焦煤；FM为肥煤；BN为不黏煤。

从全区来看，北部大武煤田各矿点的煤层变质程度普遍较高，一般为贫煤、1/3焦煤；而年宝地区煤为不黏煤。而在大武煤田亦存在区域动力变质作用的不均衡性，东部军牧场及江千煤矿煤变质相对较低，中西部的野马滩、江卡沟及石峡煤矿变质程度较高。除军牧场煤

矿 M_2 为肥煤，M_1 及 M_3 为 1/3 焦煤，其余均为贫煤。区内各煤层煤质特征不尽相同，除军牧场煤矿 M_1 煤层可作为配焦用煤外，其余各煤层一般只能作为民用及动力用煤。

第三节　唐古拉山赋煤带

一、含煤特征

唐古拉山赋煤带含煤地层较多，主要有下石炭统杂多群（C_1Z）、上石炭统加麦弄群（C_2J）、那益雄组（P_3n）、巴贡组（T_3bg）等。东部的扎曲煤田含煤地层以下石炭统杂多群（C_1Z）、上石炭统加麦弄群（C_2J）、上三叠统巴贡组（T_3bg）为主，而西部的乌丽煤田含煤地层以上二叠统那益雄组（P_3n）为主。

（一）乌丽煤田

乌丽煤田位于青海省西南部唐古拉山口以北的沱沱河上游一带，行政区划隶属海西蒙古藏族自治州、格尔木市和玉树藏族自治州治多县、曲麻莱县。含煤地层为上二叠统乌丽群那益雄组（P_3n）及上三叠统结扎群巴贡组（T_3bg）。那益雄组由一套海陆交互相含煤碎屑岩、碳酸盐岩组成，主要出露在茶错湖南，露头零星，大部分地段被第四系覆盖，为海陆交互相滨海平原型沉积。巴贡组（T_3bg）分布较为广泛，在八十五道班西出露较完整，特别是含煤段自然露头较好，为海陆交互相滨海三角洲型沉积。主要矿点有乌丽、扎苏、达哈、宗扎、茶木错、开心岭等，其中开心岭煤矿和达哈煤矿曾经由当地居民土法开采（已关闭），其他矿点均未开发。主要煤矿点的含煤特征如表 5.7 所示。

表 5.7　唐古拉山赋煤带乌丽煤田主要煤矿点含煤情况统计表

煤矿点	含煤地层	编号	煤层厚度/m	煤层稳定性	可采程度	备注
开心岭	P_3n	M_1	5.00	不稳定	局部可采	探槽揭露，在矿区外围西北部探槽揭露煤层 0.33～1.44m
		M_2	13.50	不稳定	局部可采	
		M_3	1.00～3.00	不稳定	局部可采	
		M_5	5.36	不稳定	局部可采	
乌丽	P_3n	M_1	0.32～2.08	不稳定	局部可采	
		M_2	0.70～2.11	较稳定	全区可采	
		M_3	0.39～1.17	较稳定	局部可采	
		M_4	0.79～2.14	较稳定	大部分可采	
		M_5	0.42～4.06	较稳定	大部分可采	
		M_6	0～6.63	不稳定	局部可采	
扎苏-达哈	P_3n	$M_{1\text{-}6}$	31.47	不稳定-较稳定	局部可采	
八十五道班西	T_3bg	M_1	0.76	不稳定	局部可采	
		M_2	0.69	不稳定	局部可采	

开心岭煤矿含煤地层为上二叠统那益雄组（P_3n），那益雄组在成煤期主要发育有障壁海岸沉积体系，以潮坪-潟湖沼泽成煤为主，成煤环境较好。1966 年，青海地质大队曾在该区进行矿点调查，施工探槽两条，共揭露可采煤层七层。自下而上煤厚分别为：煤 1 平均厚 5m、煤 2 平均厚 13.50m、煤 3 厚 3.00～1.00m、煤 4 厚度不详、煤 5 平均厚 5.36m；煤 6 和煤 7 未进行揭露，但煤厚均达可采厚度。另外，在开心岭外围西北部，据槽探揭露可采煤层有六层，厚 0.33～1.44m（图 5.11）。

图 5.11 开心岭煤矿点含煤地层露头

乌丽地区含煤地层为上二叠统乌丽群那益雄组（P_3n），属海陆交互相地层，煤层夹于两断层之间，呈 EW 向条带状分布，含可采及不可采 5～14 层煤层，可划分为 6 个煤组，煤层间距 14.47～151.80m，煤层总厚度可达 12.25m，煤层主要分布在含煤地层中部。M_2 煤组全区可采，M_4、M_5 为大部可采煤层，M_1、M_3、M_6 为局部可采煤层，煤层结构简单，夹矸多为泥岩和炭质泥岩。

扎苏-达哈地区含煤地层为上二叠统乌丽群那益雄组（P_3n），唐古拉乌丽断裂东段则分割开了扎苏、达哈煤矿。该区含可采煤层 6 层，自上而下分别编号为煤 1、煤 2、煤 3、煤 4、煤 5、煤 6，含煤段总厚大于 230m，煤层总厚 31.47m，含煤系数为 13.52%，含煤性好。煤层、煤质特征与乌丽地区类同，煤类为贫煤，煤层顶底板岩性多为粉砂岩、粉砂质泥岩等，煤层倾角 46°～60°（图 5.12）。

八十五道班西含煤地层为上三叠统结扎群巴贡组（T_3bg），是一套海陆交互相-湖沼相含煤层或煤线的陆源碎屑沉积岩，局部地区上部偶见白云岩、石膏和菱铁矿结核，厚约 668.93m。巴贡组（T_3bg）下部为灰黄色中厚层状岩屑细砂岩夹薄层状粉砂质泥岩；中部主要是深灰色薄层状粉砂质泥岩，含有少量灰色薄-中层状岩屑细砂岩、粉砂岩；上部为浅灰、灰绿色长石石英砂岩、石英砂岩，灰色中厚层状岩屑细砂岩夹少量粉砂质、炭质泥岩和粉砂岩。该区地表见煤两层，由上至下依次编号为 M_1、M_2，M_1 平均厚度为 0.76m；M_2 平均厚度为 0.69m，最厚达 3.1m，属不黏煤，夹矸石两层，厚度均为 0.45m。顶底板岩性多为灰黑色泥岩、炭质泥岩，浅部煤层以往曾开采，残留矿坑宽约 5m，深 3～5m。受构造活动的影响，煤层倾角为 46°～60°，煤层受到挤压破坏严重（图 5.13）。

图 5.12　乌丽地区扎苏煤矿上二叠统那益雄组煤层露头

图 5.13　八十五道班废弃采坑断层带中挤入的上三叠统巴贡组煤层

（二）扎曲煤田

扎曲煤田位于青海省南部唐古拉山的东部，行政区划隶属青海省玉树藏族自治州囊谦县及杂多县。区内成煤时代较多，主要有石炭纪、二叠纪和三叠纪，含煤地层主要为下石炭统杂多群（C_1Z）、上石炭统加麦弄群（C_2J）和上三叠统巴贡组（T_3bg），一般来说杂多群（C_1Z）、加麦弄群（C_2J）含煤性较好，结扎群巴贡组（T_3bg）次之，其他层位仅有一些找煤线索。加麦弄群（C_2J）主要分布于东坝、纳仁贡玛、扎格涌、当曲等地，与下伏杂多群平行不整合接触（图 5.14）。杂多群（C_1Z）含煤地层沿他念他翁古陆的东北缘呈 NW-SE 向带状分布，煤层在横向上相变明显，厚度变化较大。上三叠统巴贡组（T_3bg）含煤地层研究程度较低，在俊罗东茅、苏莽、结扎等地均有煤层出露。

区内各煤矿点基本为露天开采，各矿点煤层变化较大，主要煤矿点的含煤特征如表 5.8 所示。

（a）　　　　　　　　　　　　（b）

图 5.14　豹草沟煤矿点加麦弄群含煤碎屑岩组（a）及煤系露头（b）

表 5.8　唐古拉山赋煤带扎曲煤田主要煤矿点含煤情况统计表

煤矿点	含煤地层	编号	煤层厚度/m	煤层稳定性	可采程度	备注
自家浦	C_1Z	C_1	0.45～1.50	较稳定	局部可采	
		C_2	0.40～0.85	较稳定	局部可采	
		C_3	0.40～1.35	较稳定	局部可采	
		C_4	0.40～1.50	较稳定	局部可采	
		C_5	0.40～1.45	较稳定	局部可采	
俄青龙	C_1Z	M_1	0.50～1.00	不稳定	局部可采	
		M_2	1.00～1.50	不稳定	全区可采	
		M_3	0.10～0.20	不稳定	不可采	
其涌	C_1Z		0.80～3.50	不稳定	全区可采	
查然宁	C_1Z	$M_{1\text{-}6}$	0.55～1.90	不稳定-较稳定	局部-全区可采	
齐夏卡	C_1Z		0.30～0.50	不稳定	局部可采	
格玛	C_1Z		0.00～1.00	不稳定	局部可采	
豹草沟	C_2J	M_1	0.74～1.16	不稳定	局部可采	
		M_2	1.70～2.75	较稳定	大部分可采	
		M_3	0.20～1.16	不稳定	局部可采	
		M_4	0.90	不稳定	局部可采	
		M_5	0.55～3.30	不稳定	局部可采	
		M_6	0.82～6.51	不稳定	大部分可采	
		M_7	0.60～4.69	不稳定	大部分可采	
		M_8	1.78～10.39	不稳定	大部分可采	
		M_9	0.73～1.28	较稳定	大部分可采	
		M_{10}	0.65～1.36	不稳定	局部可采	
		M_{11}	0.48～0.90	不稳定	局部可采	

续表

煤矿点	含煤地层	编号	煤层厚度/m	煤层稳定性	可采程度	备注
草龙涌	C_2J	M_1	0.61～1.56	较稳定	大部分可采	
		M_2	1.56～1.61	较稳定	大部分可采	
		M_3	0.22～1.63	较稳定	大部分可采	
		M_4	0.29～0.90	较稳定	局部可采	
		M_5	0.55～1.73	较稳定	大部分可采	
		M_6	0.27～2.94	稳定	大部分可采	
		M_7	0.22～3.36	稳定	大部分可采	
		M_8	0.62～10.39	稳定	大部分可采	
		M_9	0.73～2.33	较稳定	大部分可采	
		M_{10}	0.26～1.36	较稳定	大部分可采	
		M_{11}	0.90～1.30	较稳定	大部分可采	
		M_{12}	0.82～1.61	较稳定	局部可采	
		M_{13}	1.07	较稳定	局部可采	
		M_{14}	1.97	较稳定	局部可采	
		M_{15}	3.62	较稳定	局部可采	
让江藏嘎	C_2J	$M_{1\text{-}11}$	0.86～5.69	不稳定-稳定	局部可采	含煤 11 层
迈巴能	C_2J		0.50～1.40	不稳定-稳定	局部可采	
俊罗东茅	T_3bg		0.60	不稳定	局部可采	含煤 5 层
苏莽	T_3bg		0.90～4.50	不稳定	局部可采	
结扎	T_3bg		0.70	不稳定	局部可采	含煤 21 层

石炭系下统杂多群（C_1Z）在吉耐—其涌一带呈近 EW 向带状连续展布，为海陆交互相含煤碎屑岩沉积建造，岩性主要为灰、灰黑色泥岩、粉砂质泥岩、粉砂岩及少量细粒砂岩夹煤层及煤线，厚度大于 320.50m。俄青龙煤矿点含煤地层为下石炭统杂多群（C_1Z），煤层主要位于碎屑岩组中。含煤地层沿走向 800m 范围内有四个采坑，其中 1～3 号坑已坍塌，4 号坑内见有三层煤，厚度分别为 0.5～1.00m、1.00～1.50m 及 0.10～0.20m，两层可采煤层煤质好，但稳定性差。其涌煤矿点含煤地层为下石炭统杂多群（图 5.15），含煤五层，一层可采，煤厚 0.80～3.50m，但不稳定。查然宁煤矿点以往矿点调查时共发现 17 层煤，其中六层可采，其厚度分别为 0.55m、0.60m、1.90m、0.75m、1.20m、0.58m，且具一定规模。齐夏卡煤矿点含煤三层，煤层厚度分别为 0.30m、0.50m、0.50m，属不稳定薄煤层，且煤层结构复杂。格玛煤矿点含煤（或煤线）16 层，仅一层可采，厚约 1m，且不稳定；1 号平巷采长可达百余米，而 2 号平硐中煤层延伸 10 余米即尖灭。结扎煤矿点见有 1～2 层可采煤层，最大厚度 6m，但不稳定（图 5.15）。

(a) 含煤背斜东南翼

(b) 含煤背斜核部

图 5.15 其涌地区杂多群含煤地层出露情况

自家浦煤矿区主要含煤地层为下石炭统杂多群碎屑岩组，其中在东北部自家浦一带含煤性最好，在 NW 向延伸的逆冲断裂组成的断块之间存在局部可采区。据西藏地矿局自家浦首采区的普查资料，该区内见煤层和煤线 71 层，厚度大于 0.4m，可采煤 46 层，可采煤层平均累厚 36.73m，平均厚约 0.80m，另有薄煤（单层厚 0.30～0.39m）25 层。野外调查在地表见多达 30 余层煤层或煤线，通过追索对比，仅对走向延伸超过 1km 的五层较稳定的可采煤层进行了初步工作，并对部分煤层实施了探槽控制，将其自上而下编号为 C_1～C_5，可采厚度 0.40～1.50m。

豹草沟煤矿点含煤地层为上石炭统加麦弄群（C_2J，煤层位于加麦弄群含煤碎屑岩中，岩性组合为灰色、灰绿色长石砂岩、石英粉砂岩、粉砂质板岩、炭质板岩，夹灰绿色泥灰岩、结晶灰岩、凝灰岩、英安岩、玄武质火山角砾岩及煤层。含煤层 11 层，煤层总平均厚度为 19.47m，煤系厚度最大为 1220m，其中 M_2、M_6、M_7、M_8、M_9 煤层为可采煤层，其他五层为不可采或局部可采煤层。

草龙涌地区含煤地层为石炭系上统加麦弄群（C_2j），含煤 15 层。上含煤段含煤三层，煤层平均总厚度 3.47m；中部含铁砂质板岩段不含煤；下含煤段含煤 12 层，煤层平均总厚度 20.90m。 让江藏嘎煤矿点、迈巴能地区也有加麦弄群（C_2J）含煤碎屑岩出露，让江藏嘎煤矿点探槽揭露煤层 11 层，厚度分别为 1.32m、4.36m、5.00m、0.86m、1.05m、3.09m、1.15m、3.34m、4.41m、5.69m、2.48m。迈巴能地区地表可见八处煤层露头点，含煤层数较多，煤层厚度为 0.50～1.40m。

上三叠统结扎群巴贡组（T_3bg）分布于北部子曲复向斜核部，由于褶皱较紧密，煤层倾角一般在 45°以上，甚至近于直立。小褶皱及断裂成群分布，致使煤层的连续性极差，如杂多县城附近各矿点的煤层常呈鸡窝状或扁豆状，难以逐层追索。主要的煤矿点有俊罗东茅、苏莽、结扎等煤矿点。其中俊罗东茅矿点含煤五层，仅一层可采，煤厚 0.60m，属透镜状不稳定煤层。苏莽矿点含煤地层为上三叠统巴贡组（T_3bg），共出露 9 层煤，均可采，煤层厚度为 0.95～4.50m，均属于极不稳定煤层，在毛庄乡已有开采痕迹。结扎煤矿点含煤地层为上三叠统巴贡组（T_3bg），1974 年，矿点检查施工的地表工程共揭露煤层（或煤线）21层，但仅有两层0.70m的煤层可采，且煤层稳定性较差。

二、煤岩、煤质特征

（一）煤岩特征

唐古拉山赋煤带主要煤矿点煤岩显微组分见表5.9。

表5.9 唐古拉山赋煤带煤岩显微组分统计表 （单位：%）

煤矿点	有机组分			无机组分			$R_{o,max}$
	镜质组	惰质组	壳质组	黏土类	硫化物	碳酸盐	
自家浦	49.75	31.8		15.4		3.05	4.82
	29.15	68.1		0.75		2	4.49
	63.23	33.1		1.1		1	4.9
	78.6	20.55		0.3		0.55	4.03
草龙涌	59.9～73.0	25.1～30.8		0.2～4.0	1.7～8.0	0.2	6.44～7.58
乌丽	59.10～84.87	13.97～28.40		0.40～4.90	0.34～3.01	0.19～8.90	1.79～4.82
吉耐-其涌	56.9～90.5	2.9～26.6	0.4～0.8	1.6～2.8	0.4～1.8		3.88～4.13

杂多群、加麦弄群煤层变质程度较高，镜质组最大反射率一般为5.86%～6.31%。肉眼观察呈钢灰色，具有金属光泽，硬度大，风化后常呈碎块状，其真密度为1.83～2.12g/cm^3，平均为1.97 g/cm^3，燃点极高。煤岩类型均属光亮型，隐约可见条带状结构、层状构造，为矿物杂质局部增高所致，煤层结构单一，很少见到夹矸。煤的有机显微组分以镜质组分为主，惰质组分含量较低，而半镜质组分和壳质组分多为零。自家浦煤矿杂多群碎屑岩组C_1、C_3、C_4及C_5煤层镜质组主要为基质镜质组、均质镜质组；灰色、深灰色，部分镜质组成分基本均一，边缘轮廓基本清晰，表面较为光滑；惰质组常见为丝质体及其碎片体、粗粒体。丝质体呈浅黄色碎屑状及带状。各煤层的变质程度均相当于典型无烟煤变质阶段。草龙涌地区煤岩显微组分中镜质组含量59.9%～73.0%，惰质组含量25.1%～30.8%，矿物中黏土类含量0.2%～4.0%，硫化物含量1.7%～8.0%，碳酸盐含量0.20%，镜质组最大反射率一般为6.44%～7.58%，变质程度一般较高。

那益雄组含煤地层各煤层物理性质基本一致，煤呈黑色，条痕褐黑色，沥青光泽或强金属光泽，煤层结构单一。以碎块状煤为主，粉状煤次之，条带状结构发育，参差状或阶梯状断口，节理、裂隙不甚发育，硬度较大，视密度为1.72～1.87t/m^3，平均值为1.80t/m^3。镜质组最大反射率为2.60%～4.59%，平均为4.15%。其中乌丽地区煤岩显微组分中镜质组含量59.10%～84.87%，惰质组含量13.97%～28.40%；矿物中黏土类含量0.40%～4.90%，硫化物含量0.34%～3.01%，碳酸盐含量为0.19%～8.90%，镜质组最大反射率1.79%～4.82%。

巴贡组含煤地层中煤层都呈黑色、粉末状，光泽较亮，局部有丝绢光泽，常呈鳞片状构造，各煤层视密度为 1.62～1.82t/m^3，平均值为 1.72t/m^3。吉耐-其涌地区煤岩显微组分中镜质组含量56.9%～90.5%，惰质组含量2.9%～26.6%，壳质组含量为0.4%～0.8%；矿物中黏土类含量为 1.6%～2.8%、硫化物含量为 0.4%～1.8%，镜质组最大反射率为 3.88%～4.13%。

（二）煤质特征

唐古拉山赋煤带的煤层从石炭纪到三叠纪均有分布，不同地区含煤地层中煤层、煤质变化较大，但主要以较高变质程度的贫煤、无烟煤为主。特别是石炭纪杂多群和加麦弄群的煤层均属于无烟煤，而乌丽煤田地区煤的变质程度相对较低，其中的三叠纪煤层具有一定的黏结性，以不黏煤为主，但在其周边的梭罗东茅-苏莽地区，有轻微的石墨化现象，存在部分无烟煤或贫煤。对主要煤矿点煤质化验成果整理如表 5.10 所示。

表 5.10 唐古拉山赋煤带主要煤矿点煤质工业分析统计表

煤矿点	含煤地层	水分 M_{ad}/%	灰分 A_d/%	挥发分 V_{daf}/%	硫分 $S_{t.d}$/%	发热量 $Q_{gr.ad}$ /（MJ/kg）	煤类
自家浦	C_1	5.38	38.66	22.83	0.37	17.36	WY
	C_3	6.99	14.85	23.66	0.49	24.1	WY
	C_4	4.07	10.65	7.55	0.71	29.95	WY
	C_5	9.94	11.84	16.08	0.49	27.19	WY
吉耐-其涌	C_1Z	3.63～11.90	1.98～23.71	5.40～23.71	0.05～1.54	21.58～33.13	WY
清水沟*	C_1Z	4.75	31.40	14.98	0.48	29.54	WY
昂赛*	C_1Z	3.60	30.65	10.01	0.51	30.83	WY
桑班涌*	C_1Z	2.53	9.76	4.14	0.57	34.20	WY
草龙涌	C_2J	0.71～8.73	7.08～39.71	5.24～15.38	0.32～0.83	18.83～31.99	WY
豹草沟	C_2J		2.7～4.91	3.47～3.98	0.39～0.43	33.0～33.3	WY
豹草沟*	C_2J	7.41	13.07	14.55	0.55	29.90	WY
尕松山*	C_2J	9.96	25.64	30.35	0.24	25.80	
让江藏嘎	C_2J	4.78～12.74	3.93～26.68	1.86～28.80	0.14～0.63	25.87～32.84	WY
迈巴能	C_2J	2.31～4.99	7.16～7.48	3.50～11.54	0.39～0.57	32.77～33.91	WY
查乃拉	C_2J	7.93～9.37	31.33～35.41	24.08～31.15	0.23～0.37	20.35	WY
开心岭*	P_3n	1.52	21.84	12.41	2.91	34.45	PM
乌丽	P_3n	1.48～5.40	22.96～29.75	9.70～16.47	0.10～0.89	21.04～25.00	PM-WY
达哈	P_3n	3.45～5.52	10.73～28.20	16.06～21.07	0.44～0.67	21.84～31.98	PM
达哈*	P_3n	3.52	23.67	10.42	0.46	33.00	PM
扎苏	P_3n	1.94	18.85	9.22	1.17	34.63	PM
八十五道班西	T_3bg	5.32	17.90	19.69	0.57	25.45	BN

注：WY 表示无烟煤；PM 表示贫煤；BN 表示不黏煤。

*为实测数据。

下石炭统煤层主要分布在扎曲煤田西部吉耐—其涌一带，煤层结构单一，很少见到夹矸，煤层变质程度很高。煤中水分含量为2.53%～11.90%，灰分含量为1.98%～31.40%，挥发分含量为 4.14%～23.71%、硫分含量为 0.05%～1.54%，空气干燥基高位发热量21.58～34.20MJ/kg，均属于无烟煤。部分地区的煤质较好，具有低灰、低硫、高发热量的特征。

上石炭统煤层主要分布在豹草沟、让江藏嘎、迈巴能、查乃拉等一带。煤中水分含量为 0.71%～12.74%，灰分含量为 3.93%～39.71%，挥发分含量为 1.86%～31.35%，硫分含量为 0.14%～0.83%，空气干燥基高位发热量 18.83～33.91MJ/kg，均属于无烟煤。部分地区煤层厚度较大且煤质较好，特别是豹草沟一带小煤矿勘探资料显示，该区煤炭资源属于特低灰、特低硫的优质无烟煤，有望成为青海南部优质的无烟煤产地。

上二叠统煤层主要分布在乌丽—达哈—扎苏一带。煤中水分含量为 1.48%～5.52%，灰分含量为10.73%～29.75%，挥发分含量为9.22%～21.07%，硫分含量为0.10%～2.91%，空气干燥基高位发热量 21.04～34.45MJ/kg，煤类主要为贫煤。整体属于发热量高，低硫、无黏结性，是比较好的动力用煤及民用煤，可作为一般工业锅炉、水泥厂等燃料和生活用煤。

上三叠统煤层主要分布在八十五道班西、苏莽、结扎等地。上三叠统煤变质程度相对较低，主要为不黏煤。八十五道班西原煤灰分平均为 17.90%，挥发分平均为 19.69%，全硫平均为 0.57%，恒容干基高位发热量平均为 25.45MJ/kg，是较好的动力用煤及民用煤。

第四节　土门-巴青赋煤带

一、含煤特征

土门-巴青赋煤带含煤地层主要为上三叠统巴贡组，主要分布在土门格拉煤矿区。该赋煤带煤层层数多，沿走向及倾向不稳定，主要呈似层状或透镜状，易于变薄、尖灭、分叉或相变成炭质泥岩及泥岩，煤层稳定性在平面上无明显的规律。主要煤矿点煤层特征见表 5.11。

土门格拉煤矿位于安多—昌都印支期断褶亚带南侧西段部位，南侧为改则-怒江深大断裂带，西与羌塘印支期断块亚带相邻。土门格拉煤矿是西藏境内开展煤田地质勘查工作最多的矿区。该区巴贡组为一套海陆交互相沉积建造，以灰白色石英细砂岩、长石石英细砂岩和灰黑色泥岩、粉砂质泥岩为主，上部见棕红色、紫红色含砾砂岩、细砾岩，岩性特征在横向上有一定变化。煤层主要作似层状或透镜状，沿走向及倾向不稳定，易于变薄、尖灭、分叉或相变成炭质泥岩及泥岩。土门格拉组主要分布在北部含煤带，为海退环境下的海陆交互相沉积，岩性为灰、灰黑色页岩、泥岩、泥质粉砂岩、砂岩及煤

表 5.11　土门-巴青赋煤带土门格拉煤矿含煤情况统计表

煤矿点	含煤地层	编号	煤层厚度/m	煤层稳定性	可采程度
土门格拉	T_3bg	C_1	0.30～0.50	不稳定	局部可采
		C_2	0.30～0.50	不稳定	局部可采
		C_3	0.00～2.50	不稳定	可采
		C_4	0.00～1.06	不稳定	局部可采
		C_5	0.00～3.20	较稳定	可采
		C_6	0.00～5.79	不稳定	可采
		C_7	0.00～0.50	不稳定	局部可采
		C_8	0.00～0.50	不稳定	局部可采
		C_9	0.00～0.94	不稳定	局部可采
		C_{10}	0.00～2.67	不稳定	局部可采
		C_{11}	0.00～1.68	不稳定	局部可采
		C_{12}	0.00～5.62	不稳定	可采
		C_{13}	0.00～0.77	不稳定	局部可采
		C_{14}	0.00～0.90	不稳定	局部可采
		C_{15}	0.10～4.08	较稳定	可采
		C_{16}	0.00～3.03	不稳定	局部可采
		C_{17}	0.00～3.05	不稳定	局部可采
		C_{18}	0.29～7.03	较稳定	可采
		C_{19}	0.00～0.92	不稳定	局部可采
		C_{20}	0.07～0.72	不稳定	局部可采
杂德改	T_3bg		0.40	不稳定	不可采

(a) 煤层

(b) 黑色泥岩

图 5.16　土门格拉地区巴贡组含煤地层岩性照

层（煤线），局部夹灰岩、泥质灰岩，厚度为920～3751m。煤层主要呈似层状或透镜状，沿走向及倾向不稳定，易于变薄、尖灭、分叉或相变成炭质泥岩及泥岩。在含煤性较好的矿（点）内，煤层较稳定，似层状者较好，一般煤层延长数十米到2000m。煤层稳定性在平面上无明显的规律，煤层结构简单到复杂，普遍夹1～2层夹矸，夹矸多由炭质泥岩、泥岩组成，少数为细砂岩。该区含煤性好，含煤层20余层，其中局部可采者14层，可采者6层（图5.16）。

土门-巴青赋煤带西部仅在巴青县阿秀乡北果丛陇-冷勒通与杂色镇杂德改村可见厚度大于0.40m的煤层，沿走向断续追索达500m以上，其余多为炭质泥岩、薄煤线。

二、煤岩、煤质特征

（一）煤岩特征

土门格拉煤矿巴贡组煤层呈灰黑-深黑色、条痕棕色-褐黑色，玻璃光泽及油脂光泽，阶梯及平整状断口，少量参差状断口和眼球状断口，易脆，内生裂隙发育，条带状结构，煤视密度为1.41～1.68t/m^3；煤岩类型以半亮为主，由东南向西北光亮型增多、半暗型减少。以基质镜质组（可见胶结少量的碎屑惰质组、丝质体碎片及小孢子体、角质体等）为主（表5.12），其次为结构镜质组，少数均质镜质组、团块镜质组和碎屑镜质组。惰质组以丝质体、半丝质体为主，其次为碎屑惰质组，少数微粒体、粗粒体，少见氧化丝质体、菌类体。壳质组以小孢子体、角质体居多，少数碎屑壳质组。

表5.12　土门-巴青赋煤带煤岩显微组分统计表　（单位：%）

煤矿点	有机组分含量			无机组分含量			$R_{o,max}$
	镜质组	惰质组	壳质组	黏土类	硫化物	碳酸盐	
土门格拉	69.1	22.5	8.4	1.04	1.32	1.61	

（二）煤质特征

土门格拉煤矿煤层结构复杂，煤变质程度由南向北逐渐变浅，南部为无烟煤至贫煤，向北逐渐变为焦煤，且具明显带状分布特征，在中部C_{10}（原始号：煤$_{35}$）和C_{12}（原始号：煤$_{26}$）之间有明显的分界线，上下煤质呈现出明显跳跃，C_{10}以北为肥焦一号，而南侧为贫煤。北部焦煤由于含硫高、脱硫难、灰分高及精煤回收率低，只能作配焦用煤。土门格拉煤矿巴贡组煤质特征见表5.13。

表5.13　土门-巴青赋煤带主要煤矿点煤质工业分析统计表

煤矿点	含煤地层	水分 M_{ad}/%	灰分 A_d/%	挥发分 V_{daf}/%	硫分 $S_{t,d}$/%	发热量 $Q_{gr,ad}$/（MJ/kg）	煤类
土门格拉	A_1	1.66	29.37	19.42	2.96	23.91	贫煤

土门格拉煤矿原煤水分含量为 0.81%～2.96%，平均为 1.66%。浮煤水分为平均为 1.23%；原煤干燥基灰分含量为 23.43%～33.47%，平均为 29.37%；干燥无灰基挥发分含量为 11.20%～34.68%，平均为 19.42%；原煤干燥基高位发热量为 21.65～26.16MJ/kg，平均为 23.91MJ/kg；属特低全水分、中-中高灰分、低挥发分、煤中高热值贫煤。

第五节　昌都-芒康赋煤带

一、含煤特征

昌都-芒康赋煤带含煤地层主要有下石炭统马查拉组（C_1m）、上二叠统妥坝组（P_3t）及上三叠巴贡组（T_3bg）。煤系受构造（断裂）的影响，常挟持在断裂之间，呈带状分布，出露宽 10～20km，长 12～200km。过去对该煤系进行过路线地质调查、矿点检查等找煤工作，并对有望地段及煤点进行过普查。发现煤矿（点）38 个，其中有价值的煤矿（点）有马查拉煤矿、妥坝煤矿、夺盖拉煤矿、巴贡煤点、曲登煤点、加卡煤点等。主要煤矿点含煤情况见表 5.14。

表 5.14　昌都-芒康赋煤带主要煤矿点含煤情况统计表

煤矿点	含煤地层	编号	煤层厚度/m	煤层稳定性	可采程度
马查拉	C_1m	C_1	0.50～0.73	较稳定	可采
		C_2	0.65～1.22	较稳定	可采
		C_3	0.00～0.56	不稳定	局部可采
		C_4	0.09～0.46	较稳定	局部可采
		C_5	0.00～0.56	不稳定	局部可采
		C_6	0.03～1.01	不稳定	局部可采
		C_7	0.25～0.84	较稳定	局部可采
		C_8	0.10～0.59	较稳定	局部可采
		C_9	0.00～0.82	不稳定	局部可采
		C_{10}	0.03～1.74	较稳定	局部可采
		C_{11}	0.03～0.92	较稳定	局部可采
		C_{12}	0.09～1.32	较稳定	局部可采
		C_{13}	0.05～1.2	较稳定	局部可采
		C_{14}	0.26～1.57	较稳定	局部可采
		C_{15}	0.08～0.93	不稳定	局部可采
		C_{16}	0.00～1.67	不稳定	局部可采
		C_{17}	0.10～1.35	不稳定	局部可采
		C_{18}	0.00～1.57	不稳定	局部可采
		C_{19}	0.30～1.17	较稳定	局部可采

续表

煤矿点	含煤地层	编号	煤层厚度/m	煤层稳定性	可采程度
马查拉	C_1m	C_{20}	0.41～0.7	较稳定	可采
		C_{21}	0.44～3.4	较稳定	可采
		C_{22}	0.57～0.6	较稳定	可采
		C_{23}	0.40	不稳定	局部可采
机日马	C_1m	C_1-C_3	2.80～3.32	较稳定	可采
加卡	C_1m	C_1-C_4	0.30～0.75	不稳定	局部可采
曲登	C_1m	C_1-C_6	0.37～0.47	极不稳定	可采
妥坝	P_3t	C_1	0.13～2.76	不稳定	局部可采
		C_4	0.10～0.99	不稳定	局部可采
		C_9	0.34～0.54	不稳定	局部可采
		C_{11}	0.24～0.80	不稳定	局部可采
		C_{12}	0.42～1.09	不稳定	局部可采
		C_{16}	0.25～0.80	不稳定	局部可采
仁青	T_3bg	C_1	0.45	不稳定	局部可采
		C_2	0.1～0.20	不稳定	不可采
		C_3	0.50	不稳定	局部可采
		C_4	0.40～0.80	较稳定	可采
		C_5	0.15～2.60	较稳定	可采
		C_6	0.15	不稳定	不可采
夺盖拉	T_3bg	C_1	0.40～0.66	较稳定	局部可采
		C_2	0.40～0.55	不稳定	局部可采
		C_3	0.40～0.83	稳定	局部可采
鸟东	T_3bg	C_1	0～0.93	不稳定	局部可采
		C_2	0～0.47	不稳定	不可采
		C_3	0～0.57	较稳定	局部可采
		C_4	0～0.50	不稳定	局部可采
		C_5	0.15～0.47	不稳定	不可采
		C_6	0.21～0.60	较稳定	局部可采
		C_7	0～0.52	不稳定	局部可采
		C_8	0.10～0.92	较稳定	局部可采
		C_9	0～0.47	极不稳定	不可采
觉勒拉	T_3bg	C_2	0.18～0.42	不稳定	不可采
		C_5	0.23～0.60	较稳定	局部可采
		C_6	0.33～0.40	不稳定	不可采
巴贡	T_3bg	C_1	0.45～1.00	较稳定	局部可采
		C_3	0.10～0.53	不稳定	局部可采
打奖	T_3bg	C_1	0.14～0.55	不稳定	局部可采
		C_2	0.23～1.40	不稳定	可采

续表

煤矿点	含煤地层	编号	煤层厚度/m	煤层稳定性	可采程度
打奖	T_3bg	C_3	0.23～0.43	不稳定	局部可采
		C_4	0.09～0.70	不稳定	局部可采
		C_5	0.20～0.80	不稳定	局部可采
		C_7	0.20～0.60	不稳定	局部可采
		C_8	0.09～0.45	不稳定	局部可采
		C_9	0.10～1.40	不稳定	可采
		C_{11}	0.40	不稳定	局部可采
		C_{12}	0.25	不稳定	局部可采
穷卡	T_3bg	C_1	0.10～0.79	较稳定	局部可采
		C_2	0.02～0.81	较稳定	局部可采
		C_3	0.00～0.60	不稳定	局部可采
		C_4	0.19～0.50	较稳定	局部可采

（一）马查拉组

马查拉组含煤地层主要呈 NNW 向断续分布于昌都盆地西缘类乌齐至芒康一带，主要产煤区为马查拉煤矿和机日马煤矿。马查拉煤矿位于马查拉背斜核部（图 5.17），煤系出露走向长约 10km，宽 1.6km，面积 16km^2；含煤地层厚 495m，在马查拉煤矿区内见煤系地层厚 873.4m，含煤层（线）82 层，其中可采或局部可采者 23 层，可采总厚 2.97～23.48m，可采单层厚 0.40～2.55m，可采煤层平均累厚 12.82m，可采单层煤平均厚度为 0.40～1.29m，主要含煤段可采含煤系数达 2.45%。煤层结构为简单-较简单，少数复杂，形态多为似层状或层状，较稳定-不稳定。

图 5.17　马查拉煤矿向斜核部褶皱及含煤地层

机日马矿点位于马查拉煤矿北侧，矿区煤层发育于稳定的单斜地层内，产状稳定倾向北东，倾角 40°左右。由于后期（晚于晚三叠世）西侧逆冲断层的影响，使得马查拉背斜被破坏，背斜东翼被切割抬升至地表。煤系出露走向长约 5km，宽 1.5km，面积约 7.0km^2。煤系地层厚 860m，含煤层及煤线六层以上，煤层总厚 4.23m。其中，可采及局部可采煤层三层，可采总厚 2.80～3.32m，平均可采累厚 3.06m，单层可采厚 0.50～2.00m，煤层结构较简单，属于较稳定煤层。

加卡煤点位于昌都芒康县与八宿县之间，澜沧江西侧，川藏公路（新线路）之北，交通方便。见煤层煤线 6 层，其中可采或局部可采者 1～4 层，主要赋存于煤系上部。煤层平均倾角为 28°～33°，在煤点内的翁拉见煤四层，单层厚 0.30～0.75m；在锐拉处见煤一层，厚 0.55～0.60m。煤层薄，结构复杂，极不稳定。在锐拉—青谷约 45km 范围内，间或有煤层出露，局部因花岗岩侵入而变质成石墨，说明煤层在大面积范围内皆有分布。

曲登煤点位于加卡预测区南，区内构造复杂，煤系由煤点沿走向向南北各延长 20km，煤层倾向 NE，倾角 45°，含煤层煤线 11 层，其中可采或局部可采者六层，单层厚 0.37～0.47m，煤层属极不稳定煤层。

（二）妥坝组

上二叠统妥坝组位于昌都地块内昌都-芒康盆地西缘，断续分布于芒康县交嘎乡、海通沟，察雅县巴贡乡，昌都县妥坝镇，类乌齐县等地，向北延入青海省。含煤地层严格受 NW-SE 向断裂控制，造成地层在构造线方向呈孤立块体分布。妥坝富煤段位于妥坝断裂北段西侧（图 5.18），妥坝复式背斜北段次级向斜——妥坝向斜北部转折端，向斜东翼煤系被断裂带破坏，西翼煤系被甲丕拉组（T_3j）不整合覆盖。赋煤带东以英日童一线为界，西到埃西乡一带，南起于咱马拉北，北到鸟弄一线，南北长约 37km，东西宽约 30km。

(a) (b)

图 5.18 妥坝煤矿点次级向斜西翼（a）及主要断层（b）

妥坝煤矿区内发现煤层或煤线有 38 层之多，可采或局部可采者 14 层，主要赋存于煤系的下中部。煤层一般厚 0～1.0m，最厚者达 2.5m，平均厚度大于 0.4m，可采煤层七层，可采煤层平均累计厚度 4.85m。煤层属简单-复杂，常含泥岩、炭质泥岩小透镜体夹矸，个别煤层中炭质泥岩与煤层呈犬牙交错接触关系。向南至察雅县威冲科一带，含薄煤层三层，煤层厚度小于 0.40m，均不可采，在芒康县海通以南，仅含数层炭质泥岩，含煤性由北向南明显变差。妥坝煤矿曾经的采煤活动主要开采 C_1 煤层，井下揭露纯煤厚度 0.95～2.76m，煤层结构较简单，含夹矸五层，一般两层，夹矸单层厚度为 0.01～0.30m。

（三）巴贡组

上三叠统巴贡组是昌都地区分布最广泛的含煤地层，地层呈 NW-SE 向展布于昌都盆地内，主要出露于察雅—贡觉一线以北的类乌齐、昌都、察雅、贡觉、江达、芒康等县，在北部类乌齐县打奖、昌都县乐东延入青海省，其沉积中心可能在昌都北侧。巴贡组主要分布昌都地块内的昌都-芒康复向斜两翼（图 5.19）。东翼煤系出露在察雅县扩大区向北经察雅县东侧、达马拉、昌都鸟东乡一线，另在贡觉、江达等地有零星分布，具工业价值的巴贡煤矿、夺盖拉煤矿、觉勒拉煤点、鸟东煤点等均分布在此翼上。西翼煤系出露于芒康拉屋乡、左贡、向北西经类乌齐、巴青直到土门格拉地区，在研究区内，该翼具有价值的点包括仁青煤点、打浆煤点、竹衣卡煤点等。在复向斜消失的芒康县南侧和昌都北向斜分叉地区，也有煤系及煤点分布，后者见有穷卡煤矿、小昂煤点和扎马煤点。

(a) 西翼仁青

(b) 东翼夺盖拉

图 5.19　昌都复向斜两翼含煤地层

仁青煤点位于昌都类乌齐县西约 35km，属类乌齐县长矛岭区管辖，黑（河）-昌（都）公路在测区南侧通过，交通方便。煤层主要赋存于长矛岭-扎玉复向斜的西翼，从大面积范围内看来，类乌齐县西至杜日的分水岭、长矛岭—仁青一带大构中、长矛岭区附近饮水沟和仁青乡等地均有煤层煤线出露。仁青煤点见煤六层，其中可采或局部可采者有四层，可采或局部可采煤层总厚为 2.35m，C_3、C_4 断续延长 750m。C_5 较稳定，延长大于 1300m，向深部有加厚趋势，地表厚度为 0.15～2.60m，平均厚为 0.80m。

鸟东煤矿点分布在鸟东乡西的沙皮柯一带，煤系出露在沙皮柯短轴背斜的核部，呈 NNW 向延伸，长为 3200m，宽为 0～1200m，在沙皮柯背斜西翼上含煤层煤线 40 余层，并集中于上段，可采或局部可采 9 层，层间距数米至数十米，背斜东翼仅见一层局部可采煤层。

夺盖拉煤矿位于昌都贡觉县 NNW 向 45km，从矿区向北有简易公路川藏公路的青尼洞站相接。测区内出露煤系地层为巴贡组，下段为泥岩、粉砂岩夹砂岩及煤线，厚 326m；上段为砂岩夹粉砂岩、泥岩及煤层煤线。主要煤层位于下中部位，煤系厚度为 1316～1751m。煤系地层上覆中—下侏罗统察雅群，由砂岩、泥岩及粉砂岩组成，厚 111m 以上，分布在向斜核部。含煤地层含煤层煤线 32～68 层，主要分布在向斜西南翼上。平均厚度不小于 0.3m 者仅六层，含平均厚度不小于 0.4m 的可采段煤层只有三层。

巴贡煤矿及觉勒拉煤点位于昌都复向斜东翼，褶皱轴向为 NW-SE，枢纽起伏，为对称式中等倾斜的向斜，伴有规模小的次级褶曲。核部由煤系上部地层组成，两翼为煤系的中部地层组成。含煤层煤线局部达 30 余层，但可采或局部可采者仅 2～3 层，尤以巴贡煤矿含煤最佳，煤层结构简单，多似层状或藕节状。

打奖煤矿点位于昌都北西约 70km，属类乌齐县桑卡区管辖，昂曲在测区南侧由 NW 向 SE 流过，由昌都到打奖有简易公路。打奖煤矿点含煤层煤线 30 余层，煤层厚度小，多不可采，为透镜状及扁豆状，属不稳定煤层，主要赋存于煤系中部。可采或局部可采薄煤层达 12 层，其中 9 层产于煤系中部而 3 层产于煤系上部。平均厚度不小于 0.3m 者有 10 层，其中不小于 0.4m 者为 4 层。所有煤层皆属不稳定性，表中 C_2、C_5、C_9 及 C_{11} 4 个煤层平均延伸 800m，总厚达 2.10m。

穷卡煤矿点位于昌都北 15～51km 的扎曲西侧，属昌都县日通区及沙贡区管辖，昌都到穷卡有简单公路，测区内交通不便。含煤层煤线最多达 30 余层，其中厚度不小于 0.3m 者有 1～8 层，煤层厚 0.2～0.95m，多呈似层状，沿走向延长 50～1250m，最长可达 13000m。

二、煤岩、煤质特征

（一）煤岩特征

昌都-芒康赋煤带含煤地层主要有下石炭统马查拉组（C_1m）、上二叠统妥坝组（P_3t）、及上三叠统巴贡组（T_3bg）。整体上，赋煤带中煤的宏观煤岩组分主要由镜煤、亮煤及暗煤的条带或透镜体组成，丝炭组分少见。粉煤光片鉴定，显微煤岩组分中，有机组分以镜质组为主，无机组分以黏土矿物为主（表 5.15）。

表 5.15　昌都-芒康赋煤带煤岩显微组分统计表　（单位：%）

煤矿点	有机组分含量			无机组分含量			$R_{o,max}$
	镜质组	惰质组	壳质组	黏土类	硫化物	碳酸盐	
马查拉	65.3	34.7		5.7	0.2	0.4	1.76～2.55
妥坝	94.1	5.9		8.8	3.1	1.7	1.73
巴贡	92	8		3.8	0.7		1.51

下石炭统马查拉组（C_1m）煤层以黑色光亮-半亮型煤为主，坚硬，裂隙较为发育，煤岩有机组分以镜质组为主，无机组分中以黏土为主，含少量石英、方解石及黄铁矿矿

物，大部分黏土、石英、方解石矿物呈浸染状或充填状分布于裂隙及细胞腔中，黄铁矿多为晶粒，浸染状较少。马查拉煤矿显微煤岩组成以镜质组为主，惰质组次之，壳质组最少。矿物杂质中见黏土矿物最多，其次有少量粒状黄铁矿、石英等，一般说来，矿物含量较少，颗粒也很细，常与显微组分密切结合。在马查拉煤矿区可见，煤层由下往上，矿物杂质减少，镜质组渐增。煤多为鳞片状及粉状，煤中大于2cm的煤块含量平均在25%左右。煤岩主要为丝质亮煤，变质程度为Ⅵ变质阶段（相当于贫煤）。

上二叠统妥坝组（P_3t）煤层呈黑-灰黑色，玻璃光泽-似金属光泽，宏观煤岩组分以亮煤及镜煤为主，暗煤次之，煤岩类型为光亮-半亮煤，外生裂隙发育，有机组分以基质镜质组和均质镜质组为主，其次是碎屑镜质组，少数结构镜质组，镜质组中见少数丝质体，结构保存较完好；无机组分中以黏土类为主，多呈片状，碳酸盐较多见，呈大片状，黄铁矿多见莓状分布，石英分布于基质黏土中。妥坝煤矿煤呈黑色及灰黑色，条痕黑色及棕黑色，玻璃-强玻璃光泽，贝壳及参差状断口，性脆，煤视密度为1.4～1.5t/m^3，内生裂隙发育，具线理及细-中条带状结构。肉眼观察煤岩以亮煤为主，镜煤亦较多，暗煤次之，少见惰质组，煤岩属光亮-半亮型。显微煤岩组成以镜质组为主，含量为68.18%～71.79%，其次为惰质组，含量为14.27%～14.43%；壳质组含量为1.6%～1.67%；矿物含量少，以黏土为主，次为碳酸盐、硫化物、氧化硅类。变质程度为$Ⅲ_3$-$Ⅵ_1$（相当肥煤-贫煤，以瘦煤-焦煤为主）。

上三叠统巴贡组（T_3bg）煤层呈黑色，玻璃及油脂光泽，亮煤和镜煤为主，属半亮-半暗型煤，易碎，内生裂隙较发育，部分煤层的裂隙中见黄铁矿充填。有机组分以基质镜质组和均质镜质组为主，其次是碎屑镜质组及少数结构镜质组，少数镜质组中发现有热变气孔；惰质组多呈丝质体的碎片和碎屑状；分布在基质中，碳酸盐及黄铁矿少见，石英呈粒状分布于黏土中。夺盖拉煤点的煤呈黑色、黑灰色，具玻璃光泽，性脆，断口呈贝壳状、参差状，内生裂隙发育，宏观上煤岩类型以光亮型为主，半亮-半暗型次之。

（二）煤质特征

各主要煤矿点煤质特征见表5.16。

表5.16　边坝-八宿赋煤带主要煤矿点煤质工业分析统计表

煤矿点	含煤地层	水分 M_{ad}/%	灰分 A_d/%	挥发分 V_{daf}/%	硫分 $S_{t,d}$/%	发热量 $Q_{gr,d}$ /（MJ/kg）	煤类
马查拉	C_1m	1.20～5.52	8.09～28.70	16.11～26.45	0.54～1.26	16.09～31.28	WY
马查拉*	C_1m	0.42～1.04	5.96～10.54	8.08～8.70	0.96～1.97	31.17～31.53	WY
机日马	C_1m	3.59～7.28	9.19～22.92	4.85～13.23	0.49～0.74	21.00～28.30	PM
机日马*	C_1m	5.10	14.06	27.10	0.72	26.33	PM
妥坝	P_3t	1.24～2.06	2.73～31.87	9.29～20.49	2.43～5.06	17.05～34.28	PS
妥坝*	P_3t	0.97	37.73	24.08	0.34	20.59	PS
打奖	T_3bg	（3.82）	34.10	35.05	0.57	16.67	SM-FM

续表

煤矿点	含煤地层	水分 M_{ad}/%	灰分 A_d/%	挥发分 V_{daf}/%	硫分 $S_{t,d}$/%	发热量 $Q_{gr,d}$ /（MJ/kg）	煤类
穷卡	T_3bg	3.08	28.08	19.04	1.37	20.60	JM-PS
穷卡*	T_3bg	0.70	23.90	26.95	6.82	26.51	JM-PS
夺盖拉	T_3bg	4.52	24.12	25.38	1.12	23.89	JM-PS
夺盖拉*	T_3bg	0.80	11.09	31.16	2.06	31.88	JM-PS
巴贡	T_3bg	1.14～1.72	14.61～28.97	14.61～26.78	1.31～3.85	20.42～30.26	JM
巴贡*	T_3bg	0.96～2.50	6.08～33.76	16.02～23.88	0.90～1.42	20.98～33.88	JM
竹衣卡*	T_3bg	6.72～13.42	15.91～39.75	27.03～35.57	0.30～0.44	16.32～24.06	

注：WY 表示无烟煤；PM 表示贫煤；PS 表示贫瘦煤；SM 表示瘦煤；FM 表示肥煤；JM 表示焦煤。

*为实测数据。

石炭系马查拉组主要分布于马查拉矿区，煤中灰分含量为 8.09%～28.70%，平均为 14.45%；机日马含煤区灰分稍高，为 9.19%～22.92%，平均为 19.57%。另外，昌都盆地中部卡贡乡煤点灰分为10.53%，平面上灰分总体呈北低南高的趋势。原煤硫分为 0.49%～1.26%，平均为 0.87%，属低硫煤。煤质属差异性不大的低灰、低硫、低磷、高发热量、高固定碳的无烟煤（局部有贫煤），可作为良好的工业动力用煤及民用煤。

妥坝组顶部主要可采煤层（C_1）原煤灰分为 2.73%～37.73%，平均为 16.82%，属中低灰分煤。中下部零星可采 C_6、C_{16} 煤层，灰分一般为 30%～40%，属中高灰分煤。垂向上呈上低下高的变化特征。妥坝含煤区原煤硫分为 0.34%～5.06%，平均为 3.03%，属中高硫-高硫煤。根据煤中形态硫的测定，以硫化铁硫（$S_{p,d}$）为主，平均为 2.08%，占 64%；有机硫（$S_{o,d}$）次之，平均为 0.95%，占 29%；硫酸盐硫最少，平均为 0.21%，占 7%。煤质属中灰、低磷、易选、发热量较低的瘦焦煤-瘦煤，可以配焦用和工业动力及民用煤。

巴贡组原煤灰分为 6.08%～33.76%，平均为 24.45%，属中灰-中高灰分煤，仅在巴龙及巴贡含煤区见有低灰煤点，分布于煤系上部（C_1 煤层）。平面上灰分呈北西高南东低的特点。中高灰煤主要分布于夺盖拉、穷卡以北。原煤硫分为 0.30%～6.82%，以低硫为主，高硫煤见于巴贡、巴龙含煤区煤系上部煤层。其形态硫组分中硫铁矿硫为 0.31%～5.53%，占 61%，含量变化较大；有机硫含量为 0.77%～2.06%，占 32%，相对波动值较小；硫酸盐硫为 0.16%～0.57%，占 7%。煤质属中灰、中硫、低磷、发热量中等的肥煤-无烟煤，可作单独炼焦，也可作配焦之工业用煤、动力及民用煤。

第六节　边坝-八宿赋煤带

一、含煤特征

边坝-八宿赋煤带含煤地层主要为下白垩统多尼组（K_1d），分布于怒江缝合带西南侧。自边坝向南东经洛隆、八宿、顺怒江西侧延入云南省境内，在西藏区域内呈向 NE

突出的弧形。多尼组（K_1d）上部为一套灰白色中层状细粒石英杂砂岩、硅质胶结的石英砂岩，见植物化石和菊石碎片及煤线和薄煤层；中部为深灰色页岩夹薄层长石石英砂岩，并夹煤线，底部为紫红色厚层状泥质、褐铁矿胶结岩屑砾岩、厚层状含砾砂岩和褐铁矿胶结不等粒岩屑砂岩，页岩中含植物化石、孢粉、菊石碎片。下白垩统多尼组（K_1d）含煤地层，含煤性差，仅在瓦达煤矿、嘎牙煤矿等局部地段见可采煤层，稳定性差，沿走向延伸一般不超过500m，单层厚大多为0.60～0.80m。主要的煤矿点有瓦达、拉穷、叶巴、嘎牙、马五等，各煤矿点的含煤情况见表5.17。

表5.17 边坝-八宿赋煤带主要煤矿点含煤情况统计表

煤矿点	含煤地层	编号	煤层厚度/m	煤层稳定性	可采程度
瓦达	K_1d	M_1	0.35～0.70	不稳定	局部可采
		M_2	0.13～0.68	不稳定	局部可采
		M_3	0.05～1.80	不稳定	局部可采
		M_5	0.10～1.00	不稳定	局部可采
		M_6	0.20～0.40	不稳定	局部可采
		M_7	0.40～0.75	不稳定	局部可采
		M_8	0.10～0.75	不稳定	局部可采
		M_9	0.15～0.83	不稳定	局部可采
		M_{10}	0.20～1.10	不稳定	局部可采
		M_{11}	0.40～0.52	不稳定	局部可采
		M_{12}	0.20～1.25	不稳定	局部可采
		M_{13}	0.42～0.87	不稳定	局部可采
		M_{14}	0.10～1.25	不稳定	局部可采
叶巴	K_1d	C_1	0.30～0.40	较稳定	局部可采
		C_2	0.15～0.60	较稳定	局部可采
		C_3	0.28～0.55	较稳定	局部可采
		C_4	0.46～0.72	较稳定	局部可采
		C_5	0.75	较稳定	局部可采
		C_6	0.35～0.85	较稳定	局部可采
		C_7	0.28～0.45	较稳定	局部可采
		C_8	0.20～0.50	较稳定	局部可采
		C_9	0.20～0.50	较稳定	局部可采
		C_{10}	0.54	较稳定	局部可采
拉穷	K_1d	C_1	0.19～0.30	不稳定	局部可采
		C_2	0.05～0.32	不稳定	局部可采
		C_3	0.25～0.42	不稳定	局部可采
马五	K_1d	C_3	0.02～0.76	不稳定	局部可采
嘎牙	K_1d	C_3	0.11～0.74	较稳定	局部可采
业牙乡	K_1d	C_3	0.10～0.47	较稳定	局部可采

从空间分布上看，多尼组含煤性好坏呈跳跃式变化，在八宿、瓦达、叶巴一带含煤性较好，向南及北西方向含煤性变差。在边坝-达孜一带，含煤层煤线数层，其中一层可采，可采煤厚 0.80m；在马五一带，含煤层线 6 层，厚度为 0.02～0.76m，稳定性差；在洛隆县孜托一带，未见可采煤层，含煤层 2 层，单层厚度为 0.21～0.23m；在八宿县瓦达一带，含煤线煤层 20 余层，厚度为 0.01～2.40m，含可采或局部可采煤层 13 层；八宿县叶巴一带，含煤层煤线 24 层，10 个煤层达到可采厚度，局部可采，厚 0.15～0.85m；拉穷煤点有煤层煤线 18 层，不稳定，有一层达到可采厚度 0.40m，局部可采。

瓦达煤矿位于八宿县南东约 40km，简易公路与川藏公路相连。瓦达煤矿含煤地层为下白垩统多尼组（K_1d）（图 5.20），煤层多达 30 层，局部厚度不小于 0.4m 的可采或局部可采者 10 层，煤层层间距多在 30m 以上，且层间距由 NW 向 SE 变小，部分煤层顺走向延伸 250～2300m。煤层多呈似层状，厚度变化大，有沿走向渐变为炭质页岩或在短距离内变薄、分岔或尖灭的变化，个别煤层结构简单，常夹 1～3 层炭质页岩或页岩夹矸。叶巴煤矿点位于瓦达煤矿东南约 15km，含煤层 18～24 层，局部可采 1～10 层。

(a) (b)

图 5.20　瓦达煤矿多尼组含煤地层（a）及老窑（b）

嘎牙煤矿点位于洛隆县南 5km 处，交通便利。含煤地层为多尼组黑色砂页岩，见煤 8 层，3 层较好。一般地表煤层较薄，厚度为 0.10～0.20m，深部煤层有加厚趋势（图 5.21）。平硐中煤层厚 0.05～2.00m，呈透镜状，沿走向相变为含炭泥岩。底板为灰黄色细砂岩夹黑灰色薄层泥岩，顶板为中层状细砂岩。

拉穷及马五等煤点工作程度低，仅在地表有厚度为 0.10～0.76m 的煤层及煤线出露（图 5.22）。煤线及煤层均产于多尼组上段的灰色粉砂岩中，煤层多呈透镜状，一般含煤层 3～9 层，煤层厚 0.05～0.47m，煤层极不稳定，沿走向一般可延伸 700～1000m。

图 5.21　洛隆县嘎牙煤矿生产平硐及深部煤层

图 5.22　马五煤矿点多尼组煤层露头

二、煤岩、煤质特征

（一）煤岩特征

边坝-八宿赋煤带多尼组主要呈黑色、灰黑色，少数为褐灰色，玻璃光泽。显微组分以基质镜质组为主（表 5.18），大部分为不规则状、均匀、无结构的基质镜质组，部分胶结半丝质体，少数被黏土矿侵染；含少量的均质镜质组，偶见碎屑镜质组、结构镜质组和团块镜质组。惰质组含量较少，一般为 0.5%～2.3%，壳质组含量较少。无机组分包括黏土、硫化物和碳酸盐，黏土呈团块状、条带状、充填胞腔状；硫化物主要为黄铁矿，呈颗粒状、鲕粒状。最大镜质组反射率为 2.57%～5.90%，煤层属高变质程度的无烟煤。

表 5.18　边坝-八宿赋煤带煤岩显微组分统计表　　　（单位：%）

煤矿点	有机组分含量			无机组分含量			$R_{o,max}$
	镜质组	惰质组	壳质组	黏土类	硫化物	碳酸盐	
瓦达	97.7	2.3		4.2	0.2	0.1	2.57～5.90
嘎牙*	97.9～99.5	0.5		1.4		0.5	2.18
左贡	51.9～63.4	29.9～36.6		18.2			2.25

*为实测数据。

（二）煤质特征

八宿、洛隆、边坝等地区多尼组煤质特征如表 5.19 所示。瓦达矿点煤质为低硫、中灰的无烟煤，原煤灰分为 5.08%～37.03%，平均为 17.39%；硫分为 0.34%～1.44%，平均值为 0.53%，发热量为 14.81～32.03MJ/kg，平均为 24.63MJ/kg；煤类主要为无烟煤和肥煤。

左贡地区多尼组煤层煤质较差，灰分高达 59.59%～73.52%，发热量为 7.15～8.77MJ/kg；边坝地区多尼组煤层灰分一般为 47.12%～69.61%，发热量为 9.45～14.49MJ/kg，煤质也较差；嘎牙煤矿煤质相对较好，灰分为 12.52%，挥发分为 11.87%，硫分为 1.00%，发热量为 29.95MJ/kg，属于低中灰、低硫、特高热比值无烟煤。

表 5.19 边坝–八宿赋煤带主要煤矿点煤质工业分析统计表

煤矿点	含煤地层	煤层号	水分 M_{ad}/%	灰分 A_d/%	挥发分 V_{daf}/%	硫分 $S_{t.d}$/%	发热量 $Q_{gr.d}$ /（MJ/kg）	煤类
瓦达（拉根矿区）	K_1d	M_9	24.60	26.70	45.07	0.34	14.81	FM-WY
		M_6	11.22	28.00	27.46	0.43	18.67	
		M_1	10.19	16.82	42.70	0.53	19.77	
		M_3	9.63	6.89	25.60	0.54	24.88	
		M_{13}	5.60	37.03	6.09	0.47	20.10	
		M_5	7.04	21.30	5.65	0.58	25.54	
		M_9	6.12	21.22	5.20	0.49	25.87	
		M_7	23.29	14.55	20.32	0.57	27.42	
		M_{14}	7.09	9.20	3.91	0.79	30.77	
		M_3	7.67	5.08	3.76	0.59	32.03	
		M_2	6.25	10.10	3.89	0.64	30.35	
瓦达煤矿	K_1d		5.11～5.85	9.46～29.70	4.85～5.67	0.42～0.64	22.28～29.80	WY
瓦达煤矿*	K_1d		5.46～7.28	14.03～20.82	16.38～23.79	0.71～1.44	21.87～26.09	WY
左贡*	K_1d		0.22～6.76	59.59～73.52	15.48～47.66	0.03～0.42	7.15～8.77	WY
嘎牙煤矿*	K_1d		1.67	12.52	11.87	1.00	29.95	WY
边坝*	K_1d		1.02～2.38	47.12～69.61	17.15～31.81	0.36～0.76	9.45～14.49	WY

注：FM 表示肥煤；WY 表示无烟煤。

*为实测数据。

第七节 拉萨北赋煤带

一、含煤特征

拉萨北赋煤带的主要含煤地层分上下两组，下部位林布宗组（J_3K_1l），厚 2503～

2992m，夹煤层，含煤 1～34 层，可采及局部可采者 13 层，单层厚 0.10～1.93m，为主要含煤地层；上部为楚木龙组（K_1c），局部夹薄煤层，厚 1494～1600m。煤系内发现 20 个煤矿（点），较好者主要分布在西部，主要有向阳煤矿、牛马沟煤矿、白朗煤点、楚木龙煤点等。一般含煤层煤线 3～10 余层，可采或局部可采 1～5 层，层厚多为 0.4～1.0m，局部地方有厚达 2.7m，煤层极不稳定，沿走向及倾向变厚或变薄现象较频繁，煤层结构复杂。各矿点含煤特征见表 5.20。

表 5.20　拉萨北赋煤带主要煤矿点含煤情况统计表

煤矿点	含煤地层	编号	煤层厚度/m	煤层稳定性	可采程度	备注
向阳	J_3K_1l	C_2	0～1.17	极不稳定	局部可采	
		C_3	0～0.85	极不稳定	局部可采	
		C_4	0～0.60	极不稳定	局部可采	
楚木龙	K_1c	C_{1-1}	1.75	不稳定	局部可采	
		C_{1-2}	0.85	不稳定	局部可采	
		C_{1-3}	0.75	不稳定	局部可采	
		C_2	0.70	不稳定	局部可采	
		C_3	0.60	不稳定	局部可采	
		C_{4-1}	0.40	不稳定	局部可采	
		C_{4-2}	0.60	不稳定	局部可采	
		C_{4-3}	0.60	不稳定	局部可采	
		C_5	0.55	不稳定	局部可采	
林布宗	J_3K_1l	B_1	1.06	不稳定	局部可采	
		B_2	0.96	不稳定	局部可采	
		B_3	1	不稳定	局部可采	
		B_4	0.68	不稳定	局部可采	
牛马沟	K_1c	M_1	0.34	不稳定	局部可采	
		M_2	0.43	不稳定	局部可采	
		M_3	0.10～2.00	不稳定	局部可采	地表露头
		M_3	0.10～0.46	不稳定	局部可采	钻孔真厚度

林布宗组含煤地层发育在墨竹工卡-百巴复向斜内。复向斜北翼地层出露不全，但复向斜南翼可见，西部含煤性比东部好。林布宗组（J_3K_1l）含煤性差，仅在墨竹工卡-百巴复向斜西端向阳煤矿、川布龙煤点等见煤线（图 5.23）。煤层薄、煤质劣、结构复杂，储量很小。向阳煤矿含三个可采或局部可采煤层，由 1～3 个煤分层组成，分层间为炭质页岩，分层间距为 0.4～3.3m；楚木龙煤点的五个局部可采煤层中，有两个煤层皆由 3 个煤分层组成，分层间距为 1～4m，个别地方见分层内还夹 0.1～0.2m 的泥质透镜状夹矸，煤层一般延伸不长，多在 20～30m 至百余米，个别达数百米，煤层多呈透镜状及藕

节状，少数似层状。顺走向或倾向厚度变化大，同时易相变成炭质页岩、页岩。

楚木龙组（K_1c）为一套水动力较强的滨浅海相为主的碎屑岩沉积，局部为滨岸沼泽沉积环境。主要岩性为石英砂岩夹页岩、板岩、粉砂岩，局部夹砾岩。横向分布上，由西向东各地厚度不一，岩性基本稳定，局部夹炭质页岩及煤层。楚木龙组含煤地层分布与林布宗组的分布特征相似，西部含煤性比东部好，主要分布于唐麦—楚木龙、牛马沟一带。含煤层煤线 4 层，一层可采，厚度为 0.1～2.0m，层位较稳定，局部可采。

(a)

(b)

图 5.23　向阳（a）和川布龙（b）煤矿点林布宗组含煤地层

二、煤岩、煤质特征

（一）煤岩特征

拉萨北赋煤带白垩系煤层的煤岩类型一般为暗淡型，灰黑色，似金属光泽-玻璃光泽，质脆，易碎，贝壳状断口，含黄铁矿。显微组分（表 5.21）以基质镜质组为主，大部分为不规则状、均匀、无结构的镜质组，部分被黏土矿区侵染；含少量均质镜质组、胶结碎屑镜质组。惰质组含量较少，一般为 1.0%～1.4%；壳质组含量较少。无机组分主要是黏土，呈团块状、条带状、侵染状。林布宗矿点的煤层中可见黄铁矿，呈莓粒状。

表 5.21　拉萨北赋煤带煤岩显微组分统计表　　（单位：%）

煤矿点	有机组分含量			无机组分含量			$R_{o,max}$
	镜质组	惰质组	壳质组	黏土类	硫化物	碳酸盐	
向阳	71.9～98.6	1.0～1.4		0～27.1			5.30
林布宗	76.1～100			0～22.6	0～1.3		5.58
川布龙	94.5～100			0～5.5			5.44

（二）煤质特征

拉萨北赋煤带主要为中灰-高灰、中硫、高发热量、低-高灰高变质程度的无烟煤。

主要煤矿点煤质特征见表 5.22。

表 5.22　拉萨北赋煤带主要煤矿点煤质工业分析统计表

煤矿点	含煤地层	水分 M_{ad}/%	灰分 A_d/%	挥发分 V_{daf}/%	硫分 $S_{t.d}$/%	发热量 $Q_{gr.d}$ /（MJ/kg）	煤类	备注
林布宗	J_3K_1l		35.99	3.85		20.2	WY	小窑
			76.64	14.48			WY	小窑
牛马沟	K_1c		59.45	7.25		12.18	WY	钻孔样
			70.63	8.01		7.56	WY	钻孔样
		1.57	45.82	8.95	2.67	33.07	WY	井下均值
向阳煤矿	J_3K_1l	1.06～22.63	35.03～69.04	1.06～22.63	0.41～5.56	11.46～23.26	WY	钻孔
楚木龙*	K_1c	2.59～2.93	26.24～27.05	2.63～6.11	0.47～0.52	24.12	WY	

注：WY 表示无烟煤。

*为实测数据。

林布宗、牛马沟、向阳煤矿中的灰分较高，为 35.03%～76.64%，挥发分为 1.06%～22.63%，发热量为 7.56～33.07MJ/kg，均属于中高灰分的无烟煤。本次采样的楚木龙煤矿点的煤灰分为 26.24%～27.05%，挥发分为 2.63%～6.11%，硫分为 0.47%～0.52%，发热量为 24.12MJ/kg，属于中灰、中硫中高发热量的无烟煤。从全区来看，从向阳煤矿到林布宗、牛马沟，煤质变化不大，整体变质程度较高，基本为中-高灰、中-高发热量无烟煤为主。

第八节　改则赋煤带

一、含煤特征

改则赋煤带含煤地层为多尼组（k_1d），主要分布于改则县境内，西起革吉县雄巴区巴尔错，东到改则县洞错区一带。该区煤田地质工作程度很低，区内煤点主要有麻米煤点、川巴煤点。含煤情况见表 5.23。

表 5.23　改则赋煤带主要煤矿点含煤情况统计表

煤矿点	含煤地层	编号	煤层厚度/m	煤层稳定性	可采程度
川巴	K_1d	C_1	0.60～1.30	较稳定	局部可采
		C_2	0.32～1.45	较稳定	局部可采
		C_3	0.20～1.45	较稳定	局部可采
		C_4	0.45～0.90	较稳定	局部可采
麻米	K_1d	C_1	0.40	较稳定	局部可采
		C_2	0.40	较稳定	局部可采

川巴煤点位于川巴背斜西段南西翼，背斜轴向为近 EW 向，于煤点附近转为 NW-SE 向，地层倾向为 220°～230°，倾角为 32°～46°，两侧分别被断层截切，并被第四系广泛掩盖。矿点有简易公路，与北侧黑-阿公路衔接，交通方便。川巴煤点含煤性相对较好，煤层位于多尼组上部灰黑至灰褐色粉砂质泥岩、黑色泥岩中（图 5.24），含煤层、煤线共六层，可采或局部可采煤层 2～4 层，上部煤层厚 1.3m，延长 400 余米，下部煤层由两个分层组成，上分层厚 1.4m，走向延长约 300m，下分层厚 0.8m，延长 200m。麻米煤点含煤层煤线五层，其中一层达可采，厚 0.4m，其他煤线厚 0.05～0.4m，可采含煤系数为 0.13～0.2。

图 5.24　川巴煤矿点多尼组含煤地层中的粉砂质泥岩及煤层

二、煤岩、煤质特征

（一）煤岩特征

改则赋煤带多尼组煤层一般为黑色，半油脂光泽，较易燃烧、有烟，火焰较短。显微煤岩组成以镜质组主，含量一般为 80%左右；惰质组含量较少。煤中无机组分以黏土矿物为主，含量高的可达 26%～30%，常呈浸染状赋存于煤岩中；硫化物主要为黄铁矿，含量一般 2.5%左右，呈粒状或浸染状赋存于煤岩中；氧化硅主要为石英，含量一般为 1.4%，多呈脉状充填于裂隙中；碳酸盐主要为方解石，含量为 1.25%，呈条带状或脉状产出。

（二）煤质特征

改则赋煤带多尼组煤质主要为中灰-高灰、低硫、低磷、中发热量、高灰熔点的肥煤。本次采样化验结果见表 5.24。

据以往化验资料，川巴煤点多尼组煤中灰分为 18.57%，挥发分为 28.47%，硫分为 0.87%，发热量为 34.60MJ/kg，黏结性为 4 级，属低硫低灰的肥煤，可作动力及炼焦用煤。由于该区地表含煤地层风化强烈，煤层风氧化带较深，采集样品处于风氧化带，造成煤样中灰分含量较高，为49.36%～64.85%。

表 5.24　改则赋煤带主要煤矿点煤质工业分析统计表

煤矿点	煤层号	水分 M_{ad}/%	灰分 A_d/%	挥发分 V_{daf}/%	硫分 $S_{t.d}$/%	发热量 $Q_{gr.d}$ /（MJ/kg）	煤类	备注
川巴			18.57	28.47	0.87	34.60	FM	
川巴*	煤1	10.22	64.85	47.02	0.49		FM	地表风化样
	煤2	7.64	49.36	40.58	0.54		FM	

注：FM表示肥煤。

*为实测数据。

第九节　噶尔赋煤带

一、含煤特征

噶尔赋煤带内主要含煤地层为秋乌组（E_2q），分布范围由西向东，从门士乡到冈仁波齐、巴嘎乡，主要煤矿点为门士煤矿点。秋乌组下部以灰色、灰绿色砂砾岩为主，上部灰黑色粉砂质页岩为主，夹细砂岩、泥质粉砂岩、炭质页岩及煤线等（图5.25）。总体沉积环境为湿热气候条件下的冲积扇-滨浅湖-沼泽相沉积。下部角度不整合于古新世侵入岩之上，上部被大竹卡组角度不整合覆盖，岩性组合同日喀则赋煤带的秋乌组可比对，均属冈底斯南缘陆相磨拉石沉积。

图 5.25　噶尔赋煤带门士矿点秋乌组地层露头

门士煤矿位于噶尔县门士乡北东17km，属噶尔县门士区所辖。据1∶100万噶大克幅矿产报告资料记载，矿区附近地层中含煤10～12层，总厚为3.08～7.74m，平均为5.41m；可采煤层八层，可采总厚为3.0～5.46m，平均可采厚度为4.23m。其中C_1、C_2、

C_5、C_6、C_7和 C_8层较好，平均可采总厚 2.87m，平均延长 1300m 以上，煤层较稳定，厚度变化较大，且由东向西有加厚之势，结构复杂，普遍含夹矸。据调查及 1∶25 万札达县幅调查结果，门士煤矿周边仅见 2～3 层煤层或煤线，含煤情况较差，不具有进一步工作的意义。

二、煤岩、煤质特征

门士煤矿以往化验数据较少，本次采集煤样的化验结果显示（表 5.25），门士煤矿煤中水分为 7.64%～10.22%，灰分为 49.36%～64.85%，挥发分为 40.58%～47.02%，硫分为 0.26%～1.66%，煤质较差。

表 5.25　噶尔赋煤带主要煤矿点煤质工业分析统计表

煤矿点	煤层号	水分 M_{ad}/%	灰分 A_d/%	挥发分 V_{daf}/%	硫分 $S_{t,d}$/%	发热量 $Q_{gr,d}$/（MJ/kg）	煤类
门士*	C_1	7.64	49.36	40.58	1.66	12.31	FM
	C_2	10.22	64.85	47.02	0.26	8.28	

注：FM 表示肥煤。

*为实测数据。

第十节　日喀则赋煤带

一、含煤特征

日喀则赋煤带含煤地层主要为秋乌组（E_2q），其次为芒乡组（N_1m）。

古近系秋乌组（E_2q）地层广泛分布于喀则以西，从卓巴藏巴煤点沿雅鲁藏布江向西经吉松、洛洪到桑桑，呈一狭条状分布，含煤地层长 200 余千米，宽度约为 4.5km。但秋乌组仅出露于日喀则市东嘎村一带，呈 EW 向展布，出露面积 $1km^2$。区内秋乌组主要的煤矿点为东嘎、秋乌、吉松、谢如。新近系芒乡组（N_1m）分布于南木林县城正东 48km 的芒乡村一带，主要煤矿点有嘎扎村、宗当、南木林等，但含煤性较差，不具有工业价值。主要煤矿点含煤情况见表 5.26。

表 5.26　日喀则赋煤带主要煤矿点含煤情况统计表

煤矿点	含煤地层	编号	煤层厚度/m	煤层稳定性	可采程度	备注
东嘎	E_2q	C_1	0～0.41	极不稳定	局部可采	煤 2
		C_2	0～0.57	极不稳定	局部可采	煤 3-1
		C_3	0～0.95	不稳定	局部可采	煤 3-2
		C_4	0.09～2.02	较稳定	局部可采	煤 4
		C_5	0.4～1.23	较稳定	局部可采	煤 5
		C_6	0.21～1.40	较稳定	局部可采	煤 6
		C_7	0.31～1.06	不稳定	局部可采	煤 10

续表

煤矿点	含煤地层	编号	煤层厚度/m	煤层稳定性	可采程度	备注
吉松	E_2q	C_1	0.2～0.86	极不稳定	局部可采	
		C_2	0.2～5.82	不稳定	局部可采	
		C_5	0.4～0.84	极不稳定	局部可采	
谢如	E_2q	C_5	1.47	极不稳定	局部可采	
南木林	N_1m	C_1	0.45	不稳定	局部可采	钻孔
		C_2	0.25～5.49	不稳定	局部可采	钻孔
芒乡	N_1m	C_1	0.00～0.45	极不稳定	不可采	
		C_2	0.25～5.40	不稳定	局部可采	
		C_3	0.40～1.30	极不稳定	局部可采	
宗当	N_1m	C_1	0.00～0.70	极不稳定	局部可采	

东嘎煤矿位于日喀则西约 30km，雅鲁藏布江南岸，属日喀则市东嘎区加庆孜乡管辖。含煤层煤线 25 层之多，其中达可采或局部可采煤七层，主要可采煤层为下含煤段煤层煤 4、煤 5、煤 6，局部可采煤层煤 2、煤 3-1、煤 3-2、煤 10。单层平均厚 0.2～0.65m，可采煤层五层，煤层多为透镜状，属较稳定-不稳定煤层，结构为简单-复杂。煤系总厚度 330m，煤层总平均可采厚度 3.4m，含煤系数 1%（图 5.26）。

图 5.26 日喀则东嘎煤矿点秋乌组地层及煤层露头

吉松煤点在东嘎预测区西侧，雅鲁藏布江南岸，有公路通过昂仁县。构造线近 EW 向，煤系为向南倾的单斜地层，倾角为 42°～50°。含煤层煤线 16 层，可采或局部可采者三层，C_1 厚 0.2～0.86m，在地表断续分布 1100m，向深部相变为炭质泥岩或尖灭，煤层结构简单，属极不稳定煤层。C_2 厚 0.2～5.82m，平均厚 1.22m，走向延长 1300m，向深部变厚，为 0.37～5.82m，平均厚 1.38m；煤层结构较复杂，含 0～4 层夹矸，有分叉现象，属不稳定的结构复杂煤层。C_5 厚 0.4～0.84m，平均厚 0.53m，向深部尖灭或相变为炭质泥岩，属极不稳定煤层；其他煤层如 C_3、C_4 均属不可采煤层。C_2 煤层为矿区主要可采煤层，

而 C_1 和 C_5 煤层虽地表有可采段，但向深部变薄或尖灭，或变相成炭质泥岩。

谢如煤点位于吉松预测区西部，属昂仁县亚模区所辖，构造简单，为一向东南倾斜之单斜地层，倾角为 50°～80°，局部地层倒转，整个地区以断裂为主，但对煤层影响不大。煤层煤线有 10～12 层，可采或局部可采者不多，仅一层可采，平均厚 1.47m。煤层多呈透镜状，断续分布，沿走向或分叉或尖灭，时而合并，属极不稳定煤层，煤层结构简单-复杂（图 5.27）。

图 5.27　谢如煤点秋乌组含煤地层中的炭质泥岩及煤线

南木林煤矿点含煤层煤线三层，可采或局部可采有两层，煤 1 厚度为 0～0.45m，仅一个孔达到可采厚度。煤层结构简单，有时含菱铁矿夹矸。向东西两侧尖灭。煤 2 为南木林煤矿主要的可采煤层，煤层结构复杂，局部分层 1～5 层，向东分叉变薄，厚度 0.25～5.49m，平均 1.53m，在南木林煤矿区中部一般厚 1～2m，煤层夹矸主要为砂岩及砷铁矿。煤 3 为极不稳定煤层，局部分层两层，厚 0.04～1.30m，平均为 0.55m。

芒乡煤矿和宗当煤点均位于日喀则东北约 133km，属南木林县鄂郁区管辖。该区含煤性差，芒乡煤矿见煤 3 层，其中 C_2 厚 0.25～5.40m，属不稳定煤层；C_1 和 C_3 属极不稳定煤层；宗当煤点含煤一层，厚 0～0.70m，煤层极不稳定，无工业价值。

二、煤岩、煤质特征

（一）煤岩特征

秋乌组煤呈黑色，条痕棕色，局部灰色，玻璃光泽，贝壳状断口及参差状断口，性脆、质硬，透镜及叶片状结构，含铁质薄膜。肉眼煤岩组成以亮煤和镜煤为主、暗煤次之。肉眼煤岩类型为光亮-半亮型，煤视密度为 1.74t/m^3。煤易燃，烟大，火焰长并呈红-蓝色，熔融有气泡，燃烧时膨胀。煤岩显微组分以镜质组为主，占 94.7%～99%，次为少量惰质组，占 0.5%～4.8%，壳质组几乎为 0。矿物少见，其中硫化物（黄铁矿）在东嘎煤矿较多，呈细粒浸染状赋存于煤岩中，其他地方少见。黏土矿物仅在吉松煤矿含量较多，其他地方少见。氧化硅少见，碳酸盐含量甚微。

芒乡组煤呈褐黑-黑色，条痕颜色亦同。肉眼观察以沥青质块煤为主，夹亮煤。煤岩类型为暗淡-半亮型。煤岩显微组分以镜质组为主，占 96.9%；其次为惰质组；极少量壳质组。矿物成分中碳酸盐占 20.57%，黏土类占 4.03%，少量硫化物及氧化硅类。

（二）煤质特征

秋乌组煤以中高灰、中高硫肥煤、长焰煤为主。主要煤矿点煤质特征见表 5.27。

表 5.27 日喀则赋煤带主要煤矿点煤质工业分析统计表

煤矿点	煤层号	水分 M_{ad}/%	灰分 A_d/%	挥发分 V_{daf}/%	硫分 $S_{t.d}$/%	发热量 $Q_{gr.d}$/（MJ/kg）	煤类	备注
东嘎	C_{3-2}		52.08～62.89	5.45～7.26	11.96～15.69		FM	
	C_4		24.89～29.42		3.22	20.08～26.95		
	C_5		34.38～36.92		4.59～5.8	22.16～23.03		
	C_6		60.65		5.67	35.65		
	C_{10}		20.48		3.86	28.58		
东嘎*	C_4	8.80～21.11	14.51～39.30	33.58～41.24	0.48～0.81	13.37～25.93	FM	
吉松	C_4		29.37	25.35	4.21	23.24	JM	钻孔
	C_5		32.35	26.84	2.60	24.41		
秋乌*		2.82	54.46	37.89	2.20	13.49		
南木林	C_2	0.59～1.56	33.07～54.38	48.75～54.20	0.93～4.76	25.60～33.64	CY	钻孔
	C_2	0.89～1.02	43.88～54.64	20.32～27.00	0.61～1.29			硐探
芒乡		1.73	46.54	29.89	1.70	31.75	HM	
宗当		1.75	46.1	32.17	1.58	31.36	HM	

注：FM 表示肥煤；JM 表示焦煤；HM 表示褐煤；CY 表示长烟煤。

*为实测数据。

东嘎煤矿点的煤质主要为高灰、高硫肥煤，个别为中灰、中硫肥煤，宏观特征为黑色、黑灰色，玻璃光泽，断口呈参差状。主要可采煤层为 C_4、C_{10}，灰分一般为 14.51%～39.30%，挥发分为 33.58%～41.24%，硫分为 0.48%～3.86%，发热量 13.37～28.58MJ/kg。

吉松煤点属高灰、中高硫焦煤，硫分为 2.6%～4.12%，灰分为 29.37%～32.35%，挥发分为 25.35%～26.84%，发热量 23.24～24.41MJ/kg，其中硫分主要来自于硫化铁。

南木林煤点水分为 0.59%～1.56%，灰分为 33.07%～54.64%，挥发分为 20.32%～54.20%，发热量为 25.60～33.64MJ/kg，属于高灰、中硫、中低发热量的长烟煤。

芒乡煤点原煤水分为 1.73%、灰分为 46.54%、挥发分为 29.89%、硫分为 1.70%、发热量为 31.75 MJ/kg，属高灰、中硫、中发热量的低变质褐煤，可作民用及低温干馏。

宗当煤点原煤水分为 1.75%、灰分为 46.1%、挥发分为 32.17%、硫分为 1.58%（主要为有机硫），发热量 31.36MJ/kg，属高灰、中硫、中发热量的低变质褐煤，可作民用及动力用煤。

第六章

聚煤模式与煤盆地演化

漫长的地质历史中，青藏高原经历了多期、复杂的板块离散和拼贴过程，导致青藏高原地质环境的复杂性。根据地层出露、构造背景和沉积（断裂）边界的特征，在青藏高原可以划分出面积大于 1000km^2 沉积（残留）盆地 27 个（图 6.1），包括海相盆地 7 个，陆相盆地 20 个（赵政璋，2000；王剑，2004；南征兵，2008）。其中，青藏高原东部的昌都盆地、比如盆地，北部的羌塘盆地及西部的措勤盆地，南部的拉萨盆地、日喀则盆地，这些盆地形成时间较长，地理范围较大，在一定时期区域环境稳定，有含煤地层形成。

如今在青藏高原所见的含煤盆地（赋煤构造单元）并非成煤盆地。成煤盆地是在有利的成煤古气候条件、古构造条件、古地理条件下，大量成煤古植物生长和堆积的原型沉积盆地。含煤盆地（赋煤构造单元）是指赋存煤层的盆地在后期构造运动下，原始成盆期的原型盆地被破坏改造，残留下来的部分在构造上仍具有盆地的性质，但面貌与原型盆地有本质的差别。煤系现今的赋存状态与原型盆地相距甚远，甚至不具有盆地性质，故用赋煤构造单元来表示（曹代勇等，2016；宋时雨等，2018）。

青藏高原的形成经历 500Ma 的东特提斯演化及新生代以来的高原隆升。多旋回的构造演化导致其上的新生代及其以前的重要的成煤盆地均遭受了强烈的挤压，使原始盆地褶皱变形和抬升，地层遭受大量的剥蚀，原型盆地面貌多已不复存在。因此，青藏高原上的赋煤构造单元基本均为残留盆地。对现今的残留盆地研究，根据含煤地层的时代、岩性及成煤环境，可将其划分为六个原型成煤盆地，分别为唐古拉-昌都-芒康成煤盆地、土门成煤盆地、东昆仑-积石山成煤盆地、改则-边坝-八宿成煤盆地、拉萨成煤盆地及门士-日喀则成煤盆地。

成煤盆地的形成、发展与演化对含煤岩系的发育与聚集，以及现今的赋存具有关键性的控制作用。本章通过对成煤期沉积盆地的分析建立盆地的成因地层格架，恢复煤盆地的演化历史，确定现今青藏高原煤系资源的赋存规律。

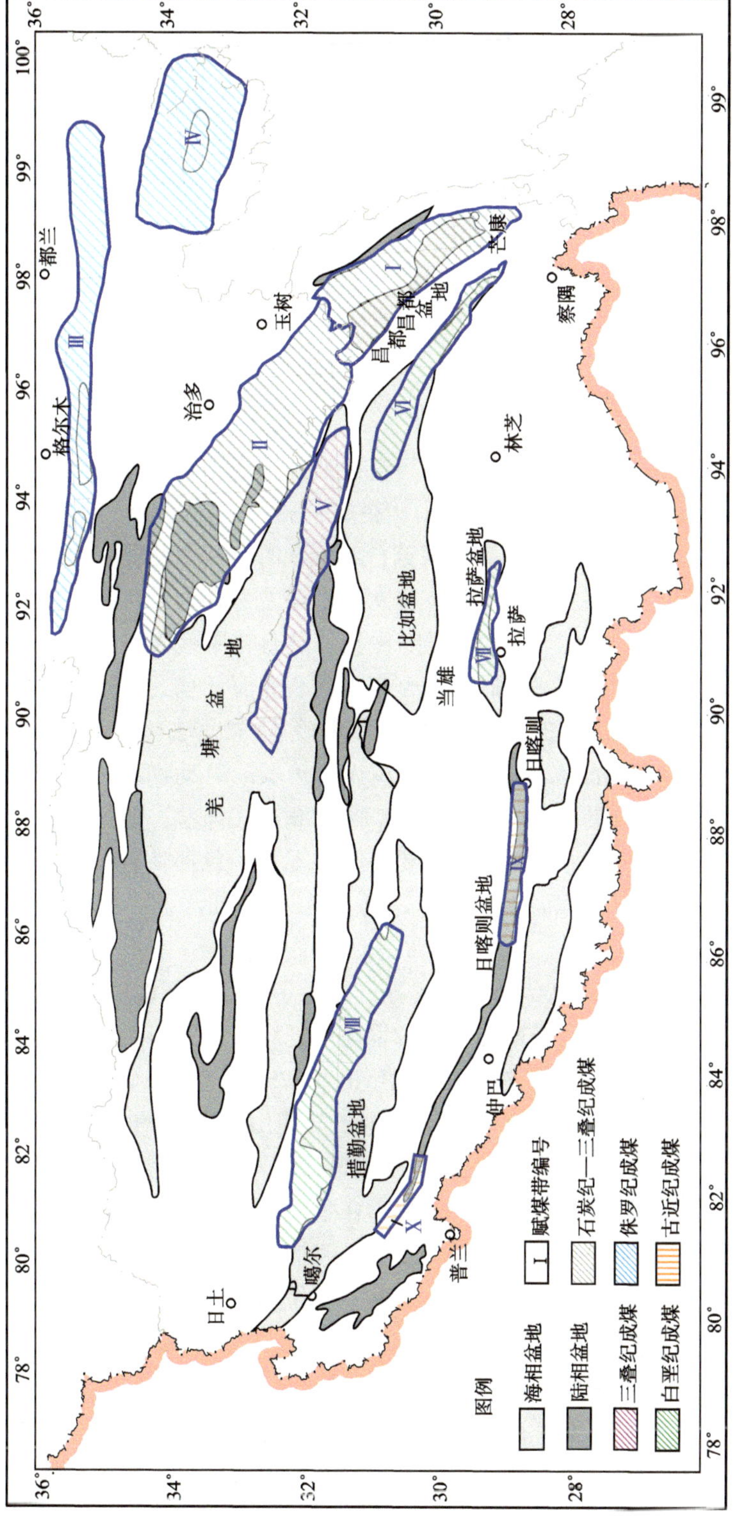

图 6.1　青藏高原残余盆地与赋煤带分布图

I.昌都-芒康赋煤带；II.唐古拉山赋煤带；III.东昆仑赋煤带；IV.积石山赋煤带；V.土门赋煤带；VI.边坝-八宿赋煤带；VII.拉萨北赋煤带；VIII.改则赋煤带；IX.日喀则赋煤带；X.噶尔赋煤带

第一节　囊谦-昌都成煤盆地

囊谦-昌都成煤盆地位于青藏高原中东部，主要由唐古拉褶皱-逆冲赋煤构造带、土门褶皱赋煤带及昌都褶皱-逆冲赋煤带三个赋煤带构成，赋煤带内主要有三个成煤期，分别是早石炭世、晚二叠世及晚三叠世。成煤盆地的属性并不是一成不变的，而是在地质演化的过程中，不同成煤期，成煤盆地的性质范围一直在变化的。

一、成煤期盆地区域背景

（一）石炭纪

石炭纪是研究区第一个成煤时代，马查拉组含煤地层延 NNW 向呈弧形断续展布于昌都盆地西缘。地层受断裂构造的影响，常挟持在断裂之间，呈带状出露，出露宽 10～20km，长 12～200km。研究表明，在马查拉组沉积时，其西侧毗邻龙木错-澜沧江洋盆，而东侧则是金沙江-哀牢山洋盆。澜沧江-龙木错洋盆被认为是古特提斯洋体系中主要的洋盆。胡培远和李才（2012）根据龙木错-澜沧江缝合带中代表着大洋中脊型的斜长花岗岩用年龄为 441Ma、442Ma。同时，缝合带中代表深海环境的泥盆纪放射虫硅质岩出露广泛，双湖才多茶卡地区的硅质岩中还发现晚泥盆世法门阶 *Trilonehe echinata*、*Stigmosphaero-stylus oumonhaoensis*、*Archocyrtium riedeli* 动物群。认为以上这些证据表明，在早石炭世含煤地层形成时，西侧为广阔的澜沧江洋盆。但是澜沧江的俯冲时限一直是一个比较争议的问题，俯冲时限主要有两种观点，包括晚石炭世至早二叠世及早三叠世，因此在马查拉组沉积时的石炭纪是龙木错-澜沧江洋盆由扩张转变为俯冲的关键时期。

金沙江-哀牢山洋盆被认为是古特提斯洋体系中分隔昌都地块与华南板块的洋盆。简平等（1999）对金沙江缝合带南部川西雪堆地区蛇绿岩中的斜长花岗岩和滇西书松地区蛇绿岩套中的斜长岩进行了锆石 SHRIMP U-Pb 的定年（分别为 294Ma±4Ma，340Ma±13Ma），结合其他地质背景认为金沙江-哀牢山洋盆裂解时间为晚泥盆世—早石炭世。由此在含煤地层沉积的早石炭世，其东侧的金沙江洋盆处于威尔逊旋回的成熟阶段。

早石炭世澜沧江洋盆的地质背景一直存在争议，莫宣学和潘桂棠（2006）根据在缝合带东侧发育的二叠纪—晚三叠世弧岩浆岩与碰撞型岩浆岩表明，该处洋壳自早二叠世起向东俯冲。许志琴等（2013）根据洋壳俯冲相伴随的高压蓝片岩中蓝闪石的 ^{40}Ar-^{39}Ar 年龄 220～221Ma 和榴辉岩 U-Pb 年龄 243～217Ma，认为洋壳俯冲大致从早三叠世开始。两者皆认为在早石炭世澜沧江洋盆处于扩张阶段。

不同类型的沉积盆地有不同的沉积物源类型，而沉积盆地的不同类型则是由不同类型的构造背景控制。不同沉积物物源具有各自独特的地球化学特征，是认识控制盆地形成的构造背景的重要依据（Bhati, 1985）。在相同构造背景下，泥岩的稀土元素含量总和

∑REE要高出杂砂岩∑REE为20%左右，所以把研究区泥岩稀土元素REE特征值除以1.2，便得到相当于同期沉积的杂砂岩的含量，即校正后含量。校正后稀土元素特征值可以同Bhatia总结出的判别沉积盆地构造环境的稀土元素特征作对比（表6.1）。可以看到校正后的马查拉组REE特征值与活动大陆边缘构造背景的特征值相似，物源来自基底隆起。

表6.1　昌都地区马查拉组泥岩稀土元素参数

构造背景	物源类型	稀土元素及相关参数							备注
		$La/10^{-6}$	$Ce/10^{-6}$	$\sum REE/10^{-6}$	La/Yb	$(La/Yb)_N$	∑LREE/∑HREE	Eu/Eu^*	
大洋岛弧	未切割岛弧	8±1.7	19±3.7	58±10	4.2±1.3	4.2±1.3	3.8±0.9	1.01±0.11	据Bhatia和Taylor（1981）
大陆岛弧	切割岛弧	27±4.5	59±8.2	146±20	11±3.6	7.5±2.5	7.7±1.7	0.7±90.13	
活动大陆边缘	基底隆起	37.0	78.0	186.0	12.5	8.5	9.1	0.6	
被动大陆边缘	克拉通内部	39.0	85.0	210.0	15.9	10.8	8.5	0.56	
马查拉组平均值		53.76	93.04	232.76	13.17	8.55	6.29	0.61	
校正后		44.8	77.53	193.96	13.17	8.55	6.29	0.61	

注：∑REE为稀土元素含量总和；∑LREE为轻稀土元素含量总和；∑HREE为重稀土元素含量总和；$Eu/Eu^*=Eu/\sqrt{Sm^*Gd}$；$(La/Yb)_N$为La、Yb对CI球粒标准化后的比值，其中CI球粒陨石数据根据Taylor和Mclennan（1985）得出，下同。

将测试得到的微量元素、稀土元素数据进行校正后，投于构造背景判断图解中。在Zr-Th图解中，落点较集中。除2个样品Th含量较高外，其余样品均落于活动大陆边缘及其周围。利用Th-Co-Zr/10图解和Th-Sc-Zr/10图解可以准确地区分出主、被动大陆边缘环境。在图6.2中可以看出，落点主要集中于主动大陆边缘环境内，并且有向大陆岛弧过渡趋势。综合马查拉组微量、稀土元素特征值、源岩判别图解及构造判别图解，马查拉组沉积时的区域构造环境为主动大陆边缘环境，并且有向大陆岛弧过渡的特征。

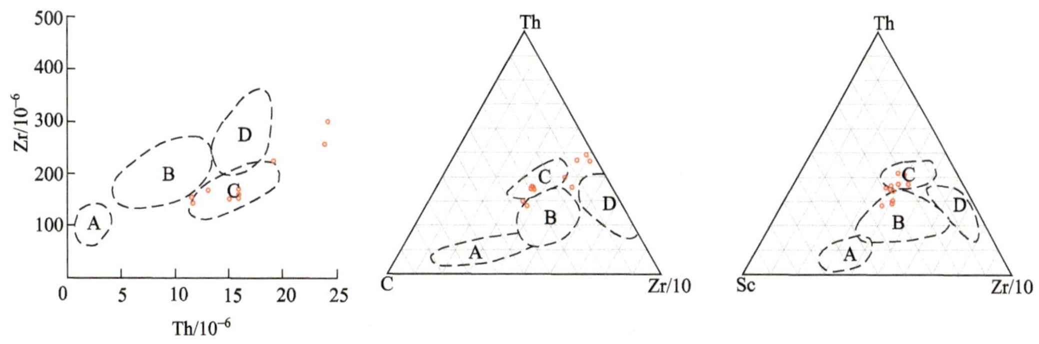

图6.2　昌都地区马查拉组碎屑岩微量元素构造判别图

A.大洋岛弧；B.大陆岛弧；C.活动大陆边缘；D.被动大陆边缘

在早石炭世，在澜沧江缝合带的中段，发现大量蛇绿混杂岩，其地球化学特征也表现出双重性，总体具有正常洋中脊性玄武岩（N-MORB）或富集性洋中脊性玄武岩（E-MORB）的地球化学特征，同时部分又具有SSZ型蛇绿混杂岩的地球化学特征。

研究区大量早石炭世蛇绿混杂岩的发现，同时存在正常洋中脊性和俯冲消减型两种类型（表 6.2）。综合以上证据显示，在早石炭世澜沧江洋盆可能同时存在着扩张的洋脊及俯冲的海沟。这研究成果也印证了早石炭世澜沧江洋盆存在着俯冲的海沟，其俯冲时代早于早石炭世。

表 6.2　澜沧江缝合内蛇绿岩地质意义

位置	岩性	年龄	形成环境	参考文献
果干加年山地区	堆晶辉长岩	U-Pb 同位素年龄 355Ma	地球化学分析显示，具有兼具大洋中脊玄武岩和俯冲带型玄武岩的地球化学特征	吴彦旺（2013）
黑脊山	斜长花岗岩	355Ma	地球化学研究表明其为洋壳开始俯冲的产物	胡培远等（2009）
冈玛错地区	堆晶辉长岩	U-Pb 同位素年龄 357Ma±3Ma	形成于一个与 SSZ 型蛇绿岩有密切联系的大洋中脊环境	Zhai 等（2011）
	斜长花岗岩	U-Pb 同位素年龄 356Ma±3Ma、355Ma±5Ma		
果干加年山地区	堆晶岩	U-Pb 同位素年龄 345Ma±5Ma		Zhai 等（2011）

（二）二叠纪

晚二叠世是囊谦-昌都盆地第二个重要的成煤期，含煤地层主要为上二叠统妥坝组含煤沉积，沉积位于北羌塘-昌都地块东侧的大陆边缘，北邻金沙江洋盆。下伏下二叠统里查组（P_1l）为一套陆台浅海相碳酸盐岩沉积及滨岸浅海相碎屑岩、碳酸盐岩夹火山岩系，碎屑粒度向北东方向逐渐变细，单层厚度变薄，说明早二叠世时期古地理环境基本继承了石炭纪古地理总体面貌，即早二叠世时期该区东邻古特提斯洋，西靠昌都地块东部，为浅海沉积区，古地形总的趋势是西南高北东低。中二叠统交噶组（P_2j）岩相为滨海相、浅海相、海陆交互相沉积反复出现，说明在中—晚二叠世，研究区地壳构造活动强烈而频繁。

刘汇川等（2013）对新安寨高钾过铝质二长花岗岩体进行了激光剥蚀-电感耦合等离子体质谱（LA-ICP-MS）锆石 U-Pb 年代学与 Hf 同位素地球化学研究，得到两件样品 $^{206}Pb/^{238}U$ 加权平均年龄为 251.9Ma±1.4Ma 和 251.2Ma±1.4Ma，结合明显负 $\varepsilon Hf(t)$ 值（–11.1～–3.1），认为该花岗岩体形成于岛弧向陆陆碰撞转换或同碰撞的构造环境下，系古老地壳沉积源区（哀牢山群）深熔作用成因，反映哀牢山洋在晚二叠世—早三叠世已经闭合。此外，Jian 等（2009）和 Fan 等（2010）对雅轩桥玄武岩和玄武质安山岩进行了 SHRIMP U-Pb 定年，分别得到了 266.2Ma±2.2Ma 和 265Ma±7Ma 的年龄，地球化学特征均显示了岛弧成因的特征。该年龄略大于娘宗过铝质岩体形成时代，可能代表金沙江洋盆壳晚期（残留洋）的俯冲消减作用（图 6.3）。

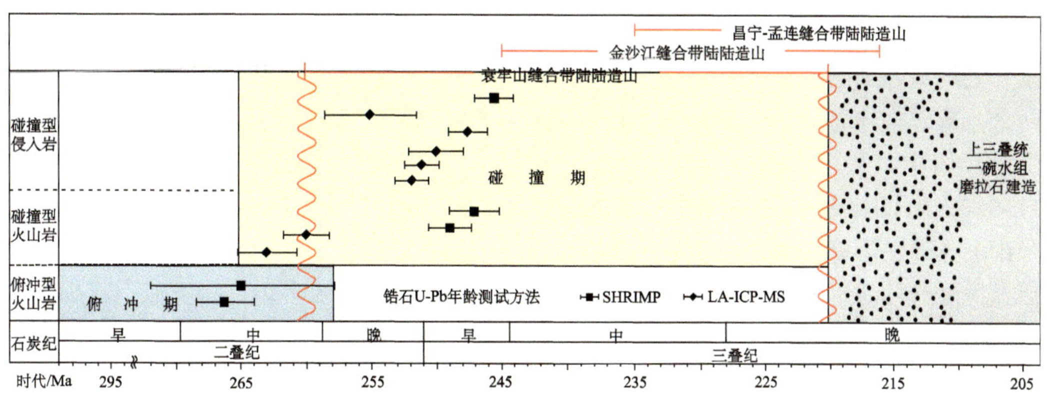

图 6.3　金沙江-哀牢山缝合带闭合时限的岩浆岩年代学证据（据李龚健，2014）

在北羌塘-昌都地块西侧澜沧江洋盆中，在双湖才多茶卡地区硅质岩中发现 *Neoalbaillella* 动物群，时代属晚二叠世长兴阶，在双湖雅曲乡二叠系硅质岩中发育大量的放射虫：*Pseu-doalbaillella sakmarensis*（*Kozur*）（萨克马尔假阿尔拜虫）、*Pseudoalbaillella* sp.（假阿尔拜虫）、*Latentistula* sp.（隐管虫），其时代也为晚二叠世。双湖才多茶卡地区的晚二叠世放射虫硅质岩的发育，与之相伴的深水复理石沉积、洋脊型的玄武岩，并显著缺乏陆缘的碎屑物等特征均表明，该区在晚二叠世仍处深海远洋的沉积环境，其盆地的性质更可能为残余的盆地（朱同兴等，2006）。此外，在双湖缝合带中还发现有二叠纪蛇绿质混杂岩和岛弧型火山岩。查桑南部硅质岩中也发现了中—晚二叠世放射虫化石（邓万明等，1996）。由此可见，二叠纪龙木错-澜沧江洋在双湖一带还存在一定规模的洋盆，同时也存在俯冲消减的构造环境。

对二叠系妥坝组地层主、微量元素分析表明（表 6.3），其∑REE 总量低，为 56.90×10^{-6}～64.45×10^{-6}，均值为 59.32×10^{-6}，变化幅度小。∑LREE/∑HREE 为 4.70～5.42，均值为 5.09，中等。Eu 元素均显示较弱的负异常，δEu 为 0.69。除 Y035 外无明显的 Ce 异常。微量元素显示出低稀土总量、低 Eu 负异常特征。妥坝组 REE 特征值与大陆岛弧造背景的特征值相似，物源来自基底隆起。

表 6.3　妥坝组稀土元素参数

构造背景	物源类型	稀土元素及相关参数							备注
		$La/10^{-6}$	$Ce/10^{-6}$	$\sum REE/10^{-6}$	La/Yb	$(La/Yb)_N$	∑LREE/∑HREE	Eu/Eu^*	
大洋岛弧	未切割岛弧	8±1.7	19±3.7	58±10	4.2±1.3	4.2±1.3	3.8±0.9	1.01±0.11	据 Bhatia 和 Taylor（1981）
大陆岛弧	切割岛弧	27±4.5	59±8.2	146±20	11±3.6	7.5±2.5	7.7±1.7	0.7±0.13	
活动大陆边缘	基底隆起	37.0	78.0	186.0	12.5	8.5	9.1	0.6	
被动大陆边缘	克拉通内部	39.0	85.0	210.0	15.9	10.8	8.5	0.56	
妥坝组		14.87	19.93	59.32	10.82	7.15	5.09	0.69	

将测试得到的微量元素、稀土元素数据进行校正后，投于上二叠统妥坝组碎屑岩微量元素构造判别图解中（图 6.4）。在 Zr-Th 图解中，除一个点落点在大洋岛弧中，其余两个点落于大陆岛弧环境内；在 Th-Co-Zr/10 图解中，样品分别落于大陆岛弧和大洋岛弧的环境中，显示出上二叠统妥坝组沉积于大洋岛弧向大陆岛弧过渡的环境中；在 Th-Sc-Zr/10 图解中，样品完全集中于大陆岛弧中。由此表明，妥坝组沉积区整体处于一个由大洋岛弧环境逐渐向大陆岛弧环境过渡的趋势，即随着金沙江洋盆的持续俯冲，弧后盆地隆升，海平面下降，由原先的大洋岛弧过渡到大陆岛弧环境，在类似于现今西太平洋岛弧和安第斯陆缘弧的构造背景下，产生了妥坝组含煤沉积。

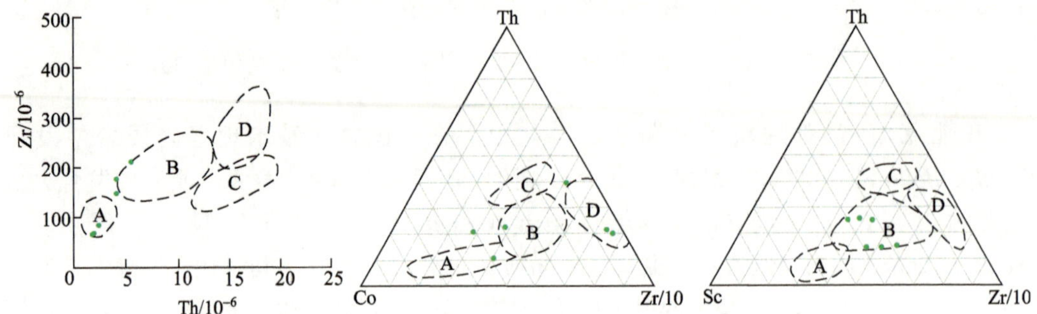

图 6.4　昌都地区妥坝组碎屑岩微量元素构造判别图解（底图据 Bhatia and Crook，1986）

A.大洋岛弧；B.大陆岛弧；C.活动大陆边缘；D.被动大陆边缘

结合区域地质背景及妥坝组微量元素中构造背景分析，可以看出晚二叠世时期金沙江洋盆已经发生俯冲，但尚未发生碰撞，妥坝组沉积区整体处于大陆弧后环境。

（三）三叠纪

晚三叠世时，怒江特提斯洋进入衰退晚期，继续向昌都陆块俯冲、消减完成它的生命历程，形成罗冬岩群（$T_3J_1L.$）海沟混杂堆积。澜沧江洋盆闭合，南羌塘-左贡陆块与昌都-思茅陆块合拢，金沙江一带开始碰撞造山。由于怒江特提斯洋壳长期向南羌塘-左贡陆块下俯冲，以及德格陆块向昌都陆块碰撞的双重制约下，导致研究区大面积抬升，同时致昌都-芒康盆地的形成。此时远离陆源剥蚀区，水动力条件稳定，为聚煤作用提供了有利条件，在研究区藏东的昌都至青海的乌丽一带沉积了晚三叠世结扎群含煤地层巴贡组。但在晚三叠世初期，甲丕拉组（T_3j）岩性为陆相紫红色含砾砂岩、粉砂岩，局部夹灰岩。反映出昌都一带曾一度下降并伴有火山岩活动，海域一度扩大。在北特提斯海东段即那曲-昌都地区，发育含煤沉积区。中期当藏北羌塘地区出现海退时，该区则下降，海水加深，除了在类乌齐-左贡东侧的他念他翁岛弧和贡觉附近出现 NW-SE 向的隆起露出水面继续遭受剥蚀外，其他地方皆为浅海环境，接受了波里拉组（T_3b）浅海相碳酸盐岩沉积，厚达 200～1000m，含丰富的腕足、珊瑚、瓣鳃、腹足及菊石等生物。

对盆地内晚三叠世巴贡组主、微量元素分析表明（表 6.4），其∑REE 总量较高，为 128.87×10^{-6}～ 281.30×10^{-6}，均值为 196.44×10^{-6}，变化幅度小。∑LREE/∑HREE 为 7.61～

13.41，均值为 10.00，中等。Eu 元素均显示负异常，δEu 为 0.66。样品主要为泥岩至粉砂岩，故除以 1.2 校正后，微量元素特征值接近大陆岛弧背景。

表 6.4　巴贡组稀土元素参数

构造背景	物源类型	稀土元素及相关参数						
		$La/10^{-6}$	$Ce/10^{-6}$	$\sum REE/10^{-6}$	La/Yb	$(La/Yb)_N$	∑LREE/∑HREE	Eu/Eu^*
大洋岛弧	未切割岛弧	8±1.7	19±3.7	58±10	4.2±1.3	4.2±1.3	3.8±0.9	1.01±0.11
大陆岛弧	切割岛弧	27±4.5	59±8.2	146±20	11±3.6	7.5±2.5	7.7±1.7	0.7±0.13
活动大陆边缘	基底隆起	37.0	78.0	186.0	12.5	8.5	9.1	0.6
被动大陆边缘	克拉通内部	39.0	85.0	210.0	15.9	10.8	8.5	0.56
巴贡组		37.60	66.37	196.44	15.71	6.77	10.00	0.66

将测试得到的微量元素、稀土元素数据进行校正后，投于构造背景判断图解中。在 Zr-Th 图解中，样品分布较集中在大陆岛弧与活动大陆边缘的背景区。利用 Th-Co-Zr/10 图解和 Th-Sc-Zr/10 图解可进一步判断构造。在图 6.5 中可以看出，落点主要集中于大陆岛弧内部。

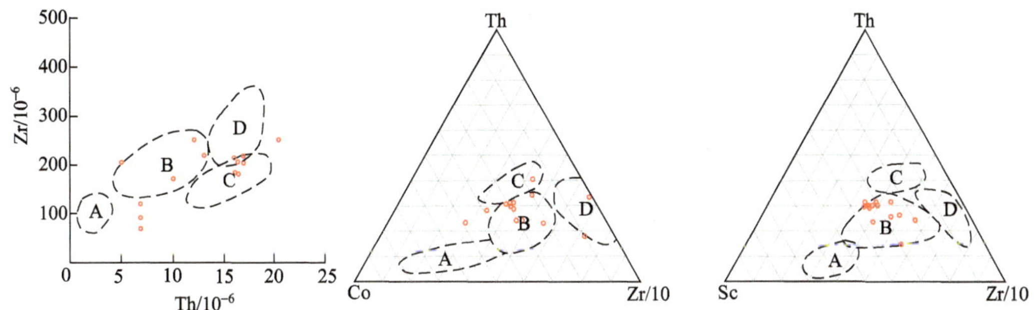

图 6.5　巴贡组碎屑岩微量元素构造判别图解（底图据 Bhatia and Crook，1986）

A.大洋岛弧；B.大陆岛弧；C.活动大陆边缘；D.被动大陆边缘

二、原型成煤盆地分析

（一）盆地地层系统分析

唐古拉-昌都-芒康成煤盆地现今夹于俄让-竹卡岩浆弧和江达-德钦岩浆弧之间，基底由元古代结晶基底层和早古生代加里东褶皱软基底层构成。盖层有两次明显的沉积间断，可分为三段：第一段为石炭系—二叠系构成晚古生代盖层，第二段为三叠系—早白垩世构成的中生代盖层，第三段为新生代盖层（表 6.5）。

元古代结晶基底层由古元古代—中元古代宁多岩群（$Pt_{1\text{-}2}Nd.$）构成，为一套深变质岩系，岩性组合为石榴黑云斜长片麻岩、二云斜长片麻岩、片麻岩、黑云石英变粒岩、斜长变粒岩、黑云石英片岩等，其原岩可能为一套碎屑岩夹火山岩建造。早古生代加里东褶皱软基底层则由青泥洞组（O_1q）构成，分布于该单元东边的上格色村—热拥村—

麦东村一带，为一套稳定台地相的陆源碎屑岩夹碳酸盐岩建造，厚度达 1429m 以上。

表 6.5 盆地地层充填序列表

地质时代	昌都地区	地层代号	不整合面成因
E	贡觉组	Eg	
K	景星组	K_1j	陆内造山大面积抬升 燕山期陆内调整，垂向隆升
J	小索卡组	J_3x	
	东大桥组	J_2d	
	汪布组	J_1w	
T	巴贡组组	T_3bg	
	波里拉组	T_3b	
	甲丕拉组	T_3j	澜沧江洋盆与金沙江洋盆双向闭合，全面碰撞造山， 陆壳大规模挤压抬升
P	夏牙村组	P_3x	
	妥坝组	P_3t	
	交嘎组	P_2j	
	莽错组	P_2mc	
	里查组	P_1l	
C	骜曲组	C_2a	
	马查拉组	C_1m	
	乌青纳组	C_1w	
D	卓戈洞组	D_3z	
Pt	宁多岩群	$Pt_{1-2}Nd.$	

晚古生代盖层：由泥盆系海通组（D_1h）、丁宗隆组（D_2d）、卓戈洞组（D_3z），石炭系乌青纳组（C_1w）、马查拉组（C_1m）、骜曲组（C_2a）及二叠系里查组（P_1l）、莽错组（P_2mc）、交嘎组（P_2j）、妥坝组（P_3t）、夏牙村组（P_3x）构成，在热拥村附近见早泥盆世海通组（D_1h）与下奥陶统青泥洞组（O_1q）之间的角度不整合界面，是加里东运动所致，其中泥盆系为稳定台地碳酸盐岩建造；石炭系为碳酸盐岩建造、碎屑岩夹煤层建造；二叠系为碳酸盐岩夹碎屑岩、火山岩及含煤建造。

中生代盖层：由甲丕拉组（T_3j）、波里拉组（T_3b）、巴贡组（T_3bg）、汪布组（J_1w）、东大桥组（J_2d）、小索卡组（J_3x）、景星组（K_1j）等构成，总体为一套河湖相-海相-海陆交互相-湖相碎屑岩、碳酸盐岩、黏土岩建造。甲丕拉组（T_3j）广泛角度不整合于下伏各时代地质体之上，侏罗系与白垩系之间因燕山运动的影响造成小索卡组（J_3x）与景星组（K_1j）的平行不整合接触。中生代早期，盆地伴有裂陷作用，发育中—下三叠统马拉松多组（$T_{1-2}m$）火山岩夹碎屑岩建造。

新生代盖层：由古近纪贡觉组（Eg）构成，为该盆地残余的山间磨拉石建造，表现为长条状的拉分盆地，为河湖相砂岩、砾岩、黏土岩沉积，广泛角度不整合于下伏各时代地质体之上。

（二）成煤期盆地煤系物源

REE 和微量元素在沉积物中的富集程度受风化作用、成岩作用、沉积物的分选搬运、物源类型及元素的水动力地球化学性质的综合影响。沉积物中的 REE 含量主要受控于物源区母岩的 REE 丰度及风化程度。而在搬运和沉积过程中，REE 流失较少，物源区内岩石的 REE 特征能够完整地保存下来。因此，岩石的微量元素及 REE 被广泛应用于判别源区岩石的类型。

1. 早石炭世

在马查拉组碎屑岩球粒陨石标准化配分模式图解中（图 6.6），各样品分配曲线总体一致，具有同源性。稀土元素分配曲线呈右倾，La—Eu 段各样品 LREE 相对富集，配分曲线均较陡，斜率较大，表现为明显的右倾，说明 LREE 元素之间的分馏程度较高；Gd—Lu 段各样品 HREE 相对亏损，配分曲线较为平坦，斜率小，右倾不明显，说明 HREE 元素之间有一定分馏。马查拉组的微量元素和稀土元素特征值显示具有明显负 δEu 异常，轻稀土元素富集、重稀土元素稳定的点。因为上地壳内缺少使重稀土元素分馏的因素，因而重稀土含量较稳定，同时富含轻稀土。元素分异作用使下地壳中 Eu 元素富集，而上地壳缺失。同时 δEu 是地球化学鉴别物质来源的重要参数，其可灵敏地反映地球化学状态。δEu 代表其物质来源主要来源于酸性火山岩。所以马查拉组沉积物的主要来源为上地壳的酸性火山岩。吉塘岩群的稀土元素特征总体显示出向右倾斜的分配曲线（图 6.7），整体上并没有显示出 δEu 异常，与马查拉组物源具有明显的不同，古吉塘岩群并非下石炭统马查拉组的物源区。

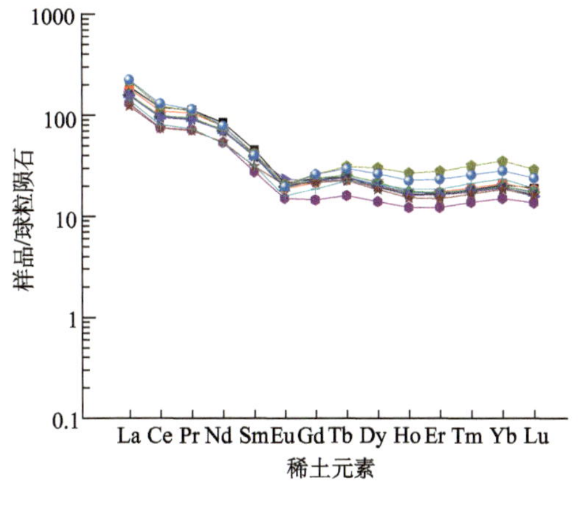

图 6.6　马查拉组碎屑岩稀土元素分布模式

（球粒陨石数据据 Taylor and Mclennan，1985）

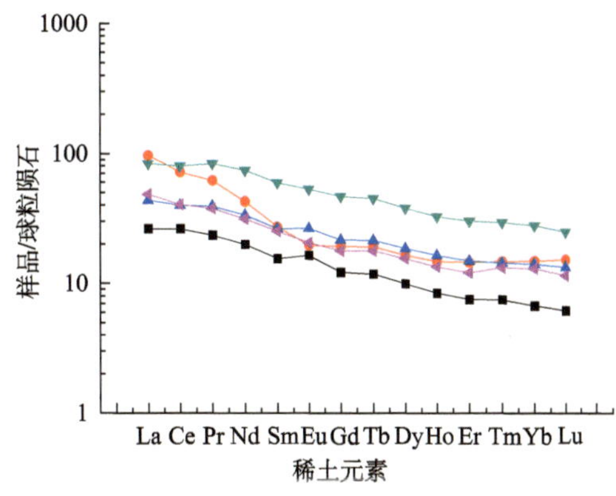

图 6.7　吉塘岩群元素分布模式

（球粒陨石数据据 Taylor and Mclennan，1985）

La/Yb 源岩判别图解及 La/Th-Hf 源区物质组成判别图解可以进一步判断马查拉组的沉积物的来源，可以看到（图 6.8），马查拉组样品落于沉积岩区及花岗岩混合区。说明其物源来源主要是沉积岩、花岗岩的混合。在 La/Th-Hf 源区物质组成判别图解中，五个点落于被动大陆边缘物源区域，大部分落于酸性岛弧源区，结果与 La/Yb-REE 图解相符合。由此可以看出，马查拉组沉积物源特征显示出双源型，即大陆物源区和大陆岛弧特征的酸性岩浆岩区。

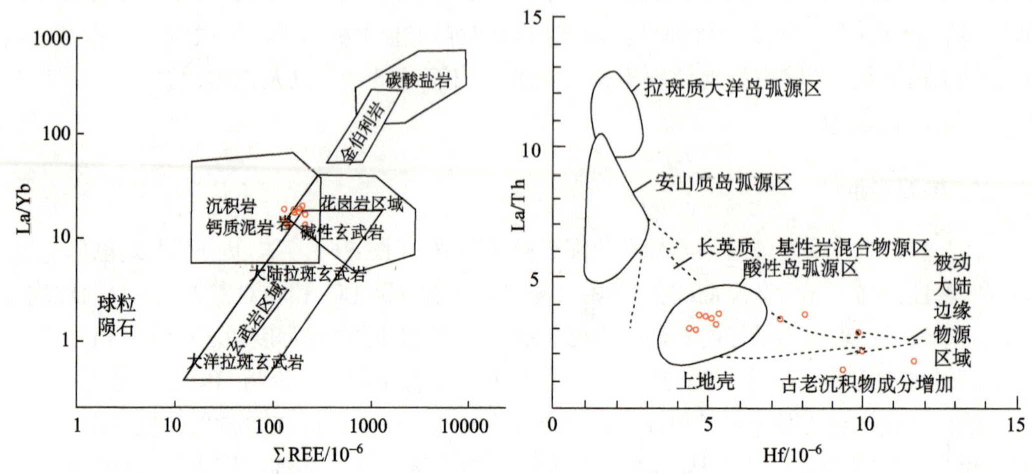

图 6.8 昌都地区马查拉组碎屑岩源岩判别图解（底图据 Allegre and Minster，1978）

2. 晚二叠世

在妥坝组碎屑岩球粒陨石标准化配分模式图解中（图 6.9），各样品稀土的分配曲线相互平行，其分配模式不变，具有同源性。可见稀土元素分配曲线呈右倾，La—Eu 段各样品 LREE 相对富集，配分曲线均较陡，斜率较大，表现为明显的右倾，说明 LREE 元素之间的分馏程度较高；Gd—Lu 段各样品 HREE 相对亏损，配分曲线较为平坦，说明 HREE 元素之间有一定分馏。

微量元素和稀土元素具有相对稳定特性，即浅变质和轻微成岩作用对原岩部分微量元素和稀土元素的改造相对较弱。利用这一特性，可以适当应用于物源分析和沉积环境辨别。西藏昌都妥坝组碎屑岩源岩判别图解分析表明（图 6.10），妥坝组的沉积物来源主要来自于大陆盆地内的钙质泥岩，同时具有一定量有岛弧环境下的酸性花岗岩混合。

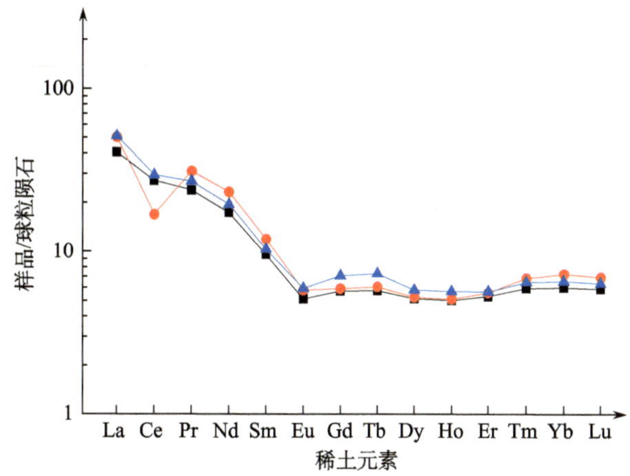

图 6.9　妥坝组碎屑岩稀土元素分布模式（球粒陨石数据据 Taylor and Mclennan，1985）

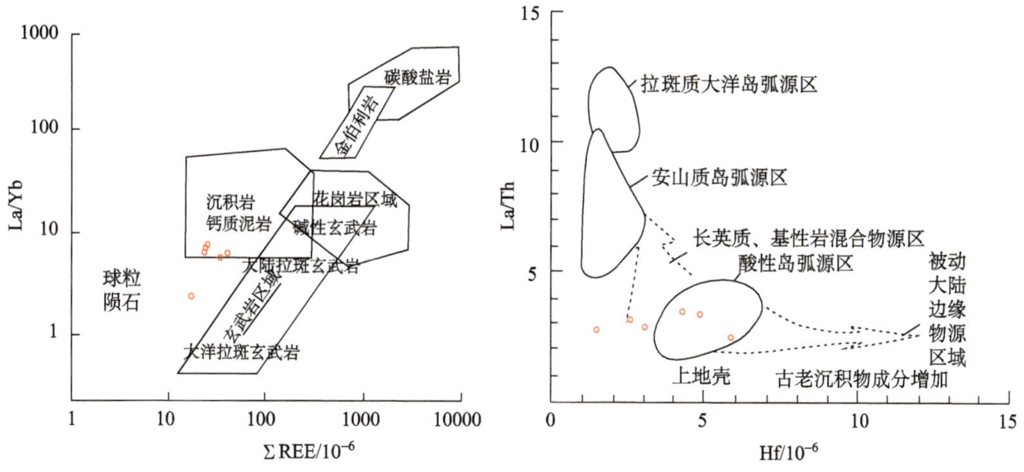

图 6.10　昌都地区妥坝组碎屑岩源岩判别图解（底图据 Allegre and Minster，1978）

3. 晚三叠世

在巴贡组碎屑岩球粒陨石标准化配分模式图解中（图 6.11），各样品曲线样式基本相同，说明昌都地区巴贡组含煤沉积具有同源性。稀土元素分配曲线总接近活动大陆边缘配分曲线。即配分曲线呈明显的右倾，La—Eu 段各样品 LREE 相对富集，配分曲线均较陡，斜率较大，表现为明显的右倾；Gd—Lu 段各样品 HREE 相对亏损，配分曲线较为平坦，斜率小，近水平。

通过对巴贡组碎屑岩源岩判别图解结果表明（图 6.12），巴贡组含煤地层的沉积物来源主要在大陆拉斑玄武岩区域，La/Th-Hf 图解显示主要为酸性岛弧源区及长英质、基性岩混合物源区。大陆拉斑玄武岩的成因主要是岛弧和造山活动最后阶段或稳定以后，通常规模较小且零散，常伴有安山岩与英安岩。

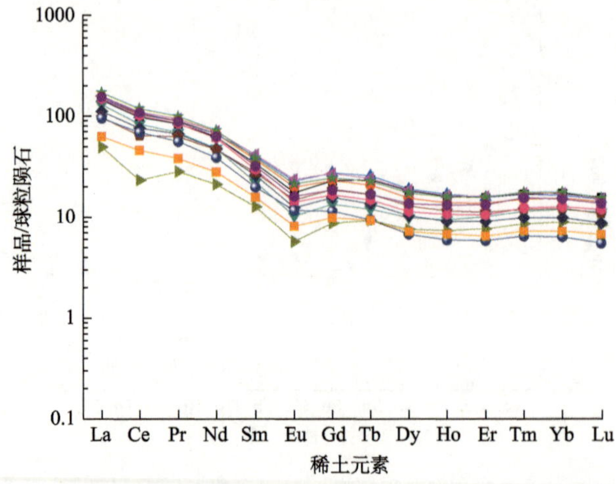

图 6.11 巴贡组碎屑岩稀土元素分布模式（球粒陨石数据据 Taylor and Mclennan，1985）

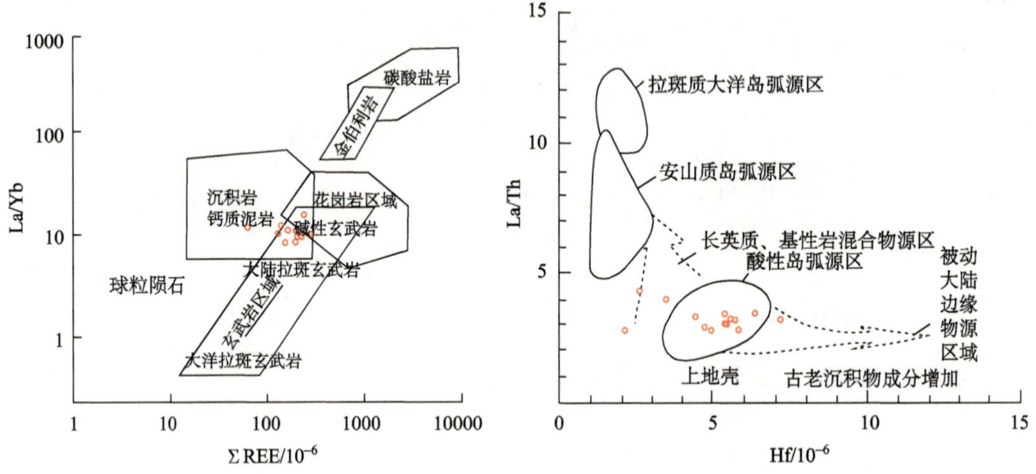

图 6.12 昌都地区巴贡组碎屑岩源岩判别图解（底图据 Allegre and Minster，1978）

（三）原型成煤盆地分析

1. 早石炭世

在早石炭世成煤期，羌塘中部龙木错-澜沧江洋盆向北俯冲于昌都地块之后，形成大陆边缘弧，并沉积了海陆交互相的日湾茶卡组。同期，在昌都北部唐古拉山地区的下石炭统杂多群含煤地层中，有酸性火山岩碎屑发育。因此认为早石炭世成煤期，澜沧江洋盆东侧的岛弧从羌塘北部开始经唐古拉山一直延续到昌都地区，控制了昌都盆地的西南缘，而盆地东北源是广阔的澜沧江洋盆，东北部青泥洞古隆起控制了盆地的东北缘。马查拉组的物源分析显示，其沉积物源具有双源性，分别是盆地西南缘澜沧江洋盆洋壳俯冲所产生的酸性岩浆弧，以及东北缘古青泥洞隆起的被动陆源钙质沉积。该时期由于岛弧作用引起的类乌齐区域性断裂控制着石炭纪煤盆地的基底构造。因此早石炭世昌都含煤盆地为类似现今苏门答腊岛后的弧后盆地（图 6.13）。在弧后盆地局部的浅水环境中，由南侧的酸性岛弧，以及北侧的大陆边缘碎屑岩共同为马查拉组沉积提供物源。

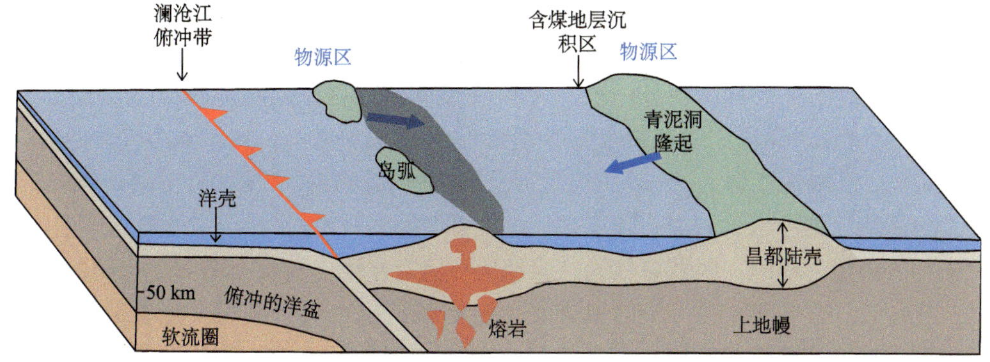

图 6.13　早石炭世囊谦-昌都沉积盆地图

2. 晚二叠世

在晚二叠世成煤期，盆地东北的金沙江洋盆也已经向西俯冲于昌都之下。盆地西南的澜沧江洋盆早于金沙江洋盆，处于一个持续俯冲的状态。妥坝组微量元素特征，以及 REE 构造背景图解分析表明，该区域处于一个大陆岛弧环境，即晚二叠世，由于金沙江洋盆的俯冲作用，导致大陆边缘弧发育。因此晚二叠世囊谦-昌都盆地处于弧后背景（图 6.14）。

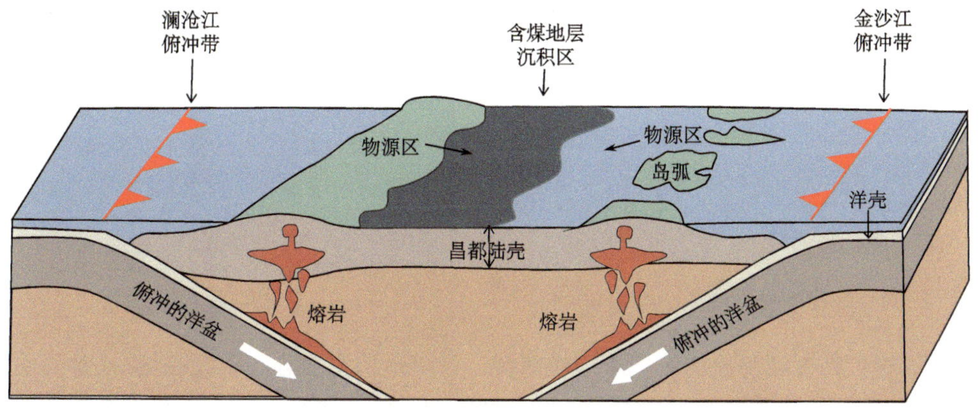

图 6.14　晚二叠世囊谦-昌都沉积盆地图

由于自晚石炭世开始的澜沧江洋盆的持续俯冲作用，导致晚二叠世时期，囊谦-昌都盆地整体呈南高北低的地形。晚石炭世形成的类乌齐断裂一直持续活动，控制着盆地南缘的边界，盆地北缘则由金沙江洋盆陆源弧所围限。妥坝组沉积区靠近盆地南缘，该时期弧后盆地整体处于挤压环境。对妥坝组物源分析显示，其沉积物源主要来自盆地南侧的酸性岛弧源区。晚二叠世囊谦-昌都盆地基本延续了早石炭世盆地的格局，只是区域应力背景由早石炭世的伸展环境转变为晚二叠世的挤压背景。

3. 晚三叠世

前已述及晚三叠世澜沧江洋盆已经闭合，澜沧江缝合带北侧北羌塘-昌都地块已经同南侧的南羌塘-昌都地块拼合。在残余的陆表海中发育晚三叠世浅海相-海陆过渡相沉积的盆地。盆地北界以青泥洞隆起为界，南侧则以丁青-邦达断层为界。盆地中部的澜沧江造山带，将盆地分为东西两部分，东侧为昌都-囊谦成煤盆，西侧则为土门成煤盆地。

昌都-囊谦位于澜沧江造山带东侧的北羌塘-昌都地块之上，属于一个仰冲的板块。在晚三叠世，区域构造稳定，对晚三叠世巴贡组提供物源分析表明，其物源具有双源性，分别为与澜沧江俯冲相关的中—晚三叠世竹卡群（$T_{2-3}Z$）酸性火山岩及大陆拉斑玄武岩。因此表明巴贡组沉积时，区域总体为拉张伸展环境。盆地内发育 NW-SE 向的断裂，多为薄皮构造，即仅在盖层中发育，并未切割至基底。以上说明在晚三叠成煤期，昌都-囊谦盆地为后陆盆地（图 6.15）。

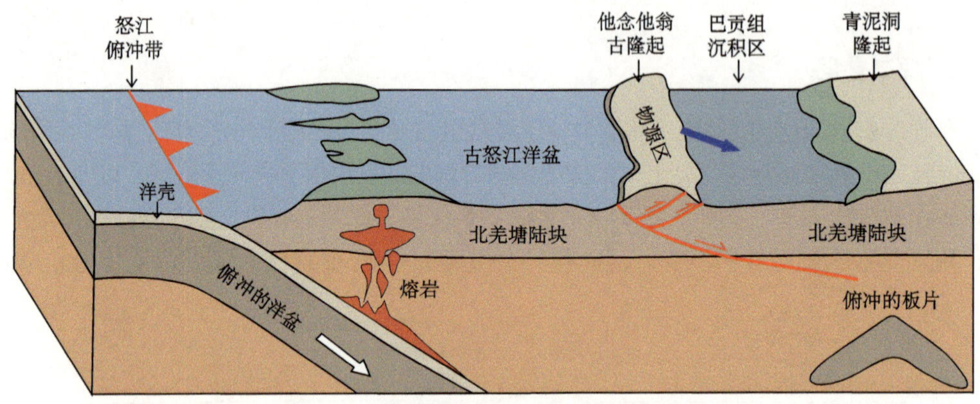

图 6.15　晚三叠世囊谦-昌都沉积盆地图

三、聚煤规律

（一）早石炭世

早石炭世是青藏高原的第一个成煤时代，含煤地层主要分布于北羌塘-昌都陆块内，澜沧江的东侧，南起芒康之西的曲登，向北西方向呈弧形断续展布于西藏昌都盆地西缘。经类乌齐、自家浦向北延入唐古拉山东段囊谦、杂多地区。

1. 含煤地层沉积体系

利用薄片分析法对 370 个马查拉组碎屑岩样品粒度分析实验（图 6.16），碎屑颗粒在 3.0Φ～6.0Φ 变化。峰值出现在 4.75Φ，平均粒径 M_Z 为 4.74Φ，样品粒径标准偏差 σ 为 0.51Φ，偏度 SK 为 0.0071Φ，尖度 K_G 为 1.034Φ（Φ=lg2D，其中 D 为颗粒直径，单位 mm）。

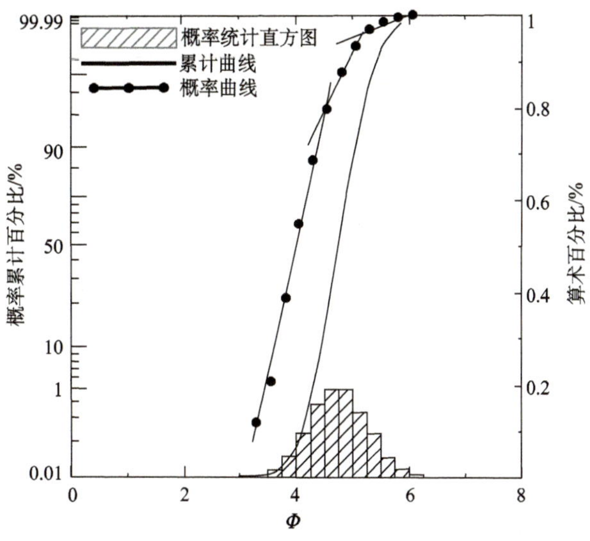

图 6.16 马查拉组碎屑岩粒度分析图

马查拉组的粒度多为粉砂，占 90%，其余为极细砂，占 10%，根据 Folk 和 Ward（1957）的偏度判别标准和标准偏差划分分选等级，粒度参数的组合特点显示其频率曲线呈单峰对称形，分选好，表现出海滩砂特点。马查拉组含海相化石，其粒度分布曲线由跳跃组分和悬浮组分两段组成。跳跃组分含量较多，80%左右，斜率较陡；悬浮组分含量很少，无滚动组分。悬浮组分含量较少，说明未经历长距离的搬运，为快速沉积的沉积环境，水动力不强，仅有微弱的强度变化不大的底流活动。鉴定海滩与浅海环境公式为 $Y=15.6534M_Z+65.7091\sigma^2+18.1071\mathrm{SK}+18.5043K_G$，计算得出判别值 $Y=87.0867$，大于临界值 65.3650，因此马查拉沉积时为浅海环境。

利用野外地质剖面进行地层层序分析，重点分析含煤地层沉积环境及其在垂向上的变化规律。马查拉剖面厚度约 1000m。通过岩性分析、煤层界面的识别，识别出马查拉组共有浅海陆棚相及滨海的潮坪相、潟湖相及障壁岛相四种类型。可以划分出两个二级层序，并根据地层叠置样式、岩相的变化分出三个体系域（图 6.17）。

S_1 由高位体系域（HST）构成。主要发育中-厚层灰岩。沉积相为浅海陆棚沉积。属于海陆过渡相，以加积型为主，向上岩性逐渐变细，在最大海泛期为灰岩沉积。在该阶段，由于沉积时沉积水体较深，植物不发育，没有煤层形成。第二段层序由海侵体系域（TST）和高位体系域组成，海侵体系域构成 S_2 中期基准面上升半旋回，高位体系域构成其下降半旋回。在 S_2 内，首先沉积了薄层泥岩与石英砂岩互层，泥岩中发育生物化石，反映海平面下降，为典型的滨海潮坪沉积，厚约为 114m，其上由灰、深灰、灰黑色砂岩、粉砂岩、泥岩构成，并发育多层煤层及煤线，厚约为 489m。海侵期沉积基本均以加积型为主，可容空间增长速率与沉积物供给速率基本持平，低可容空间持续保持，沉积物以加积为主，煤层发育较好，但横向不连续，主要为潟湖相沉积环境。S_2 下半段为高位体系域，岩性以灰色石英砂岩、泥岩为主，并可见水平层理，厚度约为 103m。在高位期，基准面下降速率较快，全区沉积物相对较薄，以陆源碎屑岩沉积为主，为高位期的潟湖相沉积。

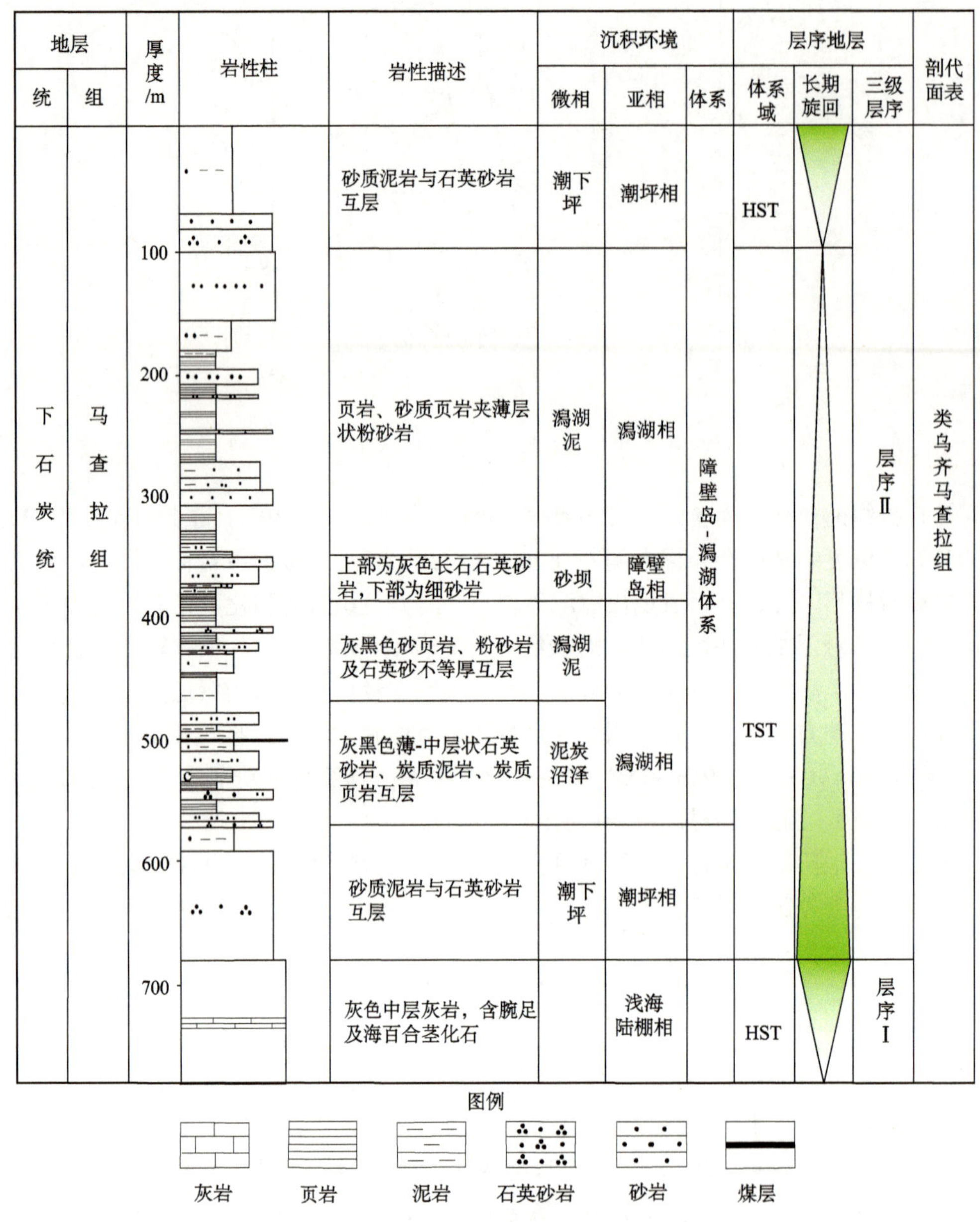

图 6.17　昌都地区马查拉组地层综合柱状图

总体看来，煤层主要发育在第二段内。这是因为第二段沉积时期，海水上升缓慢，基准面变化程度小，可以长时期保持低可容空间，陆源碎屑物供给速率也不大，这就给潟湖相泥炭沼泽的发育创造了良好的条件，尤其在昌都县马查拉地区有多层煤发育，但横向不连续。到后期海水上涨，基准面迅速上升，可容空间逐渐增大，这时期该区沉积物向海相过渡，陆源碎屑沉积物比较少，煤层不发育。由此看出，本区下石炭统煤层多发育在海侵体系域内，属海侵沉积序列（退积型沉积）。成煤泥炭沼泽次化数多，反映出区域构造活动，海平面变化频繁，在若干个沉积旋回形成多而薄的煤层。

2. 含煤地层沉积古环境

早石炭世，囊谦-昌都成煤盆地北部为宽阔的金沙江洋盆，处于威尔逊旋回中期，存在扩张的洋中脊，构造相对稳定。而南部澜沧江洋盆已经在该时期发生了俯冲，构造相对活动。早石炭世的囊谦-昌都成煤盆地发育在两个性质不同的洋盆中央。受早石炭世岛弧的影响，盆地整体处于一个西南高、北东低的地形。盆地西南缘为澜沧江洋盆俯冲所形成的大陆岛弧链，因此岩岛弧链的延伸方向，盆地基底地形不平整，高低起伏，导致马查拉组沉积时水深变化较大，仅在局部水深适合的区域有泥炭沼泽堆积。因此导致区域聚煤中心断续展布、不连续、呈波浪状起伏，仅在自家浦、马查拉、曲登地区形成聚煤中心。后期由于南羌塘-左贡陆块与北羌塘-昌都陆块的碰撞，众多有 SW 向 NE 发育的逆断层错断了马查拉组，使马查拉组等沉积中心仅局部出露。

马查拉组为海陆交互相含煤碎屑岩沉积建造，属于滨外陆棚沉积，由海侵体系域和高位体系域组成。海侵体系域期间，海平面迅速上升，水体加深较快，全区基本均为陆棚碳酸盐岩沉积，仅在尕松山地区有陆源碎屑岩沉积，期间由于可容空间大，没有植物生长，故煤层不发育。在高位初期，全区凝缩层基本为灰岩沉积，到高位后期，基准面下降较快，可容空间逐渐变小，在尕松山、扎曲上游一带出现陆源碎屑岩沉积，而在扎曲下游地区则出现白云岩沉积，该时期没有煤层发育。下石炭统煤层多发育在海侵体系域晚期与高位体系域早期，其中以海侵成煤为主。

（二）晚二叠世

二叠纪含煤地层主要分布于青藏高原东部的唐古拉山赋煤带及昌都赋煤带。含煤地层有妥坝组及乌丽群，其中以妥坝组含煤性最好。

根据昌都赋煤带妥坝煤矿地质剖面建立妥坝煤系层序格架，从中识别出两个三级层序，各层序特征分析如下（图 6.18）。

S_1 对应妥坝组下部，该层序由海侵体系域和高位体系域组成，从岩性剖面上看，高位体系域相对较发育。海侵体系域由潟湖灰岩坪组成，岩性主要为石灰岩，基准面较高，水体较深。高位体系域由潟湖泥、障壁砂坝等组成，岩性为泥岩、粉砂岩、中砂岩及粗粒砂岩，以进积型为主，基准面下降，可容空间减小，陆源碎屑物供给充足。该层序煤层不发育。

S_2 对应妥坝中部，层序底界面为潮道与障壁岛的侵蚀不整合面。该层序由海侵体系域与高位体系域组成，其中，海侵体系域构成 S_2 长期基准面上升半旋回，高位体系域构成其下降半旋回。上升半旋回期持续时间比较长，以加积型为主，岩性为细砂岩、粉砂岩、泥岩、煤层级石灰岩等，为潟湖相及障壁岛沉积，基准面在缓慢上升期间，可容空

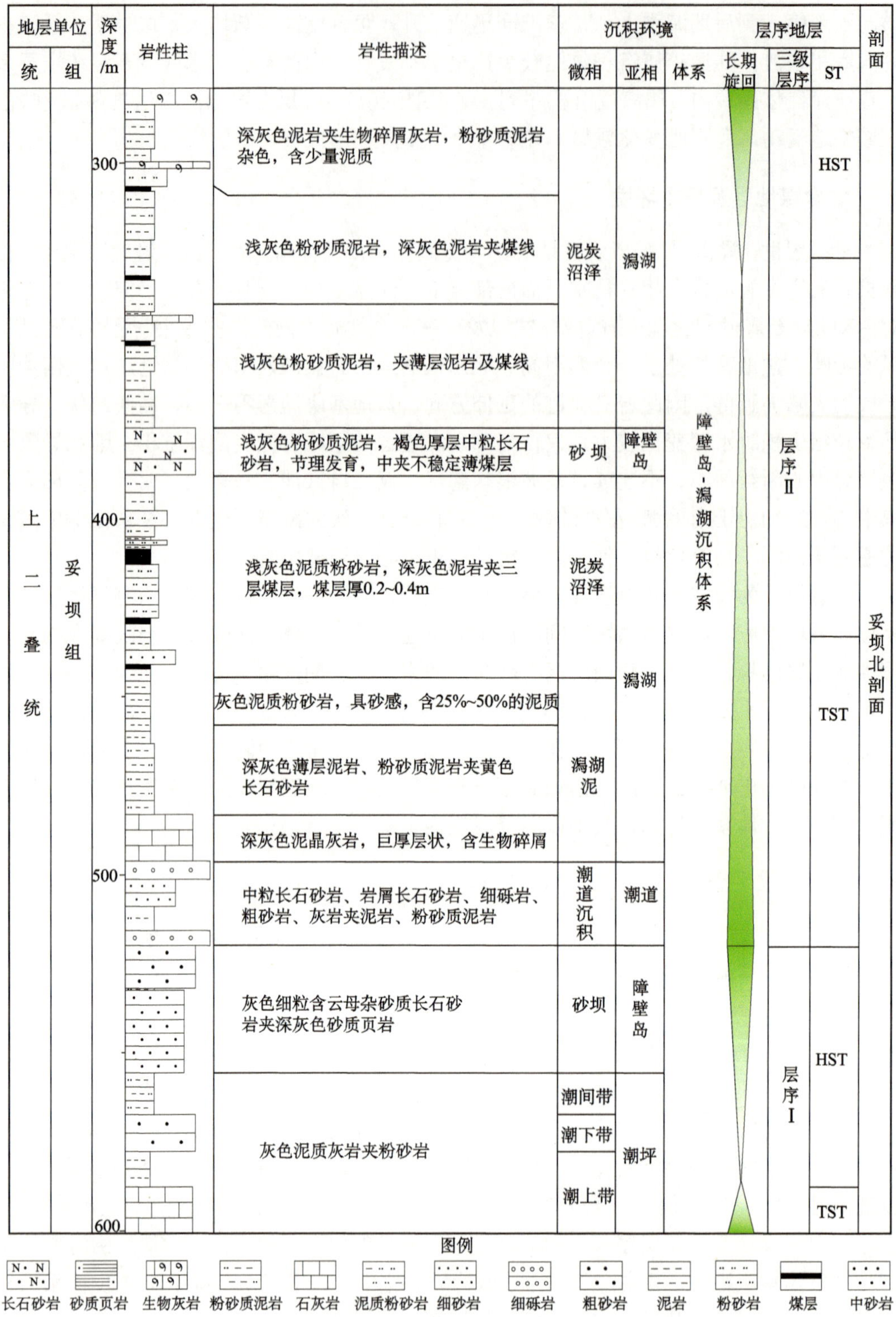

地层单位		深度/m	岩性柱	岩性描述	沉积环境			层序地层			剖面
统	组				微相	亚相	体系	长期旋回	三级层序	ST	
上二叠统	妥坝组	300		深灰色泥岩夹生物碎屑灰岩，粉砂质泥岩杂色，含少量泥质	泥炭沼泽	潟湖	障壁岛-潟湖沉积体系		层序Ⅱ	HST	妥坝北剖面
				浅灰色粉砂质泥岩，深灰色泥岩夹煤线							
				浅灰色粉砂质泥岩，夹薄层泥岩及煤线							
				浅灰色粉砂质泥岩，褐色厚层中粒长石砂岩，节理发育，中夹不稳定薄煤层	砂坝	障壁岛					
		400		浅灰色泥质粉砂岩，深灰色泥岩夹三层煤层，煤层厚0.2~0.4m	泥炭沼泽	潟湖				TST	
				灰色泥质粉砂岩，具砂感，含25%~50%的泥质	潟湖泥						
				深灰色薄层泥岩、粉砂质泥岩夹黄色长石砂岩							
				深灰色泥晶灰岩，巨厚层状，含生物碎屑							
		500		中粒长石砂岩、岩屑长石砂岩、细砾岩、粗砂岩、灰岩夹泥岩、粉砂质泥岩	潮道沉积	潮道					
				灰色细粒含云母杂砂质长石砂岩夹深灰色砂质页岩	砂坝	障壁岛			层序Ⅰ	HST	
				灰色泥质灰岩夹粉砂岩	潮间带	潮坪					
					潮下带						
		600			潮上带					TST	

图例

长石砂岩　砂质页岩　生物灰岩　粉砂质泥岩　石灰岩　泥质粉砂岩　细砂岩　细砾岩　粗砂岩　泥岩　粉砂岩　煤层　中砂岩

图 6.18　上二叠统妥坝组地层层序分析综合柱状图

间也随之缓慢变化，低可容空间持续时间较长，该时期有煤层发育。基准面下降半旋回期，沉积物主要为粉砂岩、泥岩等，沉积相以潮坪沉积为主，此时期，陆源碎屑物供给充足。该层序内中等厚度煤层较发育，尤其在海侵期间，横向较连续。

S_3对应妥坝组上部，层序底界面为潟湖灰坪与障壁砂坝的岩性转换面。该层序由海侵体系域与高位体系域组成。其中，海侵体系域构成S_3长期基准面上升半旋回，高位体系域构成其下降半旋回。上升半旋回期，基准面上升速率较快，岩性由下部的障壁岛砂岩向上突变为灰岩层，反映基准面迅速上升，水体突然加深，可容空间迅速增大，陆源碎屑物缺乏，凝缩段为灰岩沉积。高位期，水体发生突然退却现象，岩性从下部的灰岩向上转变为障壁岛砂岩，基准面下降较快，可容空间迅速变小，水体变浅，陆源碎屑物供给充足，沉积了厚层的障壁砂岩。该层序没有煤层发育，主要由于基准面的突然上升与突然下降，导致可容空间的变化比较大，不利于泥炭沼泽的形成。

从以上剖面可以看出，妥坝组岩性变化较大，厚度不一。妥坝煤系以陆源碎屑沉积为主，夹有碳酸盐岩，局部还有中基性、中性火山岩夹层。妥坝组内多层砾岩、含炭质层、煤层及煤线发育及产大量植物化石等特征，反映沉积环境属温暖潮湿的海陆过渡相的滨岸三角洲带-碎屑潮坪-潮坪潟湖相沉积环境，而其中夹含的碳酸盐岩岩层及其所产蜓、苔藓虫、腕足类等生物则又具有滨岸碳酸盐岩潮坪-碳酸盐岩台地的滨海-浅海清水沉积环境的特征。煤层发育在S_3中，并且主要发育在海侵体系域中，即海平面缓慢上升过程中成煤。因此，晚二叠世妥坝组含煤地层沉积环境属于海陆交互相滨岸潟湖亚相的海侵成煤。其他层序中煤层不发育或局部发育不可采煤线。

（三）晚三叠世

晚三叠世巴贡组（T_3bg）是研究区分布最广泛的含煤地层。主要分布于青藏高原中东部，唐古拉山、昌都及土门-巴青赋煤带内。岩性组合为灰褐砂岩、粉砂岩、泥质粉砂岩及黑色页岩并有煤层发育，局部地区上部偶见白云岩、石膏和菱铁矿结核，厚约为668.93m。巴贡组在昌都赋煤带的露头剖面中（图 6.19），底部为巴贡组下部波里拉组（T_3bg），其上为巴贡组含煤地层。

S_1对应底部波里拉组，层序底界面为晶粒灰岩与石英砂岩的岩性突变面。该层序由海侵体系域和高位体系域组成，其中，海侵体系域构成S_1长期基准面上升半旋回，高位体系域构成其下降半旋回。海侵体系域由潟湖薄层粉砂岩、泥晶灰岩、泥灰岩及浅海陆棚碳酸盐岩台地的厚层灰岩组成，以退积-加积型为主，反映该时期基准面比较高，可容空间比较大，水体较深，陆源碎屑物很难到达该地区，岩石中矿物成熟度和结构成熟度都很高。海侵深水环境下，海洋生物比较发育，产双壳类及有孔虫等，反而不适合植物的生长，因此没有煤层发育。高位期，基准面仍基本保持较高水平，可容空间依然很大，沉积物依然以粒屑灰岩、泥晶灰岩及亮晶生物灰岩等碳酸盐岩为主，高位晚期持续时间很短。由于该层序形成时期水体较深，泥炭沼泽不发育，故没有煤层形成。

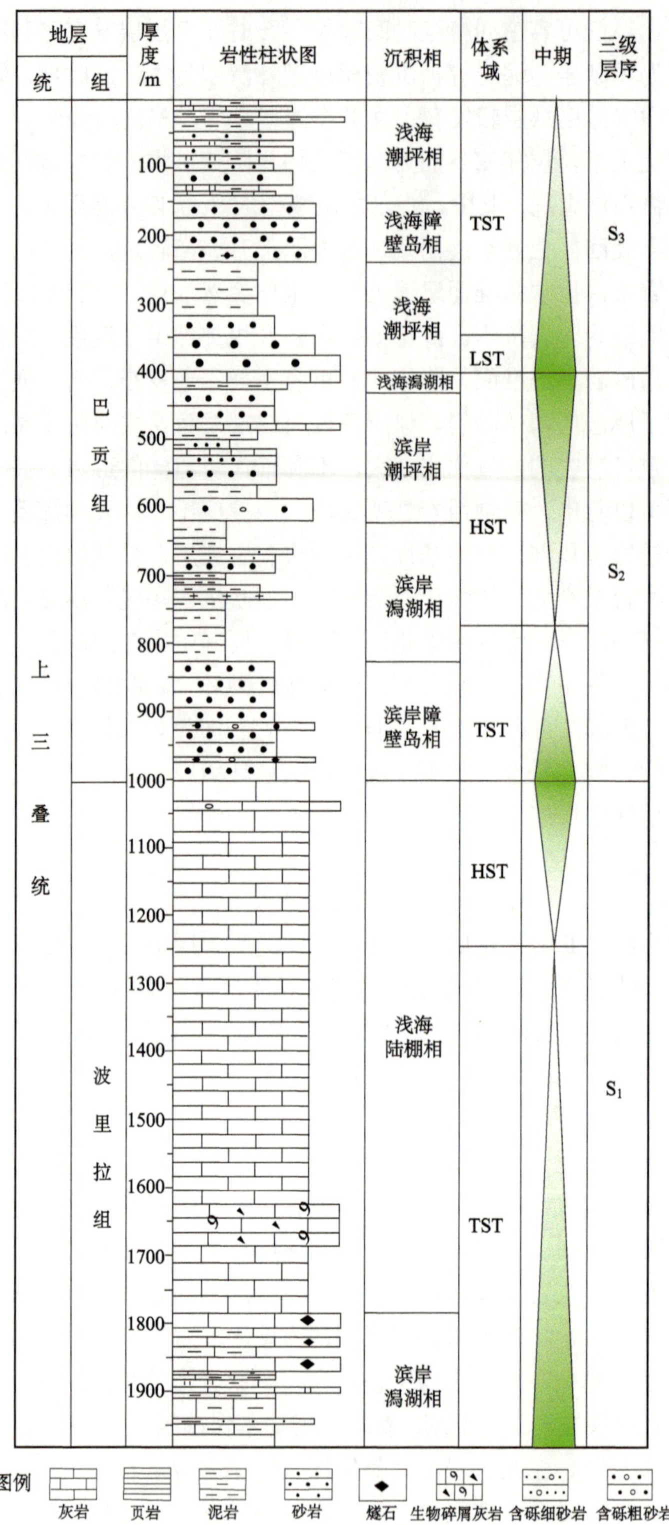

图 6.19　上三叠统巴贡组地层层序分析综合柱状图

S_2对应巴贡组下部，层序底界面为巴贡组底部细粒石英砂岩与S_1顶部生物碎屑灰岩的转换面。该层序由海侵体系域和高位体系域组成，其中海侵体系域构成S_2长期基准面上升半旋回，高位体系域构成其下降半旋回。海侵体系域为障壁岛、潟湖-潮坪环境，岩性为障壁岛石英砂岩夹砂砾岩，潟湖相的粉砂岩、炭质泥岩、泥岩及煤层等，粒度自下而上逐渐变细，为退积型。随着盆地发展过程中水动力减弱，沉积了浅灰白色细粒石英砂岩，局部出现煤层，形成滨岸沼泽相，随着水体进一步退缩，出现了干热气候下的紫红色石英砂岩沉积，故该时期水体总体呈逐渐变浅的趋势。该时期基准面缓慢上升，可容空间逐渐增大。在海侵晚期，低可容空间的长期保持利于潟湖相的沉积，局部地区形成泥炭沼泽，植物的生长与死亡便于泥炭的堆积。泥炭沼泽相沉积物以深黑色泥炭物为主，并出现多层煤与泥岩、含炭泥岩交互出现，产大量植物化石。这一时期，气候温暖湿润，是植物繁盛的鼎盛期，所以在沉积物中有机质含量普遍较高。因此在S_2海侵晚期有薄煤线形成。高位体系域由潟湖相细砂岩、粉砂岩、泥岩与潮坪相的细砂岩、粉砂岩、薄层泥晶灰岩及煤层组成。高位体系域早期，基准面相对较高，沉积物为潟湖相泥岩、炭质泥岩、煤线；到晚期时，基准面相对较低，陆源碎屑物沉积较多，期间形成的潮坪相的潮上带有泥炭沼泽发育，形成了四层局部可采煤层。因此可以得出，在S_2期间，煤层比较发育，尤其在其高位体系域晚期，但煤层层数较少，而且横向不连续。

S_3对应巴贡组上部，层序底界面为潮道冲刷面。该层序发育低位体系域和海侵体系域，高位体系域不发育。低位体系域（LST）与海侵体系域构成S_3长期基准面上升半旋回。低位体系域主要为潮道滞留的粗碎屑沉积，岩性为厚层砾岩、砂砾岩及细粒杂砂岩，该时期基准面比较低，可容空间太小。海侵体系域为潮坪及障壁岛沉积，岩性为细粒杂砂岩、泥质粉砂岩及薄层砂砾岩等组成，以加积型为主。该层序没有煤层发育。

通过对以上两个赋煤带的单剖面层序地层特征分析，可以看出S_2为含煤层序，海侵体系域与高位体系域期均有煤层发育，但在高位体系域晚期煤层发育较好。

巴贡组下部由海侵体系域和高位体系域组成为障壁岛、潟湖-潮坪环境，岩性为障壁岛石英砂岩夹砂砾岩，潟湖相的粉砂岩、炭质泥岩、泥岩及煤层等，粒度自下而上逐渐变细，为退积型，该时期基准面缓慢上升，可容空间逐渐增大。在海侵晚期，低可容空间的长期保持利于潟湖相的沉积，局部地区形成泥炭沼泽，植物的生长与死亡便于泥炭的堆积，因此在海侵晚期有薄煤线形成。高位体系域由潟湖相细砂岩、粉砂岩、泥岩与潮坪相的细砂岩、粉砂岩、薄层泥晶灰岩及煤层组成。高位早期，基准面相对较高，沉积物为潟湖相泥岩、炭质泥岩、煤线，到晚期时，基准面相对较低，陆源碎屑物沉积较多，在此期间形成的潮坪相的潮上带有泥炭沼泽发育，形成了四层局部可采煤层。因此可以得出，在此期间，煤层比较发育，尤其在其高位体系域晚期，但煤层层数较少，而且横向不连续。

因此巴贡组上部发育低位体系域和海侵体系域，高位体系域不发育。低位体系域与海侵体系域构成该时期长期基准面上升半旋回。低位体系域主要为潮道滞留的粗碎屑沉积，岩性为厚层砾岩、砂砾岩及细粒杂砂岩，该时期基准面比较低，可容空间太小。海侵体系域为潮坪及障壁岛沉积，岩性为细粒杂砂岩、泥质粉砂岩及薄层砂砾岩等组成，以加积型为主。该层序没有煤层发育。

四、成煤盆地的后期演化

泥盆纪—早二叠世，昌都盆地主要为弧后-被动陆缘台地碳酸盐岩及滨浅海陆屑沉积。其中下石炭统马查拉煤系主要分布在昌都地区澜沧江西侧，南起芒康以西的曲登，向北西作条带状弧形延伸，经类乌齐、自家浦延入青海，厚约为960m。早石炭世晚期，在昌都盆地西缘，沉积了厚达1250余米的碎屑、泥质、钙质及炭质，含华南型动植物化石群，沉积幅度大。海退-海侵期间，形成了马查拉煤系。煤系形成时，区域构造环境稳定，西侧的他念他翁古隆起在奥陶纪时形成，持续活动至早石炭世末（王建平，2000），为沉积提供了物源，控制着石炭纪煤系沉积的范围和盆地的基底构造。受他念他翁古隆起影响，石炭纪煤系沉积地区结扎—杂多—囊谦一带整体地势南高北低、西高东低，为被动大陆边缘拗陷盆地，构造相对稳定，断裂、褶皱不发育，影响聚煤的主要因素为沉积区地形地貌及海平面变化。下石炭统马查煤系属于稳定的被动大陆边缘拗陷型沉积（图6.20）。

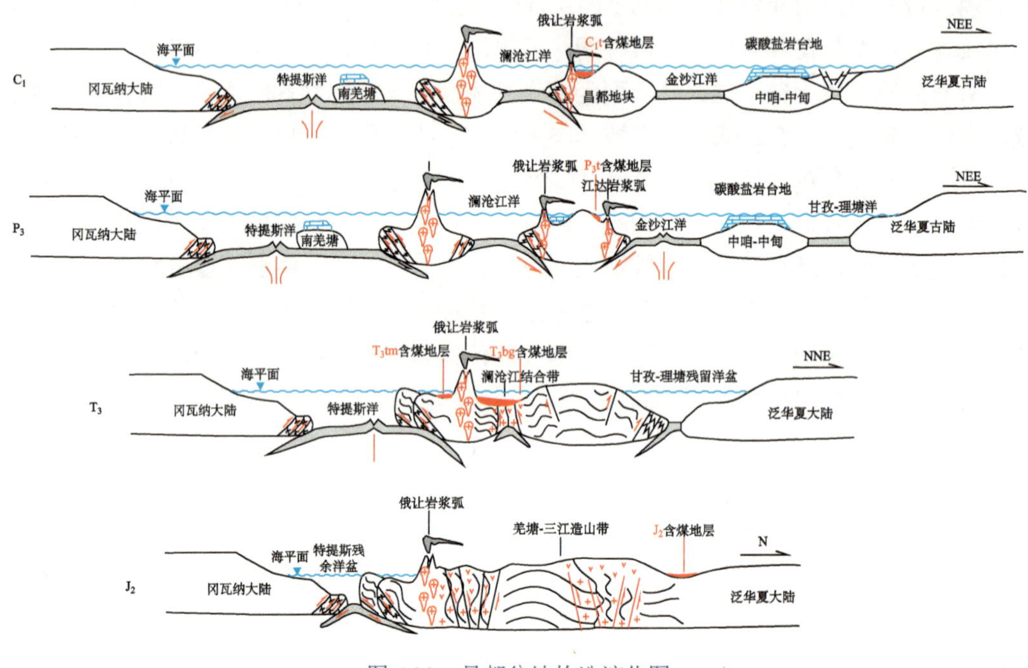

图6.20　昌都盆地构造演化图

早二叠世仍然受他念他翁隆起的控制，晚二叠世早期，昌都盆地两侧的龙木错-澜沧江洋盆与金沙江-哀牢山洋盆发生相向俯冲、消减。盆地边缘由被动大陆边缘转为活动大陆边缘。海水由北进入羌塘、昌都，继而进入云南境内，与华南水体相连，昌都—芒康一带水体较浅，构造运动相对强烈，沉积大量碎屑物质，为聚煤作用奠定了基础。

晚二叠世妥坝煤系形成时，主要沉积在由洋壳俯冲作用形成的火山弧与板块内部的构造较稳定地区。昌都盆地西侧的他念他翁岛弧与东边的江达岩浆弧相对峙。表现为NW-SE向隆起未接受沉积，围限了含煤地层的展布。因此煤系断续平行分布于早石炭世煤系的东侧，南起芒康，北至妥坝、类乌齐，向北西进入青海。煤层主要赋存于海退相序中，是在陆缘碎屑潮坪环境的潮上带的沼泽相的基础上形成的，沉积中心位于昌都妥坝—芒康一线。晚二叠世妥坝煤系，其构造-沉积模式属于俯冲板块边缘的弧后沉积。

晚二叠世晚期，海水进一步扩大，昌都—芒康一带构造活动增强，并伴有中-基性火山运动，沉积了含火山碎屑的夏牙村组（P_3x）沉积。煤盆地上隆变形，海水向北东退出，海平面下降，晚二叠世成煤历史结束。

这两个聚煤期后，盆地受NW-SE向他念他翁-澜沧江逆断层控制。该断裂略向北东凸出呈弧形，断层面倾向南西，倾角为60°～70°。在类乌齐、马查拉一带，断层破坏了煤系，对煤层的赋存和开采十分不利，南段的察雅—曲登一带沿断层带有大规模燕山期酸性岩浆活动，使煤种多为无烟煤。马查拉煤矿由含煤岩系组成的EW向背斜，被两组扭性断层破坏。自家浦的煤系多被NW及NWW向断层切割成支离破碎的块体。对煤系有直接影响的断层为妥坝、芒康-盐井、马查拉及瓦日等断层。

晚三叠世巴贡煤系属中特提斯洋区近海型海陆交互相含煤沉积，岩性为灰白色细砂岩，灰至深灰色粉砂岩、页岩、泥岩和煤层，夺盖拉一带厚1751m，呈NW-SE向的条带状。煤系沿他念他翁古隆起两侧分布。煤层主要产于煤系中段，早期为一套陆相紫红色碎屑岩，局部夹碳酸盐岩，昌都一带发育火山岩，厚700～800m；中期除他念他翁出露水面外，两侧为浅海环境，接受了厚度为200～1000m的碳酸盐岩沉积，昌都一带出现海陆交互相含煤沉积，含煤性各地不一，与煤系厚度呈正相关关系。晚三叠世末期的印支运动，使全区大面积抬升，海域缩小，昌都地区抬升成陆。

此聚煤期后，煤系分布明显受NW向昌都-芒康复向斜控制。向斜枢纽呈波状起伏，平面弯曲展布，核部由早白垩世和侏罗纪地层组成，两翼分布晚三叠世地层，东翼在察雅县向北经达马拉至昌都呷马区乌东乡一线，以及贡觉、江达等地；西翼在芒康如美区拉屋乡、左贡，向北至类乌齐。在向斜消失的芒康县南侧和向斜分布的昌都以北地段，亦有煤系煤矿分布，如穷卡煤矿。复向斜东翼，次级褶皱雁行排列，对煤系的分布起重要作用。他念他翁-加卡逆断层的东或北东盘，在类乌齐、察雅一带，使煤系抬升地表；察雅逆断层及其他NE向断层，将煤系错断，破坏了煤系的完整性。侵入岩远离煤系，对煤系和煤层影响不大。

第二节　土门格拉成煤盆地

南部边缘褶皱逆冲带位于盆地最南部，与班公湖-怒江缝合带相邻，宽度一般小于30km，总体呈近EW展布且向北凸出的弧形，出露地层主要为三叠系和侏罗系，包括土门-巴青赋煤带，并在东经86°～东经90°变形最为强烈，发育紧闭-倒转褶皱和断面南倾的逆冲断层，局部构成叠瓦状构造。

一、成煤期盆地区域背景

土门赋煤带位于南羌塘-左贡地块上东南缘，毗邻南侧的在含煤地层沉积的晚三叠世。在澜沧洋盆发现的蓝闪石 ^{40}Ar-^{39}Ar 坪年龄值（282.4～275.0Ma），指示了龙木错-双湖-澜沧江洋早期开始俯冲消减作用的构造-热事件时间（邓希光等，2000；李才等，2001）。而阳起石、青铝闪石、多硅白云母等变质矿物 ^{40}Ar-^{39}Ar 坪年龄值为 236～220 Ma，则表明龙木错-双湖-澜沧江洋俯冲作用的峰期时间为中三叠世晚期至晚三叠世早期。

在藏北澜沧江缝合带东段双湖鄂柔地区，获得绿泥阳起石片岩中阳起石矿物的 ^{40}Ar-^{39}Ar 坪年龄为 235.9Ma±2.6Ma 和枕状玄武岩中蚀变辉石斑晶的 ^{40}Ar-^{39}Ar 坪年龄为 232.5Ma±2.4Ma，两个年龄一致，记录了中三叠世晚期至晚三叠世早期沿龙木错-双湖地块缝合带发生俯冲碰撞作用的构造-热事件（王立全等，2006）。羌塘地区中三叠世晚期至晚三叠世早期的俯冲碰撞造山事件使龙木错-双湖-澜沧江地块缝合带及其以北的大部分地区（即北羌塘盆地）转变为前陆盆地，区域上三叠统底部不整合面和底砾岩的发育是碰撞造山作用的重要地质记录（李才等，2007）。

图 6.21 为对土门格拉组沉积岩 Co-Th-Zr/10 和 Sc-Th-Zr/10 构造环境判别图。Co-Th-Zr/10 判别图中，所有的数据点都落在大陆岛弧范围内，在 Sc-Th-Zr/10 判别图中 90%的点也都落在大陆岛弧的范围内，只有一个点位于大陆岛弧和被动大陆边缘之间，说明整体上物源区以大陆岛弧型构造背景为主。

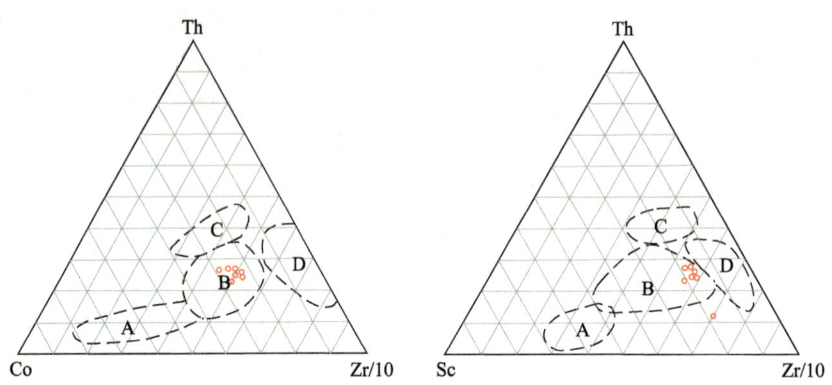

图 6.21　巴贡组碎屑岩微量元素构造判别图解（底图据 Bhatia and Crook，1986）

A.大洋岛弧；B.大陆岛弧；C.活动大陆边缘；D.被动大陆边缘

由此认为在晚三叠世巴贡组沉积时，区域处于澜沧江缝合带碰撞的末期，北部的北羌塘-昌都地块已经同南部的南羌堂-左贡地块陆陆碰撞，巴贡组沉积于残余的澜沧江洋盆内，洋壳已经消失，澜沧江成为陆表海。

二、原型成煤盆地分析

（一）盆地地层系统分析

土门格拉原型盆地的含煤地层为上三叠统巴贡组。基底为前古生界吉塘岩群构成，为一套深变质岩系，岩性组合为石榴黑云斜长片麻岩、二云斜长片麻岩、片麻岩、黑云石英变粒岩、斜长变粒岩、黑云石英片岩等，其原岩可能为一套碎屑岩夹火山岩建造。

沉积盖层最底部为上三叠统巴贡组含煤地层，其上发育有侏罗系、白垩系、第四系。

（二）成煤期盆地煤系物源

在土门地区巴贡组碎屑岩球粒陨石标准化配分模式图解中[图 6.22（a）]，各样品分配曲线总体一致，具有同源性，稀土元素分配曲线呈右倾，La—Eu 段各样品 LREE 相对富集，配分曲线均较陡，斜率较大，表现为明显的右倾，说明 LREE 元素之间的分馏程度较高；Gd—Lu 段各样品 HREE 相对亏损，配分曲线较为平坦，斜率小，右倾不明显，说明 HREE 元素之间有一定分馏。对比昌都地区巴贡组碎屑岩球粒陨石标准化配分模式图解[图 6.22（b）]，两套地层中样品曲线样式基本相同。稀土元素分配曲线接近活动大陆边缘配分曲线，即配分曲线呈明显右倾，La—Eu 段各样品 LREE 相对富集，配分曲线均较陡，斜率较大，表现为明显的右倾；Gd—Lu 段各样品 HREE 相对亏损，配分曲线较为平坦，斜率小，近水平。

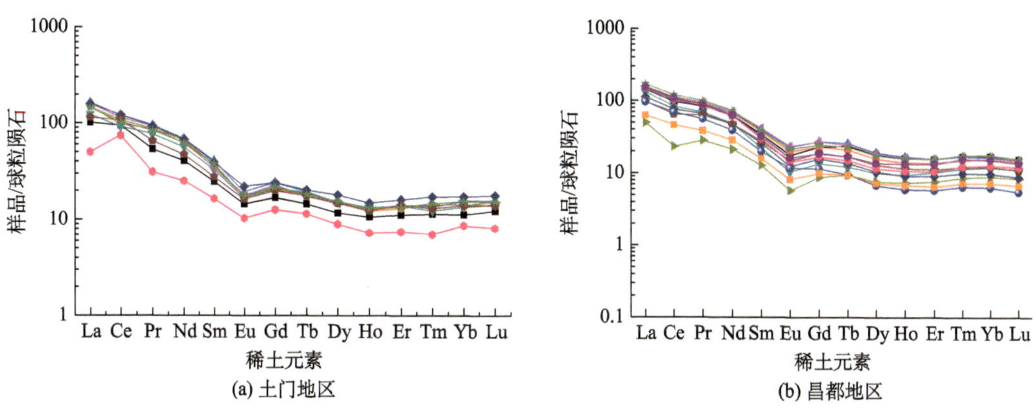

图 6.22　巴贡组碎屑岩稀土元素分布模式（球粒陨石数据据 Taylor and Mclennan，1985）

通过对土门地区巴贡组碎屑岩源岩判别图解结果分析表明（图 6.23），巴贡组含煤地层的沉积物来源主要在大陆拉斑玄武岩区域与沉积岩的混合区域，La/Th-Hf 图解显出主要为酸性岛弧源区及长英质、基性岩混合物源区。大陆拉斑玄武岩主要形成于岛弧和造山活动最后阶段或稳定以后，通常规模较小而零散，常伴有安山岩与英安岩。

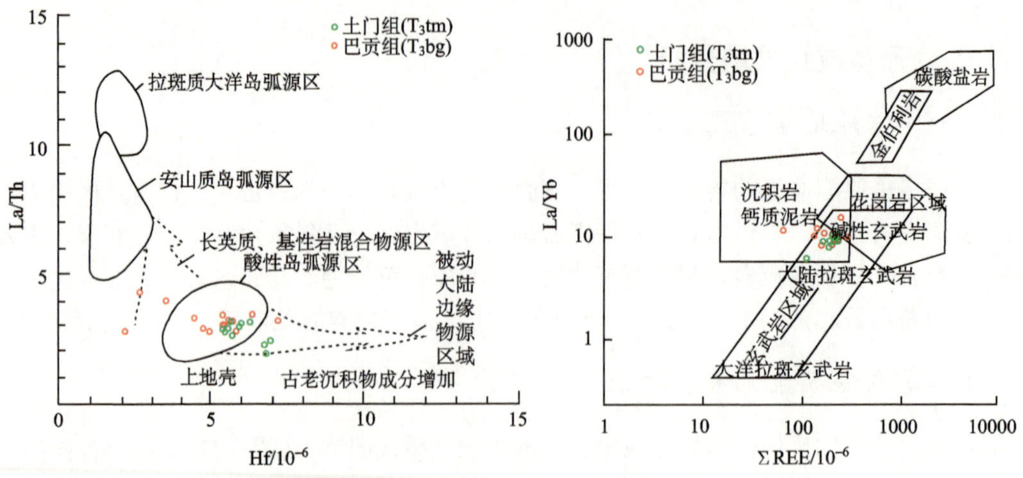

图 6.23　土门地区巴贡组碎屑岩源岩判别图解（底图据 Allegre and Minster，1978）

（三）原型成煤盆地分析

晚三叠世澜沧江洋盆已经闭合，澜沧江缝合带北侧北羌塘-昌都地块已经同南侧的南羌塘-昌都地块拼合。在残余的陆表海中发育晚三叠世浅海相-海陆过渡相沉积的盆地。盆地北界以青泥洞隆起为界，南侧则为丁青-邦达断层为界。盆地中部的澜沧江造山带，将盆地分为东西两部分：东侧为昌都-囊谦成煤盆，南侧则为土门成煤盆地。

土门成煤盆地重要含煤地层为上三叠统巴贡组。对巴贡组含煤地层的沉积物源分析，主要为大陆岛弧的酸性岩——中—上三叠统竹卡群（$T_{2-3}Z$）火山岩。盆地南侧以澜沧江造山带为界，巴贡组沉积岩 Co-Th-Zr/10 和 Sc-Th-Zr/10 构造环境判别图显示区域整体上物源区以大陆岛弧型构造背景为主，说明此时盆地南侧的怒江洋盆已经开始向北发生俯冲（图 6.24），导致土门盆地南缘抬升，构成了盆地的北界。因此，土门盆地在晚三叠世属于弧后挤压盆地。

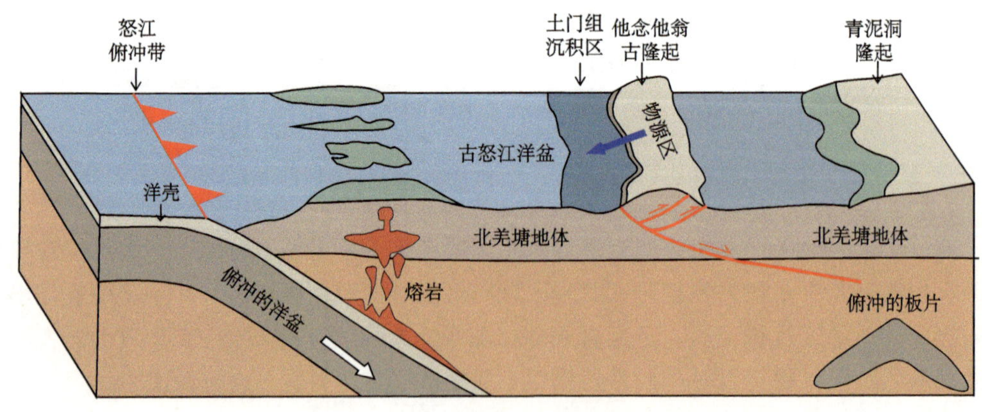

图 6.24　晚三叠世土门格拉沉积盆地图

三、聚煤规律

（一）沉积体系

上三叠统巴贡组构成一个完整的构造层序和两个三级层序（图 6.19），煤层位于高位体系域中上部，主要受控于高频率低级次海平面变化，具有含煤岩系厚度大、煤层层数多、单层厚度小的特征。三角洲平原地带有利于煤层发育，三角洲沉积体系沿分割羌南、羌北盆地的中央隆起带发育。

（二）沉积环境

煤的形成与富集主要受古气候、古地理环境的控制，与板块构造也息息相关。根据前人对羌塘盆地古地磁测定的研究结果表明，土门格拉所在的区域在晚三叠世时约为南纬 16°，表明土门格拉煤田当时地处南半球，属热带、亚热带气候类型，潮湿炎热的热带环境为植被的繁茂生长提供了优越的地理条件，这也就为后期泥炭的持续发育提供了丰富的物质基础，具备聚煤作用的基本条件。

晚二叠世—三叠纪是特提斯演化的重要转折时期，早—中三叠世土门格拉都不具备成煤的环境与条件，晚三叠世中晚期，特提斯洋大规模向西退却，土门格拉煤田所在的区域在海退过程中形成了海陆交互相含煤碎屑岩沉积，形成的煤层含煤性较好；而在北特提斯东段的那曲-昌都地区煤层含煤性就相对较差，说明土门格拉煤田成煤时代与板块构造关系密切，聚煤作用与板块构造的活动相对应，板块活动高峰期的聚煤作用强，板块活动稳定期的聚煤作用弱，主要成煤期的含煤地层形成于海退序列中。

土门格拉煤田处于南、北羌塘的过渡带，中央隆起带的形成将羌塘盆地分割为南北两个盆地，煤田所处的位置刚好为盆地的边缘相沉积，客观上为泥炭沼泽盆地的发育提供了良好的地理环境，这也是形成土门格拉煤田的有利条件，但不利条件是形成的煤层受构造活动影响强烈，煤层保存起来比较困难。海陆交互聚煤盆地聚煤作用，同海平面的变化密切相关，海平面变化控制着富煤单元的形成、分布范围和富煤带的迁移。土门格拉煤田内的含煤地层厚度大、煤层层数较多，并且多为煤线或薄煤层，煤层厚度也不稳定，往往减薄或相变为炭质泥岩。分析认为造成这种特征的原因是土门格拉煤田在成煤期并非处于体系域的转换期，而是处于高位体系域时期，煤层形成于高位体系域内准层序（组）的转换期，受控于高频率低级别海平面。尽管在盆地边缘地带多次形成泥炭沼泽，但不能大规模长时间发育，只能形成薄煤层。含煤地层厚度大，且炭质泥岩发育，说明泥炭沼泽体系形成时还受控于其他活动的碎屑沉积体系，并不是独立于其他活动碎屑沉积环境而存在，在这种情况下是很难形成具有工业价值的煤层的。

四、成煤盆地的后期演化

在含煤地层沉积的晚三叠世早、中期，土门格拉煤田成煤处于伸展构造环境下，北侧拉竹龙-金沙江构造带再次活动，出现了拉竹龙-金沙江海槽；南侧班公湖-双湖-怒江构造带处于大洋盆地中心的古构造环境下，制约了羌塘地块北、南分异的特点，分别形成了羌南、羌北弧后前陆盆地、羌南残余盆地；中央隆起带处于羌南、羌北盆地的过渡中央地带。此时，除双湖以西为陆上古隆起地区接受风化剥蚀外，其余大部分地区均为水下隆起-沉积区。

晚三叠世晚期，羌塘盆地的形成及其演化，受到南侧班公湖-双湖-怒江洋盆及羌塘中央隆起的双重制约。由于羌塘-昌都地块处于拉张环境，北羌塘-昌都地块和南羌塘-保山板块发生拗陷作用，在其中部发生岩石圈挠曲变形形成中央隆起。该隆起的形成将羌塘盆地分割为南北两个盆地，羌塘盆地南界班公湖-怒江洋盆进一步分裂和扩张，羌北盆地靠近中央隆起的双湖、那底岗日、赤布张错一带，发育了以那底岗日组的火山-沉积组合，说明羌北火山岛弧的存在，羌北盆地属性为弧后前陆盆地性质；而羌南盆地基底继续减薄，拗陷作用进一步加强，继承早—中三叠世残余拗陷盆地的属性基本未变，产生构造沉降并接受沉积，中—晚三叠世沉降作用进一步加强，土门格拉煤田则是在此基础上发育的聚煤拗陷盆地。

土门格拉煤田处于南、北羌塘盆地的过渡地带，煤田所处的位置刚好为南羌塘盆地的边缘靠近羌塘中央隆起带南羌塘盆地一侧，客观上为南羌塘盆地北侧近羌塘中央隆起一侧的海陆交互环境的形成发育，提供了良好的古构造-古地理环境。土门格拉煤田成煤期为晚三叠世诺利期，区域总体处于海退沉积体系中，即从海相到海陆过渡相再到陆相的沉积环境演变，其沉积相属陆源碎屑潮坪、海岸三角洲、泥炭沼泽相沉积，整个含煤地层岩石颜色由下向上从黑色依次变为灰绿色，颜色由深变浅，说明成煤环境由湿润逐渐向干旱气候环境演变，由强还原环境向弱还原环境演变。

第三节　东昆仑-积石山成煤盆地群

一、成煤期盆地区域背景

东昆仑赋煤带及积石山赋煤带位于青藏高原北缘东昆仑南部及积石山南部，构造上属于南昆仑结合带（潘桂棠等，2009），是晚三叠世末期至早侏罗世，古特提斯洋闭合后，在碰撞造山带内的山间压陷盆地中形成。

羌塘地块、松潘甘孜-可可西里地块与东昆仑-柴达木地块碰撞，古特提斯洋彻底消亡，受南部较强挤压作用，区域整体褶皱隆起，整个青藏高原北部进入陆内造山时期。侏罗纪，区域性大断裂昆南大断裂及玛沁大断裂在区域构造应力的影响下控制着区内含煤盆地的形成。主要在玛沁断裂北侧东昆仑东部、苦海地区及两断裂间的大武、积石山地区形成一系列的多呈 EW 向展布的侏罗纪山前拗陷和山间断陷成煤盆地。这些成煤盆地主要受断裂控制，在该区主要为挤压应力和整体抬升的背景下，断裂松弛拉张的程度不高，时间也较短，很难形成较深和较大的盆地。

东昆仑-积石山成煤盆地群现今发育东昆仑赋煤带。该赋煤带分布于青海省的中部，沿东昆仑中央断裂呈近EW向展布，向西延入新疆南部，向东与西秦岭褶皱带相接，包括东昆仑、积石山赋煤区。东昆仑-积石山成煤盆地群与青藏高原其他原型成煤盆地相比并非是一个整体盆地，而是在同一构造域内，相似的构造体制下形成的多个盆地群。故在此称其为东昆仑积石山成煤盆地群。在东昆仑地区分布有孤立的八宝山、塔妥、红土坡、黑山、苦海、尕毛羊曲等小型含煤盆地，发育的地层为下侏罗统羊曲组湖相含煤沉积（J_1y）。积石山北部地区分布有大武军牧场、石峡、野马滩等含煤盆地，积石山南部分布有年宝、哇塞含煤盆地，发育的地层是一套中侏罗统火山岩型含煤地层，称之为年宝组（J_2n）。

二、原型成煤盆地分析

（一）盆地地层系统分析

东昆仑-积石山原型成煤的盖层由八宝山组及含煤地层羊曲组（J_2y）构成。研究区主要分布于雪山峰、埃坑德勒斯特、泽库、苦海、红土坡、果洛积石山等地，为内陆河湖相含煤碎屑岩沉积建造，分布比较零散，其下与八宝山组（T_3bb）平行不整合接触，构成了早侏罗世成煤盆地的沉积盖层（表6.6）。

沉积盖层发育在中三叠统希力克特组（T_2x）构成的褶皱基底上，此时区域已经发生了两次显著的造山运动。中三叠世，希里克特组与闹仓坚沟组（T_2nc）不整合意味着阿尼玛卿洋盆即将闭合，开始由洋-陆碰撞转为陆-陆碰撞阶段。上三叠统八宝山组（T_3bb）与希里克特组之间的不整合代表阿尼玛卿缝合带进入全面碰撞造山阶段。该时期的碰撞造山作用导致八宝山组下伏地层强烈褶皱，构成东昆仑-积石山原型成煤盆地的基底。

表6.6 东昆仑地区地层简表

地质时代	东昆仑地区	地层代号	不整合面成因
J_3			陆内造山大面积抬升
J_2	羊曲组	J_2y	
J_1			陆内调整，垂向隆升
T_3	八宝山组	T_3bb	大陆全面碰撞造山，陆壳大规模挤压抬升
T_2	希里克特组	T_2x	洋壳俯冲已近尾声，局部陆（弧）陆差异性碰撞造山
	闹仓坚沟组	T_2nc	
T_1	洪水川组	T_1h	

东昆仑-积石山原型成煤的盖层由八宝山组及含煤地层羊曲组（J_1y）构成。晚三叠世，东昆仑地区进入相对稳定的陆内构造演化阶段，并沉积了八宝山组河流-湖泊相碎屑沉积。晚三叠世晚期，东昆仑地区垂向隆升发生剥蚀，之后地壳再度下降接受羊曲组湖

泊相含煤沉积，并导致八宝山组与羊曲组之间的平行不整合。中侏罗世—白垩纪，东昆仑地区进入陆内变形阶段，缺失相应的沉积。

（二）成煤期盆地煤系物源

青藏高原北部侏罗纪成煤期主要集中在昆仑弧南侧，东昆仑东南部、积石山地区。晚三叠世末期至早侏罗世，羌塘地块、松潘甘孜-可可西里地块与东昆仑-柴达木地块碰撞，古特提斯洋彻底消亡。

早侏罗世东昆仑造山带进入盆山转换阶段，也是最晚一期构造岩浆活动阶段。整个秦祁昆仑造山带在侏罗纪进入陆内盆地沉积，花岗岩分布极分散，昆中断裂以北小岩株和岩枝状分布的高分异长英质花岗岩代表了最晚一期岩浆的结晶分异活动，并在祁漫塔格-兴海出现规模不等的基性岩墙群，标志着进入增生造山后伸展阶段。在不冻泉一带有少量高钾钙碱性花岗岩分布，向南到巴颜喀拉地区亦出现早侏罗世高钾钙碱性花岗岩，可能代表昆中断裂以南还存在一个持续挤压的碰撞环境。但东昆仑地区未再发现新的岩浆活动，区域上早侏罗世沉积已经转入陆相沉积盆地阶段，东昆仑造山带南侧大面积的三叠系巴颜喀拉山群沉积之后，侏罗纪—白垩纪亦未见大规模的磨拉石建造，说明未发生大规模的陆-陆碰撞和区域性的伸展变形。由此可见，特提斯洋受南部较强挤压作用，区域整体褶皱隆起，整个青藏高原北部进入陆内造山时期。

区域大断裂昆南大断裂及玛沁大断裂在区域构造应力的影响下控制着区内含煤盆地的形成，主要在玛沁断裂北侧东昆仑东部、苦海地区及两断裂间的大武、积石山地区形成一系列的多呈 EW 向展布的侏罗纪山前拗陷和山间断陷成煤盆地。这些成煤盆地主要受断裂控制，在该区主要为挤压应力和整体抬升的背景下，断裂松弛拉张的程度不高，时间也较短，很难形成较深和较大的盆地。

（三）原型成煤盆地分析

晚三叠世末至侏罗纪，整个青藏高原北部地区进入陆内演化阶段，仍表现了幅度较大的升降性差异活动，巴颜喀拉山、松潘、甘孜等地区已成为隆起区，褶皱运动不普遍，也不甚强烈。受欧亚大陆南缘特提斯洋（班公湖-怒江洋）伸展扩张、俯冲消减和碰撞闭合的影响，区域总体构造应力以挤压为主，但随着地壳表层应力的改变，总体的挤压应力存在间歇性的减弱，这使区域性的大断裂在该时期处于相对拉伸的阶段，在其浅部容易发生拉张作用，在昆南-阿尼玛卿缝合带的北侧，布尔汗布达山东南缘、东昆仑山东缘的塔妥、兴海、红土坡、尕玛羊曲等地，在昆南-阿尼玛卿缝合带南侧昆南大断裂与玛沁大断裂间的大武盆地北部的石峡、江卡沟、野马滩、军牧场等地形成了一系列的小型山间断陷盆地，提供了较好的煤系沉积场所，沉积了中—下侏罗统羊曲组陆相含煤碎屑岩建造（图 6.25）；而布尔汗布达山北缘的秋吉地区，大武盆地南部的年宝、哇塞、桑日麻等地区，伴随山系隆升褶皱在山前形成的一系列拗陷盆地，在早侏罗世沉积了下侏罗统年宝组的陆相含煤碎屑岩建造。而同一时期，处于南部的巴颜喀拉、松潘甘孜-可可西里及羌塘地块北部地区，受古植物、古气候影响不在侏罗系成煤范围，不具备成煤条件，侏罗纪地层不含煤。

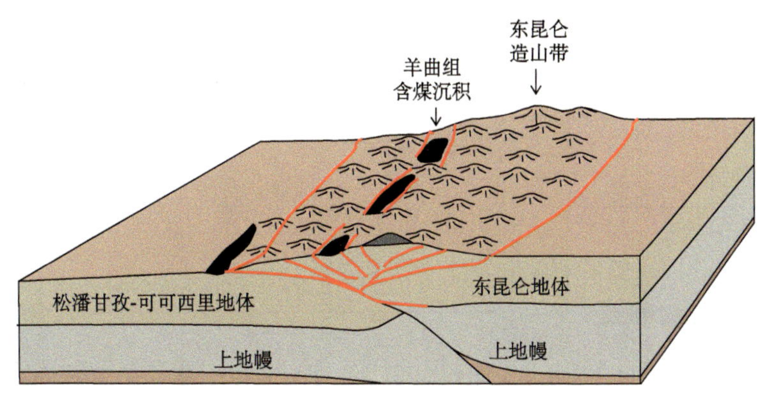

图 6.25　青藏高原北部侏罗纪成煤盆地构造演化模式图

侏罗纪的煤系与其他时代煤系不同，其成煤环境均是在板块内部，因而其成煤的构造-沉积模式为板块内部沉积。大武盆地北部、布尔汗布达山东南缘等地的煤系为缝合带山间盆地沉积，大武盆地南部、布尔汗布达山北缘等地的煤系为山前拗陷沉积。

三、聚煤规律

分布于昆仑山—积石山一带的早侏罗世含煤地层统称为羊曲组，羊曲组湖侵体系域以冲积扇、河流、湖泊沉积体系为主，局部地区发育河流三角洲沉积体系。

（一）含煤地层沉积体系

根据野外露头剖面资料分析得出，青藏高原北部的侏罗系羊曲组含煤地层主要剖面中可以识别出三个三级层序（图 6.26），各层序特征分析如下。

S_1 对应羊曲组下部，底界面为辫状河三角洲分流河道底部冲刷面。层序内主要发育低位体系域、湖侵体系域，高位体系域不太发育。低位体系域和湖侵体系域构成了 S_1 长期基准面上升半旋回，高位体系域构成其下降半旋回，上升半旋回大于下降半旋回。低位体系域为三角洲平原分流河道粗砂岩沉积，厚度不大。湖侵体系域主要为三角洲分流间湾沉积，沉积物为细粒沉积物，如泥岩、粉砂岩、煤等，此时期早期基准面上升速率很快，但到湖侵晚期时，基准面变化速率缓慢，可容空间变化不大，低可容空间得到了长期保持，因此，在该时期，分流间湾内有沼泽发育，泥炭持续堆积，形成了薄煤层。高位体系域基本缺失。

S_2 对应羊曲组中部，层序底界面为曲流河三角洲平原分流河道底部冲刷面。层序内发育低位体系域、湖侵体系域和高位体系域。前两者构成 S_2 长期基准面上升半旋回，后者构成其下降半旋回。低位体系域主要由分流河道砂砾岩及粗砂岩沉积为主，水体非常浅，主要以河道冲刷为主，没有煤层发育。湖侵体系域为曲流河分流间湾沉积，岩性以

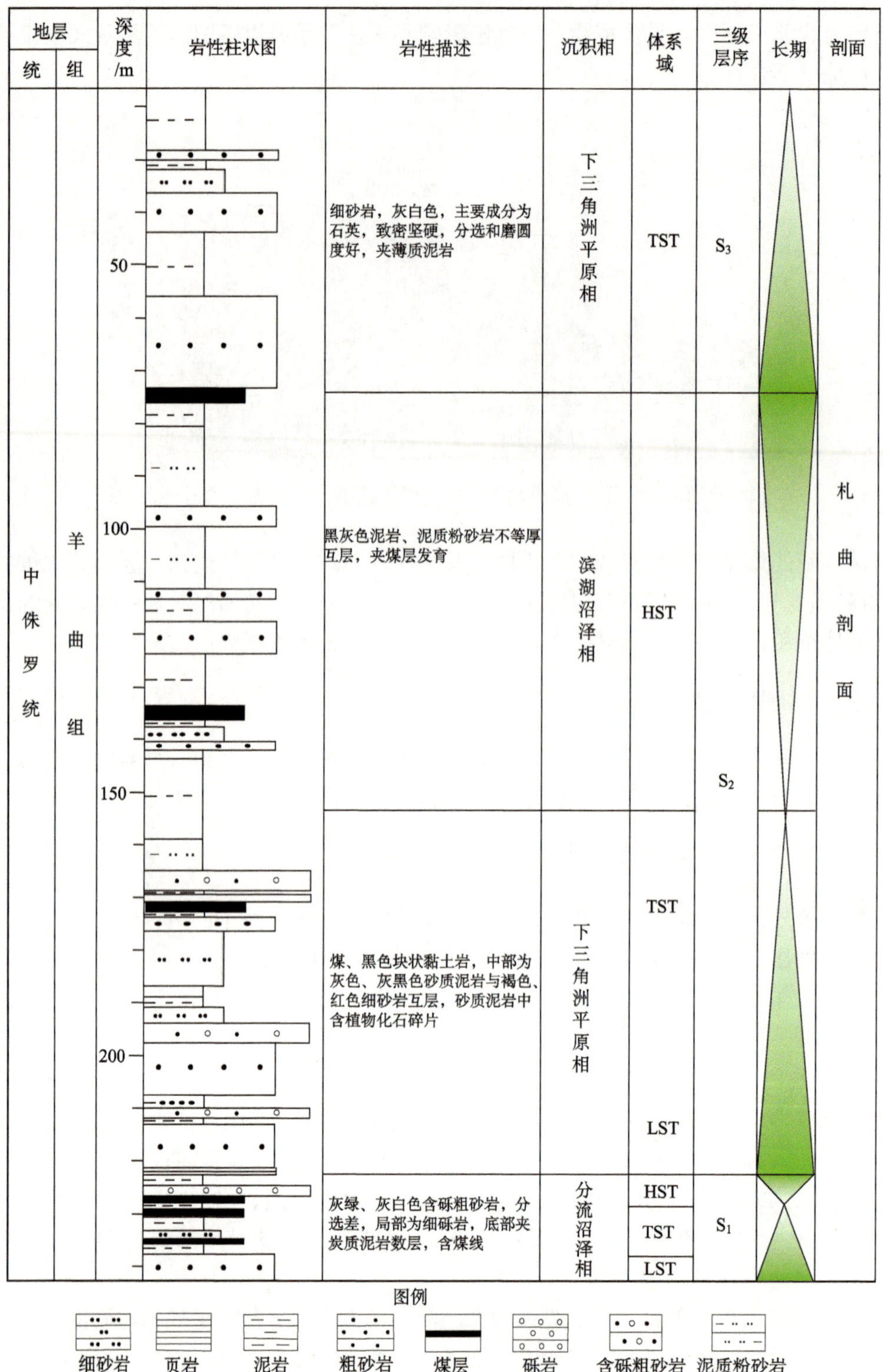

图 6.26　中侏罗统羊曲组地层层序分析综合柱状图

细砂岩、粉砂岩及煤层为主，反映该时期基准面上升速率不大，可容空间增加速率与沉积物供给速率基本持平，在湖侵中期有煤层发育，之后基准面又迅速上升，由三角洲相进入了湖泊相。高位体系域以滨浅湖细砂岩、粉砂岩、泥岩等组成，基准面下降缓慢，高可容空间仍然持续，没有煤层发育。

S_3对应羊曲组上部，层序底界面为曲流河下三角洲平原分流河道底部冲刷面。该层序内发育湖侵体系域，高位体系域缺失。湖侵体系域以分流间湾和水下天然堤沉积为主，在分流间湾内有薄煤层或煤线发育。

在八宝山，下侏罗统沉积物多为厚层砾岩、粗粒砂岩、细粒砂岩夹薄层泥岩，以粗碎屑岩为主，槽状交错层理比较发育，反映沉积中心距离物源区非常近，主要发育冲积扇、辫状河沉积体系，煤层基本不发育。在年宝地区，下侏罗统主要发育冲积扇沉积体系，沉积物为厚层砾岩、砂砾岩、角砾岩、凝灰岩、粉砂岩及煤层，在废弃河道或岸后沼泽中泥炭堆积，形成了局部可采薄煤层。塔妥矿区下侏罗统沉积厚度比较小，仅几十米厚，沉积物主要为砂砾岩、粗砂岩，为辫状河道沉积。

中侏罗统在昆仑山-积石山赋煤带广泛发育，在八宝山、塔妥、尕玛羊曲、石峡等含煤盆地内均有发育。在八宝山地区，中侏罗统羊曲组主要发育辫状河沉积体系，从剖面上看，有多个辫状河道叠置而成，沉积物多为砂砾岩及粗砂岩，仅在河道间沼泽内有煤层发育。塔妥地区中侏罗统含煤地层主要发育辫状河三角洲、湖泊、曲流河三角洲沉积体系。在中侏罗统羊曲组下部发育辫状河三角洲体系，在分流间湾沼泽内有煤层发育（1～3号煤）；到羊曲组中部沉积期，湖水加深，沉积相由三角洲相演变为滨浅海相，植物化石比较丰富，煤层不发育；在羊曲组上段，发生湖退，湖水变浅，沉积相变为曲流河三角洲相，岩性为细砂岩、粉砂岩、泥岩及煤层，在分流间湾沼泽内发育煤层。在尕玛羊曲和石峡地区，中侏罗统经历了辫状河-湖泊相的沉积演化，中侏罗统底部为一套角砾岩、砾岩等粗碎屑沉积地层，向上直接变成湖泊相，沉积物为页岩、泥灰岩、粉砂岩及煤，煤层发育在滨湖沼泽或湖湾沼泽内。

（二）含煤地层沉积环境

研究区早侏罗世早中期属于温暖潮湿气候，为侏罗纪重要的成煤时期。含煤地层主要分布在东昆仑东部，大武、玛多、玛沁、江千一带，为下侏罗统羊曲组下部碎屑岩段。由于区域内在该时期已经进入陆内造山阶段，多为河流、湖泊沉积，因而早侏罗世含煤地层多以陆源碎屑岩为主，在年宝地区受间歇性火山活动影响还有厚层的凝灰岩沉积。早侏罗世中期较早侏罗世早期，湖泊、河流范围扩大，泥炭沼泽不太发育，使煤层不连续、不稳定。

到早侏罗世晚期，古气候由温暖潮湿变为干旱、半干旱。该时期整个研究区地层分布范围有所扩大，古地理单元较早侏罗世早中期没有太大的变化，只是岩石颜色开始变为紫色、紫红色或红色，该时期没有煤层发育。

中侏罗世后，古气候由干旱、半干旱再次转变为适合植物繁殖的潮湿、温暖的环境，研究区进入第二次重要的成煤期。昆仑山、大武一带在中侏罗世时期的地层沉积物从下往上由粗变细，表明这一时期海平面上升，区域内湖泊面积变大，整体河流、湖水逐渐变深。在中侏罗世早期，区内各盆地均发育煤层，多为河流-湖泊相沉积，如苦海一带为河流相煤系沉积，往西至秋吉一带为三角洲煤系沉积。中侏罗世中期，苦海东北部尕玛羊曲地区、石峡地区多沉积泥页岩、泥灰岩，表明这些地区多为三角洲间湾或滨海、浅海的煤系沉积，使这些地方的煤层厚度一般较薄。中侏罗世晚期，海平面继续上升，河流、湖泊水体继续加深，全区多个小盆地内基本被湖水覆盖，此时，沉积环境不利于成煤，故中侏罗世晚期基本没有煤层发育。

总体来看，研究区侏罗纪经历了两个重要的成煤时期，早侏罗世早中期和中侏罗世早期。但由于整个侏罗纪时期东昆仑东部至大武、积石山一带为陆内环境，成煤作用较差，煤层形成条件差，使煤层厚度小，连续性和稳定性较差。

四、成煤盆地的后期演化

早中侏罗世煤系形成后，至晚侏罗世，拉萨地块向北运动以 SSW-NNE 向与北侧羌塘地块接触，整个研究区处于强烈的挤压应力状态。一方面，早期形成的边界大断裂再次活化，发生向北逆冲的挤压活动，形成 SSW-NNE 向的逆冲岩席；另一方面，在整体应力状态下，一系列新的 SSW-NNE 向逆冲断裂形成。这些逆冲构造使煤系地层褶皱、断裂，位于逆冲构造上盘的煤系地层被抬升，容易被剥蚀而消失，位于逆冲构造下盘的煤系地层相对下降，容易得到较好保存。另外，广泛发育的逆冲构造对煤层有强烈的挤压作用，不仅使煤层厚度大幅变化，还使煤层容易产生顺层滑动。

在大武盆地西侧，野马滩、军牧场一带，白垩纪地层直接覆盖在二叠系之上，表明该地区在遭受晚侏罗世的抬升剥蚀之后，由于区域挤压减弱而处于拉张状态，于白垩纪形成断陷盆地并接受了这一时期的沉积。至白垩纪末，SSW-NNE 向挤压作用再次发生，区内断裂逆冲，地层发生褶皱并导致煤系地层局部被再次抬升剥蚀。

白垩纪结束时，拉萨地块结束与羌塘地块的碰撞，挤压应力减弱。至第四纪，大武盆地整体在应力松弛情况下相对沉降，沉积数十米厚的松散堆积物，使煤层赋存的深度增大，但煤系总体形态改变不大。

第四节　改则-边坝-八宿成煤盆地群

改则-边坝-八宿成煤盆地，横跨整个西藏自治区中部，从西藏西部的革吉向东沿双湖-怒江缝合带略呈向东北凸的弧形展布。中段在班戈附近，被晚侏罗世—早白垩世期间班公湖-怒江向南俯冲产生的东巧蛇绿岩群及觉翁蛇绿岩群分隔为东西两段。西部的改则赋煤带及东部的边坝-八宿赋煤带，成煤期为早白垩世，含煤地层为下白垩统多尼组（K_1d）。由于在早白垩世时期，改则-边坝-八宿处于相近的大地构造位置、相似的区域应力背景，以及相同的成煤地层，故在本节将其划分为同一盆地群。

一、成煤期盆地区域背景

改则-边坝-八宿成煤盆地，位于拉萨盆地北部，在早白垩世时，北邻双湖-怒江洋盆，研究区在此时期的聚煤盆地主要分布在青藏高原中部边坝—八宿一带的班公湖-怒江深大断裂西南侧及拉萨北部地区。怒江缝合带及雅鲁藏布江缝合带将该时期形成的含煤地层围限在冈底斯-念青唐古拉山地块内。

拉萨地块东北侧的班公湖-怒江缝合带中的蛇绿混杂岩带夹持于南羌塘地块与北拉萨地块之间，西起班公湖，向东经改则、丁青至八宿县的上林卡，再向南转向延伸至缅甸。由近 WE 向、NWW 向展布转为 NW 向、NNW 向展布。岩带内出露有变质橄榄岩、堆晶岩、辉绿岩墙、枕状或块状玄武岩、放射虫硅质岩、绿片岩与灰岩块体等。史仁灯（2007）选取缝合带中尖晶石相方辉橄榄岩，其岩石主要化学成分在 Th-Hf-Ta 图解上（图 6.27）落在岛弧拉斑玄武岩的区域，指示其形成于俯冲带，为 SSZ 型蛇绿岩，形成年龄为 167.0Ma±1.4Ma，代表班公-怒江洋盆由扩张转为俯冲消减的时限为中侏罗世。

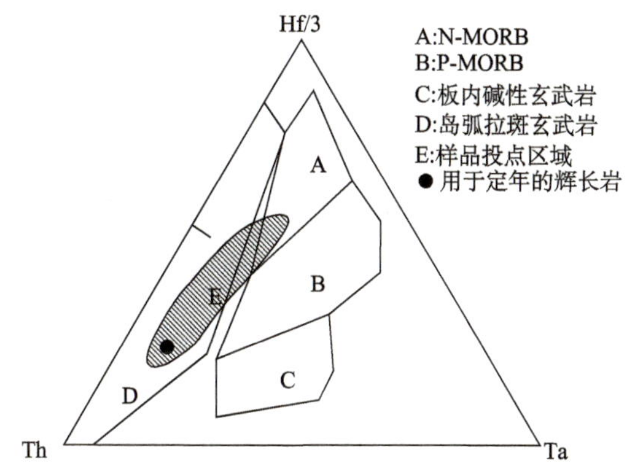

图 6.27　蛇绿岩形成环境判别图解（史仁灯，2007）

晚侏罗世末期至早白垩世，冈底斯-念青唐古拉地块向羌塘地块运移加速，在同一时间，拉萨南部的雅鲁藏布江洋盆也由于喜马拉雅山地块的俯冲作用，洋盆面积逐渐缩小。残余洋盆的消亡一直延续到早白垩世。班公湖-怒江蛇绿岩带南侧和北侧一系列花岗岩、闪长岩、火山岩年龄及地球化学特征的研究越来越准确地限定了班公湖-怒江洋在早白垩世末闭合的时间，同时也表明班公湖-怒江洋盆存在双向俯冲的特征。早白垩世晚期，洋盆闭合后，在陆内俯冲挤压构造环境下，进入陆内造山阶段。陆相磨拉石建造广泛不整合于早白垩世地层之上，造山运动伴随一系列构造变形组合，逆冲断层、韧性剪切带和叠加褶皱十分发育，伴有 S 型花岗岩。

将测试得到的微量元素、稀土元素数据进行校正后，投于微量元素构造判别图解中（图 6.28）。在 Zr-Th 图解中，样品较集中分布在活动大陆边缘的背景区。利用 Th-Co-Zr/10

图解和 Th-Sc-Zr/10 图解可进一步判断构造。在图 6.28 中可以看出，落点主要集中于大陆岛弧内部。结合其物源环境判别，其沉积物来源主要集中于活动大陆边缘的弧后盆地，所以巴贡组在沉积时区域环境主要为大陆岛弧环境。

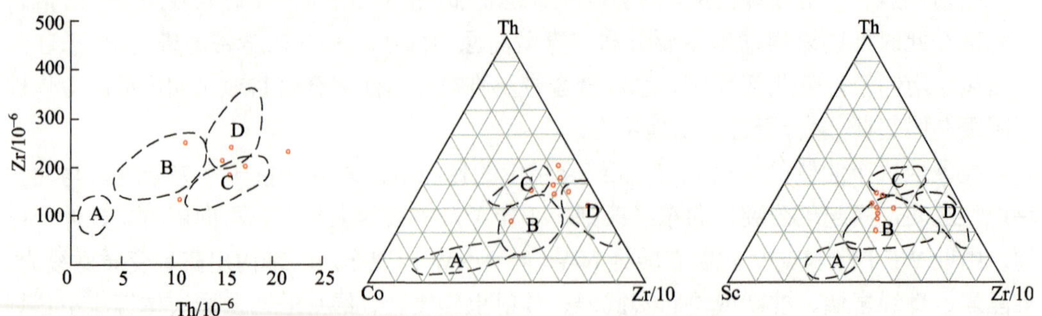

图 6.28　巴贡组碎屑岩微量元素构造判别图解（底图据 Bhatia and Crook，1986）

A.大洋岛弧；B.大陆岛弧；C.活动大陆边缘；D.被动大陆边缘

二、原型成煤盆地分析

（一）盆地地层系统分析

含煤地层多尼组下段主要为灰黑色泥（页）岩、粉砂岩夹灰色薄层细粒长石石英砂岩，局部夹透镜状灰岩。普遍含植物屑或植物化石，粉砂中发育脉状层理、波状层理、透镜状层理。上段岩性下部为灰色厚层中粒石英砂岩，上部为灰色、黄绿色、紫红色泥（页）岩、粉砂岩夹灰色薄层细粒长石石英砂岩及煤线，发育交错层理。多尼组为含煤陆屑建造，南部地区化石丰富，而在该区只发现了多处煤线和植物化石碎片。

（二）成煤期盆地煤系物源

对下白垩统多尼组主、微量元素分析，其∑REE 总量较高，为 128.87×10^{-6}～281.30×10^{-6}，均值为 196.44×10^{-6}，变化幅度小。∑LREE/∑HREE 为 4.99～8.40，均值为 7.96，中等。Eu 元素均显示负异常，δEu 为 0.67。

在多尼组碎屑岩稀土元素分布模式图中（图 6.29），边坝赋煤带样品与改则赋煤带样品分配曲线趋势相同，说明两个赋煤带样品具有同源性。多尼组碎屑岩 REE 分配曲线呈右倾，La—Eu 段各样品 LREE 相对富集，配分曲线均较陡，斜率较大，表现为明显的右倾，说明 LREE 元素之间的分馏程度较高；Gd—Lu 段各样品 HREE 相对亏损，配分曲线较为平坦，斜率小，右倾不明显，说明 HREE 元素之间有一定分馏。

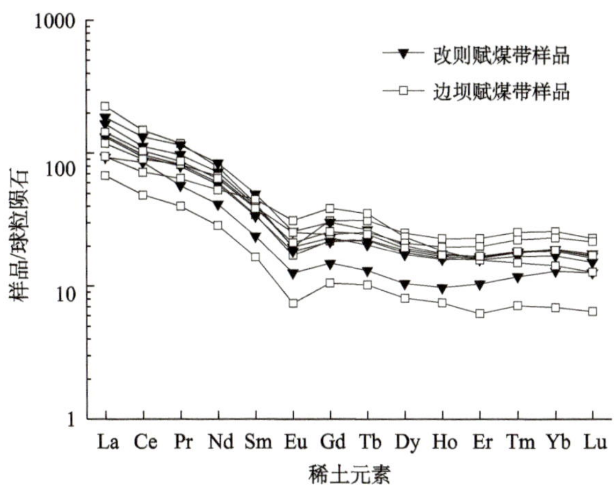

图 6.29　多尼组碎屑岩稀土元素分布模式（球粒陨石数据据 Taylor and Mclennan，1985）

通过对多尼组沉积地层的物源分析投图结果表明（图 6.30），多尼组含煤地层的沉积物来源具有双源型，分别是代表伸展环境的大陆拉斑玄武岩及稳定大陆边缘的沉积物。

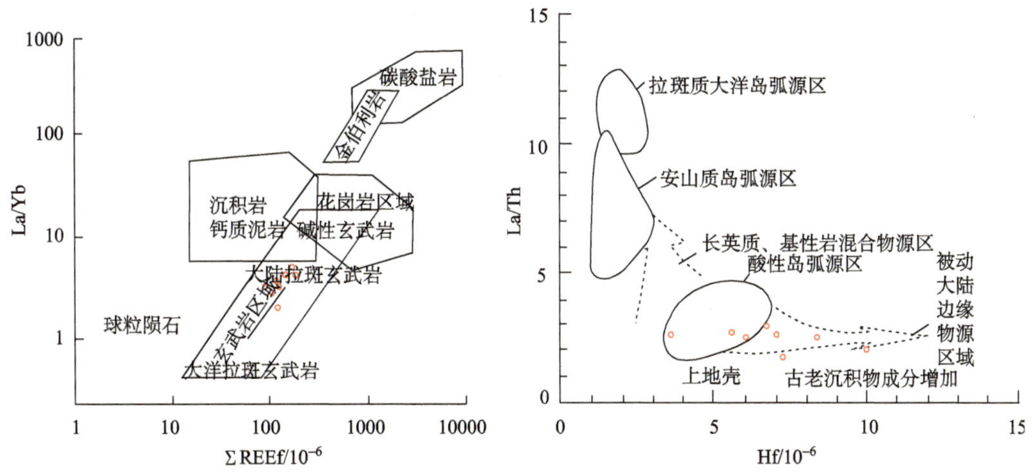

图 6.30　多尼组碎屑岩源岩判别图解（底图据 Allegre and Minster，1978）

（三）原型成煤盆地分析

综上分析，可以确定成煤期：①多尼组含煤地层发育在冈底斯地块北侧，其沉积环境为海陆交互相的三角洲环境，其沉积充填具有北浅南深的格局。北部以三角洲平原环境为主，中部以三角洲前缘沉积为主，南部以前三角洲沉积为主。②多尼组沉积时南侧的冈底斯地块已经同北侧的南羌塘-左贡地块发生碰撞，其构造背景研究显示沉积时区域处于弧后盆地背景中。③沉积物源的双向性，分别是大陆内部的钙质沉积岩及由于怒江弧后洋盆伸展体制下的大陆拉班玄武岩。

综上所述，认为改则-边坝-八宿成煤盆地在早白垩世含煤地层沉积时，原型盆地为弧后洋盆（图 6.31）。

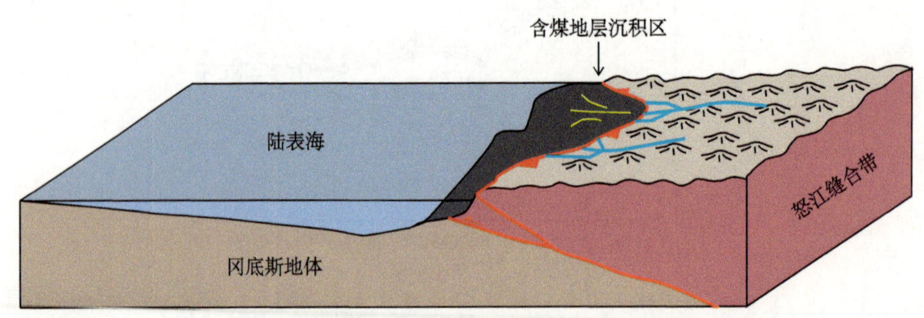

图 6.31　早白垩世改则-边坝-八宿原型盆地分析

三、聚煤规律

多尼组（K_1d）含煤地层在区域上的沉积环境存在一定差异，并且横向上也有变化。从其沉积组合特征上分析，多尼组主要应为稳定的河控三角洲沉积环境。三角洲的前积层（三角洲前缘）因为其处于三角洲向海前进的前坡位置，总体位于水面以下，可达浪基面附近，所以常由砂岩、粉砂岩等组成，且发育水平层理，这些与多尼组上部的特征较为吻合，其中细粒岩屑石英砂岩应属于河口坝沉积物，砂岩成分成熟度高，石英成分为主，结构成熟度也较高，整个前积层显示向上变粗层序。多尼组下部可能多为三角洲平原（顶积层）沉积，其岩性特征多以灰黑色粉砂质（板）岩为主，夹有细粉砂岩，且含有植物化石碎片和夹有煤线。这些特征表现为分支河道的砂质沉积和泛滥平原沉积。

多尼组层序可划分为底部的海侵体系域及顶部的高位体系域（图 6.32），煤层在两体系域内均有发育。海侵体系域主要由多尼组下部构成，其岩性多为粉砂岩类，夹有煤线，局部地区可见植物化石碎片，这些岩性组合表现为海平面上升时三角洲平原的沉积产物，在多尼组中部粉砂质板岩、泥质板岩相对发育的地段，可视其为海侵达到最大范围时期，陆源物质供应较少的低能环境下的产物。此时期高位体系域主要由三角洲前缘环境下沉积的以粉砂（板）岩或粉砂质板岩与泥质粉砂岩为主的沉积物，夹有砂坝沉积物，总体来看，多尼组具有从近岸到三角洲沉积的特征，形成向上变浅的海盆下超现象。

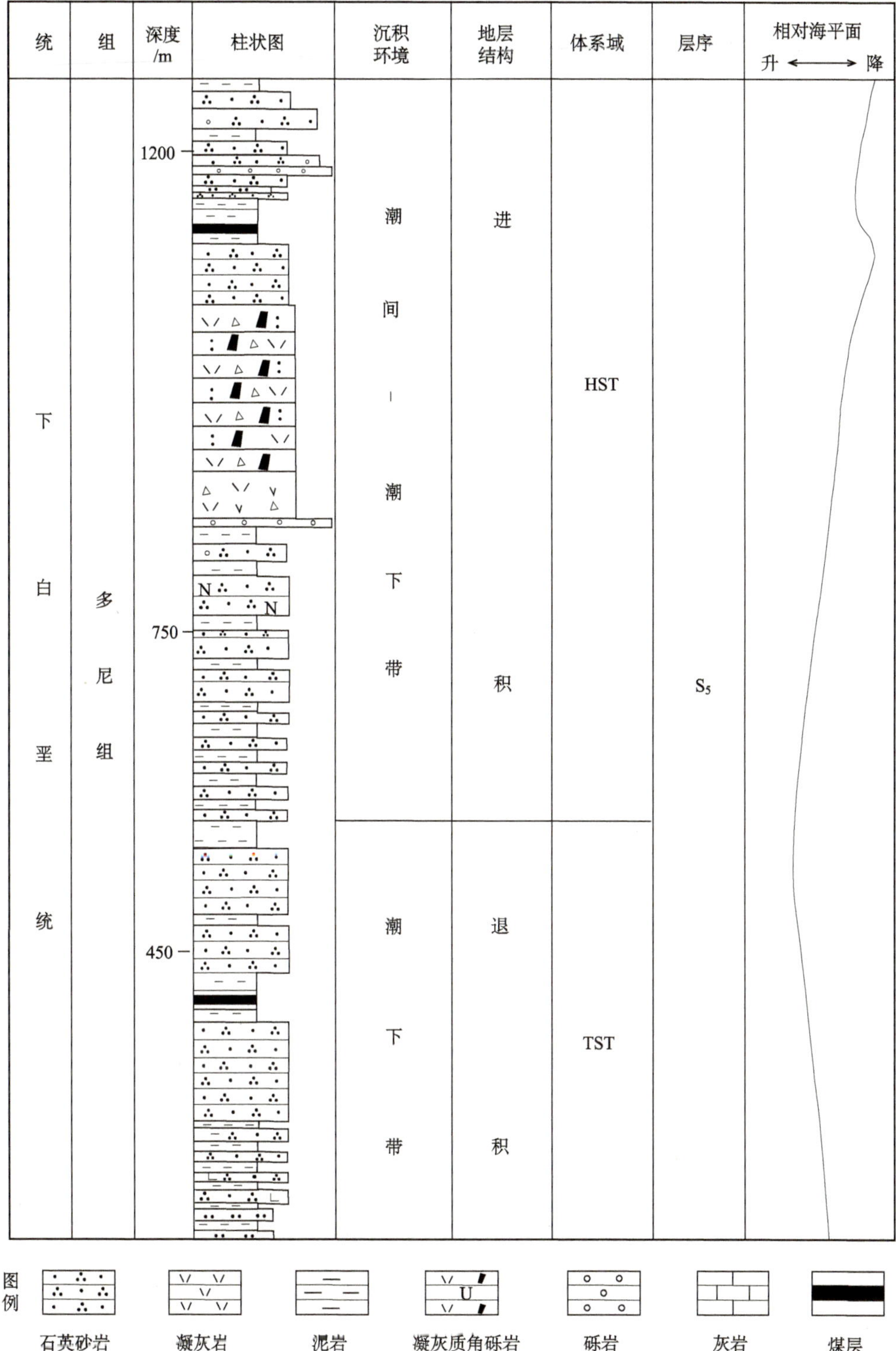

图 6.32 多尼组层序地层

四、成煤盆地的后期演化

白垩纪，改则-边坝-八宿原型盆地北部受班公湖-怒江洋盆闭合的影响，构造作用主要是造山带的挤压、隆升作用。原型盆地北缘的多尼组沉积区，相当于班公湖-怒江缝合造山带的前陆盆地；随着南部雅鲁藏布江洋盆向北的俯冲作用加剧，岩浆活动极为强烈。原型盆地南侧相当于雅江洋盆的弧后前陆盆地。在含煤地层沉积的早白垩世原型盆地受班公湖-怒江缝合带与雅江俯冲带的共同影响。从该时期开始，伴随着雅江洋盆的持续俯冲作用，雅江俯冲带对原型盆地的影响逐渐占主导作用（图 6.33）。

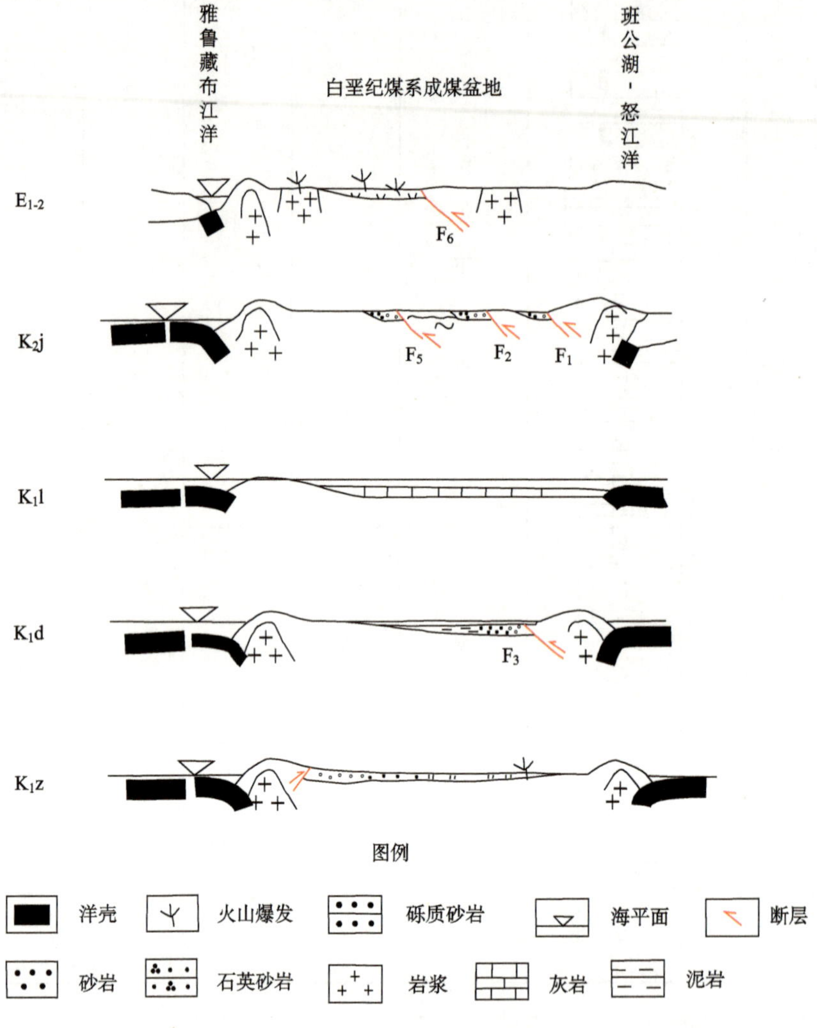

图 6.33　比如盆地构造演化

早白垩世，由于雅江洋盆向北俯冲作用加剧，以及北部班公湖-怒江洋盆消亡闭合的持续作用，盆地内岩浆活动极为强烈，在现今扎日南木错一带开始出现中酸性火山喷发，并发育了巨厚的火山岩及碎屑岩建造。该时期的沉积以则弄群为代表，则弄群垂向分两段，下段为火山岩沉积，火山岩由喷溢相和爆发相组成；上段为以火山碎屑物为主的水下扇沉积。则弄群沉积后，受班公湖-怒江缝合带陆-陆碰撞挤压作用的影响，盆地北侧原侏罗纪盆地的部分地区卷入了推覆褶皱带，使盆地的边界向南迁移。其控盆断裂为永错-达日阿断裂带，盆内沉积充填以多尼组为代表，以水下扇和滨浅海相为主。水下扇在盆地北部具有规模大、粒度粗的特点，其物源来自北侧；滨浅海沉积体系主要发育于盆地中西部的吉朗拉地区，岩性为滨海砂岩及浅海相泥岩夹生物碎屑灰岩透镜体或灰岩薄层为主，多尼组沉积时，代表此时海侵，盆地大部分处于水面下。

早白垩世后期，盆地火山作用减弱或停止，班公湖-怒江构缝合带挤压作用减弱及雅鲁藏布江洋壳向北俯冲作用的减弱，使盆地进入构造平稳期，经过则弄群和多尼组沉积期的充填及夷平作用，盆地大部分地区的地形已趋于平坦，使之处于平坦-缓坡状的基底条件，无法提供较多的陆源碎屑物，此时发育以生物碎屑灰岩为主的碳酸盐岩沉积——郎山组，其沉积环境主要为碳酸盐岩缓坡-台地。郎山组是措勤盆地中分布最广泛的地层，并且厚度较大。郎山组沉积期也是中—新生代措勤盆地所遭受的最大的一次海侵，表明措勤盆地的地壳当时处于一种整体持续下降的构造环境。

早白垩世末期，可能受班公湖-怒江带缝合造山影响，以及雅鲁藏布江洋壳向北的俯冲作用，盆地发生了大规模的地壳运动，盆地受到由北向南的强烈挤压和构造变形，下白垩统及其以前的地层普遍褶皱抬升，并伴随大规模的中-酸性岩浆侵入，现达瓦错东一带的花岗岩可能形成于此时。经过早白垩世末期的大规模地壳运动之后，盆地绝大部分地区上升为陆，盆地范围大大缩小。盆地中地层发生褶皱和断裂等构造变形。其构造变形强度由北向南逐渐减弱。褶皱轴迹和逆冲断裂带的走向以 EW 向和 NWW 向为主，褶皱轴面和断层面向北倾斜。褶皱多为平缓-开阔褶皱，古生界中见有紧闭褶皱。纵向上，中生代时期地层中构造线方向基本一致，都以 EW 向为主，表明盆地所受的构造应力以 SN 向挤压为主，并且主要为由北向南的推挤，盆地北部侏罗系中的断层带主要由北向南逆冲，在盆地北部靠逆冲断层带附近的褶皱变得较为紧闭，盆地中部和南部的褶皱相对较为宽缓，多呈宽缓状向斜和背斜产出，反映在中生代末期，措勤盆地具有明显的构造分带性和差异性，并且已经奠定措勤盆地分布区的基本构造格局。

晚白垩世，盆地持续受南北向挤压作用，造成大规模的逆冲推覆，并在逆冲推覆带的前缘形成一系列 EW 向的小型盆地，盆地横剖面上多为北深南浅的箕状，沉积物以晚白垩世竟柱山组磨拉石为代表，此时盆地伴有间歇性火山活动和海侵。竟柱山组沉积主要断续分布于班公湖-怒江缝合带、且坎-古昌-阿索带和塔若错北-达瓦错南-秋措麦凹陷带。推测当时洞错-嘎色断裂带（F_1）、卡马-土古-戈芒错断裂带（F_2）和达瓦错-长穷-昂孜错断裂（F_5）分别为北部盆地、中部盆地和南部盆地的北界控盆断裂。南部盆地在横剖面上为北深南浅的箕状，在平面上呈 EW 向延伸的带状，沉积相呈南北向、东西向分异。西部塔若错一带，竟柱山为过渡相沉积。盆地北侧以发育扇三角洲-水下扇砾岩为主，扇体中的前积层方向指示进积方向由北向南，说明物源来自北部；盆地南侧竟柱山组以湖相-三角洲相砂岩和泥岩沉积为主，发育三角洲相，三角洲中以河道沉积和河道间湾沉积为主，三角洲前积层理和河道沉积指示物源来源于南部，说明晚期来自南部的陆源物质增加。东部秋措麦—江穷一带，竟柱山基本为陆相沉积，主要表现为河流-滨湖相。总体上看，竟柱山组沉积明显呈近EW向的带状分布，几乎全部由碎屑岩组成了巨厚的沉积。其中砾岩层厚度大，砾石砾径大小不一，有达50cm；碎屑岩的成分多样，有石灰岩、砂岩、火山岩、花岗岩、石英岩；砂岩中的岩屑有千枚岩、板岩、放射虫硅质岩等。这些都表明蚀源区山体高耸，隆升幅度大，从表层沉积岩到较下层的变质岩和花岗岩体均有暴露。山体切割深，剥蚀十分快速。竟柱山组这套磨拉石沉积，是班公湖-怒江洋盆完全闭合、陆-陆碰撞造山运动的有力证据。竟柱山组在垂向上表现为下部陆相上部滨浅海相，代表了一次海侵，但其影响范围有限，海水从西部侵入，很可能未波及青藏高原东部。晚白垩世之后，盆地大规模沉积历史结束，残存的海水在晚白垩世末从西边最终彻底退出了盆地地区。

古新世至始新世，盆地整体属于古陆剥蚀区，班公湖-怒江带作用减弱，雅鲁藏布江洋壳向北俯冲及火山作用开始增强。在盆地区南部，主要是塔若错-措勤断裂（F_6）以南，沉积了一套中酸性火山岩组合，以林子宗群为代表，其岩性主要为安山岩、英安岩、流纹岩及火山角砾岩、凝灰岩。此后在盆地区以南冈底斯岩浆弧一带有较大规模的岩浆侵入，其侵入岩为钙碱性系列的I型花岗岩类，它们共同构成了冈底斯钙碱性岩浆弧的一部分。不仅如此，此时在文部区一带发育林子宗群钙碱性系列火山-火山碎屑岩-火山复陆屑组合，为典型的陆缘火山弧建造，加上吉松单元的环斑花岗岩和尼则超单元的钾长花岗岩（与林子宗群火山岩为同源异相关系），形成了陆缘火山岩浆弧。推测此时期火山岩浆活动均与雅鲁藏布新特提斯大洋板块大规模向北俯冲有关。此时在盆地班戈-八宿地层分区的鲁朵淌嘎—当穹错一带，发育了一套红层相沉积——牛堡组，其岩石颜色以紫红色为特色，易于识别。从剖面上反映干旱-半干旱氧化环境的山间盆地红色磨拉石堆积，它是在板内造山环境下，受近EW向断裂带控制而形成的断陷山间盆地。始新世时期，喜马拉雅期早幕的构造运动使雅鲁藏布江洋盆闭合，盆地区的构造背景持续处于强烈南北向挤压作用下，使侏罗系、白垩系及古新统全面褶皱及断裂，而古生界在原有的褶皱、断裂的基础上，进一步褶皱、断裂。

第五节　拉萨成煤盆地

拉萨成煤盆地位于拉萨北，构造上位于雅鲁藏布江缝合带北侧，处于相对稳定的拉萨陆块弧间构造带之上。盆地呈近EW向展布，与区域构造线方向一致。基底由古元古代—中元古代冈底斯岩群（$Pt_{1-2}G.$）结晶基底构成，盖层由中生代及新生代地层组成，包括拉萨北赋煤带。

一、成煤期盆地区域背景

拉萨成煤盆地位于拉萨地块班公湖-怒江缝合带。缝合带内 SSZ 型蛇绿岩年龄（167.0Ma±1.4Ma）的发现代表了班公湖-怒江洋盆由扩张转为俯冲消减的时限为中侏罗世。俯冲一直持续到晚白垩世，班公湖-怒江洋盆完全封闭，而盆地南缘毗邻构成新特提斯主要洋盆的特提斯洋盆。通过对目前已经公开发表的蛇绿岩年龄数据的分析，认为雅鲁藏布江洋盆于早侏罗世晚期开始俯冲，在拉萨地块南部形成了冈底斯火山弧，洋盆中的洋中脊随着俯冲的发生持续向北移动。在 110Ma 之后，洋中脊到达拉萨地块边缘，开始俯冲至地块下，70～65Ma 前，雅鲁藏布江开始闭合，印度-亚洲大陆开始碰撞。因此在含煤地层沉积的早白垩世，雅鲁藏布江洋盆已经开始发生俯冲。

下白垩统林布宗组为拉萨盆地的含煤地层，分析下白垩统林布宗组主、微量元素，其∑REE 总量较高，为 130.24×10^{-6}～244.68×10^{-6}，均值为 182.51×10^{-6}，变化幅度较大。∑LREE/∑HREE 为 4.56～9.78，均值为 7.50。Eu 元素均显示负异常，δEu 为 0.75。泥岩的∑REE 含量要比杂砂岩∑REE 含量高 20%左右，所以把研究区泥岩 REE 特征值除以 1.2，便得到相当于同期沉积的杂砂岩的含量，即校正后含量。校正后稀土元素特征值可以同 Bhatia 和 Taylor（1981）总结出的判别沉积盆地构造环境的稀土元素特征作对比（表 6.7）。

表 6.7 林布宗组稀土元素参数

构造背景	物源类型	稀土元素参数							备注
		$La/10^{-6}$	$Ce/10^{-6}$	$\sum REE/10^{-6}$	La/Yb	$(La/Yb)_N$	∑LREE/∑HREE	Eu/Eu^*	
大洋岛弧	未切割岛弧	8±1.7	19±3.7	58±10	4.2±1.3	4.2±1.3	3.8±0.9	1.01±0.11	据 Bhatia 和 Taylor（1981）
大陆岛弧	切割岛弧	27±4.5	59±8.2	146±20	11±3.6	7.5±2.5	7.7±1.7	0.7±90.13	
活动大陆边缘	基底隆起	37.0	78.0	186.0	12.5	8.5	9.1	0.6	
被动大陆边缘	克拉通内部	39.0	85.0	210.0	15.9	10.8	8.5	0.56	
林布宗组平均值		31.9	59.95	152.08	10.6	6.98	7.5	0.75	

将测试得到的微量元素、稀土元素数据进行校正后，投于构造判别图解中（图 6.34）。在 Zr-Th 图解中，样品分布较集中在活动大陆边缘的背景区。利用 Th-Co-Zr/10 图解和 Th-Sc-Zr/10 图解可进一步判断构造。在图 6.34 中可以看出，落点主要集中于大陆岛弧内部。结合区域地质背景研究及林布宗组微量元素特征值可以确定，早白垩世林布宗组处于一个活动大陆边缘的大陆弧后背景下。

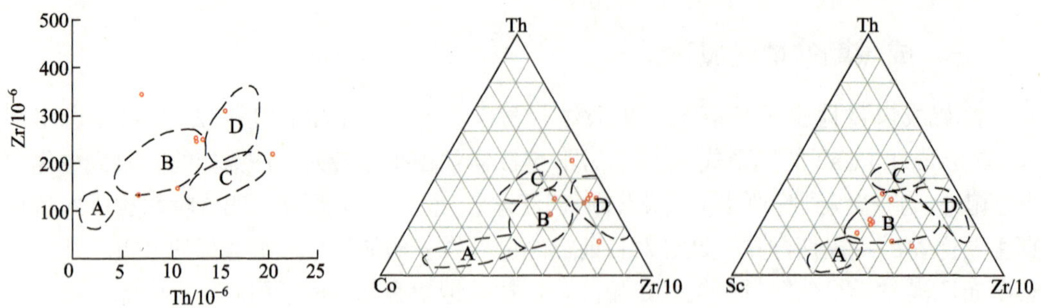

图 6.34　林布宗组碎屑岩微量元素构造判别图解（底图据 Bhatia and Crook，1986）

A.大洋岛弧；B.大陆岛弧；C.活动大陆边缘；D.被动大陆边缘

二、原型成煤盆地分析

（一）盆地地层系统分析

早白垩世，林布宗组含煤地层在研究区沉积于拉萨北部，墨竹工卡至林周一带，沉积于冈底斯岩浆弧北侧，靠近拉萨地块的大陆边缘。含煤地层整合沉积于由火山碎屑岩及碳酸盐岩构成的侏罗系盖层之上（表 6.8）。

盆地由古元古代—中元古代冈底斯岩群（$Pt_{1-2}G.$）构成其结晶基底，零星分布于岩浆弧南缘，为一套变质程度达角闪岩相的变质岩系，主要岩性为角闪岩、斜长角闪片麻岩、黑云斜长片麻岩、斜长片麻岩、二云斜长片麻岩、黑云角闪斜长片麻岩、石榴黑云角闪斜长片麻岩、变粒岩、黑云斜长角闪岩、斜长角闪岩、大理岩等组合，原岩为一套中-基性火山熔岩、火山碎屑岩、正常沉积岩、碳酸盐岩沉积建造。

侏罗系沉积盖层则有中一下侏罗统的叶巴组（$J_{1-2}y$），为早一中侏罗世陆缘火山弧火山-沉积建造，岩石组合为变英安岩、含角砾凝灰熔岩、变流纹岩、变流纹英安岩、砾岩、砂砾岩、石英砂岩、绢云板岩、灰岩（大理岩）等；桑日群（J_3S）为晚侏罗世陆缘火山弧火山-沉积建造，岩石组合为安山岩、英安岩、碎屑岩夹中酸性火山凝灰岩、火山角砾岩等，厚达 4000m 以上。在叶巴组（$J_{1-2}y$）和桑日群（J_3S）火山弧之间发育弧间盆地沉积建造，开始为却桑温泉组（J_3q）陆源碎屑岩、黏土岩沉积建造，之后水体逐渐加深，主要发育多底沟组（J_3d）浅海碳酸盐岩化学沉积建造。

到白垩系林布宗组沉积后又沉积了楚木龙组（K_1c）、塔克那组（K_1t）、设兴组（K_2s）碎屑岩、黏土岩、碳酸盐岩等沉积建造。在设兴组（K_2s）中发育滨海湖盆红色碎屑岩建造。古新世—始新世，随着冈底斯-念青唐古拉陆块与喜马拉雅陆块的强烈碰撞，发育了林子宗群（$E_{1-2}L$），包括典中组（E_1d）、年波组（E_2n）、帕那组（E_2p）碰撞型火山熔岩、火山碎屑岩建造，厚达 1000m 以上。渐新世—上新世，该区强烈抬升，大竹卡组（E_3N_1d）以山前磨拉石相粗碎屑岩建造及乌郁群河湖相粗碎屑为主，夹细碎屑及薄层碳酸盐岩建造。

表 6.8　拉萨盆地沉积体系

地质时代	拉萨北地区		地层代号		不整合面成因
E	大竹卡组		E_3N_1d（?）		陆内造山，地面大面积抬升
	林子宗群	帕那组	$E_{1-2}L$	E_2p	
		年波组		E_2n	
		典中组		E_1d	大陆全面碰撞造山，陆壳大规模挤压抬升
K	设新组		K_2s		
	塔克那组		K_1t		
	楚木龙组		K_1c		
	林布宗组		K_1l		陆内调整，垂向隆升
J	多底沟组		J_3d		
	却桑温泉组		J_3q		
	桑日群		J_3S		
	叶巴组		$J_{1-2}y$		
Pt	冈底斯岩浆群		$Pt_{1-2}G.$		

（二）成煤期盆地煤系物源

下白垩统林布宗组为拉萨盆地的含煤地层，对下白垩统林布宗组主、微量元素分析，其∑REE 总量较高，为 130.24×10^{-6}～244.68×10^{-6}，均值为 182.51×10^{-6}，变化幅度较大。轻稀土元素与重稀土元素比为 4.56～9.78，均值为 7.50。Eu 元素均显示负异常，δEu 为 0.75。

在林布宗组碎屑岩球粒陨石标准化配分模式图解中（图 6.35），REE 配分曲线基本相同。REE 分配曲线呈右倾，La—Eu 段各样品 LREE 相对富集，配分曲线均较陡，斜率

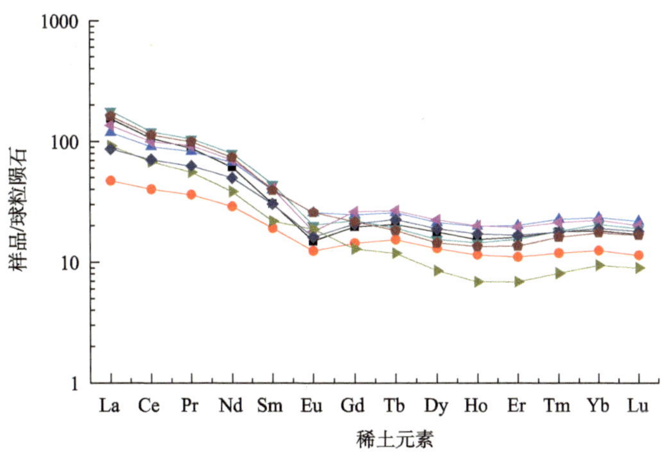

图 6.35　林布宗碎屑岩稀土元素分布模式（球粒陨石数据据 Taylor and Mclennan，1985）

较大，表现为明显的右倾，说明 LREE 元素之间的分馏程度较高；Gd—Lu 段各样品 HREE 相对亏损，配分曲线较为平坦，斜率小，右倾不明显，说明 HREE 元素之间有一定分馏。各样品的稀土配分曲线基本相同，显示出林布宗组沉积物源的同源性。上地壳内缺少使重稀土元素分馏的因素，因而重稀土含量较稳定，同时富含轻稀土。元素分异作用使下地壳中 Eu 元素富集，而上地壳 Eu 亏损（Shao et al.，2001）。δEu 负异常代表着其物质来源主要是酸性火山岩；所以林布宗组沉积物的主要来源为上地壳的酸性火山岩。

对林布宗组沉积地层的物源用分析投图结果表明（图 6.36），林布宗含煤地层的沉积物来源具有主要有两个方向，分别是被动大陆边缘的钙质泥岩和酸性岛弧源区的花岗岩。

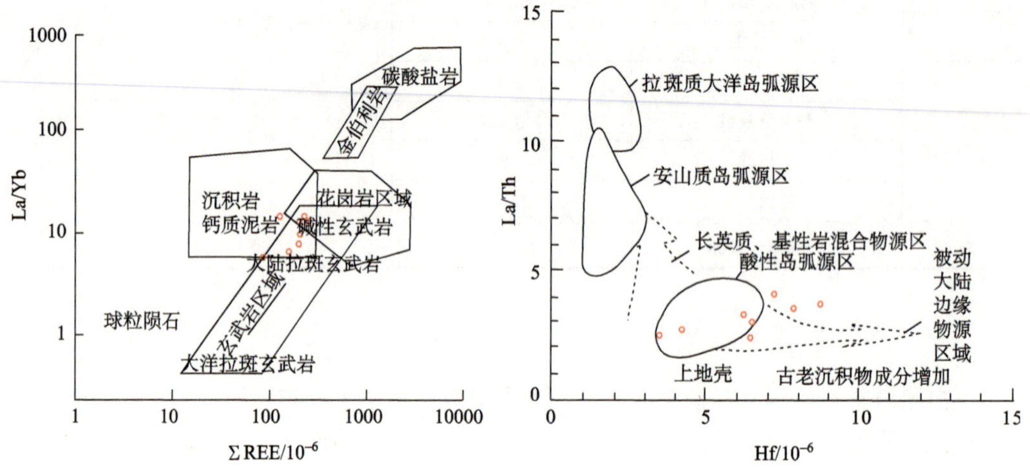

图 6.36　林布宗组碎屑岩源岩判别图解（底图据 Allegre and Minster，1978）

（三）原型成煤盆地分析

综上所述可以确定成煤期：①林布宗组含煤地层发育在拉萨北的冈底斯中央岩浆弧隆起剥蚀区的南侧，其沉积环境为海陆过渡相的扇三角洲；②沉积时沉积区南侧的雅江洋盆已经发生俯冲，但尚未闭合，沉积区属于活动大陆边缘的大陆弧后背景；③沉积物源的双向性，分别是大陆内部的钙质沉积岩及由于雅江洋盆俯冲产生的岛弧背景的酸性岩浆岩（图 6.37）。

三、聚煤规律

林布宗组的沉积环境为海陆交互背景三角洲相沉积。下白垩统林布宗组发育在拉萨北的冈底斯中央岩浆弧隆起剥蚀区的南侧，聚煤盆地类型属大陆边缘的弧后盆地成煤。含煤地层沉积时整体属于伸展环境，沉积区北侧的达玛杠断裂控制着煤层的发育范围。断层北侧并无煤层发育。通过林布宗组煤系地层柱状图对比可以看出，林布宗组沉积具有典型的不对称特征，即赋煤带南侧多底沟-郎当总、玉龙、唐家等靠近冈底斯火山弧单

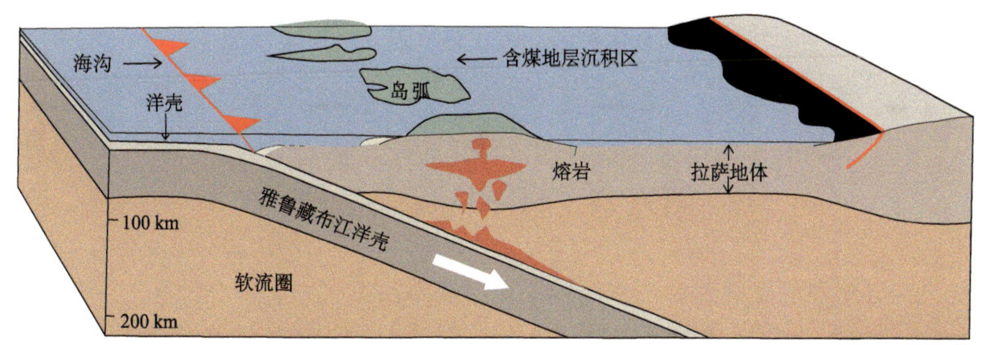

图 6.37　早石炭世拉萨成煤盆地图

元的地区沉积有火山碎屑岩及凝灰岩等火山喷发物质；而赋煤带北侧牛马沟则以粉砂岩、泥岩等海陆交互相沉积物构成，具有典型的不对称性。

四、成煤盆地的后期演化

白垩纪，在林布宗组沉积后，受拉萨地块南侧的雅鲁藏布江盆地向北俯冲及地块北侧班公湖-怒江洋盆闭合的影响，整个拉萨盆地整体仍处于南北向挤压的应力背景下。在拉萨地块南缘，雅江缝合带与工布江达断隆带之间，发育由雅鲁藏布江洋盆向北俯冲消减而导致的酸性岩浆岩。岩体内部发育变形组构，岩体呈环带状发育，反映岩体为来自下地壳和地幔物质加入的同源岩浆，可能以热氢气球多次膨胀上涌强力就位而形成。岩体与围岩热变质作用不明显，岩脉不甚发育，该时期对煤层的影响仅限于岩体周围，在邻近岩体的附近煤层发生热变质作用，成烟煤至天然焦。区内早白垩世岩浆岩发育，说明该时期雅江洋盆向北俯冲较强，导致海平面下降，林布宗组隆升被剥蚀构成了楚木龙组底部滨海砂砾岩。早白垩世后期至晚白垩世，存在一个火山活动的间隔期，盆地内火山活动减弱或停止，并无岩浆作用发育，说明此时期雅江洋盆向北俯冲作用减弱。在楚木龙组之后沉积了塔克那组（K_1t）、设兴组（K_2s）碎屑岩、黏土岩、碳酸盐岩等沉积建造。此时期盆地整体处于主动大陆边缘构造背景下，构造相对稳定。

古新世—始新世沉积了林子宗群酸性火山岩，其岩性主要为安山岩、英安岩、流纹岩及火山角砾岩、凝灰岩，广泛不整合于二叠系至上白垩统海相地层之上。林子宗群为典型的陆源火山建造，地层近水平，代表喜马拉雅地块与冈底斯地块开始了陆陆碰撞，其底部 ^{39}Ar-^{40}Ar 年龄为 65～43Ma。

渐新世—上新世，该区强烈抬升，大竹卡组（E_3N_1d）以山前磨拉石相粗碎屑岩建造及乌郁群河湖相粗碎屑岩为主，夹细碎屑及薄层碳酸盐岩建造。它是在板内造山环境下，受近 EW 向断裂带控制而形成的断陷山间盆地。

始新世时期，随着两大板块的碰合，在强大的挤压作用下，缝合带上的残余特提斯中生代沉积，发生强烈变形和构造混杂，并形成一系列向南倒转的紧密褶皱和伴生的逆冲断层和脆韧性剪切带，原有地区的构造背景持续处于强烈的 NS 向挤压作用下，使侏罗系、白垩系及古新统全面褶皱及断裂，使林布宗组含煤地层强烈褶皱，并被错断，形成现今煤系地层的赋存样式。

第六节　日喀则成煤盆地

门士-日喀则成煤盆地的沉积区域覆盖西藏南部日喀则大部分地区，主要为东经85°～90°，北纬 28°05′～30°的区域，向日喀则市以西延伸约 500km 至仲巴，西北延至阿里地区的扎达，包括日喀则赋煤带及门士赋煤带。

一、成煤期盆地区域背景

新生代以后，随着青藏高原所有板块完成汇聚，青藏高原转为垂直隆升阶段。在强大的挤压作用下，缝合带上的残余特提斯中生代沉积发生强烈变形，并形成一系列的向南倒转的紧密褶皱，以及伴生的逆冲断层和脆韧性剪切带。区域总体构造应力以挤压作用为主，但随着地壳表层应力的改变，总体的挤压应力存在间歇性的减弱，这使区域性的大断裂在这一时期处于相对拉伸的环境，在其浅部容易发生拉张作用，局部伸展作用产生近 EW 向张性断裂控制的拉分盆地。在雅鲁藏布江缝合带南侧，呈块状断续分布于日喀则至阿里地区的门市一带，在白垩系隆升的山体一侧，提供了较好的沉积场所，沉积了古近系秋乌组陆相含煤碎屑岩建造。

二、原型成煤盆地分析

（一）盆地地层系统分析

门士-日喀则成煤盆地形成于古近纪，时代较新，地层结构较简单。盆地基底由 EW向带状展布的晚白垩纪花岗岩、古近纪林子宗群和上侏罗统—下白垩统桑日群组成。尽管花岗岩与林子宗群变形微弱，但桑日群内普遍发育 EW 向的褶皱变形，反映前盆地时期，基底已掀斜抬升或褶断隆升成陆，同时，盆地内出现大量下伏基底岩石的砾石。此时，盆地南缘构造特征是 EW 向的如多区域性断裂与强烈褶皱变形的昂仁组相接，如多断裂始于始新世，至中新世仍在活动，早期为正断层，晚期为由南向北的逆冲断层，并控制了北侧古近纪—新近纪磨拉石沉积（1∶25 万拉孜幅）。

（二）成煤期盆地煤系物源

对恰布林组和秋乌组共六件样品的碎屑组分进行分析。秋乌组的碎屑组成平均为Q∶F∶L=23∶9∶68（Q 为石英，F 为长石，L 为岩屑）。其中石英以单晶石英为主，磨圆度极差，多棱角状。岩屑绝大部分为酸性火山岩岩屑，含少量的变质岩岩屑、泥质岩岩屑和硅质岩岩屑。长石含量很少，以钾长石为主。

秋乌组砂岩由大量的火山岩岩屑和少量的石英组成，在 Q-F-L 构造背景判别图上，投点于岩浆弧物源区（图 6.38）。秋乌组中的碎屑锆石年龄集中在白垩纪—始新世，与冈底斯的岩浆活动一致，故认为秋乌组的碎屑物来自紧邻沉积物北侧的冈底斯岩浆弧。另外，秋乌组中极少的沉积岩岩屑、变质岩岩屑和老的碎屑锆石可能来自拉萨地块的沉积盖层。尽管秋乌组中包含了少量的铬尖晶石，但没有直接证据表明秋乌组中存在来源于蛇绿岩套的碎屑物质。

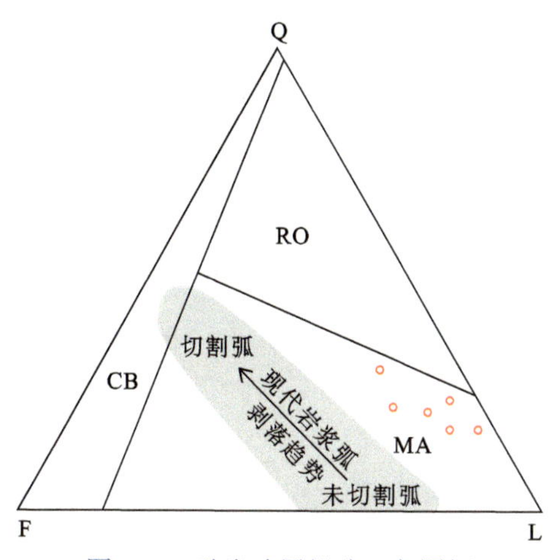

图 6.38　砂岩碎屑组分三角图解

CB.克拉通内部；RO.再旋回造山带；MA.岩浆弧

（三）原型成煤盆地分析

通过前述分析，成煤期的地层为典型的陆相磨拉石沉积，区内的岩浆活动的成因为喜马拉雅与冈底斯地块陆-陆碰撞过程中形成的同碰撞期花岗岩。由此在古新世—始新世期间，由于冈底斯岩浆弧和弧前盆地的整体抬升，基地桑日群内普遍发育 EW 向褶皱变形，同时导致日喀则弧前盆地海侵的面积和深度急剧变小，并在原有的日喀则弧前盆地北侧的冈底斯岩浆弧前缘形成一个条带状的应力背景为挤压环境的拗陷型盆地，沉积秋乌组。地层物源主要来源为冈底斯岩浆弧的酸性长英质类岩石（图 6.39）。

三、聚煤规律

始新世时期，门士-日喀则成煤盆地是典型的断陷成煤盆地，南侧的如多断裂控制着盆地的范围，使盆地呈沿如多断层呈带状展布。含煤地层主要为秋乌组下部，以巨厚层状复成分砾岩夹中-厚层状含砾不等粒岩屑长石砂岩和炭质页岩为主，局部形成煤线和薄煤层，偶见植物根基化石。底部为一层厚约 23m 的杂色不等粒复成分砂岩，并不整合于早期中-细粒角闪黑云花岗岩之上，为洪积扇相沉积；中部主要为中-细粒岩屑长石砂岩与泥质粉砂岩煤层互层，岩层以紫红色和灰绿色交替出现，沉积韵律明显，常见粒序层理，

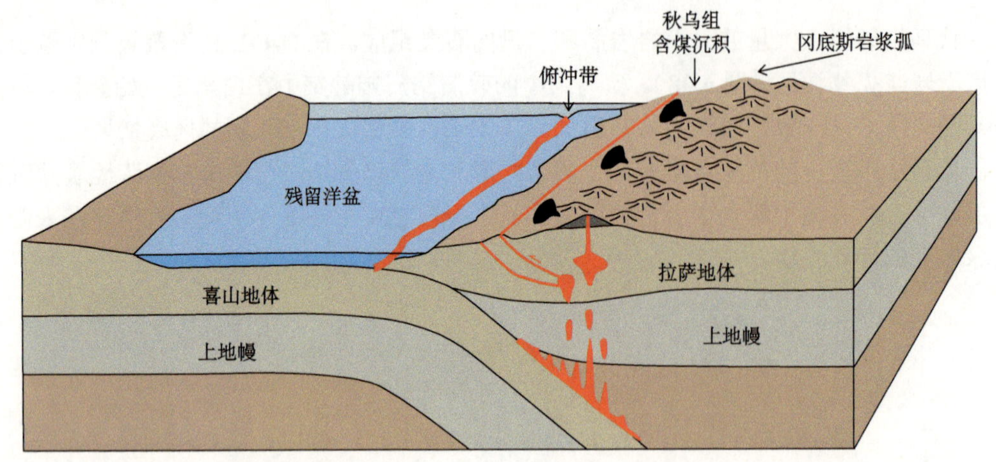

图 6.39　青藏高原古近系成煤盆地构造演化模式图

为扇三角洲前缘相（河口沙坝）、前扇三角洲（沼泽沉积）沉积；上部主要为薄层含钙砂质粉砂岩与页岩不等厚互层，局部夹砾岩、含砾粗砂岩等。秋乌组沉积物颜色为灰紫色，铁质含量较高，处于氧化环境。古生物多以热带、亚热带植物分组为特征，并发育含煤建造，说明其为温暖潮湿的古气候环境。

四、成煤盆地的后期演化

晚渐新世—早中新世（30~25Ma）：俯冲于拉萨地块之下的雅鲁藏布江古洋盆发生反转，导致雅鲁藏布江缝合带出现短暂的拉张，冈底斯弧南前缘，海平面上升，基准面提高，可容空间上升，出现适宜泥炭沼泽形成的环境，区域构造相对稳定，产生了秋乌组含煤沉积。

中新世（25~15Ma）：随着印度板块的持续俯冲，拉萨地块中岩浆活动南移，区域很快由拉张背景转为挤压背景，冈底斯反向大断裂发育，海平面下降，并发育代表着区域隆升的恰布林组磨拉石湖相沉积（图 6.40）。冈底斯反向大断裂的发育使秋乌组在短时间内快速埋深，导致秋乌组煤层变质程度较高。

中新世（25～15Ma）：印度俯冲板块断离，引起雅鲁藏布缝合带地壳迅速地缩短和增厚，导致大规模逆冲断裂的发育。在主中央逆冲断裂（MCT）前缘大量出现小喜马拉雅前陆盆地沉积物，而在含煤盆地，以发育近 EW 向逆冲断层及近 EW 向直立开阔或倒转斜歪褶皱为特征，秋乌组含煤地层产状变陡。此时成煤盆地南侧的多如断层由发生反转，转为逆冲断层。

上新世末—第四纪：以发育 NNE-近 SN 向张扭性正断层及地热（温泉）地震活动为特征，如谢通门 SN 向活动构造带等。

由于始新世秋乌组距离现今时代较早，经历的构造变形期次相对较少，故后期构造热演化对含煤地层的影响较小，最重要的影响是中新世时期的近 SN 向挤压应力作用下，含煤地层由平缓转为陡立。

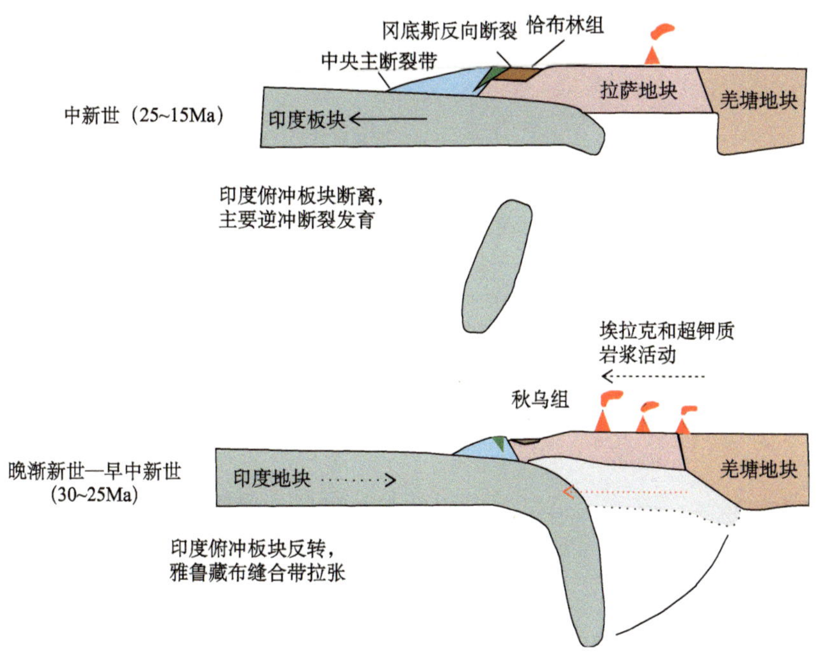

图 6.40　日喀则盆地演化过程

第七章

煤炭资源现状及资源潜力

第一节　煤炭资源勘查开发现状分析

一、勘查现状

青藏高原地区煤田地质工作程度总体较低，自 1956 年以来累计开展了四次煤炭资源预测工作。由于资源状况和经济效益等方面的原因，煤田地质工作于 1989 年便处于停顿状态，仅于近几年开始在唐古拉山、昌都等地区开展了一些煤炭资源评价工作。

（一）总体勘查状况

全区煤田地质工作主要是路线地质调查和煤点踏勘检查，仅对少数成煤条件好的地段进行了勘查工作。路线地质填图则是以小比例尺（1∶20 万～1∶100 万）为主，主要在拉萨及青藏公路沿线一带；中比例尺（1∶10 万～1∶50 万）的路线地质调查主要在拉萨地区、日喀则-桑桑地区、八宿-边坝地区和昌都地区。大比例尺（1∶5 万～1∶1 万）矿区（点）的地质调查主要在昌都、索县-土门、拉萨北澎波农场及日喀则等地（图 7.1）。根据工作性质，全区煤炭地质工作大致分为六个阶段。

第一阶段（1950 年以前），未进行过专门的煤田地质工作。

第二阶段（1950～1960 年），主要是根据群众报矿进行矿点检查，包括妥坝煤矿、巴贡煤矿、瓦达煤矿等区内较重要的煤矿点，初步确立了西藏主要含煤层位有晚二叠世、晚三叠世（原为中—晚三叠世）、早白垩世（原为侏罗纪）等煤系。青海地质局煤田队在 20 世纪 50 年代对土门格拉煤矿进行了路线地质调查和初步预查工作。

第三阶段（1961～1965 年），在拉萨地区、雅鲁藏布江中段（泽当—日喀则）、八宿—边坝及昌都一带开展了较系统的找煤路线地质调查和矿点检查。对拉萨煤系、多尼煤系、秋乌煤系分布范围、含煤性有了较全面的了解，同时确定了妥坝煤系的时代。

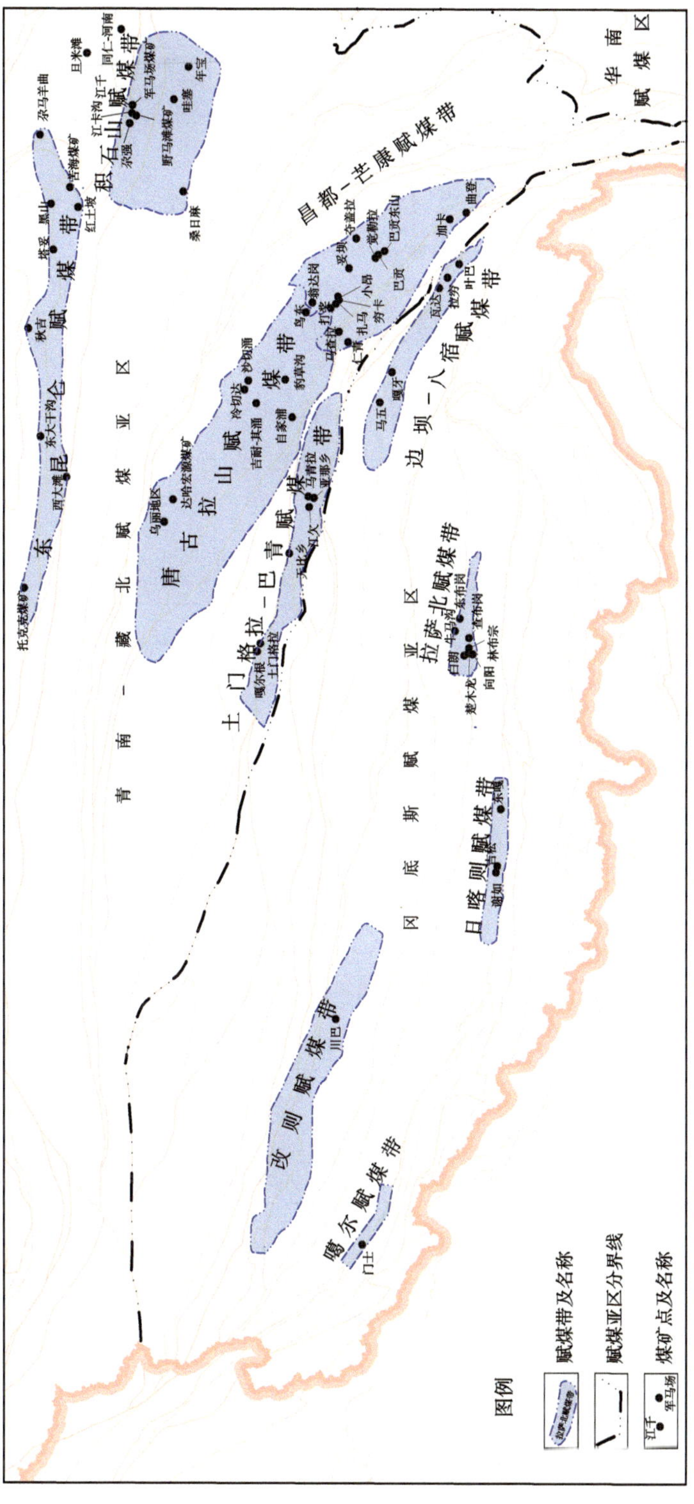

图 7.1　青藏高原主要煤矿点分布图

第四阶段（1966～1980 年），工作重点是在拉萨、日喀则、昌都及索县—土门格拉一带，对含煤较好的地段进行了中比例尺或大比例尺的找煤和对较好的煤点开展了详查工作，但地质工作程度达不到勘探（普查最终或详查最终）的要求，以致影响到煤炭开采。

第五阶段（1981～2000 年），煤田地质工作基本处于停顿状态。

第六阶段（2001～2017 年），由国家财政投资逐步开展了一系列的煤炭资源调查评价工作。主要有西藏自治区煤炭资源潜力评价、西藏昌都地区煤炭资源调查、西藏措勤地区煤炭资源调查评价、青藏铁路沿线土门地区煤炭资源调查评价、西藏巴青地区煤炭资源调查，以及青藏高原煤系矿产资源综合调查与评价。

经统计，截至 2015 年年底青藏高原累计探获煤炭资源储量 25777.81 万 t（表 7.1），其中储量 4.4 万 t，基础储量 5.8 万 t，资源量 17752.6 万 t，查明资源量占累计探获资源量的 68.91%。

表 7.1　青藏高原煤炭资源储量统计表　（单位：万 t）

赋煤带	矿区	探获资源量	查明资源量			
			小计	储量	基础储量	资源量
积石山	大武	2189.7	1128.7	4.4	5.8	1118.5
唐古拉山	乌丽	2376.4	344.4	0	0	344.4
	扎曲	483	173	0	0	173
土门-巴青	土门格拉煤矿区	1556.6	1495	0	0	1495
	嘎尔根煤点	375	0	0	0	0
	无比乡煤点	11.2	0	0	0	0
	马青拉煤矿区	27	0	0	0	0
	色雄煤点	251.4	0	0	0	0
	村穷堂煤矿区	0.9	0	0	0	0
	江欠煤点	0.2	0	0	0	0
	亚那乡煤点	0.1	0	0	0	0
昌都-芒康	自家浦煤矿区	13153	13153	0	0	13153
	马查拉煤矿区	1386.9	1371.6	0	0	1371.6
	妥坝煤矿区	105.1	97.1	0	0	97.1
	夺盖拉煤矿区	300	0	0	0	0
	曲登煤点	25	0	0	0	0
	加卡煤点	1326	0	0	0	0
	仁青煤点	63.4	0	0	0	0
	鸟东煤点	16.94	0	0	0	0
	打奖煤点	141.2	0	0	0	0
	翁达岗煤点	219	0	0	0	0
	穷卡煤矿区	21.6	0	0	0	0

续表

赋煤带	矿区	探获资源量	查明资源量			
			小计	储量	基础储量	资源量
昌都-芒康	巴贡煤矿区	120.1	0	0	0	0
	觉勒拉煤点	51.7	0	0	0	0
	扎马煤点	111.9	0	0	0	0
	巴贡东山煤点	70	0	0	0	0
	觉龙煤矿区	51.7	0	0	0	0
边坝-八宿	拉根煤矿区	343.04	0	0	0	0
	嘎牙煤点	0.8	0	0	0	0
	马五煤点	1.5	0	0	0	0
	拉穷煤点	2	0	0	0	0
	小昂煤点	11.1	0	0	0	0
	瓦达煤点	173.7	0	0	0	0
	叶巴煤点	94.9	0	0	0	0
日喀则	谢如煤点	13.4	0	0	0	0
	吉松煤矿区	119.4	0	0	0	0
	东嘎煤点	73.6	0	0	0	0
	芒乡煤点	91.8	0	0	0	0
	宗当煤点	8.6	0	0	0	0
	帕卓煤点	0.83	0	0	0	0
拉萨北	向阳煤点	56.7	0	0	0	0
	白朗煤点	1.00	0	0	0	0
	牛马沟煤点	15	0	0	0	0
	林布宗煤点	4.3	0	0	0	0
	楚木龙煤点	4.3	0	0	0	0
	东布岗煤点	2.5	0	0	0	0
	查布岗煤点	0.1	0	0	0	0
改则	川巴煤点	48.8	0	0	0	0
噶尔	门士煤点	275.4	0	0	0	0
合计		25777.81	17762.8	4.4	5.8	17752.6

由图 7.2 可以看出，已探获的煤炭资源量主要分布在昌都-芒康赋煤带，煤炭资源量 17163.54 万 t，占全区已探获煤炭资源量的 66.6%；其次为唐古拉山赋煤带、土门-巴青赋煤带、积石山赋煤带，累计探获资源量均在 2000 万~3000 万 t，合计占全区已探获煤炭资源量的 28.2%；而边坝-八宿赋煤带、拉萨北赋煤带、日喀则赋煤带、改则赋煤带、噶尔赋煤带累计探获煤炭资源量合计仅为 1342.77 万 t。从地域分布来看，已探获的煤炭

资源量主要分布在青藏高原北部地区，主要包括积石山赋煤带、唐古拉山赋煤带、昌都-芒康赋煤带及土门-巴青赋煤带，累计探获煤炭资源量 24435.04 万 t，占全区累计探获煤炭资源量的 94.79%。

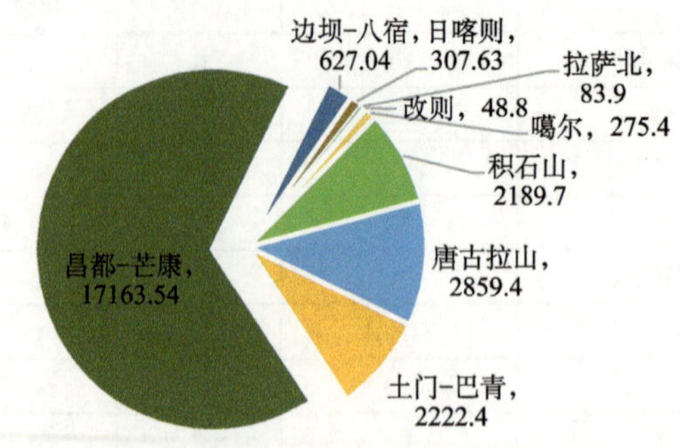

图 7.2　各赋煤带探获煤炭资源量分布图（单位：万 t）

（二）各赋煤带勘查现状

1. 昆仑山赋煤带

昆仑山赋煤带内有一处重点研究区：塔妥煤矿区。塔妥煤矿于 1958 年起由都兰县开采，年产量为 1.5 万 t；1959 年由青海煤田地质一三二勘探队进行找煤工作；1987 年，由青海省有色地质矿产勘查局八队进行复查，并提交《青海省都兰县塔妥煤矿远景评价报告》；1997 年 6 月至 1999 年 4 月，青海煤田地质一〇五队开展海西州都兰县塔妥小煤矿勘探工作，完成 1∶5000 地质测量 7km^2，施工钻探工程量 1744.8m，查明了区内地层层序、岩性特征及总体构造形态，查明了可采煤层的层数、层位、产状、厚度、结构及其分布范围，可采煤层对比依据较充分，了解了煤质特征，批准储量 C+D 级 208 万 t，可供小煤矿开发利用，提交《青海省海西州都兰县塔妥小煤矿勘探报告》。红土坡煤矿（3 万 t/a）和苦海煤矿于 1991 年分别由青海煤田地质一三二勘探队和一〇五勘探队进行小矿勘探。

2. 积石山赋煤带

1958～1960 年，原果洛地质队在大武—野马滩一带进行地质调查，发现了石峡煤矿（乌黑马）和野马滩煤矿点，提交《青海果洛玛沁大武煤矿矿区检查及其外围普查报告》，1971～1983 年，青海煤田地质局所属各队对几个主要煤矿点进行了概略踏勘检查；1988 年，青海煤田地质一三二勘探队开展了青海省甘德县江千小煤矿外围找煤工作，施工钻孔编号 ZK8801，孔深 71.33m，在 67.63m 处遇 1.64m 厚的煤层；ZK8802 孔深 50.84m，在 21.35m 处遇 3.13m 厚的煤层。1992～1993 年，青海煤田地质物探测量队和青海煤田地质局一〇五勘探队开展了江卡沟找煤和小矿勘探工作。2000～2001 年，青海煤田地质一三二勘探队根据《青南地区煤炭资源调查评价》资料，在野马滩煤矿西侧至云布沟一带进行了普查找煤工作。2006～2007 年，青海煤炭地质勘查院、青海煤炭地质物探测量队在军牧场、野马滩一带开展普查工作，提交了《青海省玛沁县军牧场煤矿外围普查报告》《青海省玛沁县野马滩煤矿外围普查报告》等。

3. 唐古拉山赋煤带

1957 年，原西北煤田地质局青藏队在乌丽一带进行普查工作，施工 8 个钻孔。1966 年，原青海地质大队受中国人民解放军总后勤部 205 部队的委托，派人去开心岭煤矿点进行矿点检查，施工 21 条探槽，提交《开心岭煤矿点踏勘总结》。1989 年，青海省有色地质矿产勘查局区调综合地质大队提交了 1∶20 万区域地质调查报告。1993 年 7 月第三次煤田预测时，又对开心岭煤矿及茶错西煤矿点进行了检查。1995～1996 年，青海煤炭地质一三二队在达哈煤矿一带进行煤炭普查。2002～2003 年，青海煤炭地质勘查院在乌丽—达哈一带进行煤炭预查，提交《青海省治多县青藏铁路沿线乌丽-达哈地区找煤报告》。2008 年，由青海煤炭地质勘查院在乌丽地区开展煤炭普查工作。

1968 年，青海省地质矿产局第一区调队四分队、十六分队在该区进行《玉树幅》1∶1000000 的区域地质调查，尽管发现了几处煤矿点，但未能了解其全貌。1977 年和 1986 年，青海地质矿产局第二区调队在该区开展了 1∶20 万区域地质调查，并于 1982 年和 1986 年分别提交了《囊谦幅》《上拉秀幅》《杂多幅》《治多幅》区域地质调查报告，2002～2006 年，青海省地质调查院、西安地质矿产研究所等单位开展了 1∶25 万区域地质调查，对区内含煤地层重点进行了划分和厘定。1990～1992 年，青海煤田地质一三二勘探队在该区豹草沟进行了小煤矿勘探，并提交《青海省玉树州囊谦-杂多地区煤田地质调查报告》。1993 年又进行了杂多县沙切涌地区找煤及玉树治多地区煤矿点路线检查工作。2004～2006 年，青海煤炭地质勘查院、青海煤炭地质一三二勘探队在巴浪弄一带进行了煤田地质普查。

4. 土门-巴青赋煤带

1956 年，原西藏地质局开展西藏北部土门格拉煤矿详查、土门格拉煤矿区外围普查。1959 年，西藏地质局煤田地质队开展了《西藏安多县土门格拉煤田第一、二探区详细普查报告》。1962 年，西藏地质局煤田地质队提交了《土门格拉煤田第二勘探区 1961 年度地质报告》。1970 年，西藏地质局煤田地质队提交了《西藏土门格拉煤田三探区普查地质报告》。1978 年，西藏地质局第三地质大队提交了《西藏安多县土门格拉地区普查找煤报告》。1981 年，西藏地质局第三地质大队完成了《西藏自治区安多县土门格拉煤田三探区普查勘探补充地质报告》。1997 年，西藏自治区地矿厅地热地质大队实施并提交了《西藏自治区丁青县自家浦煤矿首采区初步普查地质报告》。2004 年，中国煤炭地质总局航测遥感局开展了青藏铁路沿线土门地区生态煤资源调查评价，预测煤炭资源量 4385.40 万 t。2013～2015 年，中国煤炭地质总局航测遥感局在巴青地区展开煤炭资源调查。

5. 昌都-芒康赋煤带

1964 年，地质部西藏第一地质大队开展西藏贡觉县夺盖拉煤矿区详细普查。1965

年，西藏地质大队对西藏类乌齐县马查拉煤矿区进行普查。1964～1967年，西藏地质大队第一、第二地质队对西藏贡觉县夺盖拉煤矿区进行了普查和勘探。1965～1967年，西藏地质大队完成并提交《西藏类乌齐县马查拉煤矿区地质报告》。1966～1967年，西藏地质大队完成并提交《西藏察雅县觉勤拉-巴贡地质普查报告》。1971～1975年，西藏地质局第一地质大队对昌都县妥坝煤矿区进行普查。1971年，西藏地质大队完成并提交《西藏昌都县穷卡希雄矿点检查报告》《西藏八宿县瓦达煤点初步普查报告》《西藏昌都县扎马煤点初步普查地质报告》。1973年，西藏地质大队完成提交《西藏昌都县穷卡-扎马地区普查找矿报告（1∶10万）》。1979年，西藏地质局第三地质大队完成并提交《西藏昌都县妥坝煤田妥坝矿区1979年地质踏勘工作总结及1980年普查找煤设计》。1992～1993年，四川煤田地质局一四一队完成提交《西藏自治区类乌齐县马查拉煤矿区背斜东翼F_8—F_{12}间普终暨外围补充普查地质报告》。2000～2003年，四川省煤田地质工程勘察设计研究院完成并提交《西藏昌都地区煤炭资源调查评价报告》。

6. 拉萨北赋煤带

拉萨重点研究区位于拉萨北侧林周县、墨竹工卡县一带，南临拉萨河，西抵青藏公路，东到墨竹工卡，北以唐家—牵马沟一线为界，呈EW向条带分布。20世纪50年代，中国科学院西藏工作队地质组在该区进行1∶50万路线地质调查。1958年，西藏煤田队对林布宗和乍浦赛康一带进行找煤路线调查和矿点检查。1961年，拉萨地质队进行1∶100万和1∶20万路线地质工作，检查了林布宗、向阳等煤点。1970～1976年，西藏地质局第三地质队对向阳煤矿进行1∶5000普查勘探工作。1971年。该队对东布岗、唐家、白朗、赛康、楚木龙、角布、林布宗等煤点进行普查找煤。1975年，该队又在牛马沟进行1∶5000普查工作。1972～1975年，西藏地质局综合普查大队进行西藏堆龙德庆县-墨竹工卡县找煤的预查普查工作。1974年，西藏地质局区调队对拉萨北赋煤带的煤点进行了检查。1975年，西藏地质局第三地质队及区调队进行1∶10万路线地质调查。

7. 边坝八宿赋煤带

1965～1974年，西藏地质局第一地质大队完成并提交《西藏洛隆-边坝地区1∶20万普查找煤报告》。2004～2005年，四川省地矿局川西北地质队完成并提交《西藏自治区八宿县拉根矿区煤矿普查报告》。

8. 日喀则赋煤带

1957年，西藏煤田地质大队在日喀则开展鼓错林、洛林希卡煤田情报地点检查。1962年西藏地质局拉萨地质队提交《西藏南木林县宗当煤矿点检查报告》；1963年，西藏工业地质局藏南地质队实施提交《西藏自治区日喀则地区秋鸟煤系路线普查地质报告》。1964年，西藏工业地质局西藏地质大队实施提交《西藏日喀则地区彭错林-谭码找煤普查地质报告》；同年，西藏工业地质局西藏地质大队提交《日喀则地区潭码-大竹卡路线找煤普查地质报告》《西藏日喀则县恰布林煤点检查地质报告》。1972 年，西藏地质局第三地质大队提交《西藏日喀则东嘎煤矿区详查最终地质报告》。1970～1973 年，西藏地质局第三地质大队开展并提交《西藏自治区日喀则专区南木林县茫乡煤矿地质勘探普查报告》。1974 年，该队提交《西藏自治区日喀则昂仁县吉松煤矿详查地质（最终）勘探报告》。1975 年，西藏地质局综合地质大队提交《西藏南木林县郛郁-当雄县羊八井地区地质调查报告》。1976 年，西藏地质局第三地质大队普查分队提交《西藏南木林-谢通门县路线地质调查及找煤工作总结》；1978 年，西藏地质局综合普查大队提交《西藏岗巴县泥炭普查报告》。1979 年，西藏地质局第三地质大队提交《西藏自治区昂仁县谢如煤矿点 1979 年普查找煤工作总结及 1980 年普查找煤设计》。

9. 改则、噶尔赋煤带

1961 年，西藏工业地质局地质大队藏北地质队开展并提交《西藏申扎县、革吉县、改则县戈穆湖、洞湘及昂拉陵湖一带普查总结报告》。1970 年 12 月，新疆维吾尔自治区煤田地质局一五六煤田地质勘探队提交《西藏阿里地区煤矿点检查总结》。1972 年，西藏地质局第四地质大队改则分队提交《西藏自治区藏北地区改则—洞错—夏岗江一带地质工作总结》。

二、开发现状

（一）总体开发现状

青藏高原地区开展煤炭地质工作以来先后对 60 余个煤矿点进行了勘查和开发工作。

1966～1979 年，先后建立了土门格拉煤矿、马查拉煤矿。同期那曲地区马青拉、八宿县瓦达、日喀则地区东嘎、日喀则军分区后勤部吉松、拉萨向阳、阿里地区门士等有 20 多座小煤矿（煤窑）生产。之后，由于地质工作程度低、资源情况不清楚、煤质低劣，再加上煤炭开采、运输费用昂贵，所有煤矿基本都在 1990 年前后闭坑。

2011 年 10 月，昌都县对全地区 12 处煤炭采矿点进行整合，由黑龙江龙煤地质勘探有限公司将联合西藏三丰矿业开发有限公司，组织第一片区类乌齐马查拉煤矿、昌都县妥坝煤矿、丁青县自家浦煤矿等七个煤炭矿点的整合工作。西藏昌都通达矿业有限责任公司牵头，组织第二片区贡觉县夏塔多煤矿、昌都县百日煤矿等 5 个煤炭矿点的整合工作。2013 年，西藏丁青县金元煤业有限责任公司自家浦煤矿开始建设，设计生产能力 15 万 t/a，采用地下开拓方式进行开采。目前，青藏高原仅有三个煤炭探矿权、两个煤炭采矿权。探矿权分别为西藏昌都贡觉县夏塔多-夺盖拉煤矿详查、西藏昌都八宿县拉根（瓦达）煤矿普查、西藏昌都芒康县日西煤矿普查；采矿权分别为西藏丁青县自家浦煤矿、西藏昌都类乌齐县马查拉煤矿。

截至 2016 年，青藏高原地区共生产原煤 1399.7 万 t（表 7.2），其中积石山地区生产 767.6 万 t，唐古拉山地区生产 517.4 万 t，羌塘-三江地区、冈底斯地区和喜马拉雅山地区仅生产原煤 114.7 万 t，且基本是在 1990 年以前生产的。

表 7.2　青藏高原主要煤矿点煤炭资源开发现状　　（单位：万 t）

赋煤带	矿区	探获资源量	保有资源量	已利用资源量	尚未利用资源储量				
					合计	勘探	详查	普查	预查
积石山	大武	2189.7	2154.1	767.6	1422.1	0	0	1262.1	160
唐古拉山	乌丽	2376.4	2376.4	344.4	2032	0	0	0	2032
	扎曲	483	483	173	310	0	0	202	108
土门-巴青	土门格拉煤矿区	1556.6	1495	61.6	1495	0	1495	0	0
	嘎尔根煤点	375	375	0	375	0	0	0	375
	无比乡煤点	11.2	11.2	0	11.2	0	0	0	11.2
	马青拉煤矿区	27	27	0	27	0	0	0	27
	色雄煤点	251.4	251.4	0	251.4	0	0	0	251.4
	村穷堂煤矿区	0.9	0.9	0	0.9	0	0	0	0.9
	江欠煤点	0.2	0.2	0	0.2	0	0	0	0.2
	亚那乡煤点	0.1	0.1	0	0.1	0	0	0	0.1
昌都-芒康	自家浦煤矿区	13153	13153	0	13153	0	0	13153	0
	马查拉煤矿区	1386.9	1371.6	15.3	1371.6	0	0	1371.6	0
	妥坝煤矿区	105.1	97.1	8	97.1	0	0	97.1	0
	夺盖拉煤矿区	300	300	0	300	0	0	0	300
	曲登煤点	25	25	0	25	0	0	0	25
	加卡煤点	1326	1326	0	1326	0	0	0	1326
	仁青煤点	63.4	63.4	0	63.4	0	0	0	63.4
	鸟东煤点	16.94	16.94	0	16.94	0	0	0	16.94
	打奖煤点	141.2	141.2	0	141.2	0	0	0	141.2
	翁达岗煤点	219	219	0	219	0	0	0	219
	穷卡煤矿区	21.6	21.6	0	21.6	0	0	0	21.6
	巴贡煤矿区	120.1	120.1	0	120.1	0	0	0	120.1
	觉勒拉煤点	51.7	51.7	0	51.7	0	0	0	51.7
	扎马煤点	111.9	111.9	0	111.9	0	0	0	111.9
	巴贡东山煤点	70	70	0	70	0	0	0	70
	觉龙煤矿区	51.7	51.7	0	51.7	0	0	0	51.7
边坝-八宿	拉根煤矿区	343.04	343.04	0	343.04	0	0	0	343.04
	嘎牙煤点	0.8	0.8	0	0.8	0	0	0	0.8
	马五煤点	1.5	1.5	0	1.5	0	0	0	1.5
	拉穷煤点	2	2	0	2	0	0	0	2
	小昂煤点	11.1	11.1	0	11.1	0	0	0	11.1
	瓦达煤点	173.7	173.7	0	173.7	0	0	0	173.7
	叶巴煤点	94.9	94.9	0	94.9	0	0	0	94.9
日喀则	谢如煤点	13.4	13.4	0	13.4	0	0	0	13.4
	吉松煤矿区	119.4	104	15.4	104	0	0	0	104

续表

赋煤带	矿区	探获资源量	保有资源量	已利用资源量	尚未利用资源储量				
					合计	勘探	详查	普查	预查
日喀则	东嘎煤点	73.6	67.6	6	67.6	0	0	0	67.6
	芒乡煤点	91.8	91.8	0	91.8	0	0	0	91.8
	宗当煤点	8.6	8.6	0	8.6	0	0	0	8.6
	帕卓煤点	0.83	0.83	0	0.83	0	0	0	0.83
拉萨北	向阳煤点	56.7	51.7	5	51.7	0	0	0	51.7
	白朗煤点	1.00	1	0	1	0	0	0	1
	牛马沟煤点	15	15	0	15	0	0	0	15
	林布宗煤点	4.3	4.3	0	4.3	0	0	0	4.3
	楚木龙煤点	4.3	4.3	0	4.3	0	0	0	4.3
	东布岗煤点	2.5	2.5	0	2.5	0	0	0	2.5
	查布岗煤点	0.1	0.1	0	0.1	0	0	0	0.1
改则	川巴煤点	48.8	48.8	0	48.8	0	0	0	48.8
噶尔	门士煤点	275.4	272	3.4	272	0	0	0	272
合计		25777.81	25627.51	1399.7	24378.11	0	1495	16085.8	6797.31

（二）各赋煤带开发现状

截至 2016 年年底，青藏高原地区仍然没有形成具有一定规模的煤矿开采企业，均处于停产或建设状态，详情如下。

1. 昆仑山赋煤带

昆仑山赋煤带主要有尕玛羊曲、苦海、红土坡、秋吉、东大干沟等煤矿点，以往煤炭资源开采量不详，目前均已关停（图 7.3），没有形成具有一定产能的煤炭生产企业。在尕玛羊曲、苦海、红土坡、秋吉等煤矿区可见老窑和矿坑。

2. 积石山赋煤带

积石山赋煤带煤炭主要分布在大武煤田，煤田内分布有石峡、野马滩、军牧场等煤矿点，大武煤田累计探获煤炭资源量 2189.70 万 t，已利用煤炭资源量 767.6 万 t。2014～2015 年，大武煤田军牧场煤矿、野马滩仍在进行煤炭勘查工作，其他矿点均已关停（图 7.4）。积石山赋煤带南部地区零散分布锗桑日麻、哇塞、年宝煤矿等煤矿点。

3. 唐古拉山赋煤带

唐古拉山赋煤带可划分西部的乌丽煤田、东部的扎曲煤田。以往煤炭资源开发程度较低，仅在个别矿点开展了小规模的开发活动，累计探获煤炭资源量 2859.40 万 t，已利用资源量 517.4 万 t。

图 7.3　昆仑山赋煤带主要煤矿点开采现状

图 7.4　积石山赋煤带主要煤矿点开采现状

乌丽煤田主要有乌丽、开心岭、扎苏、八十五道班等煤矿点，累计探获煤炭资源量2376.4 万 t，已利用煤炭资源量 344.4 万 t。仅有的开心岭和扎苏煤矿均处于停产整顿阶段（图 7.5）。2013～2015 年，乌丽煤田的开心岭地区开展了天然水合物资源调查工作。

图 7.5　乌丽煤田主要煤矿点开采现状

扎曲煤田主要有豹草沟、巴马、查然宁、苏莽、众根涌、宗扎等煤矿点，各矿点仅在局部地区开展调查和勘查工作，累计探获煤炭资源量 483 万 t，已利用煤炭资源量 173 万 t，仅在豹草沟煤矿点残留有零星的开采痕迹。

4. 土门-巴青赋煤带

土门-巴青赋煤带建有土门格拉煤矿、马青拉煤矿，均已停产。1956 年，西藏地质局开展西藏北部土门格拉煤矿详查、土门格拉煤矿区外围普查。1958 年开始，在西藏那曲地区安多县扎萨乡土门格拉地区发现土门煤矿，将乌丽煤矿、原拉萨煤矿干部职工迁往土门煤矿，于 1959 年 3 月开始建设西藏的第一座国有煤矿——土门格拉煤矿。土门格拉煤矿进行土法露天开采，1960 年在Ⅱ探区建有一对生产勘探斜井进行边探边采；1960 年 3 月在Ⅲ探区进行土法露天开采；1974 年以后，陆续在Ⅲ探区中部和北部建设小型斜井。95%以上为露天开采，一般不深于 15m，部分采挖深度可达 25m 左右，少量产于井下，但深度不超过 60m。由于气候恶劣、交通状况差、煤质差等原因，导致土门煤矿于 1988 年被迫关闭(图 7.6)。该赋煤带累计探获煤炭资源 2222.4 万 t，共生产煤炭资源 61.6t，全部为土门格拉煤矿生产，年平均产量为 2 万～3 万 t，所产煤炭主要供拉萨水泥厂及民用。

5. 昌都-芒康赋煤带

昌都-芒康赋煤带建有马查拉煤矿、妥坝煤矿、夺盖拉煤矿、巴贡煤矿、穷卡煤矿。1966～1979 年，西藏在昌都地区类乌齐县发现马查拉煤矿，遂开始建设西藏全区的第二座国有煤矿——马查拉煤矿，该时期马查拉煤矿的生产相对规模较大，获得了较大的发展。1979～1989 年是西藏煤炭工业的调整时期，西藏煤炭开采、运输费用昂贵加之多数

(a)

(b)

图 7.6　土门格拉煤矿坍塌的老窑（a）及矿区现状（b）

煤矿因地质工作程度低、资源情况不明、煤质低劣，造成了以上仅有的几个生产煤矿的长期亏损，年生产原煤能力降至 2 万 t，大多数的煤矿基本都在 1990 年前后全部闭坑。之后，昌都地区因扩建水泥厂，马查拉煤矿重新开工，开办了马查拉新矿及妥坝新矿，年产量约 3 万 t; 2002 年，昌都地区煤炭产量约 5 万 t，后因环保、安全等因素煤矿停产。现今马查拉煤矿、妥坝煤矿、夺盖拉煤矿处于停产期（图 7.7），其他煤矿已关停多年。2011 年 10 月，由黑龙江龙煤地质勘探有限公司联合西藏三丰矿业开发有限公司，组织类乌齐马查拉煤矿、昌都县妥坝煤矿、丁青县自家浦煤矿等七个煤炭矿点的整合工作。

图 7.7　夺盖拉煤矿老窑及马查拉煤矿采坑

6. 边坝-八宿赋煤带

边坝-八宿赋煤带内有瓦达、叶巴、嘎牙、拉穷、马五等煤矿点，累计探获煤炭资源 627.04 万 t。其中仅有嘎牙煤矿点开展了建矿和生产工作（图 7.8），但目前处于停产整顿中。

图 7.8　嘎牙煤矿老窑

7. 拉萨北赋煤带

1966～1979 年，西藏拉萨地区开始在向阳开展采煤活动，先后建立了向阳煤矿、牛马沟煤矿、楚木龙煤矿、林布宗煤矿等，累计探获煤炭资源量 83.9 万 t。之后，由于开采运输费用昂贵、资源情况不清楚、煤质低劣等原因于 1990 年前后全部闭坑（图 7.9），累计生产煤炭资源约 5 万 t。截至 2016 年年底，暂无探矿权、采矿权设置，无煤炭生产活动。

（a）

（b）

图 7.9　向阳煤矿（a）、楚木龙煤矿（b）露天采坑

8. 日喀则赋煤带

日喀则赋煤带与拉萨赋煤带煤炭开采利用情况接近，煤炭生产均始于 20 世纪 60 年代，在区内建立了日喀则地区东嘎煤矿（图 7.10）、日喀则军分区后勤部吉松煤矿，累计探获煤炭资源量 307.63 万 t，但由于煤田地质工作程度低、生产运输费用高、煤质差，于 20 世纪 90 年代关闭，累计生产煤炭 21.4 万 t。截至 2016 年年底，暂无探矿权、采矿权设置，无煤炭生产活动。

9. 改则赋煤带

1962 年和 1970 年新疆维吾尔自治区煤田地质局一五六煤田地质勘探队在阿里地区进行矿点检查时对本煤系的川巴煤点、玛米煤点进行了矿点检查，随后在 1974 年和 1976 年西藏地质局综合地质大队及中国科学院高原综合考察队先后对上述两煤点及洞错煤点、巴尔错煤点进行了踏勘。通过上述工作，在川巴煤点获得地质储量 48.8 万 t。由于交通不便、气候差和当地对煤炭资源需要不急迫，故对该煤系未进行较详细的地质工作。截至 2016 年年底，无探矿权、采矿权设置，无煤炭生产活动。

图 7.10　东嘎煤矿废弃的老窑

10. 噶尔赋煤带

1961～1965 年，新疆维吾尔自治区煤田地质局一五六煤田地质勘探队在阿里地区开展了煤矿点检查，发现了有进一步工作价值的门士煤矿点，探获煤炭资源量 275.4 万 t，累计生产煤炭资源 3.4 万 t。由于地质工作程度低、资源情况不清楚、煤质低劣，加之生产运输成本高，20 世纪 90 年代门士煤矿闭坑（图 7.11）。截至 2016 年年底，无探矿权、采矿权设置，无煤炭生产活动。

图 7.11　门士煤矿废弃的老窑

第二节　煤炭资源预测方法与预测成果

一、预测方法

本书青藏高原煤炭资源潜力评价充分吸收以往青海、西藏煤炭资源潜力评价成果，梳理近些年青藏高原煤炭资源调查成果，结合野外矿点地质调查，对青藏高原煤炭资源潜力进行系统归纳总结，对其预测依据的可靠性进行分析研究，侧重预测成果的评价。

青藏高原地质构造较为复杂，所有发现的煤矿和煤点都地处造山带内，成煤期岩相古地理的复杂多变及成煤期后构造破坏的多期复杂性，现存含煤地层基本呈不稳定的透镜状，煤层稳定性都较差且分布具有局限性。预测区根据主要构造线、含煤地层及其分布范围、大的河流等自然地理界线、推测人为边界等来划分基本预测单元，估算结果又根据地质构造复杂程度及煤层稳定程度采用“校正系数”予以校正。对预测的资源量根据预测依据的可靠程度分为预测可靠的（334_{-1}）、预测可能的（334_{-2}）和预测推断的（334_{-3}）三个级别。预测资源量的统计主要参照以下原则。

（1）预测深度。青藏高原以往对煤矿的普查、详查和预测的深度都在600m以浅，特别是20世纪50～80年代普查和详查的深度都在300m以浅，只有青海南部唐古拉山、积石山部分地区开展了垂深1000m以浅煤炭资源的预测工作。由于青藏高原地区煤田地质工作程度低，构造以复杂-极复杂为主，垂深超过600m的煤炭资源预测缺少可靠依据。为了从整体上分析青藏高原煤炭资源潜力，提高预测结果的可靠程度，本次青藏高原煤炭资源潜力评价主要对垂深600m以浅的预测煤炭资源量进行统计和评价，个别工作程度极低、构造极复杂地区按照垂深300m以浅进行统计和评价。

（2）含煤地层。青藏高原含煤时代众多，本次预测选取具有较大资源潜力的下石炭统、上二叠统、上三叠统、下白垩统作为重点评价地层。结合青藏高原煤炭供需矛盾突出的实际，本次评价仍然将可采煤层厚度下限确定为0.40m。

（3）统计单元。预测区是预测评价的基本单元，主要根据重要构造线、大的河流等地理要素为界，按照含煤岩系的分布来界定；跨省（区）煤田以自治区（省）界线为边界估算；不同时代煤系叠置，分别划分预测单元。

二、预测结果

（一）预测资源量

结合野外地质调查，对青藏高原以往煤田地质勘查资料进行了系统整理和分析统计，青藏高原全区垂深0～600m，预测煤炭资源量为129284.61万t（表7.3），其中预测可靠的（334_{-1}）资源量85867.79万t，预测可能的（334_{-2}）资源量18093.6万t，预测推断的（334_{-3}）资源量25323.22万t。

表 7.3　青藏高原主要预测区预测煤炭资源量统计表　　（单位：万 t）

赋煤带	预测区	预测依据	赋煤层位	预测资源量			合计
				预测可靠的（334_{-1}）	预测可能的（334_{-2}）	预测推断的（334_{-3}）	
昆仑山			中—下侏罗统羊曲组	0	0	0	0
积石山	军牧场	军牧场煤矿	中—下侏罗统羊曲组	1342	0	0	1342
唐古拉山	开心岭	开心岭煤矿	上二叠统那益雄组	14120	0	0	14120
	开心岭北	开心岭煤矿		5079	0	0	5079
	乌丽	乌丽普查		22023	0	0	22023
	乌丽东	乌丽普查		0	0	2750	2750
	扎苏	扎苏煤矿		8294	0	0	8294
	扎苏南	扎苏煤矿		0	1354	0	1354
	茶错西	八十五道班西部	上三叠统巴贡组	1800	0	0	1800
	扎青	俄青龙煤矿点	下石炭统杂多群	3240	0	0	3240
	吉耐	共涌煤矿点		0	4453	0	4453
	桑班涌	吉耐区东延		0	0	3042	3042
	昂赛	桑班涌区北东侧		0	2644	0	2644
	东坝	让江藏嘎煤矿点	上石炭统加麦弄群	2843	0	0	2843
	迈巴能	东坝区南西侧		720	0	0	720
	年治弄	年治弄煤矿点	下石炭统杂多群	0	0	994	994
	俄群嘎	年治弄区南东侧		0	0	2617	2617
	查然宁	俄群嘎区东南侧		3945	0	0	3945
	齐夏卡	俄群嘎区东侧		0	0	1343	1343
	麦多龙	结扎煤矿		0	0	3700	3700
	格玛	格码矿点	上三叠统巴贡组	0	1986	0	1986
	梭罗东茅	俊罗东茅矿点		0	0	0	0
	晓富贡巴	俊罗东茅区南东侧		0	2522	0	2522
	沟多玛	晓富贡巴南东侧		0	0	2262	2262
	毛庄	苏莽矿点		9093	0	0	9093
	东卡普	毛庄区南西侧		0	916	0	916
土门-巴青	八达松多	八达松多煤点	上三叠统土门格拉组	0	83.23	83.23	166.46
	杂德改	巴青马青拉煤点		118.68	0	0	118.68
	无比乡	聂荣无比乡煤点		0	0	9.39	9.39
	阿秀	煤层露头		173.38	0	0	173.38
	土门格拉	安多土门格拉煤矿		4385.4	0	0	4385.4
昌都-芒康	自家浦	丁青自家浦煤矿	下石炭统马查拉组	3962	0	0	3962
	拉龙贡	拉龙贡煤矿点		407.6	101.9	849.18	1358.68
	马查拉	类乌齐马查拉煤矿		2027.34	506.85	918.62	3452.81
	金多	察雅金多煤点		0	98.97	494.96	593.93
	加卡	左贡加卡煤点		0	75.62	831.74	907.36
	曲登	芒康曲登煤点		0	67.36	740.92	808.28

续表

赋煤带	预测区	预测依据	赋煤层位	预测资源量			合计
				预测可靠的（334-1）	预测可能的（334-2）	预测推断的（334-3）	
昌都-芒康	妥坝	昌都妥坝煤矿	上二叠统妥坝组	137.79	34.46	2732.71	2904.96
	瓦日	类乌齐瓦日煤点		0	105.57	0	105.57
	协维纳	类乌齐协维纳煤点		0	60.49	0	60.49
	夺盖拉	贡觉夺盖拉煤矿	上三叠统巴贡组	319.56	369.33	0	688.89
	鸟东	昌都鸟东煤点		0	42.25	42.25	84.5
	翁达岗	昌都翁达岗煤点		184.99	184.99	428.77	798.75
	巴贡	察雅巴贡煤矿		243.07	243.07	0	486.14
	津江	察雅巴贡东山煤点		94.31	62.87	162.87	320.05
	觉龙	察雅觉龙煤点		0	0	53.12	53.12
	穷卡	昌都穷卡煤矿		264.68	264.68	168.16	697.52
	打奖	类乌齐打奖煤点		74.18	67.35	20.41	161.94
	仁青	类乌齐仁青煤点		38.44	38.44	266.09	342.97
边坝-八宿	瓦达	八宿瓦达煤点	下白垩统多尼组	139.7	792.87	583.12	1515.69
	叶巴	八宿叶巴煤点		41.33	110.01	75.45	226.79
拉萨北	向阳	拉萨向阳煤点	下白垩统林布宗组	52.1	70.85	9.76	132.71
	楚木龙	拉萨楚木龙煤点	楚木龙组	36.09	7.4	0	43.49
	白朗	林周白朗煤点		14.33	7.17	0	21.5
	牛马沟	林周牛马沟煤矿		16.03	17.44	0.99	34.46
改则	川巴	改则川巴煤点	下白垩统多尼组	91.53	101.45	0	192.98
	麻米	改则麻米煤点		36.61	24.41	0	61.02
日喀则	东嘎	日喀则东嘎煤点	古近系始新统秋乌组	93.25	95.59	20.98	209.82
	吉松	昂仁吉松煤矿		54.25	58.21	3.96	116.42
	吉松谢如	昂仁谢如煤点		40.3	118.79	78.49	237.58
	芒乡	南木林芒乡煤矿	新近系中新统芒乡组	81.53	81.53	0	163.06
噶尔	门士	噶尔门士煤矿	新近系中新统门士组	240.32	325.45	40.05	605.82
合计				85867.79	18093.6	25323.22	129284.61

（二）预测资源量分析

1. 总预测资源量

对青藏高原各赋煤带预测煤炭资源量的统计结果可以看出（表 7.4、图 7.12），青藏高原预测煤炭资源量的分布极不平衡，主要分布在唐古拉山、昌都-芒康、土门-巴青赋煤带，三个赋煤带预测煤炭资源量合计为 124381.27 万 t，合计占全青藏高原垂深 0～600m 预测煤炭资源量的 96%。西藏东部及南部地区的边坝-八宿、拉萨北、改则、日喀则、噶尔五个赋煤带预测煤炭资源量仅有 3561.34 万 t。其主要原因是西藏自治区，特别是其南部地区煤田地质工作极低，探煤工程投入严重不足，造成在构造复杂-极复杂的背景条件下，难以摸清深部含煤地层的分布规律，从而影响了煤炭资源的预测，该区现有的煤炭资源预测深度大多仅有 300～500m，部分地段预测深度仅为 200m，造成该区煤炭资源预测依据不足。

为了增强预测结果的可靠性，对青藏高原垂深 0～600m 预测可靠的（334_{-1}）煤炭资源进行对比分析发现（图 7.13），全青藏高原预测可靠的煤炭资源分布特征与全部预测的煤炭资源分布特征相一致，即预测可靠的煤炭资源主要是分布在唐古拉山赋煤带，预测可靠的资源量为 71157.00 万 t；青藏高原南部地区主要是分布在昌都-芒康、土门-巴青赋煤带，预测可靠的资源量分别为 7753.96 万 t、4677.46 万 t；而边坝-八宿、拉萨北、日喀则、改则、噶尔五个赋煤带预测可靠的资源量合计为 937.37 万 t。

表 7.4　青藏高原主要赋煤带煤炭资源预测统计表　　（单位：万 t）

赋煤带	预测资源量			合计
	预测可靠的（334_{-1}）	预测可能的（334_{-2}）	预测推断的（334_{-3}）	
昆仑山	0.00	0.00	0.00	0.00
积石山	1342.00	0.00	0.00	1342.00
唐古拉山	71157.00	13875.00	16708.00	101740.00
土门-巴青	4677.46	83.23	92.62	4853.31
昌都-芒康	7753.96	2324.2	7709.8	17787.96
边坝-八宿	181.03	902.88	658.57	1742.48
拉萨北	118.55	102.86	10.75	232.16
改则	128.14	125.86	0	254
日喀则	269.33	354.12	103.43	726.88
噶尔	240.32	325.45	40.05	605.82
合计	85867.79	18093.60	25323.22	129284.61

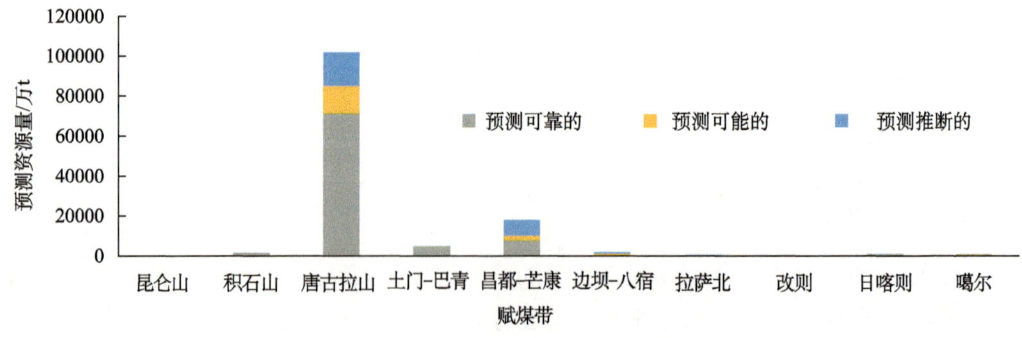

图 7.12　青藏高原各赋煤带预测煤炭资源量对比图

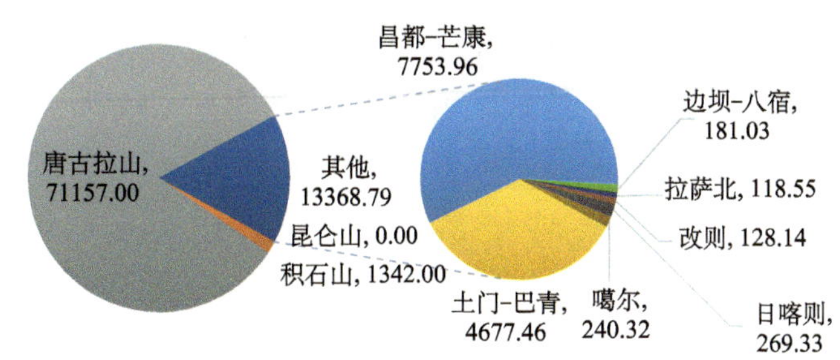

图 7.13　青藏高原各赋煤带预测可靠的煤炭资源分布图（单位：万 t）

2. 各成煤时代预测资源量

按照成煤时代对各个预测区的预测煤炭资源量进行统计，统计结果见表 7.5。

表 7.5　青藏高原各成煤时代预测煤炭资源量统计表　（单位：万 t）

成煤时代	预测资源量			合计
	预测可靠的（334_{-1}）	预测可能的（334_{-2}）	预测推断的（334_{-3}）	
石炭纪	17144.94	7947.7	15531.42	40624.06
二叠纪	49653.79	1554.52	5482.71	56691.02
三叠纪	16789.69	6780.21	3496.29	27066.19
侏罗纪	1342.00	0.00	0.00	1342.00
白垩纪	427.72	1131.6	669.32	2228.64
古近纪	187.8	272.59	103.43	563.82
新近纪	321.85	406.98	40.05	768.88
合计	85867.79	18093.6	25323.22	129284.61

从成煤时代来看，青藏高原预测的煤炭资源以二叠纪、石炭纪、三叠纪形成的含煤地层为主（图 7.14）。其中石炭纪预测煤炭资源量 40624.06 万 t，占全预测煤炭资源量的 31.42%；二叠纪预测煤炭资源量 56691.02 万 t，占全区预测煤炭资源量的 43.85%；三叠纪预测煤炭资源量 27066.19 万 t，占全区预测煤炭资源量的 20.94%；白垩纪预测煤炭资

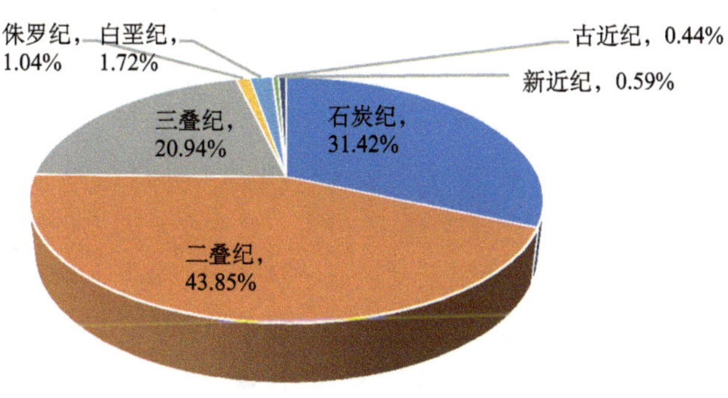

图 7.14　青藏高原各成煤时代预测煤炭资源量对比图

源量 2228.64 万 t，占全区预测煤炭资源量的 1.72%；侏罗纪预测煤炭资源量 1342 万 t，占全区预测煤炭资源量的 1.04%；古近纪预测煤炭资源量 563.82 万 t，占全区预测煤炭资源量的 0.44%；新近纪预测煤炭资源量 768.88 万 t，占全区预测煤炭资源量的 0.59%。

3. 各含煤地层预测资源量

按照含煤地层对各个预测区的预测煤炭资源量进行统计，统计结果见表 7.6。

表 7.6 青藏高原各含煤地层预测煤炭资源量统计表 （单位：万 t）

含煤地层	预测资源量			合计
	预测可靠的（334_{-1}）	预测可能的（334_{-2}）	预测推断的（334_{-3}）	
下石炭统杂多群	7185.00	7097.00	11696.00	25978.00
下石炭统马查拉组	6396.94	850.70	3835.42	11083.06
上石炭统加麦弄群	3563.00	0.00	0.00	3563.00
上二叠统那益雄组	49516.00	1354.00	2750.00	53620.00
上二叠统妥坝组	137.79	200.52	2732.71	3071.02
上三叠统巴贡组	12112.23	6696.98	3403.67	22212.88
上三叠统土门格拉组	4677.46	83.23	92.62	4853.31
中—下侏罗统羊曲组	1342.00	0.00	0.00	1342.00
下白垩统多尼组	309.17	1028.74	658.57	1996.48
下白垩统林布宗组	52.1	70.85	9.76	132.71
下白垩统楚木龙组	66.45	32.01	0.99	99.45
始新统秋乌组	187.80	272.59	103.43	563.82
中新统芒乡组	81.53	81.53	0.00	163.06
中新统门士组	240.32	325.45	40.05	605.82
合计	85867.79	18093.6	25323.22	129284.61

青藏高原各个含煤地层预测资源量分布极不均衡，上二叠统那益雄组、下石炭统杂多群、上三叠统巴贡组、下石炭统马查拉组预测资源量均在 10000 万 t 以上；上石炭统加麦弄群、上二叠统妥坝组、上三叠统土门格拉组预测资源量在 3000 万～5000 万 t；中—下侏罗统羊曲组、下白垩统多尼组预测资源量在 1000 万～2000 万 t；下白垩统林布宗组、始新统秋乌组、中新统芒乡组、中新统门士组预测煤炭资源仅为几百万吨；下白垩统楚木龙组预测资源量不足 100 万 t。

从单个含煤地层来看（图 7.15），首先，上二叠统那益雄组预测煤炭资源量最多，为 53620.00 万 t，占全区预测煤炭资源量的 41.47%。这主要是因为近些年在开心岭、乌丽地区开展煤炭普查和详查工作，通过探煤工程揭露了深部含煤地层，对那益雄组的含煤性有了充分认识，初步摸清了该区的区域地质规律和成煤条件，对该区煤炭资源的预测提供充分依据。其次，为下石炭统杂多群，预测资源量为 25978.00 万 t，占全区预测资源量的 20.09%。再次，上三叠统巴贡组预测资源量为 22212.88 万 t，占全区预测资源量的 17.18%。

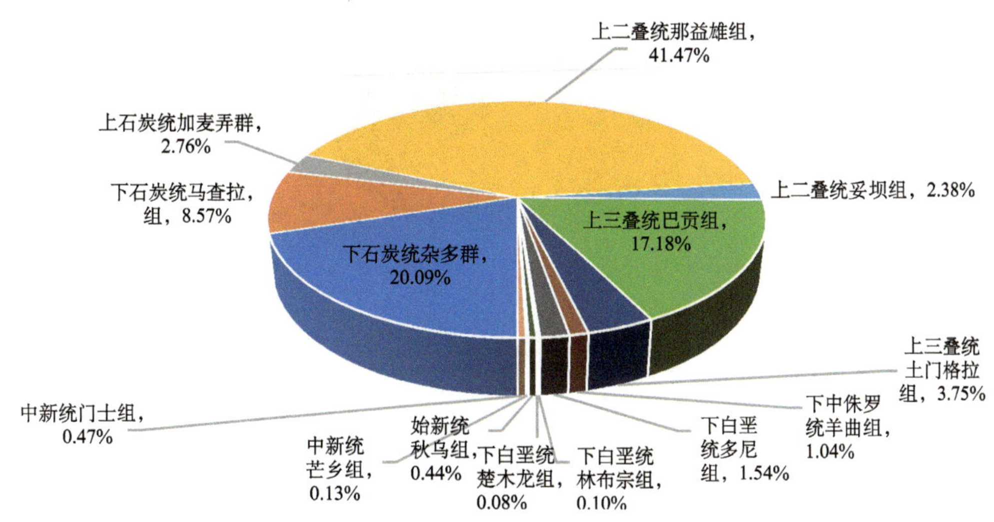

图 7.15 青藏高原各含煤地层预测煤炭资源量对比图

4. 各煤类预测资源量

按照煤类对各个预测区的预测煤炭资源量进行统计，统计结果见表 7.7 和图 7.16。

表 7.7 青藏高原各煤类预测煤炭资源量统计表 （单位：万 t）

煤类	预测资源量			合计
	预测可靠的（334_{-1}）	预测可能的（334_{-2}）	预测推断的（334_{-3}）	
褐煤	81.53	81.53	0	163.06
长焰煤	115.51	366.16	179.09	660.76
不黏煤	3461.56	4877.33	2262	10600.89
弱黏煤	128.14	125.86	0	254
肥煤	373.87	582.08	181.77	1137.72
焦煤	297.32	301.28	3.96	602.56
瘦煤	582.42	611.47	1079.01	2272.9
贫煤	49844.15	1361.4	6450	57655.55
无烟煤	30983.29	9786.49	15167.39	55937.17
合计	85867.79	18093.6	25323.22	129284.61

青藏高原预测煤炭资源量的煤类从褐煤到无烟煤均有分布，充分显示了该区成煤时代跨度大、构造复杂、区域变质程度差异大的特征。煤类以贫煤、无烟煤为主，不黏煤次之。其中贫煤预测资源量为 57655.55 万 t，占预测煤炭资源量的 44.60%；无烟煤预测资源量为 55937.17 万 t，占预测资源量的 43.27%；不黏煤预测资源量为 10600.89 万 t，占预测资源量的 8.20%。

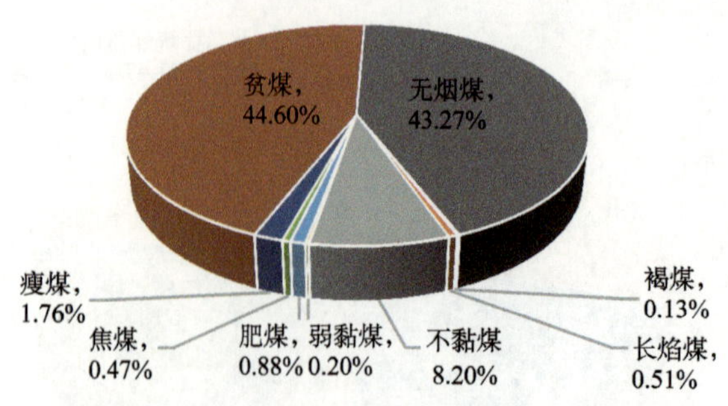

图 7.16 青藏高原各煤类预测煤炭资源量对比图

第三节 各赋煤带煤炭资源预测

一、昆仑山赋煤带

昆仑山赋煤带位于柴达木南缘断褶带和东昆仑褶皱带的接壤部位。该区以昆中断裂为中轴线向西延入新疆南部，东端以鄂拉山断裂为界，与西秦岭褶皱带相接。西秦岭褶皱带主体在甘肃南部，青海省境内仅在羊曲、同仁等地偶见含煤地层（未见可采煤层），青海省煤炭资源潜力评价报告也将其归入昆仑山赋煤带。

东昆仑地区煤田地质工作程度很低，目前仅在其东段分出一个昆东煤田，其中部的布尔汗布达山地区和西部的红水河一带因地质情况尚不清楚，未进一步进行详细划分。

昆东煤田含煤地层属中—下侏罗统，含煤层段为羊曲组（J_2y），区域构造特征是由北向南的推覆构造十分发育，但因煤田地质工作程度极低，尚难确切验证。从目前发现的一些煤矿线索来看，成煤环境不稳定，构造较复杂，加之已有资料较少，以往对该煤田未开展煤炭资源预测。布尔汗布达山地区含煤地层总厚为 64m（未见底），属兰道湾乌苏组（J_1l）。主要煤矿点有秋吉、八宝山、东大干沟、纳赤台西等，含煤地层分布零星，构造复杂，加之工作程度低且资料少，以往对该煤田未开展煤炭资源预测。至于西秦岭地区，虽有侏罗系含煤地层分布，但煤田地质工作几乎为零，目前情况下难以对该区煤炭资源前景做出预测。

二、积石山赋煤带

积石山赋煤带位于巴颜喀拉山褶皱带东南部，成煤时代为早—中侏罗世，北部为大武煤田，有石峡、野马滩、军牧场等勘探区和煤矿点，向东与甘南、川北的尕海煤田（郎木寺-财宝山）遥相呼应，向南至巴颜喀拉山东部地区，所见煤矿点比较分散，如桑日麻、哇塞、年宝等地，该区尚难确切划分出煤田单元界限，其范围可东延至青海阿坝地区。

（一）大武煤田预测区

大武煤田位于阿尼玛卿山东段的大武盆地中，属果洛藏族自治州玛沁县管辖，该煤田因受昆南断裂的控制，构造较复杂，含煤地层总体上呈 NWW 向至近 EW 向展布，整体向北倾。在自北向南的强烈挤压作用下，使之演变为被北倾走向逆断层切割并伴有众多小褶曲的陡立单斜构造形态。各矿点含煤情况差异较大，石峡-江卡沟西部（即乌黑马区）含煤四层，顶部的 M_4 和底部的 M_1 均为局部可采煤层，据大武煤矿采掘资料，其厚度及产状沿走向及倾向均不稳定。M_4 厚度为 0.2～4.0m，局部有尖灭现象，一般厚 2m 左右。各矿点的煤质一般较差，以中-富灰的贫煤为主，局部灰分大于 40%，属高灰煤；靠近南侧花岗岩体的野马滩下煤组，挥发分低于 10%，应为无烟煤，而距岩体稍远的军牧场矿点挥发分大于 30%，胶质层最大厚度 Y 值为 15～33mm，应属于 1/3 焦煤至肥煤类。

根据青海煤炭资源潜力评价（张发德等，2010），该煤田南缘煤系地层与其基底的界线已得到控制；北缘受北倾逆断层切割限制，煤系地层向深部延伸有限；石峡—江卡沟一带、野马滩煤矿一带东西两侧、军牧场煤矿一带西侧煤系地层分布区范围已很清楚，唯有军牧场一带煤系地层很可能向东部进一步延伸。因此，在军牧场煤矿一带煤系地层分布区东侧第四系分布区圈定了军牧场预测区，位于军牧场煤矿向东西两侧的延展部分，走向上被第四系掩盖，仅两端地表有小片侏罗系底砾岩露头，浅部有小煤窑及钻孔控制。从军牧场煤矿煤层的赋存规律来看，预测区的煤层可向深部延伸（图 7.17），垂深 0～600m 预测可靠的（334_{-1}）资源量 1342 万 t（表 7.8）。需要指出的是，大武煤田的西北部大武滩一带大片的第四系、白垩系分布区，深部也可能赋存有煤系地层及煤层，但截至目前尚没有确切的依据。

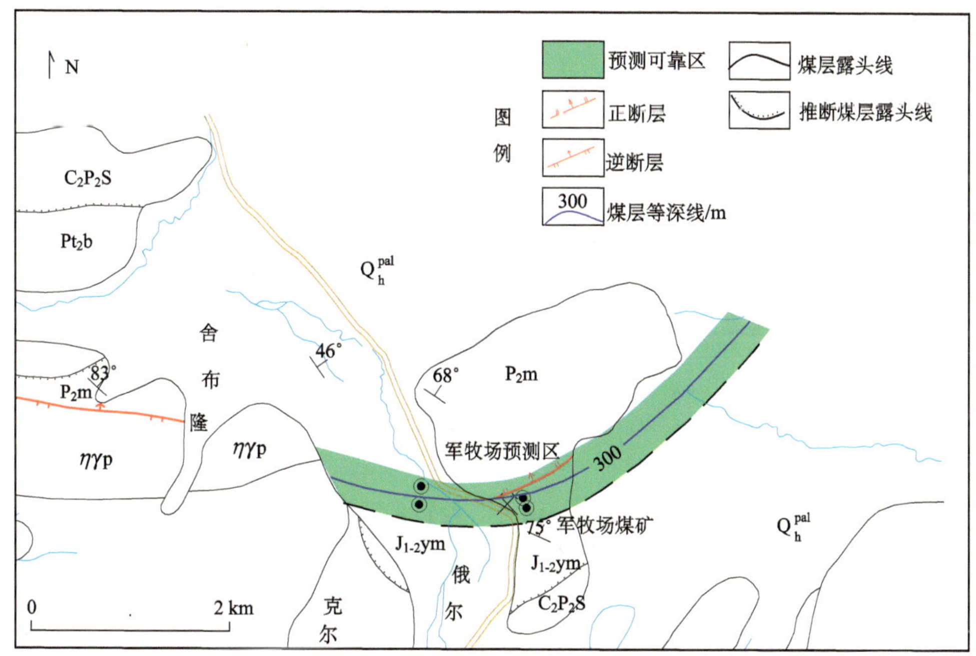

图 7.17　大武煤田煤炭预测区分布图（据张发德等，2010，修改）

表 7.8　大武煤田预测区预测资源量一览表

预测区	预测依据	构造复杂程度	煤层稳定性	可采煤层总厚/m	煤类	预测资源量/万 t			合计/万 t
						预测可靠的（334-1）	预测可能的（334-2）	预测推断的（334-3）	
军牧场	军牧场煤矿	较复杂	不稳定	2.07	不黏煤	1342	0	0	1342

（二）巴颜喀拉山东部预测区

巴颜喀拉山东部位于果洛藏族自治州达日县、久治县巴颜喀拉山北东缘，主要煤矿点有年宝、哇塞、桑日麻等，自煤矿点有简易公路可通县城，交通较方便，含煤地层为下侏罗统年宝组（J_1n）。依据年宝煤矿含煤特征，年宝组中部含一层局部可采煤层，厚度较小；下部含一层较稳定可采煤层，结构复杂，厚度为 1.00～9.00m。该区侏罗系含煤地层岩相类型为砾石相及粗碎屑岩相，主要发育冲积扇及河流沉积体系，属于河流岸后沼泽或废弃河道成煤环境，煤层厚度变化大，横向连续性差。同时，由于成煤期受火山喷发的影响，煤层不可能大面积分布，未开展煤炭资源预测。

三、唐古拉赋煤带

唐古拉赋煤带位于青海省境内达哈县、曲麻莱县、扎多县、囊谦县境内。赋煤带南界为温泉断裂，北界为乌兰乌拉湖-玉树断裂，区内主构造线方向为近 EW 向或 NWW 向。根据区内含煤地层分布特点分为乌丽煤田和扎曲煤田，预测煤炭资源量 101740 万 t，其中垂深 0～600m 预测可靠的（334-1）资源量为 71157 万 t，预测可能的（334-2）资源量为 13875 万 t，预测推断的（334-3）资源量为 16708 万 t。

（一）乌丽煤田预测区

乌丽煤田位于青海省西南部唐古拉山口以北的沱沱河上游一带，行政区划隶属格尔木市和玉树藏族自治州治多县、曲麻莱县。乌丽煤田的基本构造形态为一个大的复式向斜，由一个向斜和两个背斜组成，煤层主要受背斜构造控制，小褶曲发育。乌丽煤田含煤地层主要为上二叠统乌丽群那益雄组（P_3n）、上三叠统结扎群巴贡组（T_3bg）。那益雄组主要分布在乌丽、扎苏、开心岭等地，巴贡组含煤地层仅出露在茶错、冬日扎姆纳纠山及乌丽煤矿的东南等地。

从以往资料看，开心岭煤矿一带，沿开心岭背斜两翼分布有二叠系那益雄组含煤地层，1966 年，青海地质大队煤矿点调查资料反映有七层可采煤层，施工的两条槽探控制了其中的四层可采煤层，煤层厚度为 1.00～13.50m，煤炭资源潜力较好。乌丽地区乌丽背斜南翼大面积出露那益雄组含煤地层。自 2008 年开始，青海煤田地质一三二勘探队、青海煤炭地质勘查院先后在该地区开展了煤炭普查工作，已证实至少含有三层可采煤层。在煤田东部扎苏煤矿一带及其以东、以南也有那益雄组含煤地层分布，含可采煤层三层，厚度为 1～3.99m。八十五道班西部一带有巴贡组分布，据已有资料分析表明该区有可采煤层一层，厚度为 3.1m，为三叠系找煤的有利区段。乌丽煤田可以划分为开心岭、开心岭北、茶错西、乌丽、乌丽东、扎苏、扎苏南七个预测区（图 7.18），预测煤炭资源量 55420 万 t，其中垂深 0～600m 预测可靠的（334_{-1}）资源量为 51316 万 t，预测可能的（334_{-2}）资源量为 1354 万 t，预测推断的（334_{-3}）资源量为 2750 万 t（表 7.9）。

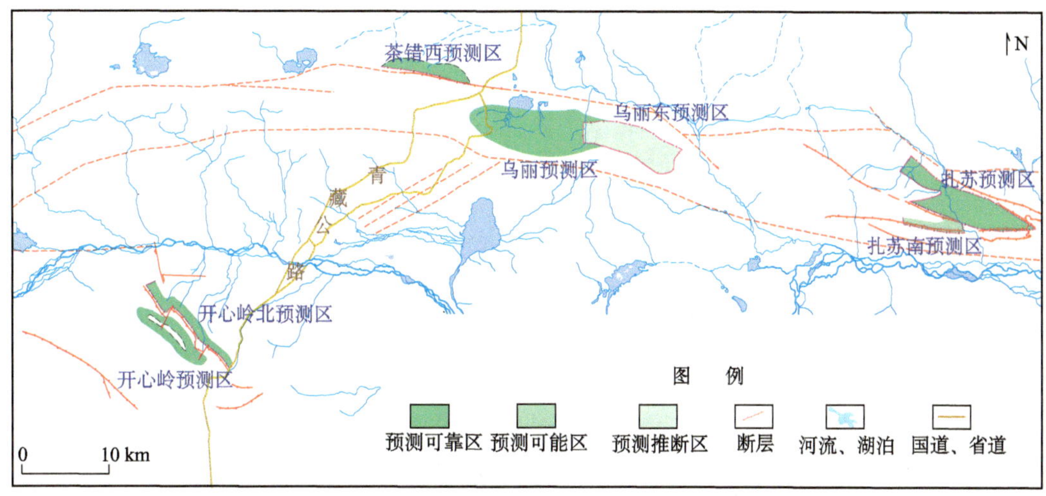

图 7.18 乌丽煤田煤炭资源预测区分图（据张发德等，2010，修改）

表 7.9 乌丽煤田预测区预测资源量一览表

预测区	预测依据	构造复杂程度	煤层稳定性	可采煤层总厚/m	煤类	预测资源量/万 t			合计/万 t
						预测可靠的（334_{-1}）	预测可能的（334_{-2}）	预测推断的（334_{-3}）	
开心岭	军牧场煤矿	较复杂	不稳定	7	贫煤	14120	0	0	14120
开心岭北	开心岭煤矿	较复杂	不稳定	7	贫煤	5079	0	0	5079
乌丽	乌丽普查	较复杂	不稳定	4.38	贫煤	22023	0	0	22023
乌丽东	乌丽普查	较复杂	不稳定	1.88	贫煤	0	0	2750	2750
扎苏	扎苏煤矿	较复杂	不稳定	4.75	贫煤	8294	0	0	8294
扎苏南	扎苏煤矿	较复杂	不稳定	4.75	贫煤	0	1354	0	1354
茶错西	八十五道班矿点	较复杂	不稳定	1.88	不黏煤	1800	0	0	1800
合计						51316	1354	2750	55420

1. 开心岭预测区

开心岭预测区分布于唐古拉山乡开心岭煤矿附近，为一复式背斜构造。含煤地层为上二叠统那益雄组（P_3n）。那益雄组在成煤期主要发育有障壁海岸沉积体系，以潮坪-潟湖沼泽成煤为主，成煤环境较好。1966 年，青海省区调综合地质大队曾在该区进行矿点调查，施工探槽两条，共揭露可采煤层七层。自下而上煤厚分别为：煤 7 平均厚 5m、煤 2 平均厚 13.50m、煤 3 厚 3.00～1.00m、煤 4 厚度不详、煤 5 平均厚 5.36m；煤 6、煤 7 未进行揭露，但煤厚均达可采厚度。又据 1∶20 万区调资料称，煤层总厚约为 22m，且已有地方小窑开采。对垂深 0～600m 预测可靠的（334_{-1}）资源量为 14120 万 t。

2. 开心岭北预测区

开心岭北预测区位于开心岭北坡，其南侧以走向逆断层为界。区内上二叠统那益雄组含煤地层大面积出露，呈 NW 向展布且倾向 NE 的单斜构造，古地理背景主要为潮坪-潟湖沉积环境，成煤环境好。主要依据南侧开心岭区的已知地质资料，对垂深 0～600m 预测可靠的（334_{-1}）资源量为 5079 万 t。

3. 乌丽预测区

乌丽预测区位于乌丽背斜的主体部分，含煤地层为上二叠统那益雄组。古地理背景主要为潮坪-潟湖沉积环境，成煤环境好，煤层层数多。经西北煤田地质局青藏队山地工程和钻孔揭露，共含煤十层，可采者五层。自 2008 年，青海煤炭地质一三二勘探队又对该区进行了煤炭普查工作，通过槽探和钻探等实物工程量的控制，对区内含煤情况有了更深入的认识，区内其厚度大于 0.6m 的可采煤层较多，按煤层间距、煤层结构等特征，可分为五个煤组。其中，可采（大部可采）煤层有三个，从上到下分别为：M_1煤组，平均厚 1.10m；M_2煤组，平均厚 1.47m；M_5煤组，平均厚 1.81m。对垂深 0～600m 预测可靠的（334_{-1}）资源量为 22023 万 t。

4. 乌丽东预测区

乌丽东预测区位于乌丽预查区东侧，为乌丽背斜的东延部分。该区边部为上二叠统那益雄组含煤岩系，中北部被中三叠统掩盖，呈不完整的向斜形态。古地理背景主要为潮坪-潟湖沉积环境，成煤环境好，煤层层数多，预测依据与乌丽区相同，对垂深 0～600m 预测推断的（334_{-1}）资源量为 2750 万 t。

5. 扎苏预测区

扎苏预测区位于乌丽东约 40km 处，为其含煤地层的东延部分。含煤地层为上二叠统那益雄组。构造形态较复杂，并伴有基性岩侵入。据扎苏矿点资料，自上而下划分为三个含煤层段，其中以灰色砂岩含煤段为主，共含可采煤层六层。煤层厚度一般为 1.00～2.50m，最厚者达 3.99m，总可采厚度为 9.50m，曾有小矿开采。对垂深 0～600m 预测可靠的（334_{-1}）资源量为 8294 万 t。

6. 扎苏南预测区

扎苏南预测区位于扎苏预测区南侧，两区以 NW 向逆断层为界。预测部分呈 NW 倾的单斜构造形态。依据该区与扎苏区存在相同的含煤地层，且处于北界逆断层之下盘，煤层垂深相对较大，对垂深0～600m预测可能的（334_{-2}）资源量为1354万t。

7. 茶错西预测区

茶错西预测区位于青藏公路八十五道班西约5km处，有便道可通往该区，交通尚属方便。八十五道班矿点已被青藏公路养路道班开采多年，预测区部分大致呈南倾的单斜构造形态，含煤地层为上三叠统巴贡组碎屑岩组，含煤1层，厚3.10m，有两层厚约0.45m的夹矸，煤层呈NW向延展，约2km后被草滩掩盖，但是巴贡组分布区不仅限于茶错西预测区，在煤田西南部开心岭背斜北翼、乌丽地区二叠系含煤地层分布区外围，也有巴贡组地层出露，但目前区域煤田工作程度较低，预测依据不足。根据八十五道班煤层出露特征，对垂深0～600m预测可靠的（334_{-1}）资源量为1800万t。

（二）扎曲煤田预测区

扎曲煤田位于青海省南部唐古拉山的东部，行政区划隶属青海省玉树藏族自治州囊谦县及杂多县。扎曲煤田除在豹草沟地区、冷切达地区开展过小煤矿勘探工作，吉耐-其涌地区开展过煤田地质普查工作外，其余多数地区煤田地质工作仅限于矿点检查或路线地质调查工作。扎曲煤田的西南部为下石炭统杂多群含煤地层，从该区杂多群的空间展布形态和煤矿点的出露位置来看，均沿他念他翁古陆的东北缘呈NW-SE向带状分布；而北东部则以上三叠统结扎群为代表，属于过渡型海陆交互相含煤盆地。

扎曲煤田可以划出17个预测区，石炭系扎多群地层分布区划分出了九个预测区（图7.19），石炭系加麦弄地区划分两个预测区，东部三叠系巴贡组地层分布区划分出了六个预测区。扎曲煤田共预测煤炭资源量46320万t，其中垂深0～600m预测可靠的（334_{-1}）资源量为19841万t，预测可能的（334_{-2}）资源量为12521万t，预测推断的（334_{-3}）资源量为13958万t（表7.10）。

1. 扎青预测区

扎青预测区位于杂多县城北西侧，夹于两条断层之间，区内含煤地层为下石炭统杂多群碎屑岩组。据俄青龙煤矿点资料，沿走向800m范围内有四个采坑，其中1～3号坑已坍塌，4号坑内见有三层煤。厚度分别为：0.5～1.00m、1.00～1.50m、0.10～0.20m，两层可采煤层煤质好，但稳定性差。对垂深0～600m预测可靠的（334_{-1}）资源量为3240万t。

2. 吉耐预测区

吉耐预测区位于扎青预测区的南侧，呈不完整的向斜构造形态。区东端有共涌煤矿点，含煤地层为下石炭统杂多群碎屑岩组，含煤五层，一层可采，煤厚为0.80～3.50m，但不稳定。对垂深0～600m预测可能的（334_{-2}）资源量为4453万t。

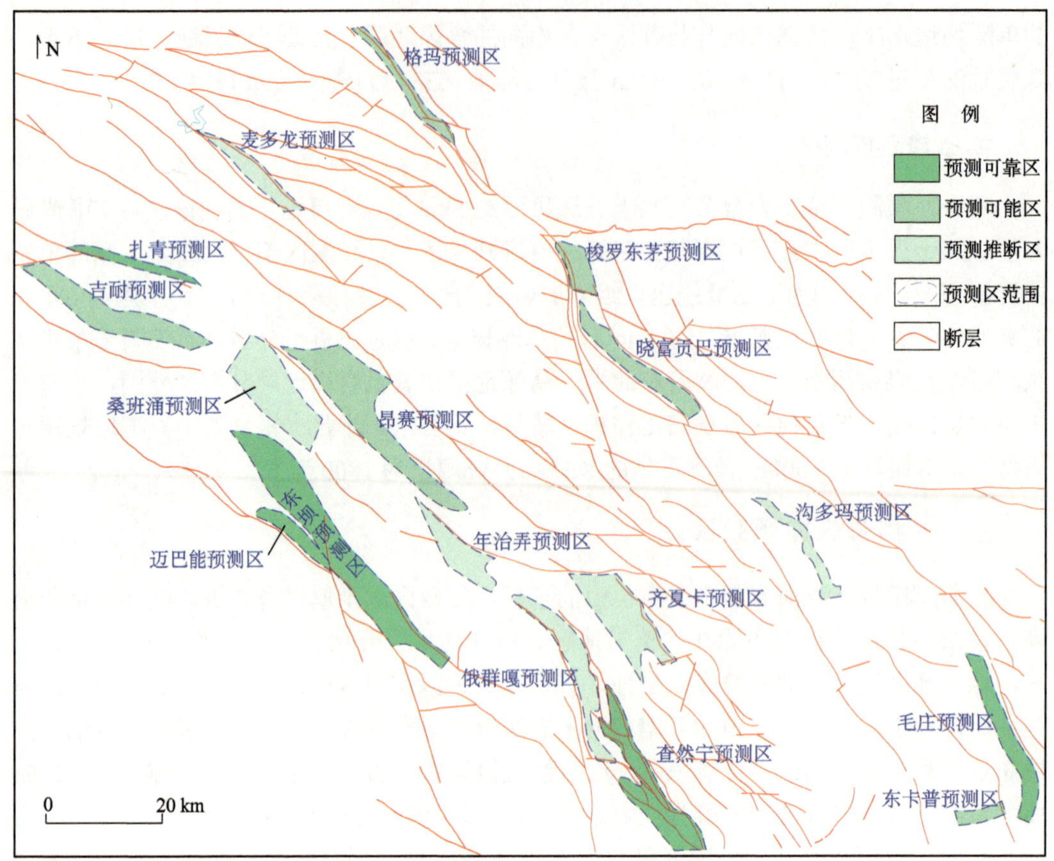

图 7.19 扎曲煤田煤炭资源预测区分布图（据张发德等，2010，修改）

表 7.10 扎曲煤田预测区预测资源量一览表

预测区	预测依据	构造复杂程度	煤层稳定性	可采煤层总厚/m	煤类	预测资源量/万 t			合计/万 t
						预测可靠的（334-1）	预测可能的（334-2）	预测推断的（334-3）	
扎青	俄青龙煤矿点	较简单	不稳定	1	无烟煤	3240	0	0	3240
吉耐	共涌煤矿点	较复杂	不稳定	0.88	无烟煤	0	4453	0	4453
桑班涌	吉耐区东延	复杂	不稳定	0.88	无烟煤	0	0	3042	3042
昂赛	桑班涌预测区北东侧	中等	不稳定	1.6	无烟煤	0	2644	0	2644
东坝	年治弄煤矿点	复杂	稳定	8.21	无烟煤	2843	0	0	2843
迈巴能	年治弄预测区南东侧	复杂	稳定	0.65	无烟煤	720	0	0	720
年治弄	俄群嘎预测区的东南侧	中等	不稳定	1.6	无烟煤	0	0	994	994
俄群嘎	俄群嘎预测区东侧	中等	不稳定	5.58	无烟煤	0	0	2617	2617
查然宁	结扎煤矿	中等	不稳定	5.58	无烟煤	3945	0	0	3945
齐夏卡	让江藏嘎煤矿点	复杂	不稳定	1.4	无烟煤	0	0	1343	1343

续表

预测区	预测依据	构造复杂程度	煤层稳定性	可采煤层总厚/m	煤类	预测资源量/万 t			合计/万 t
						预测可靠的（334_{-1}）	预测可能的（334_{-2}）	预测推断的（334_{-3}）	
麦多龙	东坝预测区南西侧	复杂	不稳定	3	贫煤	0	0	3700	3700
格玛	格码矿点	复杂	不稳定	1	不黏煤	0	1986	0	1986
梭罗东茅	俊罗东茅矿点	复杂	不稳定	0.6	无烟煤	0	0	0	0
晓富贡巴	俊罗东茅预测区南东侧	复杂	不稳定	1.4	不黏煤	0	2522	0	2522
沟多玛	晓富贡巴南东侧	复杂	不稳定	1.4	不黏煤	0	0	2262	2262
毛庄	苏莽矿点	中等	极不稳定	3.58	无烟煤	9093	0	0	9093
东卡普	毛庄预测区南西侧	中等	不稳定	1.4	无烟煤	0	916	0	916
合计						19841	12521	13958	46320

3. 桑班涌预测区

桑班涌预测区位于吉耐预测区的南东侧，属吉耐区的东延部分，全区呈 NW 向展布的不完整向斜构造，含煤地层为下石炭统杂多群碎屑岩组。煤层沿走向连续性较差，厚度变化较大，构造复杂，对垂深 0～600m 预测推断的（334_{-3}）资源量为 3042 万 t。

4. 昂赛预测区

昂赛预测区位于桑班涌预测区北东侧，呈 NW 走向的复式褶皱。含煤地层为下石炭统杂多群碎屑岩组，共含煤三层，有两层可采，其厚度分别为 1.20m 和 2.00m，交通条件尚好，其东部含煤情况不清。对垂深 0～600m 预测可能的（334_{-2}）资源量为 2644 万 t。

5. 东坝预测区

位于桑班涌预测区南西侧，总体形态为 NW 走向的复式向斜。含煤地层以上石炭统加麦弄群砂板岩组为主。区内构造复杂，断裂、褶皱发育。据区内豹草沟小煤矿揭露的煤层四层，厚度为 6.9～20.17m，目前已有多处小窑开采。根据本次野外调查分析，将预测区缩小为豹草沟煤矿北侧、南侧、南东侧断层围成的三角状区域含煤地层覆盖范围，对垂深 0～600m 预测可靠的（334_{-1}）资源量为 2843 万 t。

6. 迈巴能预测区

迈巴能预测区位于东坝预测区南西侧，其南、北边界被两条走向逆断层控制，呈 NW 向条带状。含煤地层为上石炭统加麦弄群砂板岩组，区内地表可见八处煤层露头点，含煤层数较多，煤层厚度为0.50～1.40m，当地已有坑采。对垂深0～600m预测可靠的（334_{-1}）资源量为 720 万 t。

7. 年治弄预测区

年治弄预测区位于昂赛预测区南西侧，为两条走向断层界定。出露地层呈不完整的背斜形态，含煤地层为下石炭统杂多群碎屑岩组。根据年治弄煤矿点煤层出露状况，对垂深 0～600m 预测推断的（334_{-3}）资源量为 994 万 t。

8. 俄群嘎预测区

俄群嘎预测区位于年治弄预测区南东侧，呈走向 NNW 的条带状。其构造形态为一东倾的单斜，含煤地层为下石炭统杂多群碎屑岩组。从查然宁剖面看，该套含煤岩系共含煤 17 层，可采者六层。该区应属查然宁区含煤地层的北延部分，对垂深 0～600m 预测推断的（334_{-3}）资源量为 2617 万 t。

9. 查然宁预测区

查然宁预测区位于俄群嘎预测区的东南侧，呈 NNW 向展布的不规则形态，两区基本以平移断层为界。区内构造复杂，大体为南部单斜，北部背斜。含煤地层为下石炭统杂多群碎屑岩组，在矿点调查时，该区共发现 17 层煤，其中六层可采，其厚度分别为 0.55m、0.60m、1.90m、0.75m、1.20m 和 0.58m，且具一定规模。对垂深 0～600m 预测可靠的（334_{-1}）资源量为 3945 万 t。

10. 齐夏卡预测区

齐夏卡预测区位于俄群嘎预测区东侧齐夏卡地区，该区构造形态复杂，大体为北向斜、南背斜，含煤地层为下石炭统杂多群碎屑岩组。齐夏卡煤矿点含煤三层，煤层厚度分别为 0.30m、0.50m 和 0.50m。属不稳定薄煤层，且煤层结构复杂，对垂深 0～600m 预测推断的（334_{-3}）资源量为 1343 万 t。

11. 麦多龙预测区

麦多龙预测区位于杂多结扎乡北西约 2km 处，预测区南北两侧被走向逆断层切割，全区呈狭长条带状。含煤地层为下石炭统杂多群碎屑岩组，大体为背斜构造形态。邻区结扎煤矿见有 1～2 层可采煤层，最大厚度 6m，但厚度不稳定。据推测向北西应延入该区，对垂深 0～600m 预测推断的（334_{-3}）资源量为 3700 万 t。

12. 格玛预测区

格玛预测区位于杂多县结扎乡子曲上游东岸，含煤地层为上三叠统结扎群巴贡组。据矿点资料该套含煤岩系共含煤（或煤线）16 层，仅一层可采，厚约 1m，且不稳定。1 号平巷采长可达百余米，而 2 号平硐中煤层延伸 10 余米即尖灭，故定为预测可能区（334_{-2}）预测资源量为 1986 万 t。

13. 梭罗东茅预测区

梭罗东茅预测区位于格玛预测区南东方约 20km 处，其构造形态为一被断层切割的不完整向斜，含煤地层为上三叠统巴贡组。据俊罗东茅矿点资料，共含煤 5 层，仅一层可采，煤厚 0.60m；且属于透镜状不稳定煤层。另在其东侧的子曲背斜轴部，出露上二叠统那益雄组上部层段，亦有含煤线索，但预测区范围内含煤地层垂深预计超过 600m。

14. 晓富贡巴预测区

晓富贡巴预测区位于俊罗东茅预测区南东侧，含煤地层为上三叠统巴贡组，共含五层，其中有两层可采，煤层厚度分别为 0.80m 和 0.60m。区内构造较复杂，褶皱、断裂发育，对煤层破坏较严重。对垂深 0～600m 预测可能的（334_{-2}）资源量 2522 万 t。

15. 沟多玛预测区

沟多玛预测区位于晓富贡巴南东侧约 20km 处。基本构造形态为一不对称向斜，含煤地层为上三叠统巴贡组，推测其含煤性与毛庄和晓富贡巴区类似。鉴于目前工作程度较低，异达异矿点仅见多层炭质泥岩，含煤段大部被古近系掩盖。对垂深 0～600m 预测推断的（334_{-3}）资源量为 2262 万 t。

16. 毛庄预测区

毛庄预测区位于囊谦县东约 30km 处，为一西倾的单斜构造，含煤地层为上三叠统巴贡组。据苏莽矿点资料，共出露九层煤，均可采，煤层厚度分别为 1.00m、1.40m、4.50m、0.95m、1.05m、1.40m、0.90m、1.80m 和 1.30m，但均为极不稳定煤层。毛庄乡已进行开采。在区内北西部的白浪昂段开展了野外调查，对煤层露头有了基本控制。对垂深 0～600m 预测可靠的（334_{-1}）资源量 9093 万 t。

17. 东卡普预测区

东卡普预测区位于毛庄预测区南西侧，总体构造形态为南倾的单斜，含煤地层为上三叠统巴贡组。1974 年，结扎煤矿曾派员对该区进行矿点检查，并施工了少量地表工程，共揭露煤层（或煤线）21 层，但仅有两层厚度为 0.70m 的煤层可采，且煤层稳定性较差。对垂深 0～600m 预测可能的（334_{-2}）资源量为 916 万 t。

四、土门-巴青赋煤带

土门-巴青赋煤带位于羌塘-三江断褶带安多-昌都印支期断褶亚带的西北部，西起东经 89°的辛格、两重山一带，向东经土门格拉、索县、巴青到东经 95°的八达松多一带，作 NWW-SEE 分布，长 560km、宽 20～56km，主要含煤地层为上三叠统土门格拉组。可以划分为八达松多、杂德改、无比乡、阿秀、土门格拉五个含煤预测区（图 7.20），预测资源量 4853.31 万 t，其中垂深 0～600m 的预测可靠的（334_{-1}）资源量为 4677.46 万 t，预测可能的（334_{-2}）资源量为 83.23 万 t，预测推断的（334_{-3}）资源量为 92.62 万 t（表 7.11）。

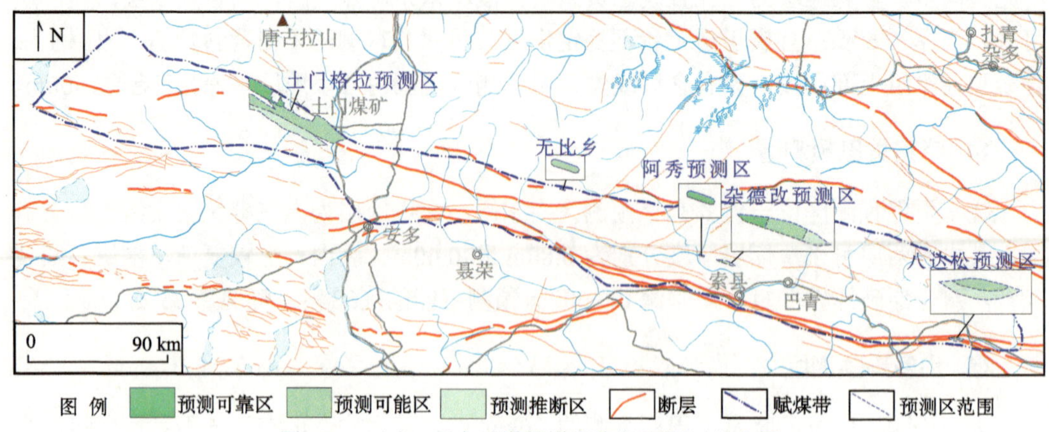

图 7.20 土门–巴青赋煤带煤炭资源预测区分布图

表 7.11 土门–巴青赋煤带预测区预测资源量一览表

预测区	预测依据	构造复杂程度	煤层稳定性	可采煤层总厚/m	煤类	预测资源量/万 t			合计/万 t
						预测可靠的（334_{-1}）	预测可能的（334_{-2}）	预测推断的（334_{-3}）	
八达松多	八达松多煤点	极复杂	不稳定	3.8	长焰煤	0	83.23	83.23	166.46
杂德改	马青拉煤点	极复杂	不稳定	4.34	贫煤	118.68	0	0	118.68
无比乡	无比乡煤点	复杂	不稳定	0.9	无烟煤	0	0	9.39	9.39
阿秀	探槽揭露	简单	不稳定	0.45	贫煤	173.38	0	0	173.38
土门格拉	土门格拉煤矿	复杂	不稳定	5.7	焦煤、贫煤、无烟煤	4385.40	0	0	4385.40
合计						4677.46	83.23	92.62	4853.31

（一）八达松多预测区

八达松多预测区位于昌都丁青县北西西约 70km，属丁青县尺牍区巴达乡管辖。预测区夹持于 NWW-SEE 逆断层之间，构造极复杂，南侧为改则–怒江深大断裂，含煤地层为上三叠统土门格拉组。1963 年，中国科学院西藏综合考察队进行矿产考察时发现并检查了测区内的八达松多矿点，当地曾进行过土法开采。八达松多煤点含煤两层，分别厚 0.8m 和 3m，煤层延伸情况及煤层煤质特征不清，根据该矿点西部巴青、索县等煤点和东部仁青煤点类比，推测为煤质好的烟煤。在八达松多煤点 2km 范围预测煤炭资源量为 166.46 万 t，其中垂深 0～300m 预测可能的（334_{-2}）资源量为 83.23 万 t；垂深 300～600m 预测推断的（334_{-3}）资源量为 83.23 万 t。

（二）杂德改预测区

杂德改预测区位于那曲地区索县北西315°约15km处，在索曲之南岸，属巴青县高口区扎色乡管辖。测区内主要为一NWW-SEE向斜构造，该向斜西起扎色乡，向东穿过索曲延出矿区，核部由晚三叠世煤系地层组成，马青拉煤矿位于向斜核部，煤层在近核部的两翼平行延伸，两翼产状中等，倾角为35°～45°，构造极复杂。2015年，中煤航测遥感局该区开展煤炭资源调查，探槽工程揭露，TC_{14-01}中揭露的煤层真厚度为0.51m，TC_{14-04}揭露煤层厚度为0.40m，平均厚度为0.45m。对垂深0～600m预测可靠的（334_{-1}）资源量118.68万t。

（三）无比乡预测区

无比乡预测区位于那曲聂荣县北东58°约70km，属聂荣县白雄区无比乡所辖。预测区地质特征与杂德改预测区类似，含煤地层为上三叠统土门格拉组。1973年，西藏地质四队在进行找煤路线概查时发现并检查了该测区内的无比乡煤点，无比乡煤矿点内见10处煤层露头，煤层绝大多数为不规则透镜体，煤层厚度变化大，多处因构造挤压而厚度不稳定，构造较复杂，属不稳定煤层，煤质为无烟煤。对垂深0～300m预测推断的（334_{-3}）资源量为9.39万t。

（四）阿秀预测区

阿秀预测区位于研究区中部巴青县阿秀乡北果丛陇—冷勒通一带，北界为F_{12}断层，南界为煤层垂深600m推断线，含煤地层为上三叠统土门格拉组。2015年，中煤航测遥感局在该区开展煤炭资源调查，地表探槽揭露煤层真厚度大于0.40m的煤点四个，最大厚度为0.48m，平均厚度为0.45m，煤层稳定向较差，地表沿走向追索可近1km。对垂深0～600m预测可靠的（334_{-1}）资源量为173.38万t。

（五）土门格拉预测区

土门格拉预测区位于那曲安多县北西330°约63km，呈NWW-SEE分布，西起尕尔根，东到达青藏公路。土门格拉预测区含煤地层为上三叠统土门格拉组，该区含煤性较好，煤系中含煤层20余层，主要可采煤层6层，其中局部可采煤层14层。煤层结构复杂，煤变质程度由南向北逐渐变浅，南部为无烟煤至贫煤，向北逐渐变为焦煤，且具明显带状分布特征。2006年，中煤航测遥感局在土门地区开展了生态煤炭资源调查，将含煤地层划分为上、中、下三个含煤段，下部煤段含煤11层，底板为泥岩，顶板为粉砂岩，煤11厚度为0.29～5.7m，是区内主要可采煤层之一；中部含煤段含煤10层，煤厚变化大；上部含煤段含煤7层，多为薄煤及煤线，仅煤32、煤35局部可采，煤32厚度为0～1.63m，煤35厚度为0～2.67m，煤类主要为无烟煤、贫煤、焦煤、气煤、不黏煤等。对垂深0～600m预测可靠的（334_{-1}）资源量为4385.40万t。

五、昌都-芒康赋煤带

昌都-芒康赋煤带位于安多-昌都印支期断褶带西侧昌都-芒康复向斜两翼，含煤地层有下石炭统马查拉组、上二叠统妥坝组、上三叠统巴贡组，可以划分出 18 个预测区（图 7.21），早石炭世有马查拉、自家浦、拉龙贡、金多、加卡、曲登 六个预测区；晚二叠世含煤预测区为妥坝预测区；晚三叠世含煤预测区为瓦日、协维纳、夺盖拉、乌东、翁达岗、巴贡、津江、觉龙、穷卡、打奖、仁青 11 个预测区。昌都-芒康赋煤带垂深 0～600m 预测资源量 17787.96 万 t，其中的预测可靠的（334_{-1}）资源量 7753.96 万 t，预测可能的（334_{-2}）资源量 2324.20 万 t，预测推断的（334_{-3}）资源量 7709.80 万 t（表 7.12）。

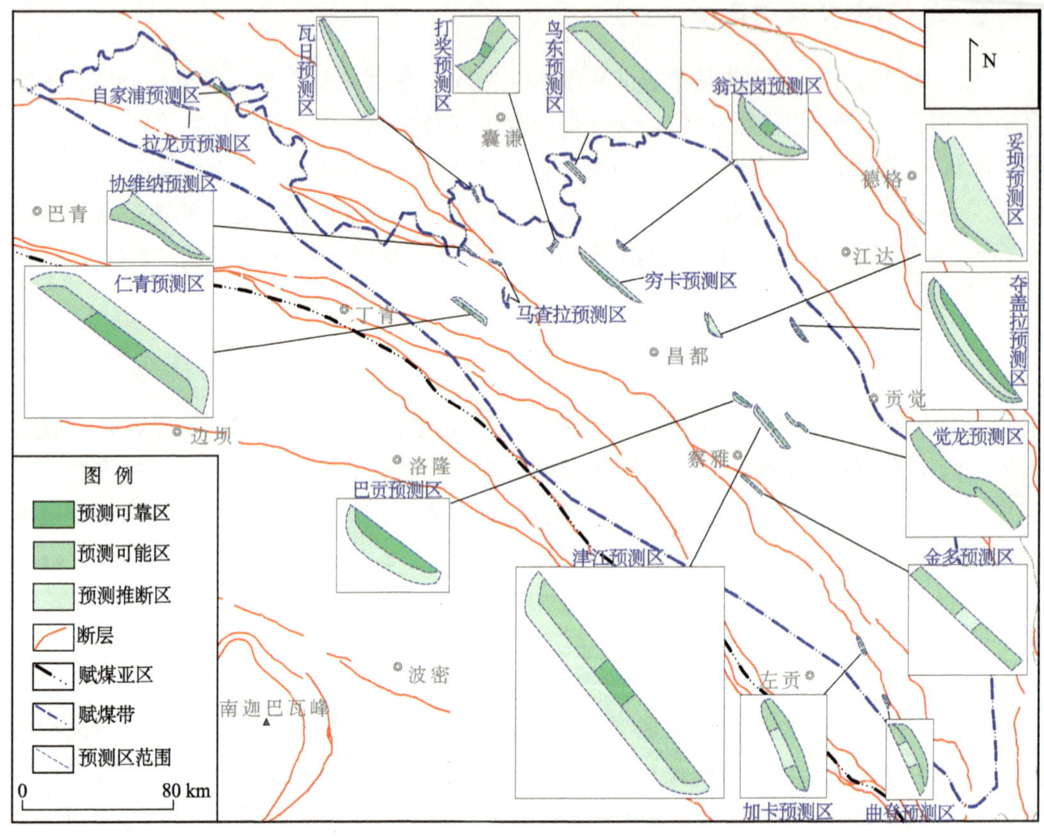

图 7.21　昌都-芒康赋煤带煤炭资源预测区分布图（据毛晓东等，2011，修改）

（一）自家浦预测区

自家浦预测区位于研究区东北部丁青县木塔乡自家浦—折莫阿由一带，临近青海省杂多县。含煤地层为下石炭统杂多群碎屑岩组，沿边界断层呈 NW-SE 向延伸，走向长度 7.5km，北西端延入杂多县境内，南北宽约 1.5km，该区块含煤性最好，工作程度也相对

表 7.12　昌都-芒康赋煤带预测区预测资源量一览表

预测区	预测依据	构造复杂程度	煤层稳定性	可采煤层总厚/m	煤类	预测资源量/万 t			合计/万 t
						预测可靠的（334-1）	预测可能的（334-2）	预测推断的（334-3）	
自家浦	自家浦煤矿	中等	较稳定	36.73	无烟煤	3962.00	0	0	3962.00
拉龙贡	拉龙贡矿点	极复杂	较稳定	36.73	无烟煤	407.60	101.90	849.18	1358.68
马查拉	马查拉煤矿	复杂-极复杂	不稳定-较稳定	1.56～10.96	贫煤	2027.34	506.85	918.62	3452.81
金多	金多煤点	复杂	不稳定	0.8	无烟煤	0	98.97	494.96	593.93
加卡	加卡煤点	复杂	极不稳定	1.06	无烟煤	0	75.62	831.74	907.36
曲登	曲登矿点	复杂	极不稳定	2.52	无烟煤	0	67.36	740.92	808.28
妥坝	妥坝矿点	极复杂	极不稳定	0.99～2.48	贫瘦煤	137.79	34.46	2732.71	2904.96
瓦日	瓦日煤点	复杂	极不稳定	4.32	长焰煤	0	105.57	0	105.57
协维纳	协维纳煤点	复杂	不稳定	1.1	长焰煤	0	60.49	0	60.49
夺盖拉	夺盖拉煤矿	复杂	稳定性差	0.95	不黏煤-焦煤	319.56	369.33	0	688.89
鸟东	鸟东煤点	较复杂	不稳定	0.51	气煤-肥煤	0	42.25	42.25	84.50
翁达岗	翁达岗煤点	简单	稳定	0.4	长焰煤	184.99	184.99	428.77	798.75
巴贡	巴贡煤点	中等	较稳定	0.66～0.93	焦煤	243.07	243.07	0	486.14
津江	巴贡东山、津江、学布煤点	较简单	不稳定	1.5	瘦煤	94.31	62.87	162.87	320.05
觉龙	尼龙通、觉龙煤点	较简单	不稳定	0.2	瘦煤	0	0	53.12	53.12
穷卡	穷卡煤矿、扎马、小昂煤点	复杂	不稳定	0.53～0.9	肥煤-贫瘦煤	264.68	264.68	168.16	697.52
打奖	打奖煤点	中等	不稳定	0.59～2.10	长焰煤	74.18	67.35	20.41	161.94
仁青	仁青煤点	较复杂	较稳定	2.35	长焰煤	38.44	38.44	266.09	342.97
合计						7753.96	2324.20	7709.80	17787.96

最高，自家浦煤矿就位于该区块内，总体上含煤层及煤线 71 层，厚度达 0.40m 以上的煤层达 46 层。2015 年，中煤航测遥感局在该区开展煤炭资源调查，仅对地表厚度较大、分布较为稳定的五层可采煤层进行了初步控制，可采煤层厚度为 0.40～1.50m，地层倾角为 20°～73°，平均为 51°。可采煤层自西向东逐渐变差，煤层沿倾向往深部有增厚的趋势。层内走向小断层较为发育，易造成煤层的断失，构造条件中等（图 7.22），煤类为无烟煤。对垂深 0～600m 预测可靠的（334_{-1}）资源量 3962.00 万 t。

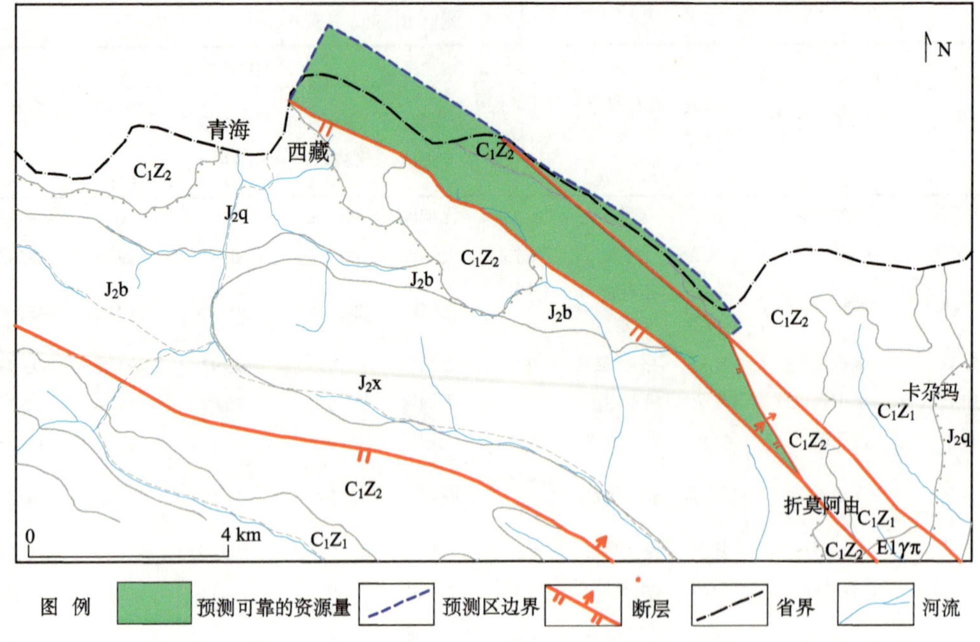

图 7.22 自家浦含煤预测区分布图

（二）拉龙贡预测区

拉龙贡预测区位于自家浦预测区西南方向，区内有拉龙贡煤矿点，未开展过煤田地质调查工作。预测区内煤系沿走向呈北西向延伸约 8000m，根据区域赋煤规律和控煤构造特点，预计该段应当有较稳定煤层分布，基本夹持在两条逆断层之间，构造极复杂（图 7.23）。预测含煤层段含煤五层，煤厚 1.98m，两层局部可采，煤类为无烟煤。拉龙贡预测区垂深 0～600m 预测煤炭资源量为 1358.68 万 t，其中沿走向 2000m 预测可靠的（334_{-1}）资源量为 407.60 万 t；两端各外推 1/4 预测可能的（334_{-2}）资源量为 101.90 万 t；按照走向长度 5000 m 预测推断的（334_{-3}）资源量为 849.18 万 t。

（三）马查拉预测区

马查拉预测区位于昌都地区类乌齐县东约 20km 的尚卡区境内，包括了马查拉、机日马两个富煤段及打奖、扎马、昂木通（小昂）等煤矿点。机日马富煤段可划出机日马预测区；马查拉煤矿区存在着近东西向正断层及平推断层和近南北向逆断层的特点，可分割成 5 个预测段（图 7.24）。马查拉预测区垂深 0～600m 预测资源量为 3452.81 万 t，其中的预测可靠的（334_{-1}）资源量为 2027.34 万 t，预测可能的（334_{-2}）资源量为 506.85 万 t，预测推断的（334_{-3}）资源为 918.62 万 t（图 7.24，表 7.13）。

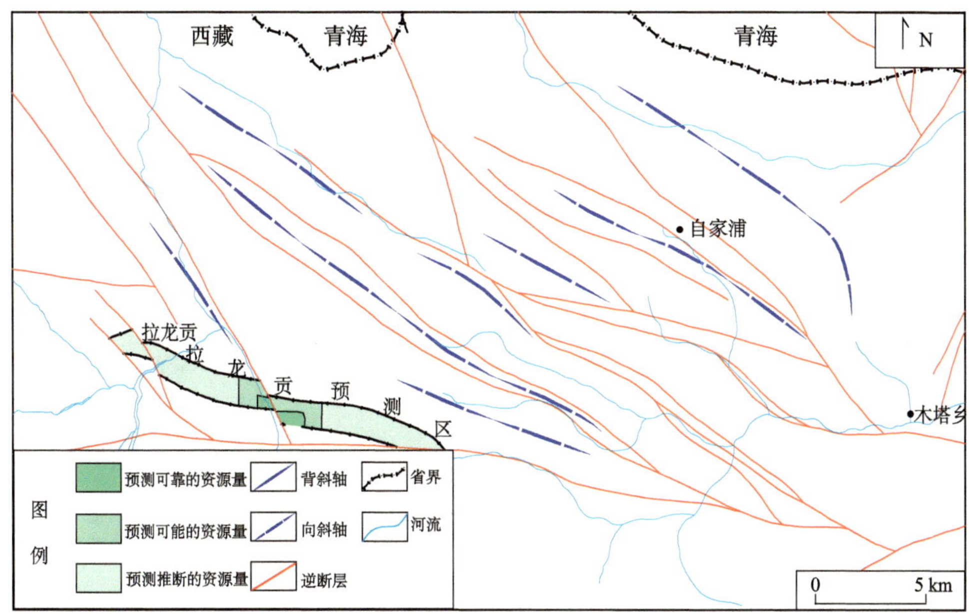

图 7.23　拉龙贡含煤预测区分布图

表 7.13　马查拉预测区预测资源量一览表

预测段	预测依据	构造复杂程度	煤层稳定性	可采煤层总厚/m	煤类	预测资源量/万 t			合计/万 t
						预测可靠的（334_{-1}）	预测可能的（334_{-2}）	预测推断的（334_{-3}）	
朝阳岭	煤层露头	极复杂	不稳定	1.56	贫煤	165.07	41.27	37.68	244.02
弯弓河	煤层露头	复杂	较稳定	10.96	贫煤	998.74	249.69	674.94	1923.37
怀宝山	煤层露头	极复杂	不稳定	2.63	贫煤	112.62	28.16	33.40	174.18
珊瑚河东	煤层露头	复杂	较稳定	5.71	贫煤	127.92	31.98	91.39	251.29
珊瑚河西	煤层露头	复杂	较稳定	8.68	贫煤	175.75	43.94	43.94	263.63
机日马	煤炭调查	复杂	较稳定	3.06	贫煤	447.24	111.81	37.27	596.32
合计						2027.34	506.85	918.62	3452.81

1. 机日马富煤段

机日马富煤段位于昌都向斜西翼，煤系地层受南北两侧次级断层破坏严重，总体构造形态表现为单斜构造；富煤段内次级断层发育；地层走向 NWW，倾向 NNE，倾角为 44°～70°；地质构造属于复杂地区。机日马富煤段煤系地层厚 860m，含煤层及煤线 6 层以上，煤层总厚 4.23m, 其中，可采及局部可采煤层三层，可采总厚为 2.80～3.32m, 平均可采累厚 3.06m；单层可采厚度为 0.50～2.00m, 煤层结构较简单，属于较稳定煤层。根据 2003 年四川省煤田地质工程勘察设计研究院在该区的调查成果，预测煤层走向长约 3000m，三层可采煤层，可采煤层平均累厚 3.06m，煤层倾角为 59°，煤系走向出露约

5000m，垂深 0～600m 预测煤炭资源量为 596.32 万 t。其中预测可靠的（334_{-1}）资源量为 447.24 万 t，预测可能的（334_{-2}）资源量为 111.81 万 t，预测推断的（334_{-3}）资源量为 37.27 万 t。

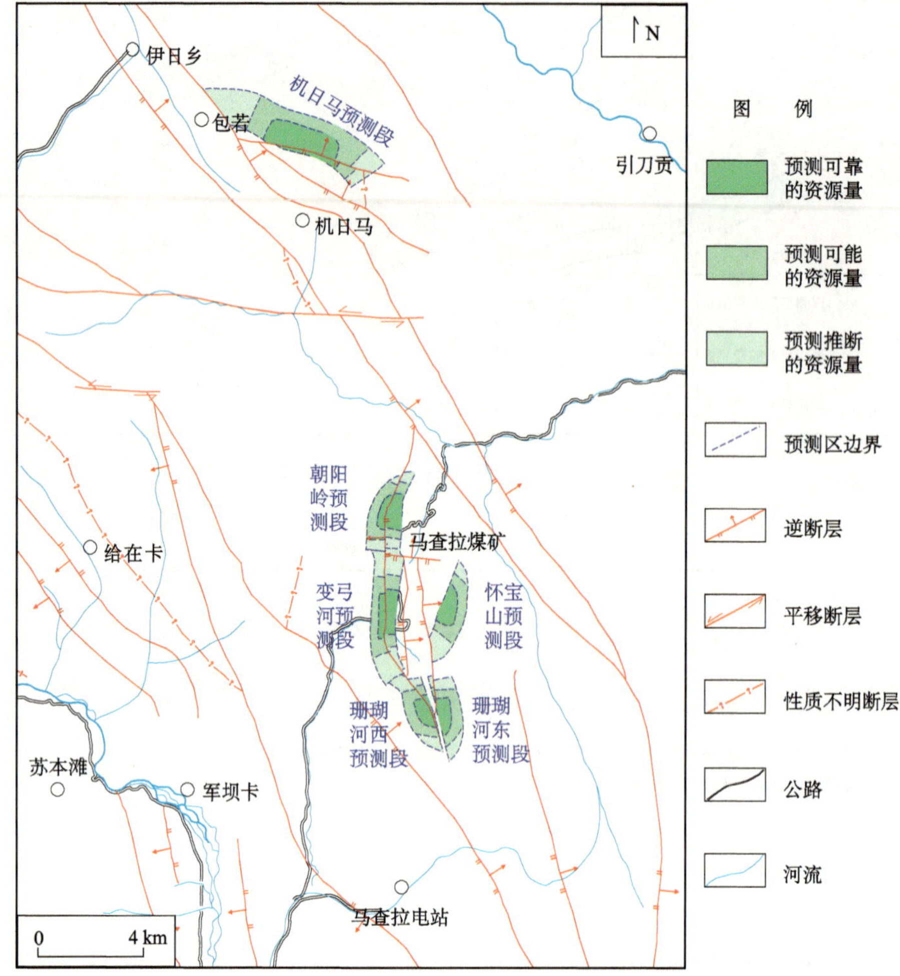

图 7.24 马查拉地区煤炭资源预测区分布图（据毛晓冬等，2011，修改）

2. 马查拉富煤段

马查拉富煤段位于澜沧江-紫曲复背斜核部的昌都向斜西翼的马查拉背斜轴部一带，其西部（西翼）、东部（东翼）都被次级断层破坏，含煤地层出露不全，段内地质构造极其复杂，地层断失、重复时有发生，属于极复杂构造地区。地层走向近 SN，背斜轴面弯曲，枢纽波状起伏，并在矿区两端倾没。马查拉煤矿区含煤地层厚 495m，在马查拉煤矿区内见煤系地层厚 873.4m，含煤层和煤线 82 层，其中可采或局部可采者 23 层，可采总厚 2.97～23.48m，可采单层厚度为 0.40～2.55m，可采煤层平均累厚 12.82m，可采单层煤平均厚度为 0.40～1.29m，主要含煤段可采含煤系数达 2.45%。煤层结构为简单-较简单，少数复杂，形态多为似层状或层状，较稳定-不稳定。根据马查拉煤系分布范围和以往地质工作程度，马查拉煤矿区存在着近 EW 向正断层及平推断层和近 SN 向的逆断层，把矿区分割成五个预测段。

（1）朝阳岭预测段。位于矿区北段，北部为背斜枢纽倾没处，南侧以近 EW 向 F_1 正断层及断层顺走向延伸为界。煤系地层组成一走向长 2700m，向北倾没的背斜。背斜核部及东翼被早一中三叠世紫红色砂岩、砾岩、泥岩及灰岩不整合覆盖。背斜东侧出露煤系地层上段（出露宽度为 0～500m）和煤系地层上覆的灰岩层。地层向东倾，倾角为 33°。根据煤点资料，含煤两层，分别厚 0.62m 和 0.94m，累计厚 1.56m；煤层不稳定，构造属极复杂区。垂深 0～600m 预测煤炭资源量为 244.02 万 t。其中预测可靠的（334_{-1}）资源量为 165.07 万 t，预测可能的（334_{-2}）资源量 41.27 万 t，预测推断的（334_{-3}）资源量为 37.68 万 t。

（2）弯弓河预测段。在矿区的中段西侧，北以 F_1 断层为界，与朝阳岭预测段相邻，东侧以 F_2 弯弓河逆断层为界。南北延伸 4400m，东西宽为 500～700m。煤系厚 529m，含煤层及煤线 22 层，其中局部可采 19 层，可采煤层总厚 10.96m，控制煤层走向平均长度约 1920m, 平均可采段长 1543m。垂深 0～600m 预测煤炭资源量为 1923.37 万 t，其中预测可靠的（334_{-1}）资源量为 998.74 万 t，预测可能的（334_{-2}）资源量为 249.69 万 t，预测推断的（334_{-3}）资源量为 674.94 万 t。

（3）怀宝山预测段。位于矿区中段的东南侧，南以 F_3 为界，西对 F_5 怀金山逆断层为界，东及西北面为煤系上覆灰岩所盖。出露煤系上部地层，并组成一走向 NNE、枢纽向 NNE 及 SSW 端倾伏的短轴背斜。煤系分布长 1800m，宽 0～500m。北西翼产状不清，南东翼产状倾向南东，倾角度 56°～58°。根据矿区资料，含平均厚度不小于 0.4m 的可采或局部可采煤层有四层，可采煤层累厚 2.63m。垂深 0～600m 预测煤炭资源量为 174.18 万 t，其中预测可靠的（334_{-1}）资源量为 112.62 万 t，预测可能的（334_{-2}）资源量为 28.16 万 t，预测推断的（334_{-3}）资源量为 33.40 万 t。

（4）珊瑚河东预测段。位于矿区南段东侧，北以 F_3 为界，西以珊瑚背斜轴为界，东以煤系地层与上覆灰岩接触为界，为一近 SN 向延伸，倾向东，倾角为 52°，向南逐渐转为向南倾的三角地带。煤系下、中、上部皆出露，延长 1000～1800m，宽 500m 左右，平均倾角为 63°。垂深 0～600m 预测煤炭资源量为 251.29 万 t，其中预测可靠的（334_{-1}）资源量为 127.92 万 t，预测可能的（334_{-2}）资源量为 31.98 万 t，预测推断的（334_{-3}）资源量为 91.39 万 t。

（5）珊瑚河西预测段。该段西侧以 F_1 晚霞岭北东麓逆断层为界，东侧界线为珊瑚河背斜轴部，北为 F_3 平推断层，其地质情况同东翼预测段。该段大部分地区被第四系覆盖，仅北部出露煤系地层。该段中部及南部基本被第四系覆盖，尚无工程控制，但含煤性较好，可采和局部可采煤层的平均走向长度约为 432m。垂深 0～600m 预测煤炭资源量为 263.63 万 t，其中预测可靠的（334_{-1}）资源量为 175.75 万 t，预测可能的（334_{-2}）

资源量为 43.94 万 t，预测推断的（334_{-3}）资源量为 43.94 万 t。

（四）金多预测区

金多预测区位于昌都察雅县南东、澜沧江西岸，煤点分布在羌塘-三江断褶带东段安多-昌都印支期断褶亚带内他念他翁-澜沧江逆断层西侧的类乌齐-登巴复背斜中段北东翼上。以往煤田地质工作程度低，过去对该矿点只进行过矿点踏勘工作。煤系呈 NNW-SSE 延伸，在矿点北约 5km 被上三叠统不整合覆盖，煤系向 SSE 延长约 150km，并在矿点南东约 120km 发现有加卡、曲登等煤矿点。该矿点含煤九层，单层厚度为 0.3～1.1m，平均厚度不小于 0.4m 的可采及局部可采煤层 3～5 层，煤层延伸不明，属不稳定煤层，灰分含量较高，煤类为无烟煤。按照可采煤层四层，平均厚度为 0.40m，可采煤层总厚为 0.80m。垂深 0～600m 预测煤炭资源量为 593.93 万 t，其中沿煤层走向推测 2000m 预测可能的（334_{-2}）资源量 98.97 万 t；按照顺走向两端各外推 5000m 预测推断的（334_{-3}）资源量为 494.96 万 t（表 7.11）。

（五）加卡预测区

加卡预测区位于昌都芒康县与八宿县之间、澜沧江西侧，预测区在金多预测区南东约 40km，同属一大地构造单元，在类乌齐-登巴复背斜南段之北东翼上，是金多预测区向 SSE 方向延伸部位。煤系挟持于两条走向断层间，煤系组成一残缺不全的背斜构造，沿背斜核部发育着较大的断层，背斜东翼发育较好，加卡煤点在此翼部，含煤层（线）五层，其中可采或局部可采者 1～2 层，煤层厚 1.06m，属于极不稳定煤层；背斜西翼煤系保存欠佳。加卡预测区垂深 0～600m 预测煤炭资源量为 907.36 万 t，其中在加卡煤点沿走向延长 2000m 范围内垂深 0～300m 预测可能的（334_{-2}）资源量为 75.62 万 t，垂深 300～600m 预测推断的（334_{-3}）资源量为 75.62 万 t，煤矿点外围南北侧各推测 5000m、垂深 0～600m 预测推断的（334_{-3}）资源量为 756.12 万 t，预测推断（334_{-3}）资源量合计 831.74 万 t。

（六）曲登预测区

曲登预测区位于加卡预测区南，区内煤田地质工作程度极低，仅对曲登煤矿点进行过矿点踏勘。曲登预测区是加卡预测区的南延部分，区内构造复杂，煤系由煤点沿走向向南北各延长 20km，煤田地质工作程度差，根据曲登煤点可知，含煤层（线）11 层，其中可采或局部可采者 6 层，单层厚 0.37～0.47m，总厚 2.52m，煤层极不稳定，一般延长 100～960m 不等。曲登预测区垂深 0～600m 预测煤炭资源量为 808.28 万 t，其中煤层沿走向 2000m 预测垂深 0～300m 预测可能的（334_{-2}）资源量为 67.36 万 t，垂深 300～600m 预测推断的（334_{-3}）资源量为 67.36 万 t；煤矿点外沿走向两端各外推 5000m、垂深 0～600m 预测推断的（334_{-3}）资源量为 673.56 万 t，预测推断（334_{-3}）资源量合计 740.92 万 t。

（七）妥坝预测区

妥坝预测区位于昌都东 30km，大地构造位置上处于羌塘-三江断褶带安多-昌都印支期断褶亚带内昌都-芒康复向斜东翼。预测区含煤岩系为晚二叠世妥坝煤系，作NNW-SSE分布，出露长约36km，宽0～5.5km。煤系地层组成一复背斜（由两个背斜和一个向斜组成）背斜轴向为NW335°延伸，东翼产状倾向NEE，倾角为60°～80°，西翼倾向 SWW，倾角为 40°～60°。区内煤层几乎均为透镜体断续分布，可划分为四个预测段，煤类均为贫瘦煤。妥坝预测区垂深0～600m预测资源总量为2904.96万t（表7.14），其中预测可靠的资源量为137.79万t，预测可能的资源量为34.46万t，预测推断的资源量为2732.71万t。

（1）那热村-波妥拉预测段。在预测区东部，属妥坝复背斜东翼。该段构造复杂，煤系挟持于东西两条断层之间，两断层对煤系地层影响不大。东部为正断层，倾向东，倾角45°；西部为逆断层，倾向东，倾角较大。煤系走向延伸长度为36km，其北部是妥坝煤矿主体部分，煤田地质工作程度相对较高，曾在那热村-冲波龙一带发现六层煤，厚度分别是0.81m、0.67m、0.41m、0.59m、0.35m、0.26m，可采煤层累计厚度为2.48m。该段垂深0～600m预测资源量为1989.54万t，其中预测可靠的（334_{-1}）资源量为63.09万t，预测可能的（334_{-2}）资源量为15.78万t，预测推测的（334_{-3}）资源量为1910.67万t。

表 7.14 妥坝煤产地预测资源量一览表

预测段	预测依据	构造复杂程度	煤层稳定性	可采煤层总厚/m	煤类	预测资源量/万 t			合计/万 t
						预测可靠的（334_{-1}）	预测可能的（334_{-2}）	预测推断的（334_{-3}）	
那热村-波妥拉	妥坝煤矿	极复杂	极不稳定	2.48	贫煤	63.09	15.78	1910.67	1989.54
卡香达	煤层露头	极复杂	极不稳定	1.6	贫煤	35.09	8.77	500.02	543.88
列瓦	煤层露头	极复杂	极不稳定	0.99	贫煤	23.42	5.86	82.93	112.21
香卡	煤层露头	极复杂	极不稳定		贫煤	16.19	4.05	239.09	259.33
合计						137.79	34.46	2732.71	2904.96

（2）卡香达预测段。位于妥坝复背斜东翼次级背斜的西翼，煤系东以F_1断层为界，与那热村-波妥拉预测段相邻，西以向斜轴为界与香卡预测段接壤，局部被晚三叠世砂岩、砾岩不整合覆盖。煤系平行构造线方向延伸，出露长15km，宽0.8～2.4km。含煤层三层，分别厚0.34m、0.8m、0.8m，可采煤层累厚1.60m。煤层结构较简单—复杂—极复杂，稳定性极差，多呈透镜状。预测段内煤层控制走向长度约500m，煤层倾向西。垂深0～600m预测资源量为543.88万t，其中预测可靠的（334_{-1}）资源量为35.09万t，预测可能的（334_{-2}）资源量为8.77万t，预测推断的（334_{-3}）资源量为500.02万t。

（3）列瓦预测段。位于南西侧列瓦一带，属复背斜中次级向斜的西翼。西部及北部被晚三叠世砂岩、砾岩层不整合覆盖。煤系走向延长 7.2km，宽 1.6km，含两层煤，厚分别为 0～0.99m 和 0.23m，平均厚度 0.5m。煤系地层倾向东，倾角为 16°～54°，平均 37°。垂深 0～600m 预测煤炭资源量为 112.21 万 t，其中沿可采煤层走向 839m 预测可靠的（334_{-1}）资源量为 23.42 万 t，沿走向两端各外推 1/4 预测可能的（334_{-2}）资源量为 5.86 万 t，沿走向 7.2km 预测推断的（334_{-3}）资源量为 82.93 万 t。

（4）香卡预测段。位于预测区西部，东以复背斜中部向斜轴线为界，西部被晚三叠世砂岩、砾岩不整合覆盖，呈 NW-SE 向延伸，长 18km，宽 3.6km，煤系倾向西，倾角为 17°～56°。垂深 0～600m 预测煤炭资源量为 259.33 万 t，其中按照煤层走向平均长度 580m 预测可靠的（334_{-1}）资源量为 16.19 万 t，预测可能的（334_{-2}）资源量为 4.05 万 t；预测推断的（334_{-3}）资源量为 239.09 万 t。

（八）瓦日预测区

瓦日预测区位于昌都北西约 100km 的青藏交界处，煤田地质工作程度低，在过去进行 1∶100 万区调时发现瓦日煤点，并进行了矿点检查工作。煤系向北西延入青海，南东被上三叠统砂岩、砾岩所不整合覆盖。煤系两侧为逆断层，两断层面倾向煤系外侧，在深部对煤系没有影响。区内见煤层（线）10 余层，其中四层较好，局部达可采，单层厚 0.15～2.00m，煤层多呈透镜状分布，厚度变化大，属极不稳定煤层。大部分属隐伏煤层，推测煤系走向长为 2000m，垂深 0～600m 预测可能的（334_{-2}）资源量为 105.57 万 t。

（九）协维纳预测区

协维纳预测区位于昌都类乌齐县北北西约 22.5km 马查拉煤矿西北侧，构造位置上处于羌塘-三江断褶带安多-昌都印支期断褶亚带内的昌都-芒康复向斜的西翼。煤系受两条断层控制，西侧为他念他翁-澜沧江逆断层，东侧为一断面向西南倾、倾角不清的逆断层。以往煤田地质工作程度低，在进行 1∶100 万区调中发现协维纳煤点，并进行了矿点踏勘检查。煤系呈 NW-SE 向延伸、顺走向长约 20km，宽 0～2km，两端被上三叠统不整合覆盖。煤系地层组成一背斜构造，两翼产状不清。区内含煤层（线）若干条，其中两层较好，单层厚 0.10～1.00m，煤层不稳定，煤层作似层状，垂深 0～600m 预测可能的（334_{-2}）资源量为 60.49 万 t。

（十）夺盖拉预测区

夺盖拉预测区位于昌都贡觉县北北西 45km，以往对夺盖拉煤矿及周边先后进行了踏勘、普查及详查工作，该区曾作过土法开采和炼焦。预测区内煤系地层组成一短轴向斜，轴向 140°～320°，长 15km，宽 9km，东北翼倾角为 30°～60°，南西翼倾角为 15°～30°，向斜轴向 SE 翘起，测区北边一条近 EW 走向逆断层截断向斜构造，断层面倾向 NNW，倾角不清。煤系厚 1316～1751m，含煤地层含煤层（线）32～68 层，主要分布在向斜西南翼上。平均厚度不小于 0.3m 者仅六层，含平均厚度不小于 0.4m 的可采段煤层只有三层，各煤层倾角为 16°～29°。1989 年 10 月，西藏地质矿产局第六地质大队在该区预测煤炭资源量为 238.88 万 t。2003 年，四川省煤田地质工程勘察设计研究院在该区探明（333）煤炭资源量为 295 万 t，预测可靠的（334_{-1}）煤炭资源量为 391 万 t，煤类为不黏煤、肥煤、焦煤。

根据该区最新调查成果，垂深 0～600m 预测煤炭资源量为 688.89 万 t。其中垂深 0～300m 预测可靠的（334_{-1}）资源量为 319.56 万 t，预测可能的（334_{-2}）资源量为 42.55 万 t；垂深 300～600m 预测可能的（334_{-2}）煤炭资源量为 327.08 万 t。

（十一）鸟东预测区

鸟东预测区位于昌都北呷玛区的北西 15km 西藏与青海交界附近的扎曲西侧，向北延入青海，向南到单卡附近，在西藏作 S 状顺走向延长近 30km。预测区在昌都-芒康复向斜东翼次级鸟东-呷玛复背斜的西翼部位，轴向 NNW，枢纽呈波状起伏，西翼产状中等，倾角 40°左右。在西翼见次级短轴褶皱，短轴背斜核部主要出露三叠系巴贡组煤系地层，其翼部及向斜轴部皆由中—下侏罗统组成。预测区内煤田地质工作程度很低，过去曾有过群众报矿和 1∶100 万区域地质调查，发现鸟东、乐东、果洛等煤矿点，点含煤性各地不一，差异较大。

（1）鸟东煤点。在鸟东乡西的沙皮柯一带，煤系出露在沙皮柯短轴背斜的核部，作 NNW 向延伸，长 3200m，宽 0～1200m，在沙皮柯背斜西翼上含煤层（线）40 余层，并集中于上段，可采或局部可采煤层有九层，层间距数米至数十米，背斜东翼仅见一层煤局部可采，主要为气煤及肥煤。

（2）乐东煤点。在鸟东煤点之北东约 8km 西藏与青海交界处，靠近鸟东-呷玛复背斜核部。煤系厚 1604m，含煤层 12 层以上，其中局部达可采厚度者 7 层，煤层层间距不大，煤层不稳定，厚度变化较大，煤质较好，为低硫、低磷之炼焦用煤。

（3）果洛矿点。在鸟东乡之西，沙皮柯之北东 5km 左右。煤系分布在短轴背斜核部，煤层（线）18 层，其中 3 层达可采或局部可采。煤层作透镜状，层间距数米至数十米，属不稳定煤层，常沿走向变薄、尖灭。

预测区内煤系多属隐伏性煤层，煤层延长 9km，煤层平均倾角为 40°，煤层平均厚 0.51m。按照可采煤层总长度 2135m，垂深 0～600m 预测煤炭资源量为 84.50 万 t。其中垂深 0～300m 预测可能的（334_{-2}）资源量为 42.25 万 t，垂深 300～600m 预测推断的（334_{-3}）资源量为 42.25 万 t。

（十二）翁达岗预测区

翁达岗预测区位于昌都北 40～60km，属昌都县柴维区及日当区管辖，呈 NW-SE 向延伸，走向长约 33km，宽 4km 左右，交通不便。预测区位于昌都-芒康复向斜东翼，区内地层向西倾斜，倾角为 53°左右，构造简单。含煤地层为三叠系巴贡组。翁达岗预测区内煤田地质工作程度低，1973～1974 年，四川省三区测队进行 1∶100 万区域地质调查时发现测区北西部翁达岗煤点和南东端的都兰多煤点，并对两煤点进行了检查。翁达岗煤点有含煤厚为 0.4～0.5m 的煤层六层及更多煤线。煤层呈似层状，厚度稳定，延长 2～3km，顶底板为炭质页岩及长石石英砂岩。煤质为中变质烟煤。在测区南东端有都兰多煤点，该煤点见煤厚 0.3～0.4m，出露长 30～40m，煤层稳定，厚度变化不大，顶底板为灰黄色石英砂岩。主要对翁达岗含煤段进行预测，垂深 0～600m 预测煤炭资源量为 798.75 万 t。其中垂深 0～300m 预测可靠的（334_{-1}）资源量为 184.99 万 t，垂深 300～600m 预测可能的（334_{-2}）资源量为 184.99 万 t，垂深 0～300m 预测推断的（334_{-3}）资源量为 428.77 万 t。

（十三）巴贡预测区

巴贡预测区位于昌都东南 30～45km，属察雅县王卡区管辖。预测区位于昌都复向斜东翼，测区内构造较简单，除在巴贡一带见规模不大的褶曲和断层外，几乎都是向西倾斜的单斜地层，倾角为 30°～45°，含煤地层为三叠系巴贡组。1952 年，中国科学院西藏工作队地质组进行 1∶50 万路线地质调查时，发现并检查了测区内的巴贡煤点、扎马拉煤点、巴贡东山煤点。区内含煤层（线）局部达 30 余层，但可采或局部可采者仅 2～3 层，尤以巴贡煤矿含煤最佳，巴贡煤矿及觉勒拉煤点煤层结构简单，多似层状或藕节状。扎马拉以南煤厚 0.4～0.93m，平均为 0.67m，煤层走向延长约 10km；扎马拉以北煤层延长约 8.5km，煤厚 0.4m，煤层向西倾，倾角 24°。该区垂深 0～600m 预测煤炭资源量为 486.14 万 t，其中垂深 0～300m 预测可靠的（334_{-1}）资源量为 243.07 万 t，垂深 300～600m 预测可能的（334_{-2}）资源量为 243.07 万 t。

（十四）津江预测区

津江预测区位于昌都察雅县王卡区东南，走向长约 23.5km，预测区位于昌都-芒康复向斜之东次级王卡东侧背斜东南转折端，属觉勒拉、巴贡煤点所在煤系的东南延伸部位。王卡背斜轴向作 SE-NW 向，枢纽向 SE 倾伏，两翼倾角中等。巴贡东山煤点在背斜西南翼，学布煤点在东北翼，津江煤点在背斜转折偏东北一侧。巴贡东山煤矿点含煤层（线）有 30～40 层，仅三层局部可采，其中一层较稳定，最低可采厚 0.4m；学布煤点含两层可采煤层，分别厚 0.6m 和 0.5m，煤层结构复杂，属极不稳定煤层，厚度变化很大。根据煤田地质工作程度，将该区划分为巴贡东山预测段、津江预测段和学布预测段，垂深 0～600m 预测煤炭资源量为 320.05 万 t（表 7.15）。其中垂深 0～300m 预测可靠的（334_{-1}）资源量为 94.31 万 t，预测推断的（334_{-3}）资源量为 162.87 万 t，垂深 300～600m 预测可能的（334_{-2}）资源量为 62.87 万 t。

表 7.15　津江预测区预测资源量一览表

预测段	预测依据	构造复杂程度	煤层稳定性	可采煤层总厚/m	煤类	预测资源量/万 t			合计/万 t
						预测可靠的（334_{-1}）	预测可能的（334_{-2}）	预测推断的（334_{-3}）	
巴贡东山	巴贡东山煤点	较简单	不稳定	1.5	瘦煤	39.71	36.40	0	76.11
津江	津江煤点	较简单	不稳定	1.5	瘦煤	0	0	162.87	162.87
学布	学布煤点	较简单	不稳定	1.5	瘦煤	54.60	26.47	0	81.07
合计						94.31	62.87	162.87	320.05

（十五）觉龙预测区

觉龙预测区位于津江预测区之东侧约 10km，属昌都-芒康复向斜东翼次级扎曼多向斜的东翼，是津江预测区所属煤系之延伸部位，呈 NW-SE 向展布，顺走向长 10.7km，宽约 0.9km。预测区位于扎曼多向斜，轴向 NW-SE，枢纽向 SE 倾伏，煤系地层向 SW 倾，倾角约为 45°。1975 年，西藏地质局第一地质大队曾进行 1∶10 万路线地质测量时发现并测量了区内的尼龙通和觉龙两煤点，见有厚 0.05～0.2m 的煤线及薄煤层，但未进行揭露。根据邻区资料，推测该区含可采薄煤层，按照煤层走向长度 10700m，垂深 0～300m 预测推断的（334_{-3}）资源量为 53.12 万 t。

（十六）穷卡预测区

穷卡预测区位于昌都北 15～51km 的扎曲西侧，属昌都县日通区及沙贡区管辖，呈 NW-SE 向延伸，长约 37km，宽 0.6～1km。预测区位于昌都-芒康复向斜核部次级穷卡背斜的西翼，背斜核部由三叠统组成，上三叠统呈长条状分布于背斜轴两侧，其西翼在查龙沟煤点以南，分两支延伸。测区内构造线方向为 NW-SE，穷卡背斜组成其构造骨架，该背斜大致为对称式，西翼地层倾向南西，倾角为 50°～70°，平均倾角为 60°。东翼地层倾向 NE，倾角中等，沿背斜轴发育走向逆断层，断层大致向东倾，倾角陡，对煤系影响不大。在测区南段的南侧，为一向 NW 翘起并斜交于背斜轴的查龙沙向斜。1971 年，西藏地质一大队对测区内穷卡煤矿进行了检查，1972～1973 年，该队在该区域进一步开展地质工作，对穷卡煤矿进行了普查，同时沿煤系作了路线地质调查，继穷卡煤矿后，又发现并检查了扎马煤点、小昂煤点、察拉吐鲁煤点、查龙沟煤点。该区含煤层（线）最多达 30 余层，其中厚度不小于 0.3m 的煤层 1～8 层，沿走向延长 50～1250m，最长可达 13000m，煤层厚 0.2～0.95m，多呈似层状，两端含煤性优于中段。根据预测区内工作程度的差异和含煤性的好坏，将穷卡预测区划分为三个预测段，垂深 0～600m 预测煤炭资源量 697.52 万 t（表 7.16），其中垂深 0～300m 预测可靠的（334_{-1}）资源量为 264.68 万 t；垂深 0～300m 预测推断的（334_{-3}）资源量为 168.16 万 t；垂深 300～600m 预测可能的（334_{-2}）资源量为 264.68 万 t。

（1）扎马预测段。该预测段包括扎马—小昂一带，地质工作程度较详细，含煤性较好，扎马到小昂约 5200m，地层平均倾角为 60°，煤层厚 1.06m，垂深 0～600m 预测煤炭资源量为 201.06 万 t。其中垂深 0～300m 预测可靠的（334_{-1}）资源量为 100.53 万 t，垂深 300～600m 预测可能的（334_{-2}）资源量为 100.53 万 t。

表 7.16　穷卡预测区预测资源量一览表

预测区	预测依据	构造复杂程度	煤层稳定性	可采煤层总厚/m	煤类	预测资源量/万 t			合计/万 t
						预测可靠的（334_{-1}）	预测可能的（334_{-2}）	预测推断的（334_{-3}）	
扎马预测段	扎马煤矿	复杂	不稳定	0.53	焦煤-贫煤	100.53	100.53	0	201.06
果盖拉预测段	察拉吐鲁、俄穷龙煤点	复杂	不稳定	0.36	焦煤-肥煤	0	0	168.16	168.16
穷卡预测段	穷卡煤矿	复杂	不稳定	0.9	焦煤-肥煤	164.15	164.15	0	328.30
	合计					264.68	264.68	168.16	697.52

（2）果盖拉预测段。该段发现煤点有六个，各煤点含煤层少，含煤性较差，仅察拉吐鲁煤点和俄穷龙煤点有局部可采煤层。该段工作程度亦差，根据南北相邻预测段含煤性较好，垂深 0～300m 预测推断的（334_{-3}）资源量为 168.16 万 t。

（3）穷卡预测段。该段工作较详细，已知煤系长 6000m 范围内进行了普查工作，煤系在南东端被断层所截，北西端继续延伸与果盖拉预测段相连。经普查发现煤层（线）30 余层，厚度不小于 0.2m 的煤层有 15 层之多，其中有 4 层达可采或局部可采，一般厚 0～0.81m，平均厚度为 0.42～0.48m，呈层状、似层状及透镜状，结构复杂，沿走向长 3700～13000m。总的说来，含煤性较好，煤层较稳定，煤层平均倾角为 60°。垂深 0～600m 预测煤炭资源量为 328.30 万 t，其中垂深 0～300m 预测可靠的（334_{-1}）资源量为 164.15 万 t，垂深 300～600m 预测可能的（334_{-2}）资源量为 164.15 万 t。

（十七）打奖预测区

打奖预测区位于昌都北西约 70km，属类乌齐县桑卡区管辖，位于昌都-芒康复向斜西北部次级沙贡-桑卡向斜西翼转弯处，测区内构造较复杂，沙贡-桑卡向斜为一轴向 NW-SE、轴面向 NE 倾，倾角较陡，枢纽向 NW 翘起，核部由中—下侏罗统组成。预测区内打奖煤矿点含煤层（线）30 余层，煤层厚度小，多不可采，为透镜状及扁豆状，属不稳定煤层，主要赋存在煤系中部。可采或局部可采之薄煤层达 12 层，其中 9 层产于煤系中部而 3 层产于煤系上部。从矿点看来，含煤性较好，含可采或局部可采煤层层数较多，平均厚度不小于 0.3m 的煤层有 10 层，其中厚度不小于 0.4m 的煤层有 4 层。煤层总厚达 2.10m，平均厚度为 0.53m，所有煤层皆属不稳定煤层，有 4 层煤平均延伸 800m。

根据打奖煤点南西侧及北侧断层为界划分为矿区内打奖预测段、矿区北部马让多预测段、矿区西部打奖西预测段，垂深 0～600m 预测煤炭资源量为 161.94 万 t（表 7.17），其中垂深 0～300m 预测可靠的（334-1）资源量为 74.18 万 t，垂深 300～600m 预测可能的（334-2）资源量为 67.35 万 t，垂深 0～300m 预测推断的（334-3）资源量为 20.41 万 t。

表 7.17　打奖预测区预测资源量一览表

预测区	预测依据	构造复杂程度	煤层稳定性	可采煤层总厚/m	煤类	预测资源量/万 t			合计/万 t
						预测可靠的（334-1）	预测可能的（334-2）	预测推断的（334-3）	
打奖预测段	打奖煤点	中等	不稳定	2.1	长焰煤	62.8	62.8	0	125.6
马让多预测段	打奖煤点	中等	不稳定	0.59	长焰煤	11.38	4.55	0	15.93
打奖西预测段	打奖煤点	中等	不稳定	1.05	长焰煤	0	0	20.41	20.41
合计						74.18	67.35	20.41	161.94

（1）打奖预测段。该段属矿点中南段，南北以断层关系与北部及西部预测段相隔开。煤系延长 1000m，可采煤层总厚 2.10m，煤层平均倾角为 47°。垂深 0～600m 预测煤炭资源量为 125.60 万 t，其中垂深 0～300m 预测可靠的（334-1）资源量为 62.80 万 t，垂深 300～600m 预测可能的（334-2）资源量为 62.80 万 t。

（2）马让多预测段。在打奖预测段之北，以 NE-SE 向逆断层为界，南部包括打奖煤点一部分，出露煤层有 C_2 和 C_5，分别长 460m 和 200m，煤厚分别为 0.71m 和 0.46m，煤层共厚 1.17m。按照打奖煤矿点内煤层平均长 1170m 并向北外推 1/4，垂深 0～600m 预测煤炭资源量为 15.93 万 t，其中垂深 0～300m 预测可靠的（334-1）资源量为 11.38 万 t，垂深 300～420m 预测可能的（334-2）资源量为 4.55 万 t。

（3）打奖西预测段。该段位于打奖预测段西，工作程度甚低。根据资料分析含煤，与打奖预测段类比，垂深 0～300m 预测推断的（334-3）资源量为 20.41 万 t。

（十八）仁青预测区

仁青预测区位于昌都类乌齐县西约 35km 处，构造位置上处于昌都-芒康复向斜西侧次级长矛岭-扎玉复向斜核部，含煤地层为三叠系巴贡组。区内主要构造为长矛岭-扎玉复向斜，走向 NW-SE 向，向斜两翼倾角较陡，一般为 60°～80°。构造较复杂，次一级褶皱发育，多为紧密褶曲，断裂次之。煤层主要赋存于长矛岭-扎玉复向斜之西翼，从大面积范围内看来，从类乌齐县西至杜日的分水岭、长矛岭—仁青一带大构中、长矛岭区附近饮水沟和仁青乡等地皆有煤层（线）出露，但因第四系覆盖面积大，除对仁青煤点进行了矿点检查外，其他煤点均未作工作。仁青煤点见煤六层，其中可采或局部可采者有四层，即 C_1、C_3、C_4、C_5。可采或局部可采煤层总厚为 2.35m，C_3、C_4 断续延长 750m。C_5 较稳定，延长长度大于 1300m，从探槽揭露看来，似乎向深部有加厚的迹象，地表厚度为 0.15～2.60m，平均厚度为 0.80m，为该区主要煤层。根据 C_5 煤层分布规律，垂深 0～

600m 预测煤炭资源量为 342.97 万 t，其中垂深 0～300m 预测可靠的（334_{-1}）资源量为 38.44 万 t，垂深 300～600m 预测可能的（334_{-2}）资源量为 38.44 万 t，垂深 0～300m 预测推断的（334_{-3}）资源量为 266.09 万 t。

六、边坝-八宿赋煤带

边坝-八宿赋煤带呈 NW-SE 向分布，并略向 NE 凸出呈弧形，走向长约 540km，宽 10～30km，面积约 6174km^2。大地构造位置属于冈底斯-念青唐古拉断褶带革吉-洛隆燕山期褶亚带的东端，挟持于改则-怒江深大断裂带和昂拉错-纳木错断层之间。含煤地层属下白垩统多尼煤系，煤系含煤性较差，八宿以北尚未发现有价值的煤矿（点），八宿以南局部含煤较好。该赋煤带可以划出瓦达、叶巴两个预测区（图 7.25），垂深 0～600m 预测煤炭资源量 1742.48 万 t。其中预测可靠的（334_{-1}）资源量 181.03 万 t，预测可能的（334_{-2}）资源量 902.88 万 t，预测推断的（334_{-3}）资源量 658.57 万 t（表 7.18）。

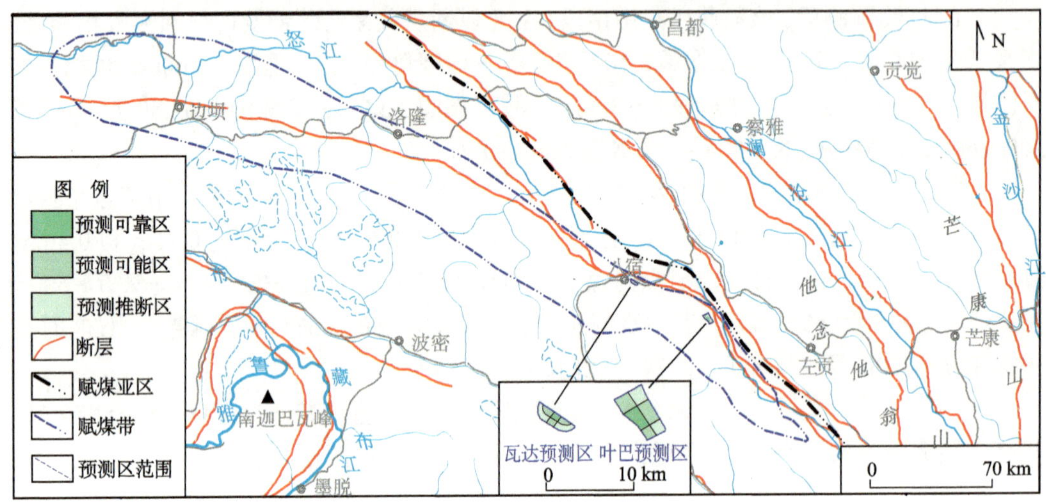

图 7.25 边坝-八宿赋煤带煤炭资源预测区分布图（据毛晓东等，2011，修改）

表 7.18 边坝-八宿赋煤带预测区预测资源量一览表

预测区	预测依据	构造复杂程度	煤层稳定性	可采煤层总厚/m	煤类	预测资源量/万 t			合计/万 t
						预测可靠的（334_{-1}）	预测可能的（334_{-2}）	预测推断的（334_{-3}）	
瓦达	瓦达煤点	较简单	不稳定	5.03	无烟煤	139.70	792.87	583.12	1515.69
叶巴	叶巴煤点	简单	稳定	3.2	长焰煤	41.33	110.01	75.45	226.79
合计						181.03	902.88	658.57	1742.48

（一）瓦达预测区

预测区位于八宿县 SE 100°约 40km，属白马区瓦达乡管辖，含煤地层为下白垩统多尼组（K_1d）。预测区内构造较简单，构造线方向为 NW-SE 向。地层主要呈向 SW 倾斜的单斜地层，倾角为 49°～58°，仅在预测区北东边缘见小型褶曲。区内断裂较发育，有走向逆断层、斜交断层和横断层，其中斜交断层对煤层影响较大。1950～1952 年，中国科学院地质组进行 1∶50 万路线地质调查时发现并测量了瓦达煤矿点，1971 年至今，瓦达煤矿有零星的民间采煤活动。从瓦达煤矿可知，煤层走向延长一般数百米，少数几十米到两千余米，煤层呈似层状，含煤层（线）30 余层，其中厚度大于 0.20m 的煤层达 28 层之多，局部可采者为 10 层，单层厚为 0.50m，可采层总厚 5.03m。煤层厚度变化大，属不稳定煤层。煤质属低-中灰、特低-低硫、高热值无烟煤，可做优质民用煤、动力煤。

含煤地层在瓦达煤矿点北西及南东方向继续延长并见煤层出露，煤层沿走向平均控制长 1118m，垂深 0～600m 预测煤炭资源 1515.69 万 t（表 7.18），其中按照外围推测煤系长度为矿区的 1/2（北西及南东各推测 1/4），垂深 0～300m 预测可靠的（334_{-1}）资源量为 139.70 万 t，预测可能的（334_{-2}）资源量为 699.74 万 t；垂深 300～600m 预测可能的（334_{-2}）资源量为 93.13 万 t，预测推断的（334_{-3}）资源量为 583.12 万 t。

（二）叶巴预测区

叶巴预测区位于瓦达预测区东南约 15km，交通不便。区内煤系出露很窄，为一西倾且倾角为 43°的单斜构造，其他地质特征与瓦达煤矿相同。1967 年，西藏地质一大队对八宿县叶巴煤矿点、左贡县拉穷煤矿点及外围进行了普查和矿点检查。叶巴预测区北部含煤性较好，叶巴煤矿点含煤层（线）18～24 层，局部可采者 1～10 层。拉穷煤矿点煤田地质工作程度低，含煤情况不详，拉穷煤点南东 32km 为俄巴煤点，该煤点未进行详细工作，初步了解含煤性差。总体来看预测区煤层较稳定，构造简单。

根据含煤性及煤田地质工作程度将该预测区划分为三个预测段：叶巴预测段在叶巴煤点附近大约 2000m 范围内，可采煤层五层，可采段总长 1580m，平均单层厚为 0.64m，煤层倾角为 43°，煤层较稳定，构造简单；叶巴北预测段在叶巴段北西 400m，含煤性参照叶巴段；叶巴-拉穷预测段在叶巴段南东 5km，含煤性参照叶巴及拉穷煤点。该区垂深 0～600m 预测煤炭资源量为 226.79 万 t，其中垂深 0～300m 预测可靠的（334_{-1}）资源量为 41.33 万 t，预测可能的（334_{-2}）资源量为 78.13 万 t；垂深 300～600m 预测可能的（334_{-2}）资源量为 31.88 万 t，预测推断的（334_{-3}）资源量为 75.45 万 t。

七、拉萨北赋煤带

拉萨北位于拉萨市北侧林周县、墨竹工卡县一带，南临拉萨河，西抵青藏公路，东到墨竹工卡，北以唐家—牵马沟一线为界，呈楔形 EW 向分布，向东变窄并尖灭于唐家一带，顺拉萨河有青藏公路、沿玉年河有拉萨到林周的简易公路，交通方便。该区煤田地质工作程度相对较高。1951～1953 年，中国科学院西藏工作队地质组在该区进行 1∶50 万路线地质调查；1958 年，西藏煤田地质大队对林布宗和乍浦赛康一带进行找煤路线调查和矿点检查；1961 年，西藏自治区筹备委员会地质局拉萨地质队进行 1∶100 万和 1∶20 万路线地质工作，检查了林布宗、向阳等煤点，1970～1976 年，西藏地质局第三地质大队对向阳煤矿进行了 1∶5000 普查勘探工作，1971 年，该队对东布岗、唐家、白朗、赛康、楚木龙、角布、林布宗等煤点进行了普查找煤，1975 年，该队又在牛马沟进行了 1∶5000 普查工作；1974 年，西藏地质局区调队对拉萨北赋煤带煤点进行了检查；1975 年，西藏地质局第三地质大队及区调队进行过 1∶10 万路线地质调查。

拉萨北赋煤带范围内分布着石炭系、二叠系、三叠系、中—上侏罗统及白垩系，并以上白垩统为核部组成一个向东收敛、向西撒开的复向斜。煤系属下白垩统楚木龙组和林布宗组，分布在复向斜两翼，南翼较发育，分布着向阳、楚木龙、角布、白朗、林布宗、赛康等煤矿点；在向斜北翼分布有唐家、东布岗、牛马沟、牵马沟等煤矿点。根据不同地区含煤性及构造特征划分为四个预测区（图 7.26），垂深 0～600m 预测煤炭资源量为 232.16 万 t，其中预测可靠的（334_{-1}）资源量为 118.55 万 t，预测可能的（334_{-2}）资源量为 102.86 万 t，预测推断的（334_{-3}）资源量为 10.75 万 t（表 7.19）。

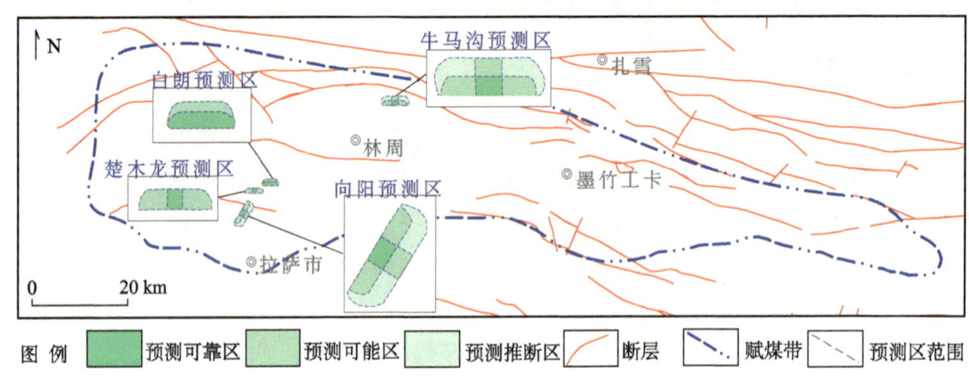

图 7.26 拉萨北赋煤带煤炭资源预测区分布图（据毛晓东等，2011，修改）

表 7.19 拉萨北赋煤带预测区预测资源量一览表

预测区	预测依据	构造复杂程度	煤层稳定性	可采煤层总厚/m	煤类	预测资源量/万 t			合计/万 t
						预测可靠的（334_{-1}）	预测可能的（334_{-2}）	预测推断的（334_{-3}）	
向阳	向阳煤点	复杂	极不稳定	1.68	无烟煤	52.10	70.85	9.76	132.71
楚木龙	楚木龙煤点	较复杂	不稳定	0.45	贫煤	36.09	7.40	0	43.49
白朗	白朗煤点	复杂	不稳定	2	无烟煤	14.33	7.17	0	21.50
牛马沟	牛马沟煤矿	简单	较稳定	2.16	无烟煤	16.03	17.44	0.99	34.46
合计						118.55	102.86	10.75	232.16

（一）向阳预测区

向阳预测区在拉萨西约 30km，呈 NE-SE 向延伸，长约 10km，宽 0.2～1.2km，面积约 7km^2。预测区内有向阳煤矿，出露地层属下白垩统林布宗组。含煤地层分布在林周复向斜南翼次级向斜的东南翼上，南东侧为一 NE 走向的平移断层，南东及西部分布着燕山晚期到喜马拉雅期的巨大花岗岩体。在向阳煤矿区内发育长英岩脉、煌斑岩脉，并常充填于煤层中。褶皱与断裂发育，构造复杂，煤层总倾向 NW，倾角为 45°～49°。向阳煤矿见含煤层（线）13 层，其中可采或局部可采的煤层有三层，可采层平均厚度为 0.56m，煤层属极不稳定高灰、难燃、中硫、低发热量无烟煤-天然焦。历年地质工作较详细，在普查找矿的基础上，1971 年，西藏地质局第三地质大队对向阳煤矿进行过普查工作；1976 年，西藏地质三队进行过普查勘探（普终），提交储量 51.7 万 t；1989 年，西藏地质局第六地质大队预测该区垂深 0～600m 煤炭资源量为 97.05 万 t。

本书根据煤层走向延长 2100m，煤系被第四系覆盖面积大等特点，垂深 0～600m 预测煤炭资源量为 132.71 万 t，其中垂深 0～300m 预测可靠的（334_{-1}）资源量为 52.10 万 t，预测可能的（334_{-2}）资源量为 18.75 万 t；垂深 300～600m 预测可能的（334_{-2}）资源量为 52.10 万 t，预测推断的（334_{-3}）资源量为 9.76 万 t。

（二）楚木龙预测区

楚木龙预测区位于向阳预测区北约 8km，呈近 EW 向展布，长约 5km，宽约 1km，面积约 5km^2。预测区处于林周复向斜南翼次级楚木龙向斜的北翼，地层走向 SE，产状向 SW 倾，倾角为 45°左右，褶皱发育，小型断裂常见，构造较复杂，北侧为一条向南倾，倾角为 50°左右的逆断层，该断层倾角比煤系地层倾角陡，对煤层无影响。含煤地层为下白垩统楚木龙组，楚木龙煤矿含煤 22 层以上，其中五个可采层组，煤层多呈串珠状，沿走向变化大，属不稳定煤层，煤质为低灰分贫煤。角布煤点在楚木龙煤点之东约 3.5km，含薄煤八层，厚度一般 0.20m 以下，局部可采者一层，最厚 1.00m，平均厚度为 0.45m，煤体呈透镜状，延伸长数十米致数百米，属低灰分、高发热量的贫煤。

该区除了进行过大面积普查外，1971 年，地质三队对楚木龙煤点进行了找矿工作，探获 50m 以浅煤炭储量 4.3 万 t，煤类为贫煤；1974 年，西藏地矿局综合队对角布煤点进行矿点检查。煤层楚木龙煤矿（点）1000m 范围内可采段长度平均为 100m，垂深 0～200m 预测煤炭资源量为 43.49 万 t，其中预测可靠的（334_{-1}）资源量为 36.09 万 t，预测可能的（334_{-2}）资源量为 7.40 万 t。

（三）白朗预测区

白朗预测区位于林周盆地南缘，属林周复向斜南翼靠核部地带楚木龙预测区北东约 10km 处。预测区主要分布拉萨煤系上部的砂岩及粉砂岩，含煤地层为楚木龙组，煤层夹于细砂岩中，构造复杂，以紧密斜歪褶曲为主，伴随较多的小型断裂，地层产状倾向南，倾角为45°～70°。白朗煤点含煤层（线）7～8层，可采或局部可采者四层，平均厚度 0.20～0.50m，煤层结构较简单，属不稳定煤层，为高灰分、高发热量的无烟煤。该区以往开展过路线地质调查及矿点检查外，1971年和1973年，西藏地质局第三地质大队曾在对白朗煤点进行过1∶5000找煤工作，提交50m以浅煤炭储量1万t。在白朗煤点东南方向3km左右的八雅沟中，煤系在冲沟中出露，当地群众曾进行开采。根据该区煤点附近第四系覆盖广的特点，在白朗煤点两端各推1km，垂深0～300m预测煤炭资源量为21.50万t，其中垂深0～200m预测可靠的（334_{-1}）资源量为14.33万t，垂深200～300m预测可能的（334_{-2}）资源量为7.17万t。

（四）牛马沟预测区

牛马沟预测区位于林周复向斜北翼。区内构造极复杂，小断裂及褶皱发育，对煤层有一定影响，含煤地层为楚木龙组，地层倒转，向NE倾，倾角为60°左右。含不稳定煤层四层，其中一层可采，厚度为0.10～2.00m，平均厚度为0.54m，向深部有变好的趋势，煤层结构简单，但厚度变化很大，煤种为无烟煤。1975年，西藏地质局第三地质大队对牛马沟预测区内的牛马沟煤矿进行普查勘探（最终），获煤炭储量为15万t。1972年，澎波农场进行过开采。该区煤系向南东被断层切断，煤系向北西被晚白垩世碎屑岩不整合覆盖。垂深0～600m预测煤炭资源量34.46万t，其中垂深0～300m预测控制的（334_{-1}）资源量为16.03万t，预测可能的（334_{-2}）资源量为1.41万t；垂深300～600m预测可能的（334_{-2}）资源量为16.03万t，预测推断的（334_{-3}）资源量为0.99万t。

八、改则赋煤带

改则赋煤带位于冈底斯赋煤亚区西段北侧，零星分布着下白垩统多尼组含煤地层，部分地段含可采或局部可采煤层。根据含煤性，划分为川巴和麻米两个预测区（图7.27），

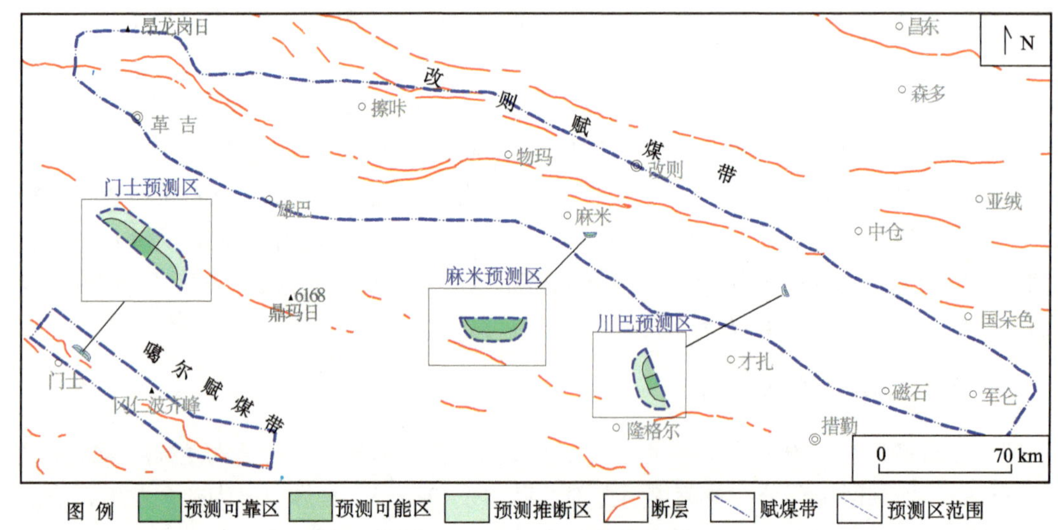

图7.27 改则赋煤带煤炭资源预测区分布图（据毛晓东等，2011，修改）

垂深 0～600m 预测煤炭资源量为 254.00 万 t，其中预测可靠的（334_{-1}）资源量为 128.14 万 t，预测可能的（334_{-2}）资源量为 125.86 万 t（表 7.20）。

表 7.20　改则赋煤带预测区预测资源量一览表

预测区	预测依据	构造复杂程度	煤层稳定性	可采煤层总厚/m	煤类	预测资源量/万 t			合计/万 t
						预测可靠的（334_{-1}）	预测可能的（334_{-2}）	预测推断的（334_{-3}）	
川巴	川巴煤点	较简单	稳定	3.06	弱黏煤	91.53	101.45	0	192.98
麻米	麻米煤点	较简单	稳定	0.8	弱黏煤	36.61	24.41	0	61.02
合计						128.14	125.86	0	254.00

（一）川巴预测区

川巴预测区位于改则县洞措区南 30km 处，含煤地层为下白垩统多尼组，煤系夹于两断层间，呈 EW 向展布，向 SW 倾斜，倾角为 37°～40°，单斜构造。岩性以泥岩为主，次为粉砂岩夹砂岩及灰岩、泥灰岩透镜体，含薄煤六层，平均厚度一般为 0.32～1.00m，可采或局部可采煤层四层，其中 C_3、C_6 具工业价值，出露长度分别为 750m 和 500m，沿走向被第四系覆盖而不清，但在两端顺走向 88km 范围内有煤系出露。煤层稳定，结构简单，属弱黏结煤。新疆维吾尔自治区煤田地质局一五六煤田地质勘探队、西藏地质局综合普查大队、西藏地质局第四地质大队及中国科学院西藏考察队等对该区内川巴煤点进行过多次调查，估算地质储量为 48.8 万 t。

由于川巴煤点两端含煤地层被第四系覆盖，根据含煤地层出露情况，结合川巴煤点含煤特征，垂深 0～600m 预测煤炭资源量为 192.98 万 t，其中垂深 0～300m 预测可靠的（334_{-1}）资源量为 91.53 万 t，预测可能的（334_{-2}）资源量为 9.92 万 t；垂深 300～600m 预测可能的（334_{-2}）资源量为 91.53 万 t。

（二）麻米预测区

麻米预测区位于改则南 40km，属改则县麻米区所辖，含煤地层为下白垩统多尼组，煤系呈 EW 向分布，长约 35km，西端被第四系覆盖。在麻米煤点处可见含煤层（线）五层，分别厚 0.4m、0.4m、0.1m、0.2m、0.08m，总厚度为 0.8m，煤层结构、构造、稳定性等与川巴预测区类似。新疆维吾尔自治区煤田地质局一五六煤田地质勘探队和西藏地质局综合普查大队对该区之麻米煤点进行过矿点检查，但煤田地质工作程度底。

依据麻米地区含煤性及煤田地质工作程度，垂深 0～600m 预测煤炭资源量为 61.02 万 t，其中垂深 0～300m 预测可靠的（334_{-1}）资源量为 36.61 万 t，垂深 300～600m 预测可能的（334_{-2}）资源量为 24.41 万 t。

九、日喀则赋煤带

日喀则赋煤带位于雅鲁藏布江中段，东起日喀则大竹卡，西经昂仁到桑桑一带，沿江分布着始新统秋乌组含煤地层，在拉孜以东主要分布在雅鲁藏布江南岸，而拉孜以西主要分布在雅鲁藏布江北岸。局部地区分布有中新统芒乡组含煤地层，主要分布在芒乡一带。根据以往地质工作和含煤性差异可划分为东嘎、吉松、吉松-谢如、芒乡四个预测区（图 7.28），其中芒乡预测区位于日喀则市东北方向约 150km 处，其预测资源量暂列入日喀则赋煤带。垂深 0～600m 预测煤炭资源量为 726.88 万 t，其中预测可靠的（334_{-1}）资源量为 269.33 万 t，预测可能的（334_{-2}）资源量为 354.12 万 t，预测推断的（334_{-3}）资源量为 103.43 万 t（表 7.21）。

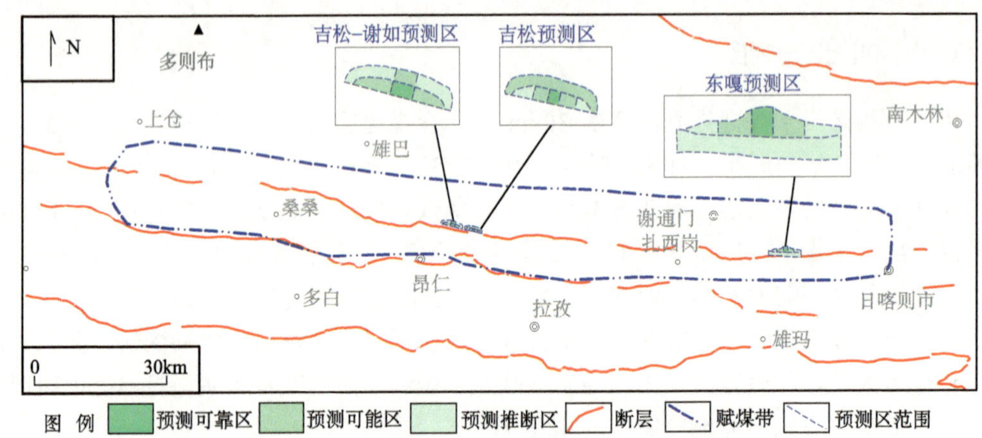

图 7.28　日喀则赋煤带煤炭资源预测区分布图

表 7.21　日喀则赋煤带预测区预测资源量一览表

预测区	预测依据	构造复杂程度	煤层稳定性	可采煤层总厚/m	煤类	预测资源量/万 t			合计/万 t	备注
						预测可靠的（334_{-1}）	预测可能的（334_{-2}）	预测推断的（334_{-3}）		
东嘎	东嘎煤矿	较简单	较稳定	3	肥煤	93.25	95.59	20.98	209.82	
吉松	吉松煤矿	较复杂	不稳定	2.33	焦煤	54.25	58.21	3.96	116.42	
吉松-谢如	吉松、谢如煤矿	简单	不稳定	1.47	肥煤	40.3	118.79	78.49	237.58	
芒乡	芒乡、宗当煤点	较简单	不稳定	2.48	褐煤	81.53	81.53	0	163.06	位于日喀则与拉萨北之间
合计						269.33	354.12	103.43	726.88	

（一）东嘎预测区

东嘎预测区位于日喀则西约 30km，雅鲁藏布江南岸，属日喀则县东嘎区加庆孜乡管辖。区内出露秋乌组含煤地层，底部为砾岩不整合在石灰系—二叠系变质岩系或燕山晚期—喜马拉雅期花岗岩之上；中部为粉砂岩、泥岩夹砾岩及煤层，上部为页岩。构造线近 EW 向，褶皱较发育，规模较小，断裂不发育。含煤地层倾向南，倾角为 60°～70°，深部变缓，倾角为 45°～60°。区内东嘎煤矿含煤层（线）25 层之多，其中达可采或局部可采煤七层，单层平均厚 0.2～0.65m，可采煤层达五层。煤层多为透镜状，属较稳定-不稳定煤层，结构简单-复杂。煤主要为高灰、高硫肥煤，个别煤层为中灰、中硫。

1964 年，西藏工业地质局第三地质大队在进行大面积 1∶20 万路线地质调查时发现并测量了区内东嘎煤矿。1970 年，西藏地质三队对该矿进行了矿点检查，之后又进行了详查工作。1971 年，日喀则工业局建矿生产。1989 年，西藏地质局第六地质大队对该煤点预测煤炭储量为 165.33 万 t。依据该区的含煤性及煤层稳定情况，将测区划分为矿区预测段和西部及东部预测段，垂深 0～600m 预测煤炭资源量为 209.82 万 t，其中垂深 0～300m 预测可靠的（334_{-1}）资源量为 93.25 万 t，预测可能的（334_{-2}）资源量为 20.98 万 t，预测推断的（334_{-3}）资源量为 20.98 万 t；垂深 300～600m 预测可能的（334_{-2}）资源量为 74.61 万 t。

（二）吉松预测区

吉松预测区在东嘎预测区西侧、雅鲁藏布江南岸，出露始新世秋乌组含煤地层。区内构造较复杂，整体为南倾的单斜构造，倾角为 42°～50°，西部较陡，倾角为 60°～68°，局部地层倒转，褶皱均由不对称小型褶曲组成，且较发育，常造成煤层厚度变化。正断层、逆断层及平移断层均有发育，规模较小。1963 年，西藏藏南队进行 1∶50 万大面积路线找煤发现并检查了吉松煤矿点，含煤层（线）16 层，可采或局部可采者三层。其中 C_1 煤层厚 0.2～0.86m，在地表断续分布 1100m，向深部相变为炭质泥岩或尖灭，煤层结构简单，属极不稳定煤层；C_2 煤层厚 0.2～2.70m，平均厚度为 1.22m，走向延长 1300m，向深部变厚，厚度为 0.37～5.82m，平均厚度为 1.38m，煤层结构较复杂，含 0～4 层夹矸，有分叉现象，属不稳定的结构复杂煤层；C_5 煤层在矿区 625m 范围内厚 0.4～0.84m，平均厚度为 0.53m，向深部尖灭或相变为炭质泥岩，属极不稳定煤层，其他煤层均属不可采煤层。C_2 为矿区主要可采煤层，煤质属高灰、中-高硫焦煤。

1970 年，西藏地质局第三地质大队对测区内吉松煤矿进行了矿点检查；1974 年，该队又对该区进行了详查，探获煤炭储量为 104.0 万 t；1989 年，西藏地质局第六地质大队预测该区煤炭资源量为 91.74 万 t。本书根据吉松煤矿及两侧含煤性、工作程度的差异分为三段预测，垂深 0～600m 预测煤炭资源量为 116.42 万 t，其中垂深 0～300m 预测可靠的（334_{-1}）资源量为 54.25 万 t，预测可能的（334_{-2}）资源量为 3.96 万 t，预测推断的（334_{-3}）资源量为 3.96 万 t；垂深 300～600m 预测可能的（334_{-2}）资源量为 54.25 万 t。

（二）吉松-谢如预测区

吉松-谢如预测区位于吉松预测区西，到谢如煤点一带，属昂仁县亚模区所辖。该区内出露地层与吉松预测区相似，构造简单，为一向 SE 倾斜的单斜地层，倾角为 50°～80°，局部地层倒转，整个地区以断裂为主，但对煤层影响不大。区内含煤层（线）10～12 层，可采或局部可采者不多，仅一层达可采而具工业价值，平均厚度为 1.47m。煤层多呈透镜状，断续分布，沿走向或分叉或尖灭，时而合并，属极不稳定煤层，煤层结构简单-复杂，煤质为肥煤。1973 年，西藏地质局第三地质大队对该区西端的谢如煤点进行了普查找煤工作，探获煤炭储量为 13.4 万 t。对谢如煤点—吉松煤矿之间连续分布的含煤地层仅开展了大面积、中比例尺路线地质调查，未做详细工作，当地驻军曾对谢如煤点进行过土法开采。

根据谢如煤点和东边吉松煤矿的含煤性，垂深 0～600m 预测煤炭资源量为 237.58 万 t。其中垂深 0～300m 预测可靠的（334_{-1}）资源量为 40.30 万 t，预测可能的（334_{-2}）资源量为 78.49 万 t；垂深 300～600m 预测可能的（334_{-2}）资源量为 40.30 万 t，预测推断的（334_{-3}）资源量为 78.49 万 t。

（四）芒乡预测区

芒乡预测区位于日喀则东北约 133km，属日喀则南木林县郛郁区管辖。区内出露中新统—上新统，组成一近 NE 向延伸的盆地，地层倾角为 40°～55°，构造较简单，含煤地层主要为芒乡组。芒乡预测区不在日喀则赋煤带范围内，但根据含煤地层与日喀则赋煤带相似，暂将其预测量计入日喀则赋煤带。盆地内见芒乡煤点和宗当煤点，均为长焰煤。芒乡煤点见煤三层，其中一层较好；宗当煤点含煤一层，无工业价值。1961 年，西藏地质局藏南地质队在该区进行了矿点检查；1973 年，西藏地质局第三地质大队对主要矿段进行了普查勘探，探获垂深 230m 以浅煤炭储量为 91.8 万 t。

根据芒乡、宗当煤点的含煤特征，对芒乡煤点两侧各外推 1000m，垂深 0～600m 预测煤炭资源量为 163.06 万 t，其中垂深 0～300m 预测可靠的（334_{-1}）资源量为 81.53 万 t，垂深 300～600m 预测可能的（334_{-2}）资源量为 81.53 万 t。

十、噶尔赋煤带

噶尔赋煤带位于冈底斯赋煤亚区西部，煤系零星分布在门士一带，含煤地层为中新统门士组。根据目前地质勘查资料，仅可划分出门士预测区（图 7.27）。

1970 年，新疆一五六队发现并检查了测区内门士煤矿，1971 年和 1972 年进行了找煤工作，探获煤炭储量为 272 万 t。1975 年以来，狮泉河地区工业局建矿生产，20 世纪 90 年代，该煤矿关闭。门士预测区位于狮泉河东南 180km、噶尔藏布北侧，属噶尔县门士区所辖。预测区处于雅鲁藏布江深大断裂带北侧，构造复杂，含煤地层呈 NWW-SEE 向展布，倾向 SW，区内含可采或局部可采煤八层，可采总厚为 3.88～5.46m，平均可采总厚为 4.34m，其中 C_1、C_2、C_5、C_6、C_7和 C_8层较好，平均可采总厚 2.87m，平均延长 1300m 以上，煤层较稳定，厚度变化较大，并有由东向西加厚之势，结构复杂，普遍含夹矸，煤类为肥煤。

门士预测区煤系顺走向延长较长，向西到野马沟一带仍见煤层出露，且煤层由东向西略有变厚的趋势，结合门士煤矿以往勘查资料，垂深0～600m预测煤炭资源量为605.82万t（表7.22），其中垂深0～300m预测可靠的（334_{-1}）资源量为240.32万t，预测可能的（334_{-2}）资源量为85.13万t；垂深300～600m预测可能的（334_{-2}）资源量为240.32万t，预测推断的（334_{-3}）资源量为40.05万t。

表7.22　门士预测区预测资源量一览表

预测区	预测依据	构造复杂程度	煤层稳定性	可采煤层总厚/m	煤类	预测资源量/万t			合计/万t
						预测可靠的（334_{-1}）	预测可能的（334_{-2}）	预测推断的（334_{-3}）	
门士	门士煤矿	复杂	稳定	4.34	肥煤	240.32	325.45	40.05	605.82

第四节　煤炭资源潜力综合评价

一、评价内容与评价方法

青藏高原煤炭资源潜力评价是在野外实地调查的基础上，通过矿产资源条件、开采技术条件、开发条件和环境影响等方面综合分析，对各个煤炭资源潜力预测区进行综合评价。

（一）资源条件

资源条件是评价各预测区开发价值及有无进一步勘查价值的依据，主要包括煤炭储量/资源量、煤质、煤类、其他煤系矿产等方面。

评价指标为预测资源量、预测资源量级别、煤质。

（二）开采技术条件

开采技术条件是影响开发的重要因素，包括煤层稳定性、构造复杂程度、煤层厚度、水文特征、工程地质条件等。因研究区内所做相关工作较少，水文特征及工程地质条件本次暂不作评价，主要评价煤层的稳定性、构造的复杂性两方面。

评价指标包括煤层稳定性、构造复杂程度。

（三）开发条件

煤系矿产资源的开发除了资源本身固有条件，还受许多外部因素影响，包括经济条件、交通条件、自然条件等方面的评价。

评价指标包括交通条件、地区条件、是否位于自然保护区。

（四）开发效益

开发效益包括煤系矿产资源开发的经济、社会效益、环境效益。本次评价主要结合周边城市的煤系矿产资源供需，以及对自然环境的影响进行评价。

评价指标包括地区矿产资源供需情况。

二、评价方法及过程

当前用于综合评价的方法很多，包括列表分类法、综合指数法、模糊数学方法、灰色系统法、层次分析法。本次评价将煤炭资源潜力的四个评价条件量化为 12 个评价指标，以 12 个指标作为评价参数。通过参考地质勘探、煤炭工业现行规范，结合调查实际情况制定各个参数的分级标准。各个评价参数等级标准采用百分制。

青藏高原煤炭资源潜力评价使用层次分析法，体系建立在各个评价条件之上，体系的第一层即目标层为煤炭资源综合评价；条件层为第二层，即评价煤炭资源的各个条件；指标层为第三层，即根据条件层划分的评价指标；将评价指标进一步划分得到第四层，评价参数层（图 7.29）。综合评价体系由 4 个评价条件、8 个评价指标、20 个评价参数组成。通过参考地质勘探、煤炭工业现行规范，结合调查实际情况制定各个参数的分级标准和评价参数权值，评价参数等级标准采用百分制（表 7.23）。

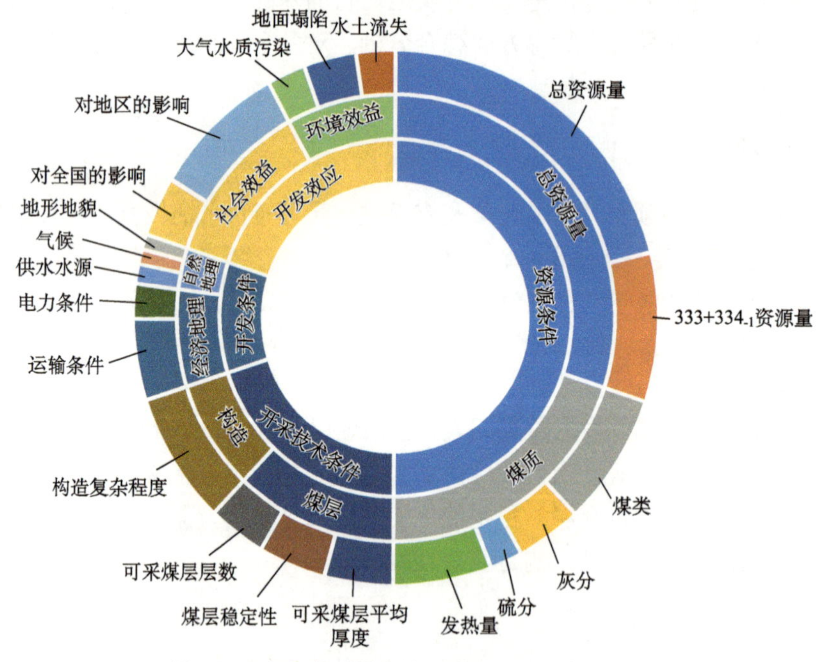

图 7.29　青藏高原煤炭资源潜力评价指标层次图

（1）总资源量。以调查估算和统计预测煤炭资源量为准。

（2）333+334-1 资源量。指所在评价单元 333+334-1 资源量所占百分比。

（3）煤质指标项。主要包括煤类、全硫分、灰分、发热量。

（4）可采煤层平均厚度。煤层厚度划分为以下五个序次：0.4～1.3m、1.3～1.5m、1.5～1.8m、1.8～2.0m 和 2.0～3.5m，地质勘查阶段将煤层厚度大于 2.0m 暂划归此类。

表 7.23　煤炭资源评价体系及参数权值分配

目标层	条件层	指标层	参数序号	参数层	参数权重值
煤炭资源评价（1.00）	资源条件（0.50）	煤资源量（0.60）	1	总资源量（0.70）/万 t	0.210
			2	（333+334_{-1}）资源量（0.30）/%	0.090
		煤质（0.40）	3	煤类（0.40）	0.080
			4	灰分（0.20）/%	0.040
			5	硫分（0.10）/%	0.020
			6	发热量（0.30）/（MJ/kg）	0.060
	开采技术条件（0.20）	煤层（0.60）	7	可采煤层平均厚度（0.35）/m	0.042
			8	煤层稳定性（0.35）	0.042
			9	可采煤层层数（0.30）	0.036
		构造（0.40）	10	复杂程度（1.00）	0.080
	开发条件（0.10）	经济地理（0.70）	11	运输条件（0.70）	0.049
			12	电力条件（0.30）	0.021
		自然地理（0.30）	13	供水水源（0.40）	0.012
			14	气候（0.30）	0.009
			15	地形地貌（0.30）	0.009
	开发效应（0.20）	社会效益（0.60）	16	对全国的影响（0.300）	0.036
			17	对地区的影响（0.70）	0.084
		环境效应（0.40）	18	大气水质污染（0.30）	0.024
			19	地面塌陷（0.40）	0.032
			20	水土流失（0.30）	0.024

（5）煤层稳定性。根据煤层厚度、结构及其变化和可采情况划分为稳定、较稳定、不稳定、极不稳定四型。①稳定型：煤层厚度变化很小，变化规律明显，结构简单至较简单，全区可采或全区基本可采。②较稳定型：分两个亚型，A 型指煤层厚度有一定变化，变化规律明显，变化频率较低，结构简单至复杂，全区可采或大部分可采，可采范围内厚度变化不大；B 型指煤层厚度有一定变化，变化规律不明显或变化规律明显但变化频率较高，结构简单至复杂，全区大部分可采，可采范围内厚度变化不大。③不稳定型：煤层厚度变化较大，无明显规律，结构复杂至极复杂。④极不稳定型：煤层厚度变化极大，呈透镜状、鸡窝状，一般不连续，很难找出规律，可采块段分布零星或无法进行分层对比，且层组对比也有困难的复煤层。

（6）可采煤层层数。指大于最低可采厚度 0.4m，具有一定分布规模的可采煤层的层数。

（7）地质构造复杂程度。地质构造复杂程度划分为简单、中等、复杂、极复杂四类。①简单构造（Ⅰ）：指含煤地层沿走向、倾向的产状变化不大，断层稀少，没有或很少有岩浆活动，主要包括产状接近水平、很少有缓波状起伏、缓倾斜-倾斜的简单单斜、向斜或背斜，为数不多和方向单一的宽缓褶皱。②中等构造（Ⅱ）：根据构造的差异性划分为三种，$Ⅱ_1$指含煤地层沿走向、倾向的产状有一定的变化，断层较发育，有时局部受岩浆岩影响，主要包括产状平缓，沿走向和倾向均发育宽缓褶皱或伴有一定数量的断层；$Ⅱ_2$主要包括简单的单斜、向斜或背斜，伴有较多断层或局部有小规模褶曲或倒转；$Ⅱ_3$主要指急倾斜或倒转的单斜、向斜或背斜，或为形态简单的褶皱伴有稀少断层。③复杂构造（Ⅲ）：含煤地层沿走向、倾向的产状变化很大，断层发育，有时受岩浆岩严重影响，分三种。$Ⅲ_1$受几组断层严重破坏的断块构造；$Ⅲ_2$在单斜、向斜或背斜的基础上次一级褶曲和断层均很发育；$Ⅲ_3$紧密褶皱并伴有一定数量的断层。④极复杂构造（Ⅳ）：含煤地层的产状变化很大，断层极发育，有时受岩浆岩严重破坏，主要包括褶皱紧密、断层密集，形态复杂特殊的褶皱、断层发育，断层发育、受岩浆岩严重破坏。

（8）运输条件。以评价区及其周围运输干线布局和运力定性，区内通铁路，运力满足煤炭外运需要者为好；距干线30km以内，运力基本可以满足煤炭外运需要者属较好；距干线较远（30～100km），运力基本可以满足煤炭外运需要者属一般；距干线远（100～200km），属较困难；距干线200km以远，属困难。

（9）电力条件。依据研究区电力供应实际情况定性赋值。

（10）供水水源。周围10km以内有水源可以满足需要，开采条件简单者，属良好；可能的水源地在10～30km，水量可以满足需要或当地水源开采条件较困难者，属较好；10～30km 内的水源仅基本满足或当地开采条件困难者，属一般；严重缺水，预计水源地在30～50km，属差；预计水源地在50km以远，取水条件差者，属很差。

（11）气候。气候区划湿润和半湿润气候，属好；轻半干旱气候区，属较好；重半干旱气候区，属一般；干旱气候区，属较差或差。

（12）地形地貌。主要按形态划分，Ⅰ为高山区；Ⅱ为中山区，其相对高度大于500m为$Ⅱ_1$高中山，相对高度200～500m为$Ⅱ_2$低中山；Ⅲ为低山区；Ⅳ为丘陵区；Ⅴ为台地区；Ⅵ为川原相向、沟壑纵横的高原区；Ⅶ为冲积平原区；Ⅷ为沙漠区。

（13）开发效应。指标项各个参数依据研究区实际情况做定性赋值（表7.24）。青藏高原生态环境脆弱，资源开发对环境的影响必须充分考虑。不仅应对煤炭的资源开发前景进行调查分析，还应对各矿点资源开发有可能造成的大气污染、水质污染、地面塌陷和水土流失等环境因素进行定性评价。

三、评价结果

根据上述评价方法对各评价单元进行综合评价，各个评价单元综合评价分值划分为三类：①良类，综合评价值（不小于80）。②可类，综合评价值（60～80）。③差类，综合评价值（小于60）。

综合评价值为各个评价参数分值与参数权值乘积的累加值为

$$Z=\sum C_iQ_i,\quad i=1,2,\cdots,20$$

式中，C 为评价参数分值；Q 为评价参数权重。

对青藏高原 10 个赋煤带 61 个预测区的综合评价参数值及评价结果如下（表 7.25）。

表 7.24　评价参数特征值等级划分

目标层	条件层	指标层	参数层	参数特征值等级划分				
				A：0～30	B：30～50	C：50～70	D：70～90	E：90～100
煤炭资源评价	资源条件	煤资源量	总资源量/万 t	＜500	500～1000	1000～5000	5000～10000	＞10000
			333+334-1 资源量/%	＜10	10～30	30～50	50～70	＞70
		煤质	煤类	HM	PM，PS，CY	WY，1/2ZN，BN，RN	SM，QM，QF	JM，FM，1/3JM
			灰分/%	＞40	25～40	15～25	10～15	≤10
			硫分/%	＞4	2.5～4.0	1.5～2.5	1.0～1.5	≤1.0
			发热量/（MJ/kg）	＜18	18～22.5	22.5～27.0	27.0～31.0	＞31
	开采技术条件	煤层	可采煤层平均厚度/m	＜0.5	0.5～1.3	1.3～1.8	1.8～3.5	3.5～6.0
			煤层稳定性	极不稳定	不稳定	较稳定（B）	较稳定（A）	稳定
			可采煤层层数	1～3	3～5	5～7	7～9	≥10
		构造	复杂程度	极复杂	复杂	中等（B）	中等（A）	简单
	开发条件	经济地理	运输条件	困难	较困难	一般	较好	好
			电力条件	缺电	缺电 2/3	缺电 1/2	缺电 1/3	充足
		自然地理	供水水源	差	较差	一般	较好	好
			气候	差	较差	一般	较好	好
			地形地貌	Ⅰ、$Ⅱ_1$	$Ⅱ_2$、Ⅵ、Ⅶ	Ⅲ、Ⅳ	Ⅴ	Ⅶ
	开发效应	社会效益	对全国的影响	小	一般	明显	显著	重大
			对地区的影响	小	一般	明显	显著	重大
		环境效应	大气水质污染	极严重	严重	中等	较严重	轻微
			地面塌陷	极严重	严重	中等	较严重	轻微
			水土流失	严重流失	易流失	一般	较易流失	不易流失

注：PM 为贫煤；HM 为褐煤；PS 为贫瘦煤；CY 为长焰煤；WY 为无烟煤；1/2ZN 为 1/2 中黏煤；BN 为不黏煤；RN 为弱黏煤；SM 为瘦煤；QM 为气煤；QF 为气肥煤；JM 为焦煤；1/3JM 为 1/3 焦煤；FM 为肥煤。下表同。

表 7.25　各预测区评价参数值及综合评价值

预测区	可采煤层数	构造复杂程度	煤层稳定性	可采煤层总厚/m	煤层平均厚度/m	煤类	S_{td}/%	A_d/%	Q_{grd}/(MJ/kg)	总资源量/万 t	333+334-1占比/%	综合评价分值
军牧场	4	较复杂	不稳定	2.07	0.518	BN	2.14	17.66	27.52	1342	100.0	53.1
开心岭	7	较复杂	不稳定	7	1	PM	1.44	31.89	21.9	14120	100.0	59.7
开心岭北	7	较复杂	不稳定	7	1	PM	1.44	31.89	21.9	5079	100.0	54.9
乌丽	5	较复杂	不稳定	4.38	0.876	PM	0.46	11.34	21.43	22023	100.0	61.9
乌丽东	4	较复杂	不稳定	1.88	0.47	PM	1.85	23.41	24.81	2750	0.0	43.3
扎苏	6	较复杂	不稳定	4.75	0.792	PM	0.46	11.34	21.43	8294	100.0	58.9
扎苏南	6	较复杂	不稳定	4.75	0.792	PM	0.46	11.34	21.43	1354	0.0	43.7
茶错西	1	较复杂	不稳定	1.88	1.88	BN	0.31	30.2	16.84	1800	100.0	51.8
扎青	2	较简单	不稳定	1	0.5	WY	0.46	28.81	23.94	3240	100.0	55.4
吉耐涌	1	较复杂	不稳定	0.88	0.88	WY	0.79	25.17	23.94	4453	0.0	46.1
桑班涌	1	复杂	不稳定	0.88	0.88	WY		15.96	23.22	3042	0.0	43.0
昂赛	2	中等	不稳定	1.6	0.8	WY				2644	0.0	39.5
东坝	11	复杂	稳定	8.21	0.746	WY	0.53	5.06	28.85	2843	100.0	56.9
迈巴能	8	复杂	稳定	0.65	0.081	WY	0.39	7.48	33.13	720	100.0	56.5
年治弄	2	中等	不稳定	1.6	0.8	WY				994	0.0	38.3
俄群嘎	6	中等	不稳定	5.58	0.93	WY				2617	0.0	41.7
查然宁	6	中等	不稳定	5.58	0.93	WY	0.24	30.41	14.83	3945	100.0	55.0
齐夏卡	2	复杂	不稳定	1.4	0.7	WY	0.96	21.55	17.34	1343	0.0	41.1
麦多龙	2	复杂	不稳定	3	1.5	PM				3700	0.0	38.9
格玛	1	复杂	不稳定	1	1	BN				1986	0.0	37.7
梭罗东茅	1	复杂	不稳定	0.6	0.6	WY				0	0.0	25.7
晓富贡巴	2	复杂	不稳定	1.4	0.7	BN				2522	0.0	38.3
沟多玛	2	复杂	不稳定	1.4	0.7	BN				2262	0.0	38.0
毛庄	9	中等	极不稳定	3.58	0.398	WY				9093	100.0	55.8
东卡普	2	中等	不稳定	1.4	0.7	WY				916	0.0	37.2
八达松	2	极复杂	不稳定	3.8	1.9	CY	0.53	8.25	29.52	166.46	0.0	33.5
杂德改	7	极复杂	不稳定	4.34	0.62	PM	0.53	8.25	29.52	118.68	100.0	41.2
无比乡	3	复杂	不稳定	1.8	0.6	WY	0.27	64.15	29.52	9.39	0.0	31.4
阿秀	7	极复杂	不稳定	4.34	0.62	PM	0.53	8.25	29.52	173.38	100.0	41.9
土门格拉	4	复杂	不稳定	5.3	1.325	WY、QM-JM	3.6	24.6	33.26	4385.4	100.0	56.4
自家浦	46	较简单	较稳定	36.73	0.798	WY	0.88	6.58	30.37	3962	100.0	64.1
拉龙贡	46	较简单	较稳定	36.73	0.798	WY	0.88	6.58	30.37	1358.68	30.0	57.5
马查拉	23	极复杂	不稳-较稳	12.82	0.557	WY	1.45	14.09	28.46	3452.81	39.9	54.0

续表

预测区	可采煤层数	构造复杂程度	煤层稳定性	可采煤层总厚/m	煤层平均厚度/m	煤类	S_{td}/%	A_d/%	Q_{grd}/(MJ/kg)	总资源量/万 t	333+334-1占比/%	综合评价分值
金多	2	较复杂	不稳定	0.8	0.4	WY	1.45	14.09	28.46	593.93	0.0	40.6
加卡	1	复杂	极不稳定	1.06	1.06	WY	1.45	14.09	28.46	907.36	0.0	42.0
曲登	6	复杂	极不稳定	2.52	0.42	WY	1.45	14.09	28.46	808.28	0.0	42.2
妥坝	2	复杂	极不稳定	5.08	2.54	WY	1.24	21.89	24.01	2904.96	4.7	47.6
瓦日	4	复杂	极不稳定	4.32	1.08	CY	1.24	21.89	24.01	105.57	0.0	30.6
协维纳	2	较复杂	较稳定		0.5	SM	0.45	32.01	18.7	60.49	0.0	33.2
夺盖拉	3	复杂	稳定性差	0.95	0.317	BN、FM-JM	1.58	19.72	25.73	688.89	46.4	46.5
乌东	8	较复杂	不稳定	4.08	0.51	QM-FM	0.45	32.01	18.7	84.5	0.0	35.6
翁达岗	2	复杂	不稳定		0.5	SM	0.75	36.18	18.64	798.75	23.2	38.9
巴贡	2	较简单	较稳定	1.4	0.72	JM	3.85	28.97	27.08	486.14	50.0	50.2
津江	3	较简单	不稳定	1.5	0.5	SM	3.85	28.97	27.08	320.05	29.5	45.0
觉龙	3	较简单	不稳定	1.5	0.5	SM	3.85	28.97	27.08	53.12	0.0	37.2
穷卡	2	复杂	不稳定		0.5	SM	0.75	36.18	18.64	697.52	37.9	38.1
打奖	4	较简单	不稳定	2.1	0.525	CY	0.45	32.01	18.7	161.94	45.8	39.1
仁青	2	较复杂	较稳定		0.5	SM	0.45	32.01	18.7	342.97	11.2	36.7
瓦达	10	较简单	不稳定	5.03	0.503	WY	0.46	19.6	19.51	1515.69	9.2	50.6
叶巴	5	简单	稳定	3.2	0.64	CY	0.54	17.9	24.53	226.79	18.2	41.0
向阳	3	复杂	极不稳定	1.68	0.56	WY	2.95	50	29.23	132.71	39.3	38.0
楚木龙	5	较复杂	不稳定	2.25	0.45	PM	0.29	36.33	28.02	43.49	83.0	39.8
白朗	4	复杂	不稳定	2	0.5	WY	0.51	31.97	32.64	21.5	66.7	42.4
牛马沟	1	简单	较稳定	0.54	0.54	WY	3.2	42.06	33.67	34.46	46.5	42.4
川巴	4	较简单	稳定	3.06	0.765	RN	1.27	32.04	27.45	192.98	47.4	46.3
麻米	2	较简单	稳定	0.8	0.4	RN	1.11	41.29	17.32	61.02	60.0	41.8
东嘎	7	较简单	较稳定	3	0.429	FM	3.41	37.31	32.83	209.82	44.4	49.4
吉松	3	较复杂	不稳定	2.33	0.777	JM	3.98	38.53	35.09	116.42	46.6	43.5
吉松-谢如	1	简单	不稳定	1.47	1.47	FM	0.74	33.92	26.43	237.58	17.0	43.6
芒乡	3	较简单	不稳定	2.48	0.827	HM	1.7	46.54	31.75	163.06	50.0	42.8
门士	8	复杂	稳定	4.34	0.543	FM	4.37	31.1	36.27	605.82	39.7	53.3

四、结果分析

根据青藏高原煤炭资源潜力现状及能源矿产的迫切需要，将0～40分定为资源潜力不利区，40～50分定为资源潜力中等区，50～70分定为资源潜力有利区。从以上综合评价结果可以看出，青藏高原各煤炭资源预测区综合评价分数为25.7～64.1分，平均分仅为44.8分，整体煤炭资源开发前景属于中等区。

青藏高原共划定煤炭资源预测区61个，预测煤炭资源量合计129284.61万t，其中18个评为资源潜力有利区，23个评为资源潜力中等区，20个评为资源潜力不利区（表7.26和表7.27，图7.30）。

表7.26 青藏高原各赋煤带煤炭资源潜力评价等级及资源量

赋煤带	有利区		中等区		不利区		合计	
	个数	资源量/万t	个数	资源量/万t	个数	资源量/万t	个数	资源量/万t
东昆仑	0	0	0	0	0	0	0	0
积石山	1	1342	0	0	0	0	1	1342
唐古拉山	10	71157	6	15559	8	15024	24	101740
土门-巴青	1	4385.40	2	292.06	2	175.85	5	4853.31
昌都-芒康	4	9259.63	6	6223.47	8	2304.86	18	17787.96
边坝-八宿	1	1515.69	1	226.79	0	0	2	1742.48
拉萨北	0	0	2	55.96	2	176.2	4	232.16
日喀则	0	0	4	726.88	0	0	4	726.88
改则	0	0	2	254	0	0	2	254
噶尔	1	605.82	0	0	0	0	1	605.82
合计	18	88265.54	23	23338.16	20	17680.91	61	129284.61

青藏高原被评定为煤炭资源潜力有利区的有18个（表7.26），预测煤炭资源量为88265.54万t。其中积石山赋煤带一个，预测资源量为1342万t；唐古拉山赋煤带10个，预测煤炭资源量为71157万t；土门-巴青赋煤带一个，预测煤炭资源量为4385.40万t；昌都-芒康赋煤带四个，预测煤炭资源量为9259.63万t；边坝-八宿赋煤带一个，预测煤炭资源量为1515.69万t；噶尔赋煤带一个，预测煤炭资源量为605.82万t。

青藏高原被评定为煤炭资源潜力中等区的有23个，预测煤炭资源量为23338.16万t。其中唐古拉山赋煤带六个，预测煤炭资源量为15559万t；土门-巴青赋煤带两个，预测煤炭资源量为292.06万t；昌都-芒康赋煤带六个，预测煤炭资源量为6223.47万t；边坝-八宿赋煤带一个，预测煤炭资源量为226.79万t；拉萨北赋煤带两个，预测资源量为55.96万t；日喀则赋煤带四个，预测资源量为726.88万t；改则赋煤带两个，预测煤炭资源量为254万t。

青藏高原被评定为煤炭资源潜力不利区的有20个，预测煤炭资源量为17680.91万t。其中唐古拉山赋煤带八个，预测煤炭资源量为15024万t；土门-巴青赋煤带两个，预测煤炭资源量为175.85万t；昌都-芒康赋煤带八个，预测煤炭资源量为2304.86万t；拉萨北赋煤带两个，预测资源量为176.2万t。

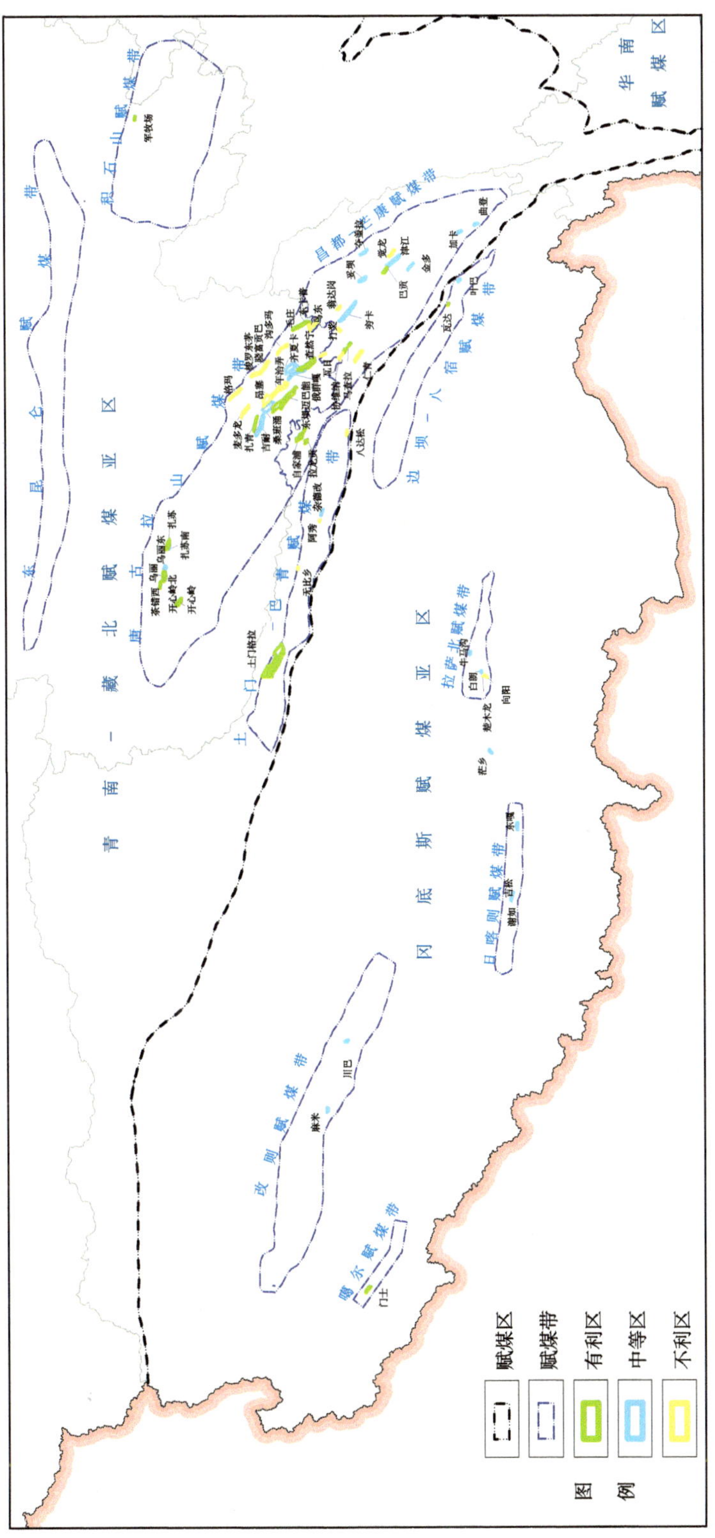

图 7.30 青藏高原煤炭资源潜力区综合评价等级图

表 7.27　青藏高原煤炭资源潜力区综合评价分级

赋煤带	综合评价分级		
	有利区	中等区	不利区
积石山	军牧场		
唐古拉山	开心岭、开心岭北、乌丽、扎苏、茶错西、扎青、东坝、迈巴能、查然宁、毛庄	乌丽东、扎苏南、吉耐涌、桑班涌、俄群嘎、齐夏卡	昂赛、年治弄、麦多龙、格玛、梭罗东茅、晓富贡巴、沟多玛、东卡普
土门-巴青	土门格拉	杂德改、阿秀	八达松、无比乡
昌都-芒康	自家浦、拉龙贡、马查拉、巴贡	金多、加卡、曲登、妥坝、夺盖拉、津江	瓦日、协维纳、鸟东、翁达岗、觉龙、穷卡、打奖、仁青
边坝-八宿	瓦达	叶巴	
拉萨北		白朗、牛马沟	向阳、楚木龙
日喀则		东嘎、吉松、吉松-谢如、芒乡	
改则		麻米、川巴	
噶尔	门士		

第五节　煤炭资源勘查开发前景及保障分析

一、煤炭资源供需形势

随着西藏在“十二五”期间经济社会发展加速，对煤炭资源的需求日益加大，现有煤炭生产格局已远远不能满足消费需求。

（一）生活方面

受能源匮乏和长期以来形成的生活习惯影响，青藏高原广大农牧民主要依靠牛（羊）粪、薪柴、草皮、树根和荆棘等作为生活燃料和取暖燃料。由此带来的负面影响，使大量的林木、植被、草场等遭到砍伐和破坏，森林、草场、耕地等基本生产要素循环发展能力日益降低。林木资源减少、草地退化和土地沙化，成为导致水土流失、生物多样性受到威胁、自然灾害频发的原因之一。一些地区过度采集森林和草皮、灌木等做生活燃料，严重影响了这些区域自然生态环境，植被覆盖率大幅度下降，恢复难度大，损失严重。

据不完全统计，西藏地区近几十年的薪柴消耗量高达 3000 多万立方米，是商品材的 6 倍，自用材的 10 倍。由于长期以来林区烧柴缺乏系统管理，没有划分薪柴采伐基地，各地城乡居民、机关随意乱采滥伐，形成许多片状采伐区。在非林区农牧民薪柴消耗除少部分来自天然林区外，93.7%来自对具有较高生态价值的天然灌木林的樵采，如爬地柏、沙生槐、沙棘等，使每年有 0.40 万～0.67 万 ha 的灌木林遭到樵采甚至刨根等毁灭性破坏。长期樵采，使部分森林退化为盖度很低的灌丛草坡、荒草坡，盖度一般的草地退化为稀疏草地或沙漠，直至退化为不毛之地。灌木林和草地的大面积破坏使当地生态环境质量明显下降，对人们的生存、生活和经济建设带来不良影响。

青藏高原耕地较少，单位产量较低。2006 年，西藏自治区全区牲畜总头数 2436 万头，年产畜粪 4044 万 t，相当于 363.96 万 t 标准煤，其中用作燃料的高达 60%，用作有机肥的仅占 40%。由于草地产草量较低，绝大部分秸秆都被用作饲草料，加之大部分地区牛、羊等牲畜饲草料严重短缺，特别是牧区目前仍主要以牛粪作燃料，使大量牛粪、草皮、秸秆用于做饭取暖等生活用能上，秸秆和畜禽有机肥还田数量相对较少，导致耕地、草原土壤有机质得不到及时补偿，使西藏土壤板结，土壤肥力下降，耕地单位产量进一步降低。

此外，青藏高原薪柴能源主要用于炊事、取暖，由于气候条件和炉具的原因，薪柴利用效率只有 15%左右，不仅对资源造成了极大的浪费，还影响生活质量。广大农牧区由于大量使用薪柴、畜粪等传统能源，随处堆集薪柴、畜粪的现象较为普遍，造成居住环境“脏、乱、差”，容易诱发火灾、疾病等安全隐患；大量燃烧薪柴、畜粪，容易引起小区内的大气污染，加之房屋修建时没有专门的排污系统，室内空气污染严重，炊烟是农牧区室内环境的重要污染源，大量吸入会对人体健康造成严重损害；畜粪内含有大肠杆菌和寄生虫卵等有害微生物，农牧民使用畜粪作燃料，长期接触畜粪，容易感染有害病菌，严重影响人体健康。由此可见，薪柴、畜粪的大量使用将引起环境污染，影响人体健康和人居环境，严重制约农牧民生活质量的提高和社会主义新农村建设。

（二）矿业方面

青藏高原虽地域广大，但煤炭资源短缺，西藏煤炭资源位于全国各省市区倒数第一。西藏煤炭开采、运输费用昂贵，加之多数煤矿因地质工作程度低、资源情况不清楚，造成了仅有的几个生产煤矿的企业长期亏损，年生产原煤能力降至 2 万 t。鉴于此，西藏全区煤矿基本都在 1990 年前后全部闭坑。由于近几年青藏高原经济快速发展，煤炭产量和需求量一直存在较大缺口，尤其是西藏大量水泥厂的建设和大批金属矿及天然气的开发利用，煤炭消费量逐步扩大，实施以煤代薪、以电代薪等生态环境建设保护措施后，将使民用煤炭消费量有较大增长。

通过近年来西藏矿产勘查的重大突破及各级政府相关部门就矿产勘查工作推出的各项重大举措可以看出，青藏高原将来的矿产开发方面对煤炭资源的需求量也会日益增加。

综合考虑以上因素对煤炭需求的增减影响，全区经济社会发展对煤炭的需求将会大幅度提高，长期以来煤炭供需矛盾日渐突出，不能满足经济建设的需要。

二、煤炭资源勘查开发前景

截至 2015 年年底，青藏高原累计探获煤炭资源储量为 25777.81 万 t，其中储量为 4.4 万 t，基础储量为 5.8 万 t，资源量为 17752.6 万 t，查明资源量占累计探获资源量的 68.91%。

煤类以无烟煤为主，其次为烟煤、褐煤和泥炭。已探获的煤炭资源量主要分布在昌都-芒康赋煤带，煤炭资源量为17521.98万t，约占全区已探获煤炭资源量的68%；其次为唐古拉山赋煤带、土门-巴青赋煤带、积石山赋煤带，累计探获资源量均为2000万～3000万t，合计占全区已探获煤炭资源量的29%；而边坝-八宿赋煤带、拉萨北赋煤带、日喀则赋煤带、改则赋煤带、噶尔赋煤带累计探获煤炭资源量合计仅为984.33万t。从地域分布来看，已探获的煤炭资源量主要分布在青藏高原北部地区，主要包括积石山赋煤带、唐古拉山赋煤带、昌都-芒康赋煤带以及土门-巴青赋煤带，累计探获煤炭资源量24793.48万t，占全区累计探获煤炭资源量的96.18%。

青藏高原全区垂深0～600m预测煤炭资源量为129284.61万t，其中预测可靠的（334_{-1}）资源量85867.79万t，预测可能的（334_{-2}）资源量18093.6万t，预测推断的（334_{-3}）资源量25323.22万t。青藏高原预测煤炭资源量的分布极不平衡，主要分布在唐古拉山、昌都-芒康、土门-巴青赋煤带，三个赋煤带预测煤炭资源量合计为124381.27万t，合计约占全青藏高原垂深0～600m预测煤炭资源量的96%。煤类以贫煤、无烟煤为主，不黏煤次之。其中贫煤预测资源量57655.55万t，占预测煤炭资源量的44.60%；无烟煤预测资源量55937.17万t，占预测资源量的43.27%；不黏煤预测资源量10600.89万t，占预测资源量的8.20%。从成煤时代来看，青藏高原预测的煤炭资源以二叠纪、石炭纪、三叠纪形成的含煤地层为主，其中石炭纪预测煤炭资源量40624.06万t，二叠纪预测煤炭资源量56691.02万t，三叠纪预测煤炭资源量27066.19万t。

整体来看，青藏高原煤炭资源总量有限，且分布极不均衡，青藏高原北部广泛分布石炭纪、二叠纪、三叠纪含煤地层。以近些年煤炭地质勘查的成果来看，煤炭地质工作程度较高的地区大多也取得了较丰富的找矿成果。今后应当深入贯彻落实《找矿突破战略行动纲要（2011～2020年）》（国发办〔2011〕57号）、《西藏自治区人民政府关于推动找矿突破战略行动的实施意见》（藏政发〔2012〕102号）及《能源发展战略行动计划（2014～2020年）》精神，紧密围绕经济社会发展的需要，着力摸清西藏煤炭资源的家底，全面提高煤炭资源的勘查程度，力争实现煤炭资源勘查的新突破，进一步加大煤炭资源的开发力度，提高区内煤炭资源的自给能力，提高边疆地区能源战略安全。在全面部署全区煤炭地质勘查工作的基础上，突出重点，尽快取得煤炭勘查实效。有望在煤炭资源、含煤地层共伴生矿产、非常规能源勘查等方面取得重大进展。

三、煤炭资源保障分析

近些年，随着青藏高原基础建设和工业的较快增长，煤炭消费总量不断扩大，西藏年消费量约80万t。青藏高原的能源结构同全国其他省份一样，主要以煤炭为主，煤炭在整个能源消耗中所占比例在60%以上，煤炭资源消耗主要用于火力发电、建筑材料生产及民用。近几年，尽管青海煤炭地质局在青南唐古拉山乌丽、大武等地也做了少量工作，但地质程度普遍偏低，没有开采矿山，煤炭开采量基本为零。截至2014年年底，昌都地区虽设有三个煤炭探矿权、两个煤炭采矿权，但是当前仍处于整顿和建矿阶段。青藏高原所需的煤炭资源主要从外省运入，不仅造成了运输费用的增加，还加大了耗煤企业的生产成本，压缩了大量外销型资源开发加工企业利润空间，削弱了企业的市场竞争力。另外，青藏高原面积巨大，仅有的两个煤炭采矿权远远不能满足未来该区的能源需求，产、供、销矛盾突出。

青藏高原面积巨大，不同时期不同区域成煤条件差异巨大，将不同时期不同地层煤炭资源潜力进行统一对比，在整体上能够反映全区煤炭资源分布格局，能够为全区煤炭资源的勘查开发提供指导依据。但是，在青藏高原现有的运输条件下，不均衡的资源分布为青藏高原能源矿产的调配带来了极大困难；同时受限于脆弱的生态环境，不适宜在局部地区开展大规模的勘查和开发。在这种条件下，既要满足于青藏高原经济的迅速发展，又要保持生态环境的可持续发展，就必须要因地制宜，结合煤炭资源分布现状和能源需求，分区域开展具有针对性的资源潜力评价。综合考虑青藏高原煤炭资源分布格局、社会经济发展现状、自然环境条件等因素，可以把青藏高原划分为青南、青南-藏北、藏南三大煤炭资源一级综合分区（图 7.31），将青南-藏北分区划分为格尔木-安多、玉树-昌都两个二级综合分区；将藏南分区划分为阿里、拉萨-日喀则两个二级综合分区。

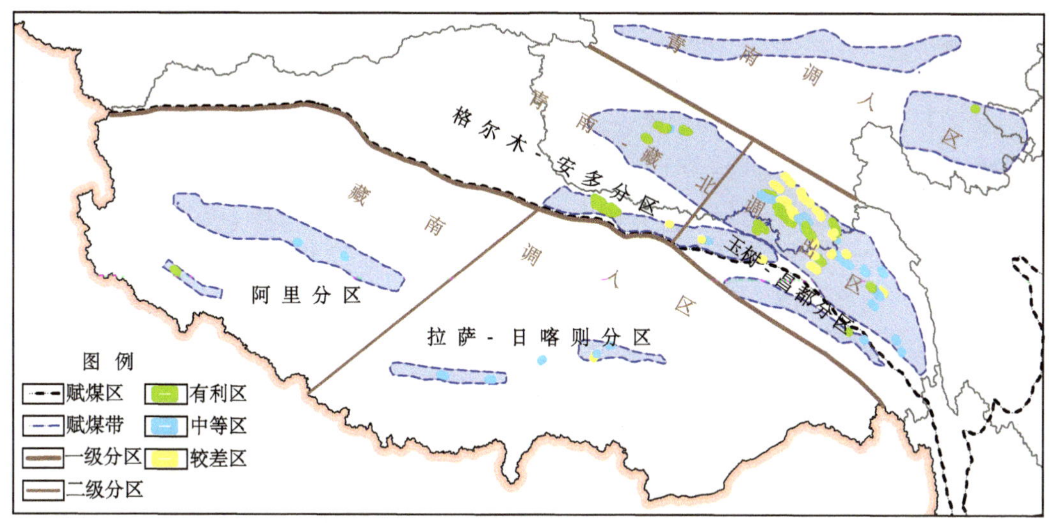

图 7.31　青藏高原煤炭资源潜力区综合评价等级及分区图

（一）青南煤炭资源区

青南煤炭资源区主要包括昆仑山和积石山两个赋煤带，仅在积石山赋煤带划出煤炭资源潜力有利区一个，预测可靠的（334_{-1}）煤炭资源量 1342 万 t。

该区含煤地层零星分布，煤炭资源潜力区较少，但是整个昆仑山赋煤带交通不便、人口稀少，同时距离青海中部的柴达木盆地煤炭产地较近，所需煤炭资源可通过公路运输供给。积石山赋煤带划定煤炭资源潜力有利区一个，为军牧场预测区，预测依据可靠，可以作为青南煤炭资源下一步勘查的重点工作区，同时在勘查的过程中还可以进一步划分新的煤炭资源预测区。大武煤田保有煤炭资源量 2154.1 万 t，预测煤炭资源量 1342 万 t，经适度的勘查开发可以满足当地煤炭资源需求。

（二）青南-藏北煤炭资源区

青南-藏北煤炭资源区包括唐古拉山赋煤带、昌都-芒康赋煤带、土门-巴青赋煤带、边坝-八宿赋煤带，共划分煤炭资源潜力区 49 个，其中有利区 16 个，中等区 15 个，不利区 18 个。根据含煤地层、潜力区分布特征及区位关系，该区可以划分为格尔木-安多、玉树-昌都两个二级煤炭资源区。

格尔木-安多煤炭资源分区包括格尔木至安多青藏公路沿线地区煤炭资源区，主要包括乌丽煤田、土门格拉含煤区，煤田地质工作程度相对较高。该区分布有煤炭资源潜力区九个，其中有利区六个，分别是开心岭、开心岭北、乌丽、扎苏、茶错西、土门格拉预测区，预测煤炭资源量 55701.4 万 t；中等区两个，分别是乌丽东预测区、扎苏南预测区，预测煤炭资源量 4104 万 t；不利区一个，为无比乡预测区，预测煤炭资源量 9.39 万 t。六个有利区煤炭预测依据充分，可信度较高，预测煤炭资源量较大，可以作为今后该区煤炭资源勘查的重点区域。同时，该区处于青藏公路沿线，交通便利，在严格遵守生态环境保护的前提下进行适度勘查和开发，所产出的煤炭资源不仅能够满足青藏公路沿线城镇建设与发展的需要，还能够作为拉萨、日喀则地区的能源调入区，为维护边疆地区能源战略安全提供资源保障。

玉树-昌都煤炭资源分区包括青海南部的玉树藏族自治州、西藏东部的昌都地区，其中扎曲、昌都北部地区煤田地质工作程度相对较高，该区划分煤炭资源潜力区 40 个，其中有利区 10 个，分别为扎青、东坝、迈巴能、查然宁、毛庄、自家浦、拉龙贡、马查拉、巴贡、瓦达等预测区，预测煤炭资源量 30616.32 万 t；中等区 13 个，分别为吉耐涌、桑班涌、俄群嘎、齐夏卡、杂德改、阿秀、金多、加卡、曲登、妥坝、夺盖拉、津江、叶巴预测区，预测煤炭资源量 18197.32 万 t；不利区 17 个，分别为昂赛、年治弄、麦多龙、格玛、梭罗东茅、晓富贡巴、沟多玛、东卡普、八达松、瓦日、协维纳、鸟东、翁达岗、觉龙、穷卡、打奖、仁青预测区，预测煤炭资源量 17495.32 万 t。预测的 10 个有利区主要分布在扎曲和昌都北部地区，交通便利，主要的交通线路有川藏公路（G318）、川藏公路北线（G317）及 G214 国道，可以作为该区今后煤田地质工作的重点区域。同时，昌都地区已经在组织现有煤矿的整合，该区将作为整个青藏高原地区煤炭资源的重点勘查和开发区。通过适度的勘查和开发实施以煤代薪发展战略，减少广大群众对传统薪柴等生物质能源的依赖，有效保护昌都地区宝贵的森林资源，满足当地生产建设和民生需要，同时产出的煤炭资源可以通过川藏公路运往林芝、拉萨地区，亦可作为藏南能源战略安全的储备区。

（三）藏南煤炭资源区

藏南煤炭资源区包括拉萨北、日喀则、改则、噶尔四个赋煤带，从含煤地层区位分布、自然环境等综合考虑，该区可以划分为东部的拉萨-日喀则区和西部的阿里区 2 个煤炭资源二级分区。全区可划分出 11 个煤炭资源潜力区，其中有利区 1 个，中等区 8 个，不利区 2 个。

拉萨-日喀则煤炭资源分区包括拉萨和日喀则两大地区，人口密集、经济发展迅速，能源需求旺盛，同时交通便利，有青藏公路、川藏公路、新藏公路穿越，还修建有拉日铁路、拉林高速公路。但是从全区来看，尽管煤炭资源开发可以追溯到 20 世纪 60 年代，建立多个煤矿生产地，但是受限于煤田地质勘查程度低，对煤炭资源分布规律认识不足，20 世纪 90 年代全部关闭。近些年该区煤田地质工作基本处于停滞状态，急需在东特提斯域构造演化的大背景下深入开展聚煤作用和聚煤规律研究，为该区煤炭资源的勘查和开发提供理论支持。目前该区可以划分出煤炭资源预测区八个，预测煤炭资源量 959.04 万 t。其中，中等区六个，分别为白朗、牛马沟、东嘎、吉松、吉松-谢如、芒乡预测区，预测煤炭资源量 782.84 万 t；不利区两个，分别为向阳预测区和楚木龙预测区，预测煤炭资源量 176.2 万 t。虽然该区没有煤炭资源预测有利区，但是六个中等预测区距离拉萨市和日喀则市很近，可以在六个预测区及原有勘查区内开展适度的补充勘查，提高对该区煤炭资源分布规律的认识，适度开发煤炭资源实施以煤代薪发展战略，减少广大群众对传统薪柴等生物质能源的依赖，改善和加强西藏生态环境保护与建设，满足当地国民经济建设、边防建设等对能源矿产的需要。另外，能源需求不足部分还应当积极从北部的乌丽煤田、土门格拉含煤区、扎曲煤田及昌都北部含煤区调运。

阿里煤炭资源分区包括改则赋煤带、噶尔赋煤带，地处青藏高原腹地，自然条件恶劣，交通极其不便，以往煤田地质工作程度极低。该区仅划分出三个煤炭资源预测区，预测煤炭资源量 859.82 万 t。其中有利区一个，为门士预测区，预测煤炭资源量 605.82 万 t；中等区两个，为麻米预测区和川巴预测区，预测煤炭资源量 254 万 t。由于交通运输不便，阿里煤炭资源区煤炭的勘查和开发应当主要以满足当地生产建设需要和改善民生为目标，积极对门士、麻米、川巴预测区开展煤炭普查工作，促进西藏农牧区能源结构调整，改善农牧民生产生活条件。同时加深对该区成煤作用和聚煤规律的研究，在进一步勘查的过程中对赋煤带其他地区广泛分布的含煤地层开展深入的调查和勘查工作，提交一批可供开发的煤炭资源产地，提高边疆地区能源战略安全保障。

第八章

煤系矿产资源评价

青藏高原众多聚煤期形成的众多成煤盆地，受到聚煤期成煤环境的控制，并在东特提斯演化及新生代以来高原隆升的影响下遭受强烈的挤压、褶皱变形和抬升，造成现存的含煤地层基本以带状或块状分布。特殊的演化历史造就了特殊的成矿模式和成矿机理，含煤地层中除了赋存有煤炭资源外，还赋存有煤系其他矿产资源，但是以往工作对此关注极少。为了提高煤系矿产综合研究程度，对含煤地层中其他的金属、非金属及能源矿产赋存的层位及特征也进行系统梳理，对重点层段煤层及煤层顶底板中的微量元素进行了分析。

第一节　煤系矿产概述

一、青藏高原煤系矿产资源类型

煤系矿产资源指赋存于煤和含煤岩系及邻近地层中、与煤矿床有成因联系或空间组合关系的所有矿产资源。我国煤系矿产资源的矿种较多，类型划分方法较多。前人先后从工业分类、赋存状态、物理性能及加工利用方向等角度，讨论了煤系矿产资源类型划分问题。袁国泰和黄凯芬（1998）将煤系矿产资源分为三大类：固体共伴生矿产、液态共伴生矿产及气态共伴生矿产。孙升林等（2014）将煤系矿产资源划分为煤系能源矿产、煤系金属矿产和煤系非金属矿产三类。刘建强等（2015）认为，煤的伴生矿产包括煤层气、煤成气、镓、铀、锗、钒等，共生矿产包括页岩气等，而油页岩、黏土与高岭土则既是伴生矿产也是共生矿产。曹代勇等（2014）指出，煤炭资源的多重价值体现在含煤岩系中多种矿产资源的共生组合与共采潜力，进一步研究又从赋存空间与评价方法角度提出了煤系矿产资源分类层次或圈层结构。根据矿产资源特性和主要用途划分为煤系能源矿产、煤系金属矿产和煤系非金属矿产三类。煤系能源矿产主要包括煤炭、煤系气（煤层气、致密砂岩气、页岩气等）、铀矿、油页岩等，煤系金属矿产勘查开发研究多集中在我国紧缺的铝、铁等大宗矿产及新兴产业急需的锂、锗、镓等战略性资源，煤系非金属矿产中常见的有高岭土、耐火黏土、硅藻土、膨润土、叶蜡石、石墨等（表 8.1）。

表 8.1 我国煤系矿产资源类型划分一览表

矿产类别	主要矿种
煤系能源矿产	煤炭、煤系铀矿、油页岩、煤层气与致密砂岩气等煤系气
煤系金属矿产	铝土矿、铁矿、镓、锗、锂、硫铁矿
煤系非金属矿产	黏土矿、硅藻土、膨润土、叶蜡石、石墨

青藏高原地区煤系能源矿产、煤系金属矿产、煤系非金属矿产均有分布，其中煤系能源矿产主要有煤系页岩气、天然气水合物等；煤系金属矿产主要有煤中锗、煤中镓、煤中钒、煤系铜矿等；煤系非金属矿产主要有石灰矿、石膏矿等。

二、煤系矿产资源分布特征

通过收集资料、采样测试及综合研究，共圈定煤系矿产资源有利区九个（图 8.1）。其中煤系能源矿区有利区四个，分别为乌丽含煤盆地煤系页岩气资源有利区、乌丽天然

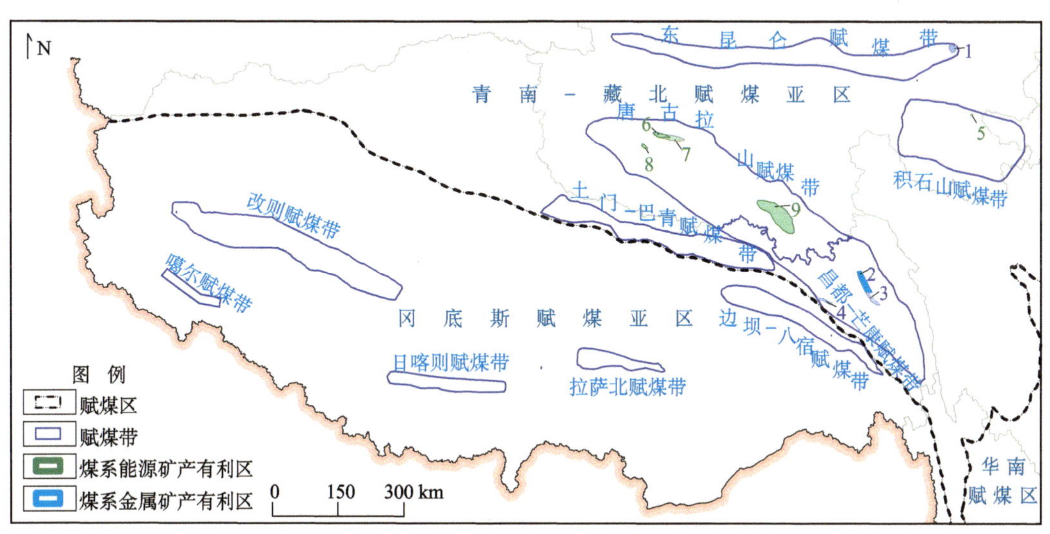

图 8.1 青藏高原煤系矿产资源有利区分布图

1.尕玛羊曲煤中锗-镓矿资源有利区；2.妥坝含煤区煤系铜矿资源有利区；3.妥坝-巴贡煤中镓矿资源有利区；4.拔通煤中钒矿资源有利区；5.军牧场煤系放射性矿产资源有利区；6.乌丽天然气水合物资源有利区；7.乌丽含煤盆地煤系页岩气资源有利区，8.开心岭天然气水合物资源有利区，9.扎曲煤田煤系页岩气资源有利区

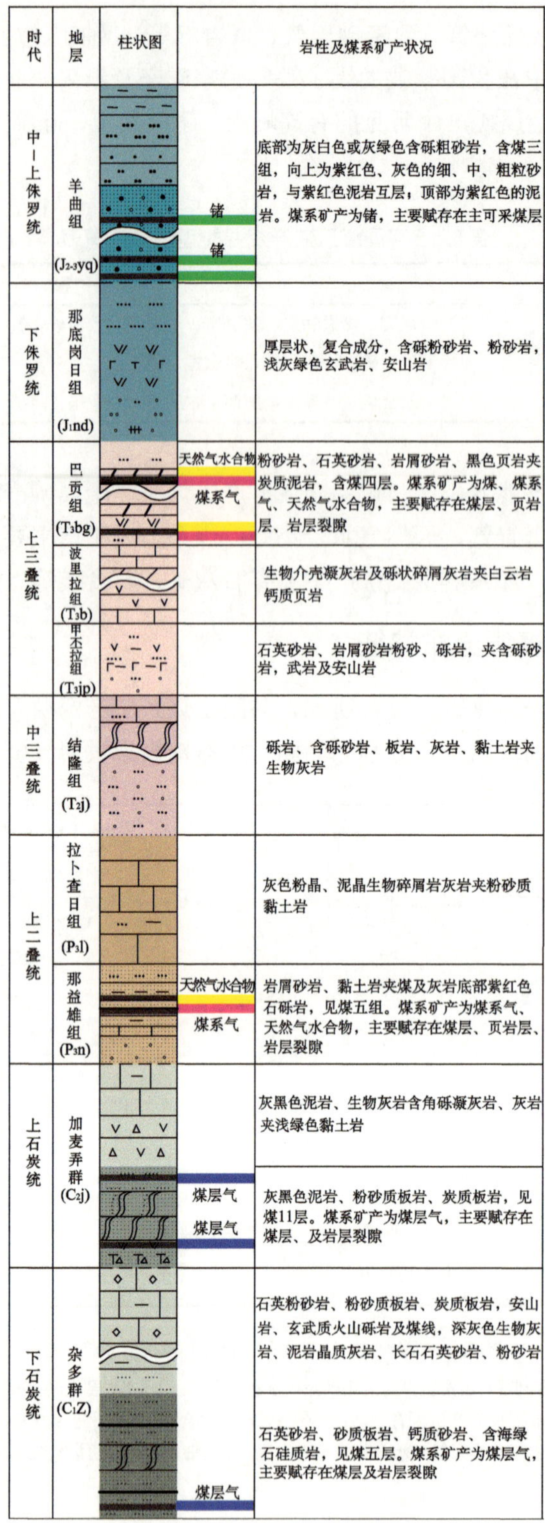

图 8.2　青藏高原北部煤系矿产赋存层位

气水合物资源有利区、开心岭天然气水合物资源有利区、扎曲煤田煤系页岩气资源有利区；煤系金属矿产资源有利区五个，分别为军牧场煤系放射性矿产资源有利区、妥坝含煤区煤系铜矿资源有利区、尕玛羊曲煤中锗-镓矿资源有利区、妥坝-巴贡煤中镓矿资源有利区、拔通煤中钒矿资源有利区。

煤炭在煤系中呈层状分布，具有相对独立的成矿空间，煤系中其他矿产资源同样存在于沉积型地层中，其分布特征同其他沉积型矿产一样具有分带性。青藏高原煤田地质工作程度较低，尚未系统开展专项煤田地质调查工作，本书仅能从煤系矿产赋存状态、沉积环境、赋存层位、成煤作用等方面分析煤系矿产的分布特征（图 8.2）。

从纵向上看，由于早石炭世—晚三叠世青藏高原北部处于海陆交互相-浅海滨海相-湖泊相，含煤碎屑岩和碳酸盐岩交互出现，沉积范围广煤系面积大，再加上长期的成煤演化，有机质生气量大，在良好的储集、圈闭和气候条件下易形成煤-煤层气-煤系页岩气或煤-煤系气-天然气水合物共生矿床。如巴贡组、那益雄组、杂多群、加麦弄群均能够形成煤-煤层气-煤系页岩气共生能源矿床。而在特殊的水文、孔渗条件、冻土层的作用下，煤系气与水在煤系中形成天然气水合物，赋存于煤系的孔隙和裂隙之中，如在开心岭-乌丽地区形成煤-煤系气-天然气水合物共生能源矿床（乔军伟等，2016）。

进入侏罗纪后，青藏高原北部进入内陆沉积模式，含煤沉积均分布于山间断陷盆地。在强烈的构造运动下，正地形遭受剥蚀，富矿物质进入成煤盆地，成煤植物的化学缔合和吸附作用使微量元素逐渐在泥炭中富集形成煤-煤中金属矿共生矿床，如尕玛羊曲地区的煤-煤中锗共生矿床。

在煤系中呈层状分布的固体矿产主要有煤炭、高岭土、石膏、煤系铁矿、铜矿及石灰岩等，这一类矿产的形成受沉积环境的控制，其分布范围一般较大，如在唐古拉山赋煤带广泛分布的优质石灰岩，杂多一带煤系中的石膏矿层等。这些固体矿产在煤系沉积过程中具有时间上的先后次序，在空间上反映为上下接触的层序关系。

第二节 煤系能源矿产

青藏高原煤系能源矿产资源除了煤以外，还包括煤层气、页岩气、煤系气、天然气水合物等。

一、煤系页岩气

青藏高原北部煤系气主要有煤系页岩气和煤层气，由于受成煤环境和后期构造破坏作用，煤系气主要分布于唐古拉山赋煤带西部乌丽含煤盆地。

近几年的地质勘探发现，开心岭-乌丽地区的溪流中存在不断喷气的泉眼，源源不断地向外冒着气泡，煤炭钻孔钻进的过程中，存在岩心冒气泡、泥浆池冒气泡等现象，已施工的钻孔中有三孔出现井喷现象，其中两孔喷出的气体现场可点燃。该区上二叠统那益雄组中泥岩、粉砂岩及粉砂质泥岩等厚度巨大，最厚可达 177.4m（表 8.2），累计厚度百分比可达 32%；煤系中有机质含量较高，有机碳含量平均为 6.07%（表 8.3），生烃潜力 S_1+S_2 平均为 17.87mg/g，有机质类型以Ⅱ和Ⅲ型为主，有机质成熟度较高，均处于成熟-过成熟阶段，达到了生气高峰。

表 8.2　乌丽地区探煤钻孔砂泥岩最大单层厚度统计表

序号	钻孔号	岩性	最大单层厚度/m	资料来源
1	ZK_1	灰黑色粉砂岩质泥岩	49.8	综合整理
2	$ZK_{0\text{-}3}$	灰黑色粉砂岩	60.65	
3	$ZK_{0\text{-}6}$	灰黑色泥质粉砂岩	177.4	
4	$ZK_{7\text{-}3}$	深灰色泥质粉砂岩	34.15	
5	$ZK_{8\text{-}2}$	灰色粉砂岩	84.7	
6	$ZK_{16\text{-}2}$	深灰色粉砂岩	60	

资料来源：综合整理。

表 8.3　乌丽地区暗色泥岩化验分析表

序号	样品号/钻孔号	总有机碳含量/%	生烃潜力（S_1+S_2）/（mg/g）	R_o/%	资料来源
1	5	16.34	4.1		本次化验
2	8	36.19	4.13		
3	9	2.03	0.09		
4	11	0.93	0.03		
5	14	3.33	0.26		
6	16	6.4	1.84		
7	19	3.91	0.11		
8	$ZK_{0\text{-}6}$	1.2	43.26	2.237	收集
9	$ZK_{0\text{-}6}$	0.9	54.72	2.355	
10	ZK_1	1.1	57.17	1.844	
11	ZK_1	1	14.35	1.996	
12	$ZK_{16\text{-}2}$	2.6	24.74	2.557	
13	$ZK_{16\text{-}2}$	3	27.62	2.638	

储层物性方面，该区那益雄组砂岩储集层孔隙度平均为 8.28%，渗透率在平行裂隙方向也达到了 1.83mD（表 8.4）。储层中发育的孔隙类型包括基质晶间孔、粒间孔、溶蚀孔及有机质纳米孔等。通过构造作用的改造，煤系地层的孔渗条件得到改善。那益雄组煤系地层中裂缝发育，裂隙密度达到 25 条/10cm，岩心裂隙直径达 0.1～2cm，裂隙大部分被方解石脉充填，少量是石英脉充填，这些裂隙都可以作为气体储集的重要空间。

从乌丽群沉积特征分析，整个晚二叠世沉积盆地是由滨海三角洲向潟湖演化的正向层序，自下而上大致可划分五个粒度-岩相旋回（图 8.3），旋回底部那益雄组岩石组合为砂岩、粉砂质黏土岩、页岩交互，夹灰岩和煤层，碎屑岩较发育，属滨海三角洲-扇三角

表 8.4　乌丽地区储层物性参数表

序号	岩性	渗透率		孔隙度/%
		平行/$10^{-3}\mu m^2$	说明	
CH-05	粉砂岩	1.68	裂缝	6.75
CH-06	中砂岩	2.25	裂缝	9.83
CH-03	砂岩	0.29		7.91
CH-04	砂岩	1.94	裂缝	7.47
CH-05	砂岩	2.20	裂缝	7.89
CH-01	砂岩	1.83	裂缝	8.25

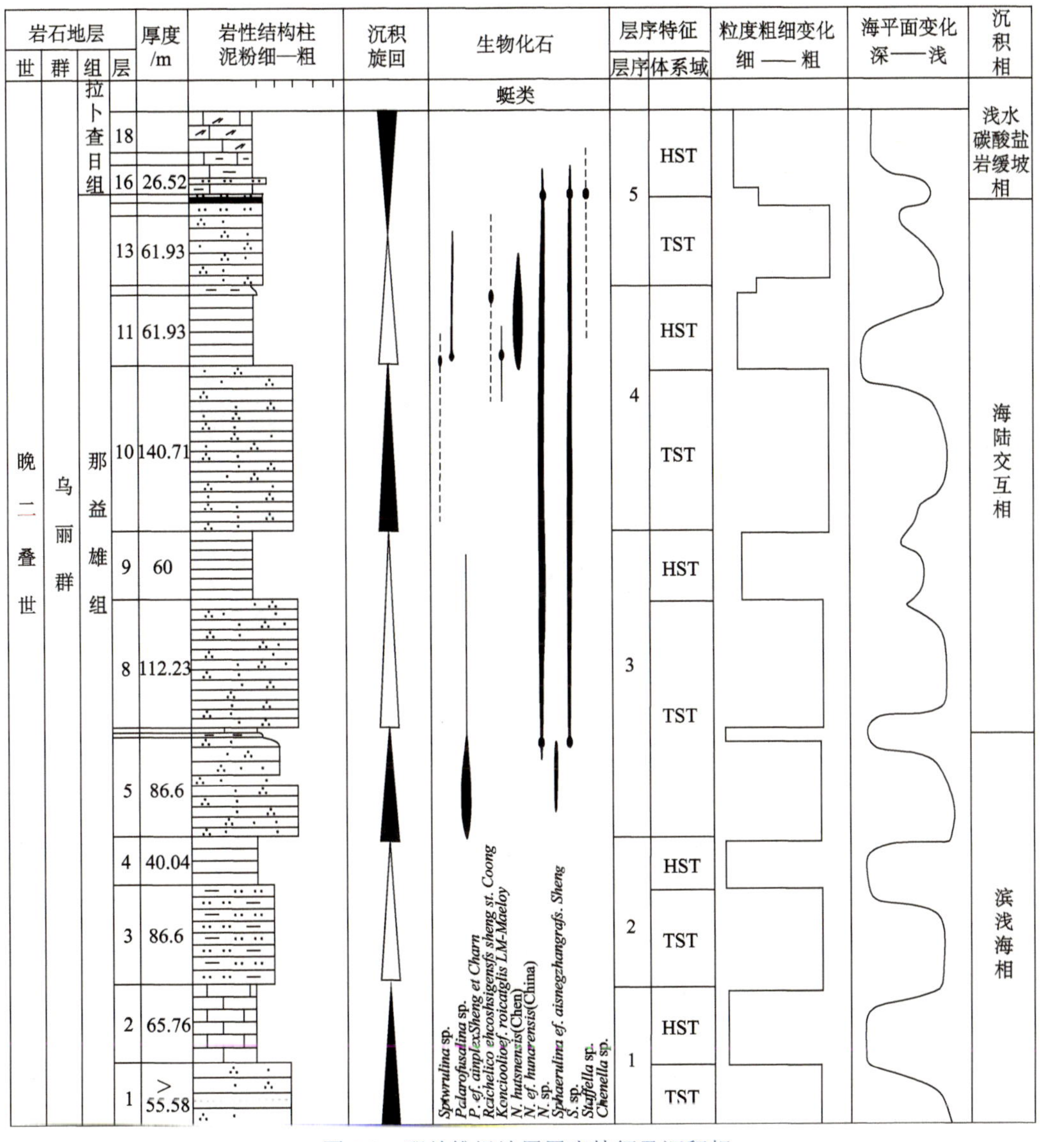

图 8.3　那益雄组地层层序特征及沉积相

洲沉积；旋回顶部泥质岩及碳酸盐岩则属前滨、远滨及浅海相沉积，灰岩以泥晶为主，含黏土质和粉砂，生物碎屑发育。这种海陆过渡相沉积环境下的沉积物与深海相低能环境的厚层细粒沉积物相比，在煤系页岩气方面更具有优势性。

综上所述，乌丽地区上二叠统发育沉积厚度巨大的含煤岩系地层，暗色泥岩、炭质泥岩、粉砂质泥岩和泥质粉砂岩等富含有机质的细碎屑岩石比例较高，有机质热演化程度已经达到了生气高峰，可以提供充足的气源供应。乌丽地区位于羌塘盆地北缘，剧烈的构造运动对页岩气储集层的孔渗条件进行了改善，有利于页岩气的储集；岩层中石英等脆性矿物含量高，可以在使用压裂技术后达到大幅增产的效果。综上所述，乌丽地区范围内具有页岩气勘探开发的巨大潜能。

另外，唐古拉山赋煤带东部扎曲煤田的含煤地层亦属于滨海相含煤碎屑岩沉积，含煤岩系厚度大，地表揭露一般为灰黑色厚层状暗色泥岩、炭质泥岩、粉砂质泥岩和泥质粉砂岩等（图 8.4），富含有机质的细碎屑岩石比例较高，有机质热演化程度已经达到了生气高峰，可以提供充足的气源。总之，从煤系岩性组合地化特征和盖层条件来看，唐古拉山赋煤带均具有良好的煤系非常规气聚集成藏的潜力。下一步应当在该区开展煤系页岩气专项调查评价工作，以摸清该区煤系页岩气的资源潜力。

图 8.4　唐古拉山赋煤带巴贡组灰黑色泥页岩

二、天然气水合物

天然气水合物的形成严格受温度、压力和水合物组成的控制，在青海省祁连山木里地区目前已经取得了天然气水合物的实物样品。大量的研究表明，天然气水合物开始出现的条件是：温度低于0℃，压力小于2.5MPa；以及温度为0～20℃时，压力为2.5～25MPa的范围内。适合甲烷水合物形成的地质环境是高纬度的永冻带、大陆斜坡和大洋盆地。形成甲烷水合物带必须具有充足的气源，水合物中的甲烷主要有微生物、热解作用及两者混合的成因机制。对多年冻土区天然气水合物形成制约因素的研究表明，多年冻土区天然气水合物的形成需要适合的温度、压力、充足的烃类气源和地下水四个基本条件。

本次煤系矿产资源综合调查，重点在唐古拉山赋煤带乌丽煤田开展了调查和采样测试工作。

（一）烃源岩特征

乌丽地区属于滇藏赋煤区，经历了晚二叠世和晚三叠世两个聚煤期，以晚二叠世为主，晚三叠世仅在局部含煤。早—中二叠世九十道班组以开阔台地相沉积为主，晚二叠世的聚煤作用主要发生于开心岭、乌丽、扎苏—达哈一带。晚二叠世那益雄组含煤碎屑岩夹灰岩建造为三角洲平原相沉积，砂岩建造主要为浅海潮坪相沉积；晚二叠世拉卜查日组石灰岩夹砂岩建造为浅海潮坪相沉积，石灰岩建造为生物礁相沉积。烃源岩以II_2型干酪根为主，烃源岩演化程度进入成熟-高成熟阶段。晚二叠世那益雄组含煤碎屑岩夹灰岩建造为主力烃源岩，该地区气水合物资源的形成与含煤碎屑岩系有着密切的关系。

1. 煤系发育特征

乌丽煤田那益雄组由一套海陆交互相含煤碎屑岩、碳酸盐岩组成，主要出露在茶错湖南，露头零星，大部分地段被第四系覆盖，为海陆交互相滨海平原型沉积，主要矿点有乌丽、扎苏、达哈、宗扎、茶木错、开心岭等。煤层分布在F_2、F_3两断层之间，总体上呈EW向条带状分布。那益雄组含可采及不可采煤层5～14层，可划分为六个煤组，煤层间距14.47～151.80m，煤层总厚度可达12.25m，主含煤层段位于中部的含煤段（P_3n^2）内。六个煤组中M_2煤组全区可采，M_4、M_5为大部可采煤层，M_1、M_3、M_6为局部可采煤层，煤层结构简单，夹矸多为泥岩和炭质泥岩。

2. 有机质类型

烃源岩中有机质的类型不同，其生烃潜力、产物的类型及性质也不同，生油门限值和生烃过程也有一定差别。Tissot（1974）根据干酪根的元素组成分析，利用van Krevelen图上H/C和O/C原子比的演化路径将干酪根划分为Ⅰ、Ⅱ和Ⅲ型。通常Ⅰ型为细菌改造的藻质型，Ⅱ型为腐泥型，Ⅲ型为腐殖型。那益雄组烃源岩中N元素占比为0.89%～1.29%，C元素含量为69.82%～86.73%，H元素含量为1.67%～2.86%，O元素占比为2.09%～17.43%。岩石中炭质含量较高，H/C原子比数值为0.28～0.42，O/C原子比值为0.02～0.18，说明岩石中有机质处于过成熟演化阶段。应用干酪根元素分析方法进行有机质类型划分，那益雄组有机质主要类型为腐泥腐殖型，少量为腐殖型。

3. 烃源岩的成熟度

那益雄组岩性为泥岩夹灰色薄层粉砂岩及灰岩组合，由炭质泥岩、煤层、粉砂岩、泥灰岩、砂岩等组成。煤层顶、底板为页岩或灰岩，煤岩发生了浅变质作用。煤岩显微组分中镜质组含量为59.10%～84.87%，惰质组含量为13.97%～28.40%，矿物中黏土类含量为0.40%～4.90%，硫化物含量为0.34%～3.01%，碳酸盐含量为0.19%～8.90%，镜质组最大反射率为 1.79%～4.82%。煤中水分为 1.48%～5.52%、灰分为 10.73%～29.75%、挥发分为 9.22%～21.07%，硫分为 0.10%～2.90%，空气干燥基高位发热量为 21.04～34.45MJ/kg，煤类主要为贫煤。对于含煤地层来说，煤中主要显微组分的生烃能力大小排序为：壳质组、镜质组、惰质组。其中壳质组在成煤所有阶段均有烃类生成，镜质组则从气煤-肥煤阶段才开始生烃，而惰质组仅从贫煤阶段（R_o=1.9%）才产生甲烷。晚二叠世那益雄组含有的较丰富有机质组分在成煤演化各个阶段均可以生成大量气态烃，这些烃在较为稳定的构造环境中自生自储，为水合物的形成提供了丰富的气源。

那益雄组烃源岩生烃潜力 S_1+S_2 平均为 17.87mg/g，有机质成熟度较高，均处于成熟-过成熟阶段，达到了生气高峰。另外，据龚建明等（2015）及唐世琪等（2015）对整个乌丽地区烃源岩 T_{max} 与氢指数及 D 值关系的研究，该区无论是岩心样品还是露头样品，热解峰温值均较高，氢指数和降解率值均暗示乌丽地区烃源岩成熟度较高。

4. 含煤岩系排烃特征

对泥质烃源岩的排烃机制研究表明，泥质烃源岩在经历生排烃高峰后，生烃速率通常会降低。煤系烃源岩排烃机理与一般的泥质烃源岩的排烃机理一致，即必须满足烃源岩排烃的临界条件，排烃过程的演化要遵循水溶、油溶到气溶式运移等。煤系烃源岩特殊的结构特征决定了其排烃门槛高、排烃动力弱，具有更高的排烃难度等。但由于煤岩的强吸附能力，缺乏较大的生烃速率导致其排烃困难，使煤岩残留烃增多。因而，在煤系泥页岩演化后期，残留烃的增多为煤系甲烷气富集提供了基本条件。

（二）温-压条件

在天然气水合物形成的温-压条件中，温度主要受年均地表气温和地温梯度的影响，压力则主要取决于地层厚度，即上覆岩层的静岩压力。相比而言，在青藏高原多年冻土区，温度条件要比压力条件更有优势。多年冻土和多年冻土层下融土的地温梯度是天然气水合物能否存在的温度条件。降温过程对粗砂土中甲烷水合物形成影响的高压釜实验观测证实，绝大部分的甲烷水合物在环境温度降到 0℃之前就已经形成，甲烷水合物的形成主要受降温速率的影响。

据对青藏公路沿线冻土的温度和厚度的研究，高原上由南而北多年冻土随纬度增加，具有冻土温度下降、厚度增大的趋势，但又不十分明显，其原因为青藏高原形成过程中，由于差异抬升，使高原呈现出山地、谷地、盆地相间的地形格局。彼此之间多以深大断裂相接，沿断裂常有地下水出露或温泉、热泉、喷气泉、热水沼泽等多种多样的地热显示，或烃类气体沿活动断裂上升释放出地表，而不适宜形成天然气水合物藏。在青藏高原上沿青藏公路线，由断裂构造和地热原因所造成的地热异常区及其邻近地段，不存在冻土，或者地温升高接近零度，冻土厚度很薄，被称为构造-地热融区。而乌丽地区内多年冻土层呈不连续片状分布，实测冻土厚度为 60～130m，对区内九个钻孔所获取的地温测量表明：钻孔最高温度均值为 20℃，最低温度均值为 1.98℃；埋深 100m 平均温度

2.41℃，平均地温梯度2.2℃/100m，属地温正常区。

乌丽地区位于青藏高原唐古拉山腹地，区内总体地势南高北低，平均海拔多在4600～5100m，中部主要山体开心岭（海拔5133m）呈NW向延伸，北、南、东为开阔的沱沱河河谷盆地，为较典型的盆岭地貌乌丽地区水系发育，盆地区河流纵横。沱沱河、通天河从南部流过，周围沼泽、泥潭广布，泉眼分布密度大，地下水充足。河水源于高山冰雪融化与季节性降水，大雨、雪后洪水泛滥，沼泽发育。乌丽地区属典型的内陆高寒山区气候，高寒缺氧，气候变化无常，四季不明，冰冻期长，冻土遍布。每年10月至次年5月为冰冻期，多西风；5月至9月为较暖季，为主要降雨季节。年平均降水量为261.3mm，蒸发量为155.6mm。年平均气温为-4.9℃，最高气温为20℃，最低温为-30℃，昼夜温差大。尽管青藏高原大片多年冻土区内存在着局部的季节融化作用，但是它对冻土的厚度影响非常小，其最大季节融化深度为0.5～3.2m。因而，青藏高原特别是纬度、海拔更高的多年冻土区更易于满足天然气水合物形成的温压条件。

（三）有利区分析

通过对青藏高原天然气水合物成矿地质背景及成矿条件分析，结合冻土区天然气水合物资源的形成机制，充分考虑陆域冻土型天然气水合物的形成条件、地形地貌、成藏机制、赋矿地质特征、地质构造、现代新构造运动及盆地保存条件的区带等因素认为，乌丽-开心岭地区具备天然气水合物成矿的区域构造属性、地层充填及沉积相类型等有利区域地质背景，烃源岩系的岩石组合中生烃母质层及储层发育，构造样式类型及岩浆岩地质特征提供了天然气水合物的运移和圈闭条件，第四纪地质环境演变过程及自然地理条件也对研究区内天然气水合物的成矿、成藏创造了极佳的环境，是天然气水合物形成的有利成矿区带（图8.5）。

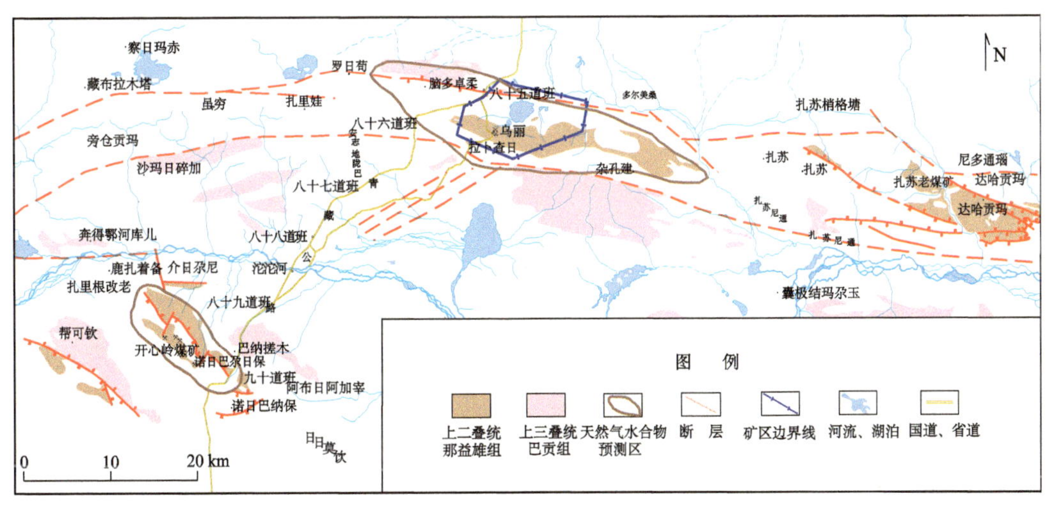

图8.5　开心岭-乌丽地区天然气水合物资源分布有利区

开心岭天然气水合物资源有利区位于开心岭煤矿一带，那益雄组含煤碎屑岩夹灰岩建造为主力烃源岩，其中煤层形成可开采的开心岭煤矿。据钻井及自然伽马测井解释剖面，地层深部 79.40m、63.35m、51.55m、57.20m 仍有煤层发育，岩层中多数炭质泥岩 TOC>0.5%，有机质类型以腐泥-腐殖型为主，有机质成熟度较高。野外调查发现多处冷泉中检测到大量的甲烷烃气体，冷泉分布于那益雄组含煤地层出露范围内或周围。那益雄组含煤碎屑岩夹灰岩建造中，煤层、炭质泥岩-泥岩、粉砂岩-长石砂岩及冻土组成在时空上配套，构成结构有利的生储盖组合，构造发育适中，是开心岭地区天然气水合物资源形成的有利成矿区带。

乌丽地区天然气水合物资源有利区位于脑多卓柔—杂孔建一带，呈 NW-SE 向延伸。区内出露地层有那益雄组，含煤碎屑岩夹灰岩建造，灰岩建造主要为灰色厚层岩屑长石砂岩、中厚层泥岩、灰色厚-巨厚层结晶灰岩，夹灰黑色煤层；砂岩建造的长石石英砂岩夹少量泥钙质粉砂岩，局部夹灰色厚层状泥晶灰岩及灰绿色中基性火山角砾岩。以往煤炭普查表明，该区烃源岩沉积厚度巨大，分布面积超过 $20km^2$，烃源岩中 TOC 含量相对较高，有机质类型多为腐殖腐泥型，成熟度演化达高成熟-过成熟阶段，生烃条件极为有利。

第三节 煤系金属矿产

青藏高原是活动大陆碰撞造山带，由印度板块与亚洲板块自 65Ma 以来强烈碰撞而形成，伴随印-亚大陆碰撞造山而发生的成矿作用，以成矿规模大、成矿时代新、矿床类型多、保存条件好为主要特征，是研究大陆碰撞带成矿作用的天然实验室。青藏高原的形成和演化过程中，含煤地层亦经历了多期次的沉积和改造破坏作用，在含煤地层、煤层中形成了具有一定经济价值的金属矿产资源。通过对以往煤炭地质勘查资料的系统整理，结合野外调查，在青藏高原地区含煤地层中发现有煤系铜矿、煤中锗矿、煤中镓矿、煤中钒矿等。

一、煤系放射性矿产

在我国煤炭地质勘探中发现了煤系地层伴生铀矿的放射性异常，其自然伽马测井曲线有明显的异常反应。20 世纪 60 年代后期勘探规范要求钻孔必须进行测井，并将自然伽马曲线作为必测曲线。然而在实际勘探中，对自然伽马曲线重视不够，提交地质报告时，对放射性异常没有做出系统的评价。特别是青藏高原地区煤田地质工作程度低，仅在积石山赋煤带大武煤田局部发现放射性异常。按照《煤田测井规范》，放射性强度大于 7.2pA①/kg、厚度大于 0.7m 的岩层作为放射性异常层。大武滩煤炭预查项目中已施工的 ZK_{3-1} 钻孔的测井工作中发现深度为 552.45～557.95m 粗砂岩段中厚达 5.50m 的放射性异

① $1pA=1\times10^{-12}A$。

常层，峰值强度为 11.57pA/kg，属于放射性异常层。放射性异常层段位于羊曲组第一段（砂砾岩段）的底部，岩性为粗砂岩，总厚度为 11.52m，倾角为 30°，异常层段位于粗砂岩中部。顶底岩性均为含砾粗砂岩，厚度分别为 7.55m 和 1.10m。

一般情况下，煤本身不含放射性物质，煤层的放射性物质主要是由成煤物质吸附次生放射性物质引起的，被吸附的放射性物质的多少与沉积物单位体积内表面积大小有关，表面积越大，其吸附的物质就越多。由于成煤植物单位体积内的表面积要比煤中的矿物质小几万倍，煤层的放射性强弱主要取决于煤物质聚集时混入的矿物质含量。岩层的放射性强度主要取决于岩石中放射性铀（U）、钍（Th）和钾（K）等元素的含量。由于不同的沉积环境、岩类、物源及地球化学性质上的差别，造成地层中的放射性元素的不同和含量的差异。沉积岩中所含放射性物质来自岩浆岩，当岩浆岩被破坏时，放射性元素可以被运移或被分离。有的放射性元素（如铀）能形成易溶于水的化合物，以溶液的形式被运移到物理化学环境适当的地方随其他物质一起沉积下来；另一些放射性元素（如钍的化合物）不溶于水，则残留原地或被机械搬运到其他地方沉积下来。但是，煤田测井所使用的自然伽马测井只是通过测量岩层的自然伽马射线的强度来分析岩石中的含泥量，并不能测出放射性元素种类及放射性物质工业品位含量。

根据大武煤田地区放射性异常点的分布及中—下侏罗统羊曲组含煤地层的分布范围，重点在军牧场煤矿周边圈定了煤系放射性矿产资源有利区（图 8.6）。另外在野马滩煤矿、石峡煤矿、江千煤矿今后的地质勘查中也应当尽量部设贯穿煤系的探煤钻孔，以便了解这些区域羊曲组底部的砂砾岩段是否存在放射性异常。同时还应该加强综合勘查和综合研究工作，在发现放射性异常时及时采取岩心样品开展岩矿测试，以便确定该区放射性异常的矿物种类。

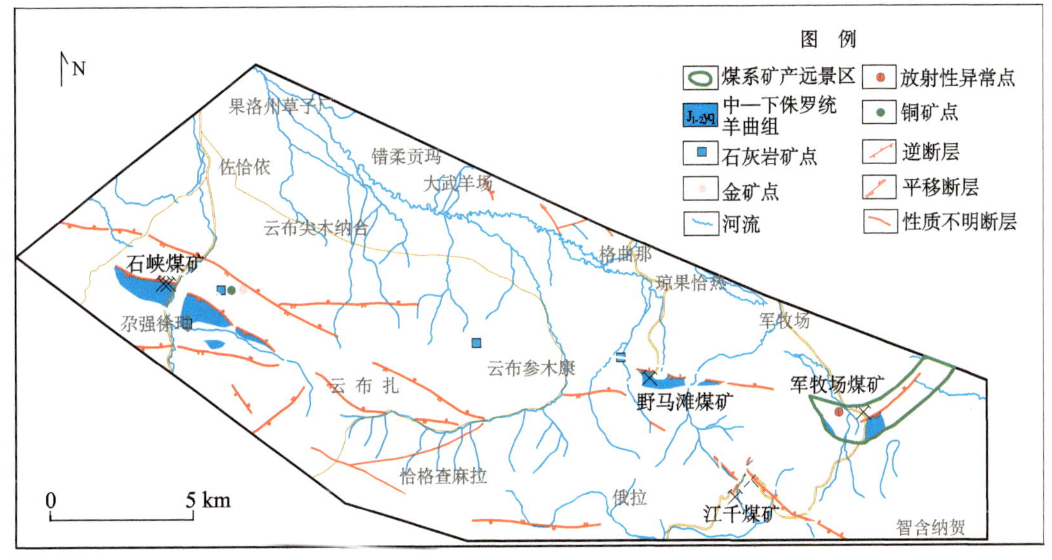

图 8.6　大武煤田地区煤系放射系矿产分布有利区

二、煤中锗矿

对于煤而言，锗是被研究最多且开发利用最好的微量元素。世界上富集在煤中的锗矿床并不鲜见，但是多数煤中锗含量较低。地壳中的锗丰度变化范围为 1.4～2.0μg/g，算数平均值是 1.6μg/g，几何平均值是 1.58μg/g（黎彤，1992）。沉积岩（黏土岩和页岩）的锗平均丰度是 2.0μg/g，我国华北地台泥质岩锗平均丰度是 1.8μg/g。相比之下，地球上多数煤层中的锗丰度多于地壳和黏土岩中锗的丰度，这与锗的亲有机质的化学性质有关。唐修义等（2004）基于 3289 个样品，估算我国煤中锗含量均值为 4μg/g；任德贻等（2006）基于 3195 个样品估算我国煤中锗含量均值为 2.97μg/g；白向飞等（2007）基于 1123 个样品估算我国煤中锗含量均值为 2.43μg/g；Dai 等（2012）基于我国 3265 个样品估算我国煤中锗含量均值为 2.78μg/g。但是就目前资料来看，全国有若干少数煤田或者矿区的煤中锗元素可以达到边界品位（20μg/g）以上。

通过以往煤炭地质勘查及煤质化验成果的系统梳理，在昆仑山赋煤带的尕玛羊曲地区发现了锗异常（图 8.7）。

图 8.7　尕玛羊曲地区煤中锗含矿层位示意图

据兴海县尕玛羊曲普查找煤地质资料，在地表采集的煤样中锗的含量较高，而煤层夹矸、顶底板中锗的含量较低。地表煤中锗高异常值主要分布在尖巴及尖巴河附近的煤线中，锗含量 26.8×10^{-6}～348.0×10^{-6}。根据这一分布规律，在野外调查中重点对尕玛羊曲地区煤层露头处开展了系统采样，采样点主要分布在尕玛羊曲煤矿老窑附近及尕玛羊曲地区黄河西岸煤层露头附近。煤中微量元素化验成果如表 8.5 所示。

表 8.5　尕玛羊曲地区羊曲组煤中锗等金属测试成果表　（单位：10^{-6}）

采样位置	样品编号及岩性	锗	镓	铀
尕玛羊曲煤矿老窑外煤层露头	上部含炭泥岩	0.907	6.99	4.16
	伪顶炭质泥岩	0.196	25.9	4.89
	煤样	472	11.6	1
	伪底炭质泥岩	0.171	17.8	4.56
	下部炭质泥岩	0.19	14.3	4.98
尕玛羊曲地区黄河西岸煤层露头	G001-含炭泥岩	7.21	23	
	G005-含炭泥岩	3.07	29.7	
	G007-含炭泥岩	4.74	29.8	
	G009-含炭泥岩	3.7	24	
	G011-含炭泥岩	1.76	30.6	
	G012-含炭泥岩	1.5	32.3	
	G013-含炭泥岩	3	29.5	
	G015-含炭泥岩	1.67	28.9	
	G017-含炭泥岩	2.85	24.1	
	G018-含炭泥岩	3.82	25.6	
	G021-顶板炭质泥岩	1.53	24.5	
	G022-煤层	575	12.3	
	G023-底板炭质泥岩	38.4	24.8	

从表 8.5 可以看出，尕玛羊曲地区羊曲组煤层中锗含量为 472×10^{-6}～575×10^{-6}，远超过煤中锗的可采品位（$>20\times10^{-6}$），锗主要赋存于煤层之中，在顶底板及围岩中的含量下降。在尕玛羊曲东部黄河西岸，煤层露头上部的含炭泥岩中镓的含量一般为 24.5×10^{-6}～32.3×10^{-6}，某些点镓含量超过了可采品位（$>30\times10^{-6}$）。结合区域地质背景分析，认为该区煤中锗含量较高，主要是因为处于板块活动边缘，区域岩浆作用频发。在成煤期前，富锗的岩浆随着成煤盆地及周缘的岩浆热活动来到地表；在构造运动相对稳定的成煤时期，盆地处于相对缓慢沉降的构造环境和稳定的沉积环境，这些富锗的母岩在风化作用的影响下进入成煤盆地，为煤系的沉积提供了物源。在适宜的气候、温度条件下，成煤盆地内植物发育，在生物富集和化学富集作用下，泥炭中的锗含量逐渐增加，并在煤层中含量达到最大，伴随着底板中的锗逐渐转移到泥炭中而减少。最后，随着成煤期的结束，这种富集作用消失，因而煤层之上炭质泥岩中锗的含量迅速下降。

在资料综合分析和野外调查的基础上，根据羊曲组煤层的分布规律，可以在尕玛羊曲地区圈定煤中锗、镓资源有利区，在以后的煤炭地质勘查过程中应当提高勘查程度，摸清该区含煤地层及煤层分布范围和含煤性，并详细了解煤中锗在平面和垂向上的分布特征。

三、煤中镓矿

地壳中镓丰度的变化范围是15～18μg/g，算数平均值为16.7μg/g（黎彤，1992），沉积岩（黏土岩和页岩）中镓丰度的平均值是 30μg/g。相比之下，镓在煤中的平均丰度略低于其在其他岩石里的丰度，国内外学者对煤中镓元素含量的背景值也曾进行过广泛研究。国外多数地区煤中的含量不超过 10μg/g。美国、澳大利亚、苏联煤中镓含量的平均值分别是 5.7μg/g、5μg/g 和 10μg/g。Dai 等（2012）基于我国 2451 个样品估算我国煤中镓含量均值为6.55 μg/g。总体上，我国多数煤中镓的含量小于 30μg/g，平均值小于 10μg/g，只有少数煤中镓的含量超过其最低可采品位 30μg/g。

青藏高原煤中镓异常主要分布在昌都地区的妥坝、巴贡地区，另外在昆仑山赋煤带的尕玛羊曲也有局部异常。据西藏昌都县妥坝煤矿区地质普查成果分析，妥坝煤矿区内光谱化验发现煤层及其顶底板和夹矸中赋存有镓、锗、铀等稀有元素，其中镓元素在少数煤层及顶底板中含量达到 20×10^{-6}～50×10^{-6}，煤矿区北部妥曲南北侧顶底板中镓含量略高于煤层中含量，而妥曲北卡香龙一带又比南部略高一些；据西藏察雅县觉勤拉-巴贡地质普查成果，在巴贡北部的扎马拉地区煤层中镓局部达到 30×10^{-6}（表 8.6）。

表 8.6 昌都地区煤层顶底板微量元素分析成果表

采样位置	采样地点	含煤地层	化学分析成果/10^{-6}		备注
			镓	铀	
察雅县	卡贡乡维贡 C_1 顶板	C_1s	24	4	粉砂岩
	卡贡乡维贡 C_1 底板	C_1s	24	4	含炭泥岩
	觉隆 C_7 顶板	T_3bg	20	4	泥岩
	觉隆 C_7 底板	T_3bg	26	4	泥岩
	觉隆 C_8 顶板	T_3bg	16	1	含炭泥岩
	觉隆 C_8 底板	T_3bg	30	5	粉砂岩
巴贡	烟多乡波隆 C_1 顶板	T_3bg	26	4	泥岩
	烟多乡波隆 C_1 底板	T_3bg	17	1	泥质粉砂岩
	烟多乡波隆剖面 C_2 顶板	T_3bg	26	4	泥岩
	烟多乡波隆剖面 C_2 底板	T_3bg	25	1	泥岩
妥坝	妥坝 ZK_4-C_{16} 顶板	P_2t	30	6	泥岩
	妥坝 ZK_4-C_{16} 夹矸 1	P_2t	21	9	矸石
	妥坝 ZK_4-C_{16} 夹矸 2	P_2t	30	8	矸石
	妥坝 ZK_4-C_{16} 底板	P_2t	32	2	泥质粉砂岩
	妥坝 ZK_4-C_1 夹矸 3	P_2t	27	2	矸石
	妥坝 ZK_4-C_1 夹矸 2	P_2t	26	1	矸石
	妥坝 ZK_4-C_1 夹矸 1	P_2t	27	2	矸石

昌都地区坝、巴贡、觉隆地区含煤地层呈 NW-SE 方向呈带状分布。镓在妥坝地区主要分布于煤层的顶底板中，分布具有条带状特征，走向 NW，挟持与两条断裂带之间，镓的富集受构造控制较多。根据该区巴贡组含煤地层的展布特征，可以划出包括妥坝煤炭预测区和巴贡煤炭预测区在内的煤中镓矿有利区。

四、煤系铜矿

煤系铜矿分布在昌都-芒康赋煤带妥坝含煤区东西两侧，含矿地层为上三叠统甲丕拉组。据西藏昌都县妥坝煤矿区地质普查资料，采样点主要位于夏牙村附近及妥坝煤矿周边，采集样品中铜含量一般为 0.10%～1.47%（表 8.7）。妥坝煤系铜矿分布区东部的青泥洞乡分布有玉龙铜矿，该铜矿的铜金属储量为我国第二位。

表 8.7　妥坝含煤区煤系铜矿铜含量统计表

含矿位置	含矿地层	采样地点	采样方法	铜含量/%
妥坝含煤段东西两侧	上三叠统甲丕拉组下部	夏牙村	随意拣块	0.3
		夏牙（村）东山包	连续拣块	0.18
		夏牙（村）旁	连续拣块	0.1
		夏牙（村）旁	手选富矿	1.26
		妥坝	连续拣块	0.76
		妥坝	连续拣块	0.11
		妥坝煤矿东侧公路	连续拣块	1.34
		妥坝煤矿东侧公路旁	拣块	1.47
		妥坝煤矿东侧公路	连续拣块	0.62
		妥坝煤矿东侧公路	连续拣块	0.14
		妥坝煤矿东侧公路	连续拣块	0.52
		夏牙村西边	连续拣块	0.48
		妥坝南麓通角	拣块	0.5

注：据西藏昌都县妥坝煤矿区地质普查。

妥坝含煤区铜矿化的类型主要有热液重晶石石英脉型、火山岩型两种。重晶石石英脉型分布于妥坝富煤段煤系地层东西两侧夏牙村-川藏公路、川藏公路 36 道班以北及妥曲等处，以富煤段东北部—夏牙村—川藏公路一带分布较广，含矿层位为上三叠统甲丕拉组下部。夏牙村—川藏公路一带地表可见含铜重晶石石英脉三条，出露宽度 0.20～0.40m，矿脉走向为 140°～320°，受妥坝断裂带的控制，矿脉充填于甲丕拉组底部砂砾岩的次生裂隙中，呈细脉状，脉宽一般 2～3cm，最大达 30cm，以重晶石脉为主。脉石矿物为重晶石、石英，呈半自形。矿石矿物为黄铜矿、黝铜矿，共生矿物为黄铁矿，矿石矿物呈浸染状和团块状分布于重晶石石英脉及围岩裂隙中。铜含量可达边界品位（0.3%），少数在 1%以上。火山岩型铜矿：妥坝含煤区外围安山岩类广布，并已不同程度地含铜青盘岩化，局部可见呈星散状、浸染状分布的黄铜矿、黄铁矿矿化点，矿石矿物主要为黄铜矿、辉铜矿等，铜含量一般小于 1%，具有找铜潜力。根据该区铜矿点及含铜地层的分布特征，结合上三叠系甲丕拉组含煤地层的展布规律，在妥坝煤炭预测区分析的基础上圈定了妥坝含煤区煤系铜矿资源有利区（图 8.8）。

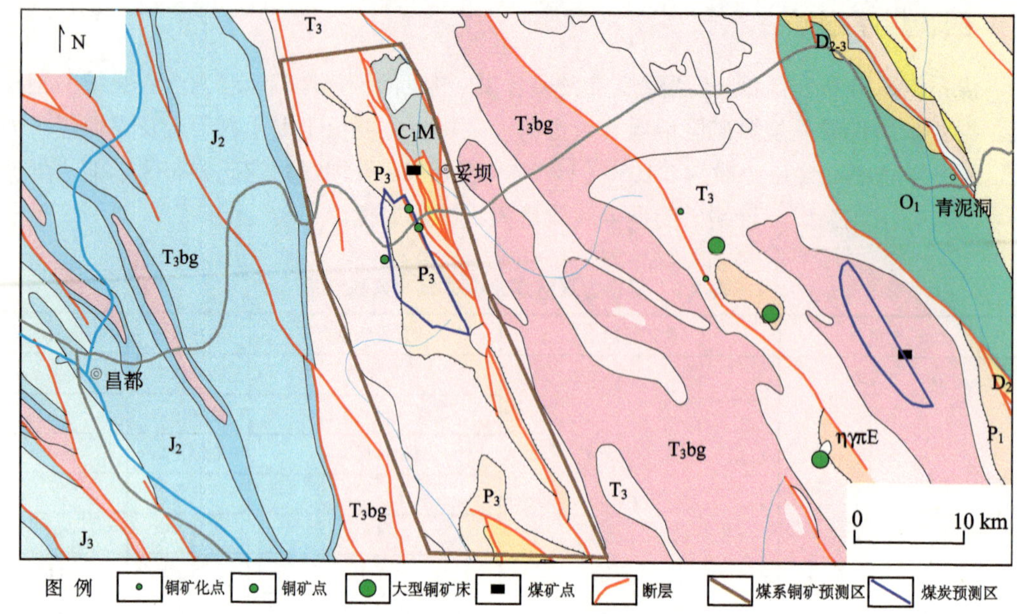

图 8.8　妥坝地区煤系铜矿资源预测区

五、煤中钒矿

自然界中钒很难呈单一体存在，主要与其他矿物形成共生矿或复合矿，主要用于制造高速切削钢及其他合金钢和催化剂。把钒掺进钢里，可以制成钒钢。钒钢比普通钢结构更紧密，韧性、弹性与机械强度更高。只需在钢中加入百分之几的钒，就能使钢的弹性、强度大增，抗磨损和抗爆裂性极大提升，既耐高温又抗奇寒，在汽车、航空、铁路、电子技术、国防工业等部门到处可见到钒的踪迹。

本次野外调查在西藏昌都地区洛隆县拔通地区一处高炭泥岩矿点（石煤）发现了煤系钒矿（图 8.9）。根据该区邦达岩组的展布规律，可以划出煤系钒矿资源有利区一处（图 8.10）。由于沿走向向东被第四系覆盖，至邦达镇北部仍有大面积的邦达岩组出露。该煤层露头属下石炭统邦达岩组（$C_1b.$）,出露含煤地层厚约 20m，呈高炭泥岩与含炭泥岩互层，层厚为 50～80cm，倾角为 60°～70°。对出露的含煤地层按照 1m 厚度依次采样，共采集样品 15 件，化验测试发现其中有六层钒的含量高达 726×10^{-6}～1135×10^{-6}，超过煤中钒的可采品位（>300×10^{-6}），钒主要赋存于邦达岩组（$C_1b.$）富有机质层位。

图 8.9　拔通地区邦达岩组含钒煤层露头

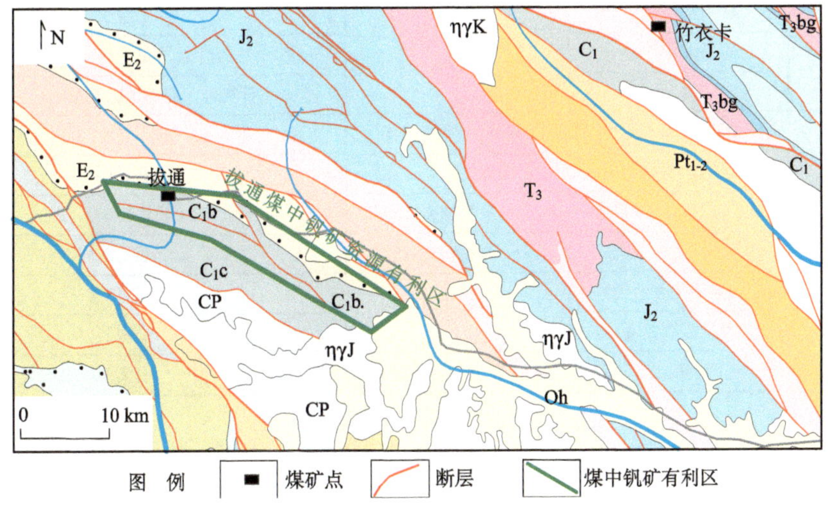

图 8.10　拔通地区煤系钒矿有利区分布图

第四节　煤系非金属矿产

青藏高原复杂的地质环境造就含煤地层中广泛分布着数量众多的煤系非金属矿产，主要有石灰岩矿、石膏矿、铝土矿等，主要呈层状分布于含煤地层之中。对青藏高原主要煤矿点煤系中的非金属矿产统计如表 8.8 所示。

青藏高原煤系优质石灰岩矿主要见于东昆仑赋煤带苦海小煤矿、尕玛羊曲，积石山赋煤带大武尕强、江卡沟、野马滩、军牧场等矿点，唐古拉山赋煤带冷切达、吉耐-其涌、草龙涌等矿点。

青藏高原煤系铝土矿主要分布在杂多县结扎乡冷切达上石炭统加麦弄群地层中。

青藏高原煤系石膏矿主要见于乌丽—扎曲一带的上二叠统那益雄组及囊谦—杂多一带的石炭系。在巴青一带的上三叠统土门格拉组中也有分布（图 8.11）。土门格拉组上覆的雀莫错组中石膏夹层多，单层延伸长，纯石膏含量高。石膏矿体长约300m，宽约100m，厚约50m。矿石主要是石膏，次为硬石膏，呈灰白色粒状-纤维状，含量95.6%，硬石膏2.7%。

表 8.8　青藏高原主要煤矿点煤系非金属矿产统计表

赋煤带	有利区位置	含煤地层	其他主要煤系矿产
昆仑山	兴海县苦海小煤矿	中一下侏罗统羊曲组	上覆二叠系发育石灰岩，氧化钙含量达53.55%，适于露天开采，储量估计约12万m^3
	尕玛羊曲普查		石灰岩；局部地区锗达到可采品位；三叠系上部古风化壳中发现厚1m的褐铁矿品位为20%～30%
积石山	大武尕强煤矿点	中一下侏罗统羊曲组	石灰岩
	江卡沟小煤矿		石灰岩
	野马滩小煤矿		石灰岩
	军牧场		石灰岩，局部地区有放射性异常
唐古拉山	囊谦-杂多地区	下石炭统马查拉组	石膏矿
	乌丽、扎曲	上二叠统那益雄组	石膏矿
	杂多县结扎乡冷切达	上石炭统加麦弄群	铝土质泥岩、石灰岩
	杂多县吉耐-其涌	下石炭统杂多群	优质石灰岩
	杂多县结扎乡沙切涌	上石炭统加麦弄群	石膏矿
	囊谦县草龙涌		石灰岩
土门-巴青	阿秀-崩钦	上三叠统土门格拉组	石膏矿

图 8.11　阿秀—崩钦一带土门格拉组中的石膏层

第五节　煤系矿产勘查开发前景

一、煤系能源矿产

目前，青藏高原煤系能源矿产（煤除外）的工作仅限于天然气水合物资源调查，仅在开心岭地区开展了少量的钻探施工。对于青南藏北地区广泛分布的石炭纪、二叠纪、三叠纪含煤碎屑岩地层尚未开展专项非常规油气资源调查评价，仅有部分学者对这几套地层的有机质含量、有机质类型、有机质成熟度、生烃能力及储层物性等开展了一些研究。在唐古拉山赋煤带的野外调查和采样测试成果初步表明，这些地区含煤地层具有较大煤系页岩气等找矿潜力，有待进一步开展深入的调查和评价工作。

二、煤系金属矿产

青藏高原地域广阔，有着漫长而复杂的地质历史，有形成于各种环境下的丰富物质。已发现的 100 多种矿产资源中，已探明部分储量的有近 70 种，其中铬、铜、铅、锌、水晶、石棉、盐湖、水热矿产储量较大；银、金、锡、铂族元素、稀土元素矿产储量也比较可观。青藏高原的铜矿分布广泛，规模和储量都较大，矿床类型多，伴生矿种多，常常是与铅、锌、钴、银等矿共生的复合型多金属矿床。最典型的铜矿是藏东的玉龙铜矿，初步探明铜金属资源储量达 650 万 t。与常规矿产资源相比，煤系金属矿产资源储量有限，但是在煤中锗、煤中镓、煤中钒等稀有元素矿产方面具有一定勘查和开发价值。受限于青藏高原特殊的自然和地理环境，必须在煤炭资源勘查的同时对煤系其他矿产资源进行综合勘查。

三、煤系非金属矿产

青藏高原煤系非金属矿产主要是石灰岩、石膏矿和铝土岩，其中优质石灰岩分布较广，可以作为建材和水泥的原材料，基本能够满足当地基础建设的需要。

第九章

结论与展望

第一节　主 要 成 果

本书编写过程中，广泛收集了青藏高原以往煤炭地质勘查资料，充分吸收了最新青海、西藏煤炭资源潜力评价的成果，以地球动力学为指导，对青藏高原主要成煤期地质背景和含煤地层分布进行了系统梳理；在大地构造格局和含煤地层分布的基础上重新厘定了青藏高原地区赋煤带的分布范围。全书总结归纳了各赋煤带的聚煤条件、煤炭资源分布特征及资源潜力，通过对成煤期大地构造格局的识别、区域地质背景的分析，划分各成煤期主要原型成煤盆地类型，建立了典型地区含煤岩系的构造-沉积模式，从整体上深化了对青藏高原煤系发育规律及煤炭资源潜力的认识，其研究成果主要体现在以下几方面。

（1）对青藏高原主要成煤期及其含煤地层进行了系统整理。全区主要有早石炭世、晚石炭世、晚二叠世、晚三叠世、早—中侏罗世、早白垩世、始新世、中新世、上新世九个成煤期，从北向南共形成了 18 套主要含煤地层。早石炭世形成马查拉组（C_1m）、杂多群（C_1Z）含煤沉积及卡贡岩组（$C_1k.$）、邦达岩组（$C_1b.$）；晚石炭世主要形成加麦弄群（C_2J）含煤沉积；晚二叠世形成了妥坝组（P_3t）、那益雄组（P_3n）、坚扎弄组（P_3J）含煤沉积；晚三叠世形成了土门格拉组（T_3tm）、巴贡组（T_3bg）含煤沉积；早—中侏罗世形成了羊曲组（$J_{1\text{-}2}yq$）、年宝组（J_1n）、普那组（J_2p）含煤沉积；早白垩世形成了多尼组（K_1d）、楚木龙组（K_1c）、林布宗组（J_3K_1l）含煤沉积；始新世形成了秋乌组（E_2q）含煤沉积；中新世形成了拉屋拉组（N_1l）、芒乡组（N_1m）含煤沉积；上新世形成了噶扎村组（N_2g）含煤沉积。

（2）在大地构造格局和含煤地层分布现状的基础上，重新厘定了青藏高原赋煤带的分布范围。根据构造单元、地层分区、含煤地层及煤矿点分布情况，青南-藏北赋煤亚区可划分为东昆仑赋煤带、积石山赋煤带、唐古拉山赋煤带、土门-巴青赋煤带、昌都-芒康赋煤带；冈底斯赋煤亚区，可划分为边坝-八宿赋煤带、拉萨北赋煤带、改则赋煤带、噶尔赋煤带、日喀则赋煤带，并总结了各个赋煤带的主要构造格局和构造特征。

（3）系统梳理了青藏高原 10 个赋煤带的含煤地质特征和煤岩煤质特征。东昆仑-西秦岭赋煤带侏罗纪含煤地层仅见中—下侏罗统羊曲组（$J_{1-2}y$），主要为中灰、低硫、低磷、中高热值长焰煤、不黏煤、贫煤、无烟煤。积石山赋煤带北部主要为大武煤田，残留的侏罗纪羊曲组（$J_{1-2}y$）含煤地层仅沿逆断层下盘断续分布，南侧的巴颜喀拉盆地发育一套早侏罗世火山岩型含煤地层年宝组（J_1n），主要为低-中水分、中高挥发分、中高灰分、特低-高硫分贫煤及部分 1/3 焦煤。唐古拉山赋煤带含煤地层较多，主要有早石炭世杂多群（C_1Z）、晚石炭世加麦弄群（C_2J）、那益雄组（P_3n）、巴贡组（T_3bg）等，不同地区含煤地层中煤层、煤质变化较大，但主要以较高变质程度的贫煤、无烟煤为主。土门-巴青赋煤带含煤地层主要为上三叠统巴贡组，主要分布在土门格拉煤矿区，煤质具明显带状分布特征，南部为无烟煤至贫煤，向北逐渐变为焦煤，主要为特低全水分、中-中高灰分、低挥发分、煤中高热值贫煤。昌都-芒康赋煤带含煤地层主要有下石炭统马查拉组（C_1m）、上二叠统妥坝组（P_3t）及上三叠巴贡组（T_3bg），马查拉组煤一般为差异性不大的低灰、低硫、低磷、高发热量、高固定碳的无烟煤（局部有贫煤），妥坝组一般为中灰、低磷、易选、发热量较低的瘦焦煤-瘦煤，巴贡组一般为中灰、中硫、低磷、发热量中等的肥煤-无烟煤。边坝-八宿赋煤带含煤地层主要为下白垩统多尼组（K_1d），含煤性差，一般为低硫、中灰的无烟煤。拉萨北赋煤带含煤地层主要为下部的林布宗组和上部的楚木龙组（K_1c），煤层均为中灰-高灰、中硫、高发热量、低-高灰高变质程度的无烟煤。改则赋煤带含煤地层为多尼组（K_1d），主要为中灰-高灰、低硫、低磷、中发热量、高灰熔点的肥煤。噶尔赋煤带内主要含煤地层为秋乌组（E_2q），煤质较差，一般为高灰分、高挥发分、中硫分、低发热量的肥煤。日喀则赋煤带含煤地层为秋乌组（E_2q）和芒乡组（N_1m），以中高灰、中高硫肥煤、长焰煤为主。

（4）通过对各成煤时代含煤地层碎屑岩的主、微量元素以及稀土元素分析，追溯煤系沉积物源区，结合区域地质背景分析，还原了各成煤期含煤地层沉积区大地构造背景，结合各主要成煤期的聚煤环境研究建立以及含煤地层构造-沉积模式。早石炭世含煤地层属于泥炭沼泽，在昌都-芒康逆冲-褶皱赋煤带和唐古拉山褶皱-逆冲赋煤带形成了主动大陆边缘拗陷盆地沉积；晚二叠世含煤地层属于海退体系中障壁岛相，在昌都-芒康逆冲-褶皱赋煤带和唐古拉山褶皱-逆冲赋煤带形成了主动大陆边缘弧后拗陷盆地沉积；晚三叠世含煤地层属于海侵体系中潮坪相，在昌都-芒康逆冲-褶皱赋煤带、唐古拉山褶皱-逆冲赋煤带、土门-巴青逆冲-褶皱赋煤带形成了板块内部拗盆地陷沉积；早—中侏罗世含煤地层属于湖三角洲体系分流间沼泽相，在东昆仑断隆赋煤带和积石山断陷赋煤带形成了板块内部山前拗陷盆地沉积；早白垩世含煤地层属于海退体系中障壁岛相，在边坝-八宿褶皱赋煤带、拉萨北褶皱赋煤带、改则褶皱赋煤带形成了主动大陆边缘拗陷盆地沉积。

（5）对青藏高原的煤炭资源勘查开发现状进行了统计，并系统分析了煤炭预测区的煤炭资源潜力。青藏高原累计探获煤炭资源储量 25777.81 万 t（截至 2015 年年底），其中储量 4.4 万 t，基础储量 5.8 万 t，资源量 17752.6 万 t，查明资源量占累计探获资源量的 68.91%。已探获的煤炭资源量主要分布在昌都-芒康赋煤带，煤炭资源量 17521.98 万 t，约占全区已探获煤炭资源量的 68%；其次为唐古拉山赋煤带、土门-巴青赋煤带、积石山赋煤带，累计探获资源量均为 2000 万～3000 万 t，合计占全区已探获煤炭资源量的 29%；而边坝-八宿赋煤带、拉萨北赋煤带、日喀则赋煤带、改则赋煤带、噶尔赋煤带累计探获煤炭资源量合计仅为 984.33 万 t。青藏高原全区垂深 0～600m 预测煤炭资源量为 129284.61 万 t，其中预测可靠的（334_{-1}）资源量为 85867.79 万 t，预测可能的（334_{-2}）资源量为 18093.6 万 t，预测推断的（334_{-3}）资源量为 25323.22 万 t。青藏高原预测煤炭资源量的分布极不平衡，唐古拉山赋煤带、昌都-芒康赋煤带、土门-巴青赋煤带三个赋煤带预测煤炭资源量为 124381.27 万 t，约占预测煤炭资源量的 96%。

（6）根据 4 个评价条件、8 个评价指标、20 个评价参数对划定的 61 个煤炭资源预测区的 129284.61 万 t 预测煤炭资源量进行了科学评价。其中 18 个评为资源潜力有利区，预测煤炭资源量为 88265.54 万 t；23 个评为资源潜力中等区，预测煤炭资源量为 23338.16 万 t；20 个评为资源潜力不利区，预测煤炭资源量为 17680.91 万 t。综合考虑青藏高原煤炭资源分布格局、社会经济发展现状、自然环境条件等因素，把青藏高原划分为青南、青南-藏北、藏南三大煤炭资源一级综合分区。针对不同区域开展具有针对性的资源潜力评价和供需分析，并提出相应的勘查开发建议。

（7）在煤炭资源潜力评价的基础上，分析了含煤地层煤系其他矿产的资源潜力，共圈定煤系矿产资源有利区八个。其中煤系能源矿区有利区四个，分别为乌丽含煤盆地煤系页岩气资源有利区、乌丽地区天然气水合物资源有利区、开心岭天然气水合物资源有利区、军牧场煤系放射性矿产资源有利区；煤系金属矿产资源有利区四个，分别为妥坝含煤区煤系铜矿资源有利区、尕玛羊曲煤中锗-镓资源有利区、妥坝-巴贡煤中镓矿资源有利区、拔通煤中钒矿资源有利区。

第二节　展　　望

青藏高原复杂的地质演化历史、众多的聚煤期和聚煤盆地、特殊的控煤作用使该区煤炭资源赋存规律研究具有重要的意义。当前青藏高原煤炭资源产、供、销矛盾突出，需尽快提高青藏高原重要煤炭资源产地的勘查程度和研究程度。本书是对 20 世纪以来青藏高原煤炭地质工作的阶段性总结，综合分析青藏高原成煤地质背景及后期复杂的构造演化对含煤岩系的改造作用，从整体上摸清全区煤炭资源分布特征，较系统地总结了煤炭资源赋存规律，能够为青藏高原地区能源矿产的适度开发总体布局提供地质依据。针对青藏高原煤炭及煤系其他矿产资源分布格局、社会经济发展现状、自然环境条件等因素，在已知有望地段或已进行过普查找煤的矿点外围及深部进行详查或勘探工作，对成煤条件较好的含煤区开展进一步的煤炭资源调查评价工作，可以快速提升青藏高原地区煤炭资源的勘查程度和资源保障程度。

参考文献

曹代勇, 2006. 煤田构造研究——思路与方法. 中国煤炭地质, 18(6): 1-4.

曹代勇, 宁树正, 郭爱军, 等. 2016. 中国煤田构造格局及其基本特征. 矿业科学学报, (1): 1-8.

曹代勇, 吴国强, 宁树正, 等. 2014. 煤系综合矿产资源与盆地动力学过程//中国地球科学联合学术年会——专题 57: 盆地动力学与非常规能源论文集, 北京.

常承法, 郑锡澜. 1973a. 中国西藏南部珠穆朗玛峰地区地质构造特征以及青藏高原东西向诸山系形成的探讨. 中国科学, (2): 82-93.

常承法, 郑锡澜. 1973b. 中国西藏南部珠穆朗玛峰地区构造特征. 地质科学, 8(1): 1-12.

陈亮, 孙勇, 裴先治, 等. 2001. 德尔尼蛇绿岩 ^{40}Ar-^{39}Ar 年龄: 青藏最北端古特提斯洋盆存在和延展的证据. 科学通报, 46(5): 424.

陈文, 孙枢, 张彦, 等. 2005. 新疆东天山秋格明塔什——黄山韧性剪切带 $^{40}Ar/^{39}Ar$ 年代学研究. 地质学报, 79(6): 790-804.

陈智梁. 1994. 特提斯地质一百年. 沉积与特提斯地质: 1-22.

崔军文, 张晓卫, 唐哲民. 2006. 青藏高原的构造分区及其边界的变形构造特征. 中国地质, 33(2): 256-267.

邓起东, 张培震, 冉勇康, 等. 2002. 中国活动构造基本特征. 中国科学: 地球科学, 32(12): 1020-1030.

邓万明, 尹集祥, 呙中平. 1996. 羌塘茶布-双湖地区基性超基性岩和火山岩研究. 中国科学: 地球科学, 26(4): 296-301.

邓希光, 丁林, 刘小汉, 等. 2000. 青藏高原羌塘中部冈玛日地区蓝闪石片岩及其 ^{40}Ar /^{39}Ar 年代学. 科学通报, 45(21): 2322.

董国臣, 2002. 林周盆地林子宗火山岩及其所含的印度-欧亚大陆碰撞信息研究. 北京: 中国地质大学(北京)博士学位论文.

董彦辉, 许继峰, 曾庆高, 等. 2006. 存在比桑日群弧火山岩更早的新特提斯洋俯冲记录么. 岩石学报, 22(3): 661-668.

杜德道, 曲晓明, 王根厚, 等. 2011. 西藏班公湖-怒江缝合带西段中特提斯洋盆的双向俯冲: 来自岛弧型花岗岩锆石 U-Pb 年龄和元素地球化学的证据. 岩石学报, 27(7): 1993-2002.

费光春, 温春齐, 王成松, 等. 2010. 西藏冈底斯东段墨竹工卡地区洞中拉辉绿玢岩锆石 SHRIMP U-Pb 定年及意义. 地质通报, 29(8): 1138-1142.

费光春, 赵发明, 许家斌, 等. 2014. 藏北安多县白垩纪马登火山岩地球化学特征及地质意义. 矿物岩石, 34(1): 46-51.

高延林. 1993. 板块构造单元划分方法探讨: 以青藏高原为例. 青海国土经略, (1): 10-23.

高长林, 黄泽光, 叶德燎, 等. 2005. 中国早古生代三大古海洋及其对盆地的控制. 石油实验地质, 27(2): 439-448.

高长林, 叶德燎, 黄泽光, 等. 2006. 中国中生代两个古大洋与沉积盆地. 石油实验地质, 28(2): 95-102.

龚建明, 张莉, 张剑, 等. 2015. 青藏高原乌丽冻土区天然气水合物成藏条件. 海洋地质与第四纪地质, 35(1): 145-151.

郭福祥. 2001. 新疆古生代构造-生物古地理. 新疆地质, 19(1): 20-26.

郭铁鹰. 1991. 西藏阿里地质. 北京: 中国地质大学出版社.

韩松, 贾秀勤, 黄忠祥, 等. 1996. 云南金沙江蛇绿岩的地球化学特征及其成因的初步研究. 岩石矿物学杂志, (3): 203-212.

胡培远, 李才, 李林庆, 等. 2009. 藏北羌塘中部早古生代蛇绿岩堆晶岩中斜长花岗岩的地球化学特征. 地质通报, 28(9): 1297-1308.

胡培远, 李才. 2012. 西藏北澜沧江地区吉塘群花岗片麻岩的同位素年代学和地球化学研究//构造地质与地球动力学学术研讨会论文集, 武汉.

黄汲清. 1954. 中国区域地质的特征. 地质学报, (3): 2-124.

黄汲清. 1960. 中国地质构造基本特征的初步总结. 地质学报, (1): 3-137.

简平, 汪啸风, 何龙清, 等. 1999. 金沙江蛇绿岩中斜长岩和斜长花岗岩的 U-Pb 年龄及地质意义. 岩石学报, 20(4): 590-593.

姜春发. 1992. 昆仑开合构造. 北京: 地质出版社: 149-161.

康志强, 许继峰, 王保弟, 等. 2009. 拉萨地块北部白垩纪多尼组火山岩的地球化学: 形成的构造环境. 中国地质大学学报(地球科学), 34(1): 93-108.

黎彤. 1992. 地壳元素丰度的若干统计特征. 地质与勘探, (10): 1-7.

李才. 1997. 西藏羌塘中部蓝片岩青铝闪石 $^{40}Ar/^{39}Ar$ 定年及其地质意义. 科学通报, 51(4): 70-74.

李才, 王天武, 杨德明, 等. 2001. 西藏羌塘中央隆起区物质组成与构造演化. 吉林大学学报(地球科学), 31(1): 25-176.

李才, 翟庆国, 陈文, 等. 2006. 青藏高原羌塘中部榴辉岩 Ar-Ar 定年. 岩石学报, 22(12): 2843-2849.

李才, 翟庆国, 董永胜, 等. 2007. 青藏高原龙木错-双湖板块缝合带与羌塘古特提斯洋演化记录. 地质通报, 26(1): 13-21.

李才, 吴彦旺, 王明, 等. 2010. 青藏高原泛非—早古生代造山事件研究重大进展——冈底斯地区寒武系和泛非造山不整合的发现. 地质通报, 29(12): 1733-1736.

李春昱. 1980. 中国板块构造的轮廓. 北京: 中国地质科学院文集: 22-31.

李德威. 2003. 青藏高原隆升机制新模式. 中国地质大学学报(地球科学), 28(6): 593-600.

李龚健. 2014. 三江特提斯复合造山带构造演化与典型矿床成矿过程研究. 北京: 中国地质大学(北京)博士学位论文.

李国彪, 万晓樵, 丁林, 等. 2004. 藏南古近纪前陆盆地演化过程及其沉积响应. 沉积学报, 22(3): 455-464.

李璞. 1955. 西藏东部地质的初步认识. 科学通报, (7): 62-71.

李文昌. 2010. 西南“三江”多岛弧盆-碰撞造山成矿理论与勘查技术. 北京: 地质出版社.

李星学, 吴一民, 付在斌. 1985. 西藏改则县夏岗江二叠纪混合植物群的初步研究及其古生物地理区系意义. 古生物学报, 24(2): 24-44, 145-148.

李兴振, 潘桂棠, 罗建宁. 1990. 论三江地区冈瓦纳和劳亚大陆的分界//青藏高原地质文集. 北京: 地质出版社.

李勇, 王成善, 伊海生. 2003. 西藏金沙江缝合带西段晚三叠世碰撞作用与沉积响应. 沉积学报, 21(2): 191-197.

李志斌, 侯跃斌, 李超. 2016. 坚扎弄组时代的新认识. 吉林地质, 5(4): 18-19.

刘汇川, 王岳军, 蔡永丰, 等. 2013. 哀牢山构造带新安寨晚二叠世末期过铝质花岗岩锆石 U-Pb 年代学及 Hf 同位素组成研究. 大地构造与成矿学, 37(1): 87-98.
刘建强, 迟乃杰, 从培章, 等. 2015. 煤系共伴生矿产定义内涵及分类. 山东国土资源, (9): 30-34.
刘训, 傅德荣, 姚培毅, 等. 1992. 青藏高原不同陆块的地层、生物区系及沉积构造演化史. 北京: 地质出版社: 143-147.
刘训, 李廷栋, 耿树方, 等. 2012. 中国大地构造区划及若干问题. 地质通报, 31(7): 1024-1034.
陆松年. 2001. 从罗迪尼亚到冈瓦纳超大陆——对新元古代超大陆研究几个问题的思考. 地学前缘, 8(4): 441-448.
毛晓冬, 尊珠桑姆, 曹征, 等. 2011. 西藏自治区煤炭资源潜力评价. 拉萨: 西藏自治区地质调查院: 133-154.
莫宣学. 1998. 三江中南段火山岩-蛇绿岩与成矿. 北京: 地质出版社: 225-257.
莫宣学, 潘桂棠. 2006. 从特提斯到青藏高原形成: 构造-岩浆事件的约束. 地学前缘, 13(6): 43-51.
莫宣学, 路凤香, 沈上越, 等. 1993. 三江特提斯火山作用与成矿. 北京: 地质出版社.
南征兵, 李永铁, 郭祖军. 2008. 青藏高原重点沉积盆地油气勘探前景展望. 地质科技情报, 27(4): 63-68.
潘桂棠. 2003. 西南“三江”多岛弧造山过程成矿系统与资源评价. 北京: 地质出版社.
潘桂棠, 王立全, 李荣社, 等. 2012. 多岛弧盆系构造模式: 认识大陆地质的关键. 沉积与特提斯地质, 32(3): 1-20.
乔军伟, 李聪聪, 范琪, 等. 2016. 青藏高原北部成煤地质背景及煤系矿产资源特征. 煤炭学报, 41(2): 294-302.
秦川, 李智武, 朱利东, 等. 2015. 西藏羌塘陆块南缘改则嘎布扎花岗闪长岩侵位时代、成因及其地质意义. 中国地质, (1): 105-117.
青海省地质矿产局. 1991. 中华人民共和国地质矿产部地质专报. 一, 区域地质. 第 24 号, 青海省区域地质志. 北京: 地质出版社: 105-132.
任纪舜, 肖黎薇. 2004. 1∶25 万地质填图进一步揭开了青藏高原大地构造的神秘面纱. 地质通报, 23(1): 1-11.
史仁灯. 2007. 班公湖 SSZ 型蛇绿岩年龄对班-怒洋时限的制约. 科学通报, 52(2): 223-227.
宋时雨, 曹代勇, 马志凯, 等. 2018. 青藏高原昌都地区马查拉组成煤期构造背景与聚煤模式. 煤田地质与勘探, (1): 13-19.
孙升林, 吴国强, 曹代勇, 等. 2014. 煤系矿产资源及其发展趋势. 中国煤炭地质, 26(11): 1-11.
孙晓猛, 聂泽同. 1995. 滇西北金沙江带硅质岩沉积环境的确定及大地构造意义. 地质论评, 41(2): 174-178.
唐世琪, 卢振权, 罗晓林, 等. 2015. 青海南部乌丽-开心岭冻土区天然气水合物气源条件研究. 石油实验地质, 37(1): 40-46.
唐修义, 等. 2004. 中国煤中微量元素. 北京: 商务印书馆.
汪啸风, Metca. 1999. 金沙江缝合带构造地层划分及时代厘定. 地球科学, 29(4): 289-297.
王成善. 1999. 西藏日喀则弧前盆地与雅鲁藏布江缝合带. 北京: 地质出版社.
王传尚. 1999. 滇西德钦地区放射虫化石新发现. 华南地质与矿产, (2): 31-35.
王鸿祯. 1981. 从活动论观点论中国大地构造分区. 地球科学, (1): 46-70.
王辉, 张峰, 王冰洁, 等. 2009. 羌塘盆地晚三叠世构造属性与层序地层格架下聚煤特征. 西北地质, 42(4): 92-101.
王建平. 2000. 西藏他念他翁山链北部花岗岩与特提斯洋演化. 北京: “九五”全国地质科技重要成果论文集: 210-223.

王剑. 2004. 青藏高原重点沉积盆地油气资源潜力分析. 北京: 地质出版社.
王立全, 朱弟成, 耿全如, 等. 2006. 西藏冈底斯带林周盆地与碰撞过程相关花岗斑岩的形成时代及其意义. 科学通报, 51(16): 1920-1928.
王立全. 2013. 青藏高原及邻区地质图及说明书. 北京: 地质出版社.
王希斌. 1987. 喜马拉雅岩石圈构造演化: 西藏蛇绿岩. 北京: 地质出版社: 297-303.
王玉净, 王建平, 刘彦明, 等. 2002. 西藏丁青蛇绿岩特征、时代及其地质意义. 微体古生物学报, 19(4): 417-420.
吴根耀. 2006. 藏东碧土地区古特提斯主洋盆中的亚速尔型洋岛玄武岩. 地质通报, 25(7): 772-781.
吴浩若. 1993. 滇西北金沙江带早石炭世深海沉积的发现. 地质科学, (4): 395-397.
吴彦旺. 2013. 龙木错-双湖-澜沧江洋历史记录. 长春: 吉林大学博士学位论文.
西藏自治区地质矿产局. 1993. 中华人民共和国地质矿产部地质专报. 北京: 地质出版社.
夏代祥, 刘世坤. 2008. 西藏自治区岩石地层. 北京: 中国地质大学出版社.
肖序常, 汤耀庆, 高延林. 1986. 再论青藏高原的板块构造. 地球学报, (3): 18-30.
肖序常, 刘训, 高锐, 等. 2001. 塔里木盆地与青藏高原西北缘碰撞构造——西昆仑山地质、地球物理多学科调查新成果. 地质学报, 75(2): 144.
熊莉娟. 2014. 原特提斯北界西段构造演化与拼合方式. 青岛: 中国海洋大学硕士学位论文.
徐旭辉. 2009. 中国含油气盆地动态分析概论. 北京: 石油工业出版社.
许效松. 2004. 中国中西部海相盆地分析与油气资源. 北京: 地质出版社.
许志琴. 1992. 中国松潘-甘孜造山带的造山过程. 北京: 地质出版社.
许志琴, 杨经绥, 李文昌, 等. 2013. 青藏高原中的古特提斯体制与增生造山作用. 岩石学报, 29(6): 1847-1860.
杨经绥, 王希斌, 史仁灯, 等. 2004. 青藏高原北部东昆仑南缘德尔尼蛇绿岩: 一个被肢解了的古特提斯洋壳. 中国地质, 31(3): 225-239.
杨巍然, 王豪. 1991. 中国板块构造概况. 中国地质大学学报(地球科学), (5): 505-513.
尹光侯, 侯世云. 1998. 西藏碧土地区怒江缝合带基本特征与演化. 地质通报, (3): 247-254.
袁国泰, 黄凯芬. 1998. 试论煤系共伴生矿产资源的分类及其它. 中国煤炭地质, (1): 21-23.
翟庆国, 李才, 黄小鹏. 2006. 西藏羌塘中部角木日地区二叠纪玄武岩的地球化学特征及其构造意义. 地质通报, 25(12): 1419-1427.
张发德, 岳宏, 孙刚, 等. 2010. 青海省煤炭资源潜力评价. 西宁: 青海煤炭地质勘查院.
张旗, 赵大升, 李达周. 1991. 云南新平县双沟蛇绿岩中地幔岩初始熔融物. 岩石学报, 7(1): 3-98.
张玉修, 李勇, 张开均, 等. 2006. 西藏羌塘盆地依仓玛地区中上侏罗统碳酸盐岩特征及其环境意义. 中国地质, 33(2): 393-400.
赵政璋. 2000. 青藏高原海相烃源层的油气生成. 北京: 科学出版社.
钟大赉. 1998. 滇川西部古特提斯造山带. 北京: 科学出版社.
周肃, 莫宣学, 赵志丹, 等. 2004. 西藏南木林县乌郁盆地火山岩 $^{40}Ar/^{39}Ar$ 同位素年代学研究. 全国岩石学与地球动力学研讨会, 北京.
朱弟成, 潘桂棠, 莫宣学, 等. 2006. 青藏高原中部中生代 OIB 型玄武岩的识别: 年代学、地球化学及其构造环境. 地质学报, 80(9): 1312-1328.
朱弟成, 莫宣学, 赵志丹, 等. 2009. 西藏南部二叠纪和早白垩世构造岩浆作用与特提斯演化: 新观点. 地学前缘, (2): 1-20.
朱同兴, 张启跃, 董瀚, 等. 2006. 藏北双湖地区才多茶卡一带构造混杂岩中发现晚泥盆世和晚二叠世放射虫硅质岩. 地质通报, 25(12): 1413-1418.

Aitchison J C, Davis A M, Abrajevitch A V, et al. 2003. Stratigraphic and sedimentological constraints on the age and tectonic evolution of the Neotethyan ophiolites along the Yarlung Tsangpo suture zone, Tibet, Chapter in Geological Society London Special Publications, 218(1): 147-164.

Allegre C J, Courtillot V, Tapponnier P, et al. 1984. Structure and evolution of the Himalaya-Tibet orogenic belt = Structure et évolution de la ceinture orogénique Himalaya-Tibet. Nature, 307(5946): 17-22.

Allègre C J, Minster J F. 1978. Quantitative models of trace element behavior in magmatic processes. Earth & Planetary Science Letters, 38(1): 1-25.

Bhatia M R, Crook K A W. 1986. Trace element characteristics of graywackes and tectonic setting discrimination of sedimentary basins. Contributions to Mineralogy Petrology, 92(2): 181-193.

Bhatia M R, Taylor S R. 1981. Trace-element geochemistry and sedimentary provinces: A study from the tasman geosyncline, Australia. Chemical Geology, 33(1): 115-125.

Bhatia M R. 1985. Rare earth element geochemistry of Australian Paleozoic graywackes and mudrocks: Provenance and tectonic control. Sedimentary Geology, 45(1): 97-113.

Chung S L, Chu M F, Zhang Y, et al. 2005. Tibetan tectonic evolution inferred from spatial and temporal variations in post-collisional magmatism. Earth Science Reviews, 68(3): 173-196.

Dai S, Ren D, Chou C L, et al. 2012. Geochemistry of trace elements in chinese coals: A review of abundances, genetic types, impacts on human health, and industrial utilization. International Journal of Coal Geology, 94(3): 3-21.

Decelles P G, Kapp P, Quade J, et al. 2011. Oligocene-Miocene Kailas basin, southwestern Tibet: Record of postcollisional upper-plate extension in the Indus-Yarlung suture zone. Geological Society of America Bulletin, 123(7): 1337-1362.

Dewey J F. 1988. The Tectonic evolution of the tibetan plateau. philosophical Transactions of the Royal Society of London A: Mathematical Physical & Engineering Sciences, 327(1594): 379-413.

Ding L, Kapp P, Wan X. 2005. Paleocene-Eocene record of ophiolite obduction and initial India-Asia collision, south central Tibet. Tectonics, 24(3): 1021-1029.

Dong G C, Zhao Z D, Tie Y, et al. 2005. Geochronologic constraints on the magmatic underplating of the gangdise belt in the india-eurasia collision: Evidence of shrimp ii zircon U-Pb dating. Acta Geologica Sinica (English Edition), 79(6): 787-794.

Fan W, Wang Y, Zhang A, et al. 2010. Permian arc-back-arc basin development along the Ailaoshan tectonic zone: Geochemical, isotopic and geochronological evidence from the Mojiang volcanic rocks, Southwest China. Lithos, 119(3): 553-568.

Folk R L, Ward W C. 1957. Brazos river bar: A study in the significance of grain size parameters. Journal of Sedimentary Research, 27(1): 3-26.

Gansser A. 1980. The significance of the Himalayan suture zone. Tectonophysics. 62(1): 37, 40-43, 52.

Garzanti E, Baud A, Mascle G. 1987. Sedimentary record of the northward flight of India and its collision with Eurasia(Ladakh Himalaya, India). Geodinamica Acta, 1(4-5): 297-312.

Jian P, Liu D, Kröner A, et al. 2009. Devonian to Permian plate tectonic cycle of the Paleo-Tethys Orogen in southwest China(I): Geochemistry of ophiolites, arc/back-arc assemblages and within-plate igneous rocks. Lithos, 113(3): 748-766.

Leeder M R, Smith A B, Yin J. 1988. The geological evolution of Tibet-Sedimentology, palaeoecology and palaeoenvironmental evolution of the 1985 Lhasa to Golmud Geotraverse. Philosophical Transactions of the Royal Society of London, 327(1594): 107-143.

Mo X X, Dong G, Zhao Z, et al. 2005. Timing of magma mixing in the gangdisê magmatic belt during the india-asia collision: Zircon shrimp U-Pb dating. Acta Geologica Sinica (English Edition), 79(1): 66-76.

Northrup C J, Royden L H, Burchfiel B C. 1995. Motion of the Pacific plate relative to Eurasia and its potential relation to Cenozoic extension along the eastern margin of Eurasia. Geology, 23(8): 719-722.

Patriat P, Achache J. 1984. India-Eurasia collision chronology has implications for crustal shortening and driving mechanism of plates. Nature, 311(5987): 615-621.

Pearce J A, Deng W. 1988. The ophiolites of the Tibetan geotraverses, Lhasa to Golmud(1985) and Lhasa to Kathmandu(1986). Philosophical Transactions of the Royal Society of London, 327(1594): 215-238.

Pearce J A, Harris N B W, Tindle A G. 1984. Trace element discrimination diagrams for the tectonic interpretation of granitic rocks. Jour Petrol, 25(4): 956-983.

Raumer J F V, Stampfli G M. 2008. The birth of the rheic ocean-early palaeozoic subsidence patterns and subsequent tectonic plate scenarios. Tectonophysics, 461(1): 9-20.

Scotese C R. 2004. Cenozoic and Mesozoic Paleogeography: Changing terrestrial biogeographic pathways. Frontiers of Biogeography: New Directions in the Geography of Nature: 9-26.

Shao L, Stattegger K, Garbeschoenberg C D. 2001. Sandstone petrology and geochemistry of the turpan basin (NW China): Implications for the tectonic evolution of a continental basin. Journal of Sedimentary Research, 71(1): 37-49.

Su Z, Mo X, Dong G, et al. 2004. ^{40}Ar-^{39}Ar geochronology of Cenozoic Linzizong volcanic rocks from Linzhou basin, Tibet, China, and their geological implications. Science Bulletin, 49(18): 1970-1979.

Taylor S R, Mclennan S M. 1985. The continental crust: Its composition and evolution, an examination of the geochemical record preserved in sedimentary rocks. Journal of Geology, 94(4): 632-633.

Tissot B P. 1974. Influence of nature and diagenesis of organic matter in formation of petroleum. American Association of Petroleum Geologists Bulletin, 58(3): 499-506.

Wang H Z, Mo X X. 1995. An outline of the tectonic evolution of China. Episodes, 18(1-2): 6-16.

Xiao W J, Windley B F, Yong Y, et al. 2009. Early Paleozoic to Devonian multiple-accretionary model for the Qilian Shan, NW China. Journal of Asian Earth Sciences, 35(3-4): 323-333.

Yang J S, Robinson P T, Jiang C F, et al. 1996. Ophiolites of the Kunlun Mountains, China and their tectonic implication. Tectonophysics, 258(1-4): 215-231.

Yin A, Harrison T M. 2000. Geologic evolution of the Himalayan-Tibetan Orogen. Annual Review of Earth & Planetary Sciences, 28(28): 211-280.

Zhai Q G, Zhang R Y, Jahn B M, et al. 2011. Triassic eclogites from central Qiangtang, northern Tibet, China: Petrology, geochronology and metamorphic P-T path. Lithos, 125(1-2): 173-189.

Zhang K J, Xia B, Zhang Y X, et al. 2014. Central Tibetan Meso-Tethyan oceanic plateau. Lithos, 210-211: 278-288.

Zhang Y X, Zhang K J, Bing L, et al. 2007. Zircon SHRIMP U-Pb geochronology and petrogenesis of the plagiogranites from the Lagkor Lake ophiolite, Gerze, Tibet, China. Science Bulletin , 52(5): 651-659.